U0728909

A HISTORY

OF

PHILOSOPHY

6

The Enlightenment: Voltaire to Kant

FREDERICK COPLESTON

启蒙运动：
从伏尔泰到康德

[英]弗雷德里克·科普勒斯顿 著　　陆炎 译

九州出版社

JIUZHOUPRESS

出版说明

　　每一个时代的哲学家、思想家都无法跳出自己的时代。正如尼采所言，我们永远都只能从特定的视角出发思考事物与世界。因而，哲学史家弗雷德里克·科普勒斯顿亦是从他的时代出发向我们讲授哲学的脉络。但也正是因为不可避免地置身于有限性和处境性之中，人类才追问关于意义的问题。关于本书具体观点可能具有的个人局限性和历史局限性，请读者明鉴。

九州出版社

出版总序

编辑约我为《科普勒斯顿哲学史》写序言，我首先自问有无资格为这部世界著名哲学史的中译本写序。思忖再三，找出三个理由，于是欣然命笔。

第一个理由，我是较早精读《科普勒斯顿哲学史》的中国读者。1982 年底，我到比利时鲁汶大学留学，从哲学本科课程开始读，《古希腊哲学》和《中世纪哲学》这两门课的教材用的就是《科普勒斯顿哲学史》的第 1、2、3 卷[①]，我买了 Image Books 出版的每卷两册的口袋书，按照老师讲解的线索，仔细阅读这 6 册书，重点部分读了几遍，还做了几本读书笔记。此前我也读过罗素和梯利的《西方哲学史》，与那两本书相比，这部书线索清晰、资料翔实、重点突出，将我的西方哲学史水平提升了几个层次。中世纪哲学是《科普勒斯顿哲学史》的重头戏，第 2 卷的篇幅比其他部分更厚重，我来鲁汶大学的初衷是攻读中世纪哲学，那卷书对我来说是宝贵资料，几年里翻阅了好几遍，基本上掌握了中世纪哲学的发展线索和重点。在鲁汶硕士阶段读的都是经典，我也经常参考《科普勒斯顿哲学史》的相关部分。我的硕士论文写的是康德，《科普勒斯顿哲学史》第 6 卷的康德哲学写得也很精彩，使我获益良多。我把这套 9 卷本的丛书带回国内，讲授西方哲学史这门课时经常参考。

第二个理由，我写过《柯普斯顿传》[②]，为此与科普勒斯顿有过通信。中国社科院哲学所傅乐安先生在鲁汶大学进修期间，看到我经常阅读《科普勒斯顿哲学史》，我们回国之后，他主编《当代西方著名哲学家

---

① 《科普勒斯顿哲学史》初版为 9 卷本，再版为 11 卷本，赵敦华先生在本序中所提及的《科普勒斯顿哲学史》相关卷数信息对应 9 卷本相关信息。——编者注
② 《柯普斯顿传》为《当代西方著名哲学家评传：第六卷宗教哲学》（傅乐安编，山东人民出版社，1996 年版）中的篇目，此处"柯普斯顿"即指本书作者科普勒斯顿。——编者注

114 MOUNT STREET LONDON W1Y 6AH   TELEPHONE 01-493 7811

22 December, 1988

Dear Dr. Zhao Dunhua,

Thank you for your letter of the 9th December. I feel honoured that you have undertaken to write an introduction to 'my thought'. And I wish you all success.

As you request, I have written some autobiographical notes, which I enclose. They do not amount to much more than what is stated in such public reference books as the British Who's Who; but if you desire further factual information, I will try to supply it.

In your letter you ask for a photograph of myself. I enclose two.

In regard to books, you will see from the enclosed bibliography that I have published a good many books in addition to my History of Philosophy. I am asking my ordinary publisher to send you two or three of them. If they do not arrive within a reasonable time, please let me know. (I will pay for them, of course. If you find by any chance that the publishers enclose an invoice with the books, take no notice of it---or, better, send it to me.)

As to 'my thought'--for what it may be worth-- I could, if you wished, let you have some recollections of the development of my ideas about philosophy. But this depends on whether you thought that you would find such recollections of any use for your purpose.

With every good wish for a happy and prosperous New Year,

Yours sincerely,

Frederick C. Copleston.

Frederick C. Copleston.

本图为科普勒斯顿给赵敦华老师的信件的扫描图

评传·宗教哲学》卷时，约我写《柯普斯顿传》。我对传主的生平和著述目录不熟悉，于是冒昧地给科普勒斯顿写信询问。科普勒斯顿立即给我写了回信，并附上照片和亲笔写的简历，以及 20 页的著述和二手文献目录。我把他的照片和自传的翻译写在传记里，兹不赘述。

科普勒斯顿（Frederick Charles Copleston，1907. 4. 10 — 1994. 2. 3）不仅是足迹遍布西方世界的精力充沛的教师，而且是多产的作者。自 1934 到 1986 年，他发表了 150 篇论文和 250 多篇书评。他的著作除了 9 卷本的《哲学史》外，还包括《托马斯·阿奎那》《尼采——文化哲学家》《叔本华——悲观主义的哲学家》《中世纪哲学》《当代哲学》等，这些著作是对《哲学史》相关章节的补充和发挥。他写的《哲学和哲学家》《论哲学史》等专著论述了哲学史的方法论。20 世纪 80 年代之后，科普勒斯顿致力于东西方哲学比较研究，写了《哲学和文化》《宗教和哲学》《宗教和一元》等著作，提出了"一元形而上学"的思想。他还专门研究了俄国哲学，写了《哲学在俄国》《俄国的宗教哲学》。1987 年，为了庆祝科普勒斯顿的 80 岁寿辰，哲学界出版了论文集，评价了科普勒斯顿两方面重要贡献。一是对英语国家哲学史著述的卓越贡献。德语国家和法语国家早在半个多世纪之前，就有了宇伯威格（Friedrich Überweg）的《哲学史大纲》和布雷希耶（Émile Bréhier）的《哲学史》等权威著作，但长期以来，英语国家没有一部与之相当的权威著作。科普勒斯顿的《哲学史》填补了这一空缺。现在，在英语国家大学里，这部著作普遍被用作教材和参考书。第二方面的贡献是，科普勒斯顿用永恒哲学（Philosophia perennis）的传统融汇各种哲学资源。他是一个托马斯主义者，但坚持认为托马斯主义属于永恒哲学，托马斯主义产生之后，可在任何方向和时期继续发展。这意味着，中世纪之后，永恒哲学贯穿在近现代哲学之中。站在永恒哲学的立场，科普勒斯顿对历史和现当代各种哲学派别和理论做出积极评价，突出了托马斯主义与西方哲学其他流派综合调和的特征。他的哲学史方法论可以说是史论结合、以论带史的典范。

最后，《科普勒斯顿哲学史》在 20 世纪 90 年代已被介绍到我国，成为西方哲学史教学和研究的重要参考书。这部书的中译本问世，将在中国社会，尤其是哲学界产生更广泛的影响。本书各卷译者均为哲学学界优秀学者，其中第 5、8 卷的译者周晓亮研究员是我相识多年的学友，他对英国哲学有精深的研究，令我十分钦佩。同时，他还是一位翻译家，所译《人类理智研究》《道德原理研究》和《剑桥哲学史（1870—1945）》（两册）是我经常使用的案头书。其余各卷译者，梁中和、江璐等学者也各有所长，我相信由他们来翻译《科普勒斯顿哲学史》中译本，定能为这部世界哲学名著增光添彩。

是为序。

赵敦华

2020 年春节于北京大学外国哲学研究所

前　言

我原打算用一卷篇幅论述 17、18 世纪哲学，并将之命名为《从笛卡尔到康德》。但后来证明这是不可行的。我最终将这部分内容分为三卷。第 4 卷《理性主义：从笛卡尔到莱布尼茨》处理了大陆哲学家的理性主义体系；第 5 卷《英国哲学：从霍布斯到休谟》勾勒了包括苏格兰常识哲学的英国哲学思想的发展；第 6 卷《启蒙运动：从伏尔泰到康德》考察了法国和德国的启蒙运动、历史哲学的兴起，以及康德哲学体系。

虽然最终使用三卷处理 17、18 世纪哲学，但我最初的计划在某种程度上得到了保留——这三卷使用了共同的导论和结语。共同的导论放在了第 4 卷的开篇，导论中涉及本卷主题的内容在此将不再重复。至于结语，它构成了本书的终章；在这一章中，我将不仅从历史的角度，而且从更为哲学的角度尝试讨论 17、18 世纪不同哲学风格的性质和价值。因此，这套哲学史的第 4、5、6 卷构成了三部曲。

目　录

第一部分　法国启蒙运动

第二部分　德国启蒙运动

第三部分　历史哲学的兴起

第四部分　康　德

第一部分

法国启蒙运动

第一章

法国启蒙运动（一）

引言——培尔的怀疑论——丰特内尔——孟德斯鸠及其法的研究——莫佩尔蒂——伏尔泰与自然神论——沃维纳格——孔狄亚克与人类心灵——爱尔维修论人

1. 很多人心中或许有以下这种自然倾向：他们对法国启蒙运动的思 ¹考，主要着眼于破坏性的批判，以及对于基督教或至少天主教的公然敌意。如果我们排除卢梭（Rousseau），那么18世纪最著名的法国哲学家或许是伏尔泰（Voltaire）。这个名字使人心中浮现出聪明机智的文人形象，他孜孜不倦地指责教会是理性之敌、不宽容之友。此外，如果一个人对例如拉美特利（La Mettrie）、霍尔巴赫（d'Holbach）等人的唯物主义有所了解，他或许会倾向于认为法国启蒙运动是一种反宗教运动——从伏尔泰与狄德罗（Diderot）早期著作中的自然神论，到霍尔巴赫的无神论以及卡巴尼斯（Cabanis）的朴素唯物主义观点。如果这样理解启蒙运动，那么一个人对于启蒙运动的评价就会在很大程度上依赖于他是否具有宗教信仰。有人认为18世纪法国哲学导致了不虔敬，产生了在大革命中亵渎圣母院大教堂的结果。另外还有人认为启蒙运动是心灵从宗教迷信与教会暴政中逐渐解放的运动。

此外，以下这种印象并不罕见：18世纪法国哲学家全都是既存政治体系的敌人，他们为大革命铺平了道路。鉴于这种政治解释，对于哲学家作品的不同评价显然是可能的。有人认为他们是大革命不负责任的煽动 ²者，认为他们的作品对于雅各宾派恐怖统治具有实际影响。还有人可能认为他们是不可避免的社会政治发展过程中的某个阶段，帮助开启了所谓的资产阶级民主时代，后者又转而注定会被无产阶级的统治所替代。

对法国启蒙运动的这两种解释无论是从对宗教制度和宗教本身的态度而言，还是从对政治系统以及政治发展和社会发展的态度而言，当然都有事实上的根据。但它们或许不具有同样的合理性。一方面，虽然某些哲学家确实不喜欢"旧制度"（ancient régime），但如果他们认为所有典型的启蒙运动哲学家都是大革命有意识的煽动者，这就会误入歧途。比如，伏尔泰虽然渴望某种改革，但却并不关心倡导民主。他关心自己和朋友们的言论自由，但他却很难被称为民主主义者。温和的专制比人民统治更符合他的品位，特别是如果这种温和针对的是"启蒙哲学家"（les philosophes）。他当然不想在被他视为"暴民"的那部分人群之中发起革命。另一方面，所有被认为是法国启蒙运动的典型代表的哲学家确实都在不同程度上反对教会的支配。这些哲学家中很多人都反对基督教，某些至少是教义上的无神论者：强烈反对所有宗教，认为宗教都是无知和恐惧的产物，都是理智进步的敌人，而且有害于真正的道德。

但是，虽然首先从对宗教的态度而言，其次从对政治信念的态度而言，这两种解释都有事实上的根据，但如果某人将18世纪法国哲学描述为对王权和教权的持续攻击，那么他给出的图景就会是完全不充分的。很明显，对天主教会、启示宗教，以及在某种意义上对任何形式的宗教所做的攻击，都是以理性的名义进行的。但是，对于法国启蒙哲学家而言，相较于对宗教领域的破坏性批判，对理性的运用意味着更多的东西。破坏性的批判可以说是法国启蒙运动的消极方面。积极方面则在于尝试理解世界，尤其是从人类心理、道德和社会生活的角度来理解人类自身。

我这样说并非想要轻视启蒙哲学家在宗教论题上的观点，或者将之视为不重要的而不予考虑。事实上，对于任何与本书作者持有相同宗教信仰的人来说，这些哲学家的态度几乎不可能是无足轻重的。但是暂且不论个人信仰，启蒙哲学家对于宗教的态度明显具有文化上的意义和重要性。因为它表达出对于中世纪文化观的显著转变，它代表着全新的文化阶段。同时我们必须记住，我们所见证的是科学观的增长和扩张。18世纪法国哲学家强烈相信进步，相信科学观能够从物理学扩展到心理学、道德和人类的社会生活。如果他们倾向于反对启示宗教甚或所有宗教，这就部分源于他们相信，无论是特殊意义上的启示宗教还是一般意义上的宗教，都是理智进步以及清楚无碍地使用理性的敌人。我的意思肯定不是说他们这样想是对的。宗教与科学之间并没有内在的不可兼容性。但是我认为，如果我们过于排他地专注于他们对宗教领域的破坏性批判，就会失去对启蒙哲学家的积极目标的观察，从而导致我们只能看到整个图景的某个方面。

18 世纪的法国哲学家受到英国思想的极大影响，尤其是被洛克和牛顿所影响。通常而言，他们同意洛克的经验主义。对他们来说，理性在哲学中的使用并不意味着从天赋观念或自明的第一原理之中推导出宏大体系。在这个意义上，他们背离了之前世纪的思辨形而上学。但这不是说，他们完全不关心综合而纯粹只是分析性的思想家，或者在某种意义上只注意各种特殊问题和疑问，而不尝试综合各种不同的结论；而是说，他们相信正确的研究路径是面向现象本身，通过观察来研究现象的规律和原因。我们进而才能进行综合，形成普遍原理，并在普遍真理之下观察特殊事实。换句话说，在他们看来，如果有人认为理性的方法就是可应用于所有研究分支的数学演绎法，那么他就是错的。例如布封（Buffon）就清楚地看到了这点，他的观点对于狄德罗的思想有所影响。

这种关于知识的经验主义路径，比如达朗贝尔（d'Alembert）的路径，有时导向了某种可以形容为实证主义的立场。如果有人认为形而上学就是研究超越现象的实在，那么形而上学就是不可知的领域。我们在这个领域没有任何确定知识，探寻这种知识就等于浪费时间。只有在对经验科学的结果进行综合的意义上，我们才能够具有理性形而上学。在经验科学自身中，我们关心的不是"本质"，而是现象。当然，我们在某种意义上能够谈论本质，但只是洛克所说的"名义"（nominal）本质。我们不是在形而上学的意义上使用这个词。

实际上，如果断言法国启蒙运动的所有哲学家都是"实证主义者"，这就犯了严重的错误。比如，伏尔泰认为我们能够证明上帝的实存（the existence of God）①。莫佩尔蒂（Maupertuis）也这样认为。但我们仍然可以在这个时期的某些思想家那里看出明显的实证主义倾向。我们可以认为，18 世纪哲学为 19 世纪的实证主义铺平了道路。

同时，以下这种对法国启蒙运动的解释是片面的：启蒙运动在某种意义上过于哲学化。我将以孔狄亚克（Condillac）为例说明我要表达的意思。这位哲学家受洛克影响非常之大。他以他所理解的洛克经验主义为基础，将之应用于对人的心理能力和运行机制进行研究，尝试表明它们如何全都能够在"转化的感觉"之下得到解释。孔狄亚克自身并不是我们所说的实证主义者。然而，我们完全可能将他的《论感觉》（*Treatise on Sensations*）理解为朝向实证主义的一个步骤，或者实证主义发展过程的一个阶段。但是，我们也同样可能将之简单地理解为心理学发展过程中的一个阶段。心理学，就其自身而言，并不必然与哲学实证主义相关联。

再有，法国启蒙运动的某些哲学家反思了人的心理生活及其生理条件之间的关系。在某种情况下（例如在卡巴尼斯那里）这最终导致了朴素唯物主义观点。因此，有人可能会尝试以这个结果来理解全部的考察。同时，人们也很可能会认为，某些哲学家的教条唯物主义是有价值的研究路径在发展中暂时误入的歧途。换句话说，如果有人把 18 世纪哲学家的心理学研究看作这条研究路径在早期发展阶段中的尝试性试验，那么，相比于强调法国启蒙运动的夸张和粗糙性，他可能更倾向于把精神视野专注于

5

---

① 　译者注：本文将 being/beings 与 existence/exist/existent 基本相应地翻译成"存在"/"存在者"与"实存"/"生存"及其相关词汇。除此之外的相关词汇还有 there is，本文统一翻译成"存在着"，there is 的使用没有这么严格，常常兼有 being 和 existence 的含义。译者无意于卷入如何理解"being"的争论之中，相关文献可参见宋继杰主编的《Being 与西方哲学传统》（2011）。但是，无论将之理解成"存在"，还是"是""在""有"，最基本的问题都在于如何将之与 existence 区分开来，这也是译者在翻译中遇到的主要问题。译者采取的策略是把 existence 翻译成"实存"，而与 being 及相关词汇翻译成"存在"（偶尔翻译成"是"）及相关词汇。这个区分有助于在中文语境中理解"上帝实存证明"要做的工作是什么，它最终想要证明的是上帝的"实存"（existence），而非证明上帝的"存在"/"是"（being），当然本体论证明是通过 being 来证明 existence。"上帝实存证明"可能不太符合中文语境的使用习惯（它通常被翻译成"上帝存在证明"），但这样翻译有助于我们理解这个证明要做的工作，以及有助于整部书术语翻译的一贯性。因为译者对这些词汇的翻译是严格对译的，读者在阅读过程中如果持有的是其他理解，也可以自行还原回去。

法国启蒙运动本身。当然，当一个人关心特定时期和特定群体的思想时，正如这几章所示，他就会注意到这些夸张和粗糙性。但我们仍然还是要在心中保留整全的图景，并且提醒自己，这些特征属于这条发展路径的特定阶段，这条路径最终会走向未来，而且能够在未来对早期的矛盾进行批判与矫正。

因此，通常而言，我们或许认为，法国启蒙运动的哲学是发展休谟所谓"人的科学"的尝试。这个描述实际上并不适用于所有事实。例如，我们会找到宇宙论。但确实，法国启蒙运动成功地引起了18世纪哲学的这一兴趣：对人类心理和社会生活做出牛顿对物理宇宙所做的那种研究。在努力完成这个目标时，他们采取的路径更多是受到洛克经验主义的启发，而不是被之前世纪的思辨体系所启发。

同样值得注意的是，法国启蒙运动的哲学家，像某些英国道德哲学家一样，竭力使伦理学从形而上学与神学中分离出来。他们的道德观念确实差异很大，例如，从狄德罗的伦理理想主义到拉美特利的低级功利主义。但可以说，他们或多或少都在尝试使道德哲学自立门户。这正是培尔断言由无神论者组成的国家是完全可能的，以及拉美特利补充说这不仅可能而且可欲的意义之所在。但是，如果说所有启蒙哲学家都同意这个观点，这就是错误的。例如，伏尔泰认为，如果上帝不实存，即便为了社会的道德福祉，也有必要发明上帝。但是，通常而言，启蒙运动的哲学包含把伦理学从形而上学或神学之中分离出来的考虑。当然，这种分离是否能够站得住脚，仍然尚无定论。

最后，我们需要注意，18世纪法国哲学与英国哲学一样，主要不是由大学哲学教授写就，而是由一些常常有着哲学之外兴趣的作者所写。英国的休谟既是哲学家也是历史学家。法国的伏尔泰创作戏剧。莫佩尔蒂考察北极，想要通过精确测量纬度而对确定地球两极的形状有所贡献。达朗贝尔是杰出的数学家。孟德斯鸠和伏尔泰在历史编纂学的发展中有重要地位。拉美特利是一位医生。在18世纪，人们仍然处于这样的时代：关于哲学观念的知识仍然被视为教养的必需品，哲学还没有变成只局限于学院之内。再者，哲学与科学仍然具有紧密联系，这种联系确实是法国哲学思想的普遍特征。

2. 在为法国启蒙运动铺平道路的法国作家中，最具影响力的或许是皮埃尔·培尔（Pierre Bayle，1647—1706），他是著名的《历史批判辞典》（*Dictionnaire historique et critique*，1695—1697）的作者。培尔从小就是新教徒，但曾经有段时间皈信天主教，后来又回归新教。但是，虽然他拥护归正会，他依然相信只有天主教会没有宗教宽容。他从 1680 年开始居住在鹿特丹，在此期间，他提倡宗教宽容，攻击加尔文派神学家朱里厄（Jurieu）的宗教不宽容态度。

在培尔看来，当时的神学争论既混乱又无意义。以恩典与自由意志之间关系的争论为例，托马斯主义者、詹森主义者和加尔文主义者一致反对莫林纳主义（Molinism）。但他们之间其实并没有根本上的差别。然而托马斯主义者抗议说他们不是詹森主义者，詹森主义者也拒绝接受加尔文主义，而加尔文主义者则谴责另外两个。至于莫林纳主义者，他们诉诸诡辩论证，竭力证明圣奥古斯丁的教义不同于詹森主义者的教义。总之，人类总是倾向于在没有差别的地方相信存在着差别；在不同立场之间没有牢固联结的地方相信存在着牢固的联结。很多争论的产生和发展都是因为偏见和缺乏清楚的判断。

然而，比起当时有关教义神学的争论，培尔对于形而上学或自然神学的看法更为重要。他认为，人类理性更适合于发现错误，而不是发现确切的真理，在形而上学上尤其如此。实际上，通常都承认，只要一个哲学家并不否认上帝实存能够以某种方式得到证明，那么他就有权批判有关上帝实存的任何证明。但事实上，至今已经提出的有关上帝实存的证明都受到了破坏性的批判。此外，没有人解决了关于恶的问题。这也并不奇怪。因为在肯定世界中的恶与肯定无限、全知、全能的上帝之间，不可能取得任何合理的调和。摩尼教徒的二元论哲学对恶做出的解释比任何正统教派都要好，但同时，摩尼教徒的形而上学假设是荒谬的。至于灵魂不朽，没有任何人提出过任何明见的证明。

培尔并不是认为上帝实存和灵魂不朽的学说是错误的。他毋宁是将信仰置于理性领域之外。但是，这个说法需要某种限定。因为培尔并不只是认为虽然宗教真理不能得到理性证明，但它们并不与理性相矛盾。他的立场毋宁是，这些真理包含了很多与理性相矛盾的地方。因此，他建议（无论是否真诚）接受启示确实更有价值。无论如何，如果宗教真理涉及非理性领域，沉迷于神学论证和争论就没有意义。宗教宽容就应当取代争论。

值得注意的是，培尔不仅把宗教与理性分离开来，而且把宗教与道德分离开来。也就是说，他坚持认为，如果谁假设宗教信仰与宗教动机对于引导道德生活而言是必要的，这就犯了极大的错误。非宗教动机与宗教动机相比，同样有效甚至更为强烈。不相信灵魂不朽或上帝实存的民族也非常有可能组成道德社会。毕竟，培尔在他的《历史批判辞典》中关于撒都该人的文章中谈道，撒都该人不相信复活，这比法利赛人相信复活要更好。生活经验没有表明在信仰与实践之间具有任何牢固的联结。因此，我们得出了自主的道德人的概念，他们不需要宗教信仰就能过上有德性的生活。

后来的法国启蒙运动作家（例如狄德罗）充分利用了培尔的《历史批判辞典》。这部著作也对德国启蒙运动（Aufklärung）产生了影响。腓特烈大帝在 1767 年写信给伏尔泰时说道：培尔已经开启了战斗，很多英国哲学家紧随其后，伏尔泰则注定要结束这场战斗。

3. 贝尔纳·勒博维耶·德·丰特内尔（Bernard le Bovier de Fontenelle，1657—1757）以科学观念的普及者闻名于世。他的文学生涯开始于某部不成功的戏剧。但他立刻觉察到，清楚易懂地叙述新物理学将会受到当时社会的欢迎。他尝试满足这种需要，最终获得了成功，以至成为科学学院（Académie des Sciences）的秘书。大体上来说，他是笛卡尔物理学的捍卫者。他在《关于多重世界的对话》（Entretiens sur la pluralité des mondes，1686）中，普及推广了笛卡尔的天文学理论。实际上，他并没有忽视牛顿的重要性，他于 1727 年还出版了《牛顿的颂词》（Eulogy of Newton）。但是，他在《笛卡尔的漩涡理论》（Théorie des tourbillons cartésiens，1752）中捍卫了笛卡尔的漩涡理论，攻击牛顿的引力原理，因为他认为引力原理包含了对某种神秘实体的假设。在他死后，人们在他的书房中发现的手稿清楚地表明，他在生命的最后时期确实转向了经验主义。我们所有的观念最后都可以还原为感官经验的材料。

除了有助于在 18 世纪的法国传播科学观念的知识，丰特内尔也间接地助长了对于宗教真理的怀疑主义。例如，他出版了《寓言的起源》（The Origin of Fables）和《神谕史》（The History of Oracles）等小书。在《寓言的起源》中，他反驳了神话和寓言源自想象力的发挥而非理智这种观点。例如，希腊神话起源于解释现象的欲求，它们是理智的产物，尽管想象在详加叙述它们时起到了作用。早期人类的理智与现代人类的理智没有本质上的差别。原始人和现代人都试图解释现象，试图将不知道的东西还原为知道的东西。他们之间的差异仅在于此：在早期时代，实证知识非常缺乏，心灵被迫求助于神话解释；但在现代世界，实证知识增长的程度使科学解释取代了神话解释。虽然丰特内尔没有明确表达过这个观点，但他已经暗示得非常明显了。

丰特内尔在其论神谕的著作中认为，我们没有合理的理由断言，异教神谕源于恶魔的活动，或者这些神谕随着基督降临而销声匿迹。因此，断言异教神谕销声匿迹，以此论证基督的能力和神性，这没有任何历史基础。他在这个问题上的某些论点几乎不怎么重要。但他似乎是想表明，基督教的护教士习惯求助于毫无价值的论证。

但是，丰特内尔并不是无神论者。他认为，在受规律支配的自然系统中，而非在受人类的激情和善变所支配的历史中，上帝显示了自身。换句话说，对于丰特内尔而言，上帝不是任何历史宗教的上帝，在历史和教义体系之中显示自身；而是自然的上帝，在世界的科学概念之中显示自身。18 世纪法国哲学家之中的确有无神论者，但自然神论或伏尔泰所说的有神论则更为普遍，即便无神论在法国比在同时代的英国更为常见。

4. 我们已经提到，法国启蒙运动的哲学家致力于理解人类社会和政治生活。这个领域最重要的著作之一就是孟德斯鸠论法的著作。夏尔·德·塞孔达，孟德斯鸠男爵（Charles de Sécondat, Baron de La Brède et de Montesquieu, 1689—1755）热衷于文学且反对专制主义。他于 1721 年出版《波斯人信札》（Lettres persanes），这部著作讽刺了法国的政治和教会境况。他于1728年至1729年到访英国，极为赞赏英国政治体系的某些特征。他于1734年出版《罗马盛衰原因论》（*Considérations sur les causes de la grandeur et de la décadence des Romains*）。最后，在1748年，他出版了论法的著作《论法的精神》（*De l'esprit des lois*），这是他十七年辛劳耕耘的成果。

孟德斯鸠在其论法的著作中，采取了对社会、法律和政府的比较研 10 究。实际上，对于构思如此鸿篇巨制的事业而言，他对事实知识的掌握不够精确和广泛。但是，这项事业本身，作为比较社会学研究，却极具重要性。的确，孟德斯鸠有一些前辈，特别是亚里士多德开启了对大量希腊政制研究的汇编工作。但我们必须站在当时哲学观点的角度上看待孟德斯鸠的计划。他将归纳的经验方法应用于政治和法律领域，而其他哲学家已经在其他领域应用了这种方法。

但是，孟德斯鸠的目标不仅在于描述社会、政治和法律现象，以及记录和描述大量特殊事实。他希望理解事实，并将对现象的比较观察作为系统性地研究历史发展原理的基础。"我首先考察人。我相信，在这样无限参差驳杂的法律和风俗之中，人不是单纯地跟着突发奇想走的。我建立了某些原则，并且看到了符合这些原则的具体案例；所有国家的历史都不过是这些原则的结果；每个特殊的法律都与其他法律相联系，或依赖于更具普遍性的法律。"[1] 因此，孟德斯鸠不只是以实证主义社会学家的精神，更是以历史哲学家的身份来处理他的主题。

从某个方面来看，孟德斯鸠的社会、政府和法律理论，通常由对历史材料的概括（甚至是过于草率的概括）所构成。不同政治社会中的不同实定法律体系往往受到各种不同因素的影响而形成，如人民的性格、政府形式的性质和原则、气候和经济条件等。这些关系的整体形成了"法的精神"。孟德斯鸠正是要着手考察这种精神。

孟德斯鸠首先谈及法律与政府的关系。他将政府划分为三类："共和

---

[1] 《论法的精神》，序言。译者注：所有《论法的精神》的直接引文中，译文皆参考张雁深译本，但有改动。参见《论法的精神》，张雁深译，北京：商务印书馆，1961年。

制、君主制与专制"①。共和政府既可以是民主制，即人民拥有最高权力；
也可以是贵族制，即只有部分人民拥有最高权力。在君主政府中，君主根
11 据某些基本法律进行统治，通常有"中间权力"。在专制国家，没有这类
基本法律，没有法律的"保管者"。"因此在这些国家中，宗教通常具有
非常大的影响力，因为它形成了某种永久性的保管者。如果没有宗教，受
到尊敬的就会是习俗而非法律。"②共和政府的原则是公民美德；君主政府
的原则是荣誉；专制政府的原则是恐惧。这些政府形式及其原则可能覆盖
了法律系统的各种类型。"政府的性质与形式之间的区别在于：政府的性
质是政府建立的根据，政府的原则是政府行动的根据。一个是它的特殊结
构，一个是使之推行的人类情感。因此，法律与每种政府的原则之间的关
联，应当不少于与每种政府的性质之间的关联。"③

至此，我曾将孟德斯鸠的理论描述为似乎只是经验上的概括。然而，
对于这种解释的最明显反驳在于：他的分类是传统的和人为的，而且这些
分类作为对历史材料的描述是非常不充分的。但是，重要的是注意到，孟
德斯鸠谈论的是政府的理想类型。例如，在所有实际的专制政府背后，我
们能够分辨出专制政府的理想类型。而这并不意味着任何既存的专制政府
都如实体现了这种理想类型或纯粹类型，无论就其结构还是就其"原则"
而言。我们不能从理想类型的理论合法地得出结论，认为在任何既存的共
和政府中，运作原则都是公民美德；或者认为在任何既存的专制政府中，
行为的运作原则都是恐惧。同时，如果一个既存的政府无法体现出它的理
想类型，那么它就是不完善的。"三种政府的原则就是如此。这并不意味
着，人民在共和政府中都有美德，而是说他们应该如此。我们不是要证明
人民在君主政府中都具有荣誉感、在任何特定的专制国家中都感到恐惧，
而是要证明他们应该如此。如果没有这些性质，政府就是不完全的。"④因
此，孟德斯鸠会说，在既存的政府形式之下，某种法律体系应当被发现，

① 《论法的精神》，II，1。
② 同上，II，4。
③ 同上，III，1。
④ 同上，III，11。

而不是说它**已经**被发现了。启蒙的立法者会看到法律与政治社会的类型相应；但它们并非必然如此。

对于法律与气候、经济状况之间的关系，孟德斯鸠做出了类似的论述。例如，气候有助于形成民族的性格和情感。英国人的性格不同于西西里人的性格。"法律应该以下述方式适应于人民：它们是为了该国人民而建立的，从而这个国家的法律不可能适合于其他国家。"① 孟德斯鸠并不是说，气候和经济状况决定了法律体系，以至于理智控制是不可能的。它们实际上对政府形式和法律体系起到了强有力的影响，但这种影响并不等于决定性的命运。智慧的立法者会使法律适合于气候和经济状况。但这可能意味着，例如在某种环境下，他需要有意识地应对气候在性格和行为上产生的消极影响。人类并不只是低于人类的条件和因素的玩物。

我们或许可以在孟德斯鸠的理论中区分出两种重要的观念。第一种观念认为法律体系是经验因素的复合结果。我们在此拥有从历史材料中获得的概括，这种概括可以用作假设，以便进一步理解人类社会和政治生活。第二种观念是理想类型在人类社会中发挥作用。也就是说，孟德斯鸠的理想类型理论，虽然非常狭隘，但或许可以被看作意味着：每个政治社会都是理想类型的不完善体现，理想类型在政治社会的发展过程中则是隐含的构成性因素，政治社会以其为目标或从中分离出来。智慧的立法者的任务就是分辨出这种发挥作用的理想类型的本性，并且使立法过程适合于理想类型的逐步实现。如果这样解释，理想类型的理论就不仅是希腊政制分类的遗迹。人们可以认为孟德斯鸠尝试借助古代范畴表达出某种真正的历史洞见。

但是，如果我们如此叙述孟德斯鸠的理论，我们就暗示着他只关心对于历史材料的理解，而且只满足于相对主义。各种法律体系是不同经验因素的复合结果。在每种体系中，我们能够看到理想类型在其运用中起到了作用。但哲学家没有用以比较和评价不同政治和法律体系的绝对标准。

但是，这种理解在两方面具有误导性。首先，孟德斯鸠承认有不变

① 《论法的精神》，I，3。

的正义之法。上帝作为世界的创造者和保存者，已然建立了支配物理世界的法则和规则[①]，而"人类作为物理存在者，与其他物体一样受到不变法则的支配"[②]。但是，作为理智或理性存在者，人类受到他能够违反的法则的支配。这类情况有些是他自己造成的，但有些则不依赖于他自身。"因此，我们必须认识到正义的关系先于它们所建立的实定法。"[③]"认为没有什么正义或不正义，只有实定法所规定和禁止的，这就等同于认为，在描述画出圆之前，所有半径都是不相等的。"[④] 孟德斯鸠假设了自然状态的观念，认为在所有实定法之前有着"自然法，这样称呼是因为它们完全从我们的结构和存在中获得力量"。[⑤] 为了理解这些法则，我们必须以社会建立之前的人类境况来考虑人。"在这种状态下的法则将会是自然法。"[⑥] 这种观念是否很好地契合了孟德斯鸠理论的其他方面，可能还存在着争议。但他无疑认为，自然的道德法则先于所有政治社会所建立的实定法而实存。如果我们愿意，我们可以认为他论法的著作期望以纯粹经验和归纳性的方式处理政治和法律制度，而他的自然法理论则来自早期法哲学家。即便如此，这个理论仍然是他思想中的真实组成部分。

其次，孟德斯鸠热衷于自由，而不仅是历史现象的旁观者。因此，在《论法的精神》的第十一章和第十二章，他试图分析政治自由的条件，而且他不喜欢专制政府，这暗示着他认为自由政体是最佳政体。他采用的分析方式首先是给出"自由"这个词在政治语境中使用时的内涵，随后考察它在什么条件下能够得到捍卫和保持。从理论上来说，这可以由某位不热衷或不关心政治自由的政治哲学家提出。但是，孟德斯鸠在他的分析中既着14　眼于他所赞赏的英国宪政，又着眼于他所不赞赏的法国政治体系。因此，至少就他对政治自由所做的讨论的精神和动机而言，这种讨论不只是抽象的分析。因为他是在追问如何改革法国政治体系，以便容许和保留自由。

---

① 法则在广义上指"从事物本性中得出的必然关系"。《论法的精神》，I，1。
② 《论法的精神》，I，1。
③ 同上。
④ 同上。
⑤ 同上。
⑥ 同上。

　　孟德斯鸠说，政治自由不在于无限制的自由，而在于"有权力去做我们应当意愿的事情，以及不被强迫去做我们不应意愿的事情"。①"自由就是有权利去做法律所允许的事情。"②在自由社会之中，没有任何公民被禁止以法律允许的方式行动，而法律允许他依照自己的喜好行动时，也没有任何公民被迫以其他某种特定的方式行动。孟德斯鸠对自由的这种描述或许并不具有启发性，但他坚持认为政治自由涉及分权。这就是说，立法权、执行权和司法权不能归属于某个人或某个群体。它们必须以某种方式相互分立相互独立，以便能够相互监督，从而防止专制主义和暴政统治滥用权力。

　　正如孟德斯鸠所明确表示的，这一有关政治自由的条件的陈述是通过考察英国宪政而获得。在不同的国家中，不同的理想类型发挥作用。罗马的理想或目的在于支配权的扩张；犹太国家的理想和目的在于宗教的保存和扩张，中国的理想和目的则在于公共安宁。但英格兰这个国家以政治自由作为其宪政的直接目的。因此，"我们不需要花费很大力气就能在宪政中发现政治自由。如果我们能够看到它存在于何处，我们为什么还要长途跋涉去寻找它呢"③？

　　某些作者认为，孟德斯鸠是通过如哈林顿（Harrington）、洛克等政治理论家来观察英国宪政的，当他谈论权力分立是英国宪政的标志时，他没有理解1688年光荣革命已经确立了议会的至高无上性。换句话说，如果有人仅仅依赖于对英国宪政进行观察，他就不会认为所谓的权力分立是它的主要特征。但是，即便孟德斯鸠以有关英国宪政理论的角度来看待和解释英国宪政，"权力分立"这一短语即便不足以描述具体情形，但它却似乎很清楚，这个短语使人注意到当时情形的真实特征。当然，法官并不具有立法者所具有的那种意义上的"权力"。但同时，在行使他们的功能时，法官不用服从君主或其大臣反复无常的控制。我们或许也可以说，在事实上，孟德斯鸠之所以赞赏英国宪政，不在于它应用了"权力分立"的

15

---

① 《论法的精神》，XI，3。
② 同上。
③ 同上，XI，5。

抽象理论，而在于它是长期发展产生的结果。但是他并没有被这个短语所迷惑，在把英国宪政理解为权力分立之后，他并没有说他自己的国家应当将这种方式盲目移植。"我应当如何设计呢，既然我认为理性的过度使用并不总是值得欲求的，以及人们几乎总是更适合于中道而非极端？"①孟德斯鸠想要改革法国政治体系，对英国宪政的考察为他提供了无需暴力和激烈革命即可实现改革的方式。

孟德斯鸠有关权力制衡的观点对于美国和法国都有影响，例如 1791 年的《法国人权与公民权宣言》。但是后来，学者们更多强调的是他以下这些开创性工作：他对政治社会所做的经验性和比较性研究，以及有关政府形式与法律体系或其他条件因素之间关联的研究。

5. 在丰特内尔那一节，我们注意到了他对笛卡尔物理理论的辩护。而莫佩尔蒂（Pierre Louis Moreau de Maupertuis，1698—1759）的活动则可以说明笛卡尔被牛顿所替代。他攻击了笛卡尔的漩涡理论，捍卫了牛顿的引力理论。实际上，他对于牛顿理论的支持帮助他当选皇家学会（Royal Society）的会员。正如本章首节提到的，1736 年，他在国王路易十五的支持下前往拉普兰进行了一场远征，对纬度进行了精确测量，从而确定地球的形状。这些观测结果出版于 1738 年，证实了牛顿理论，地球的表面朝向两极变平。

16　　在某些方面，莫佩尔蒂的这些观点属于经验主义甚至实证主义。1750 年，在腓特烈大帝的邀请下，他担任了柏林的普鲁士科学院（Prussian Academy）主席，出版了《宇宙论》（*Essay on Cosmology*）。在这部著作中，他谈到（比方说）力的概念，力起源于我们的身体在克服障碍时感受到的阻力。"**力**这个词在其恰当的意义上表达了当我们想要移动某个静止物体或想要改变、停止某个运动物体的运动时，我们所体验到的那种感觉。我们这时经验到的知觉，如此持续地伴随着物体的静止或运动上的变化，以至于我们不得不相信这就是变化的原因。因此，当我们看到物体的静止或运动发生变化，我们就会说这是力的结果。如果我们没有感觉到

---

① 《论法的精神》，XI，6。

我们自己努力促成了这种变化，如果我们只看到可能导致了这一现象的某些物体，我们就认为这些物体身上具有力，就像这种力属于它们一样。"① 力的观念在其起源上只是"我们灵魂的感觉"②，因此，力就不可能属于我们归之于的那些物体。但是，我们也可以谈论呈现在物体中的动力，这没什么坏处，只要我们记住，"它只是我们发明的词语，用来补充我们知识（的缺陷），只意味着某种现象的结果"③。换句话说，我们不能受我们对于"力"这个词的使用的误导，以至认为存在着某种与之相应的隐秘实体。力"只能通过其表现出的结果"得到测量。在物理学中，我们停留在现象的领域。力学基本概念能够在感觉中获得理解。莫佩尔蒂确实相信，关于数学原理与力学原理之间的必然连接的印象也能够在经验主义范围内得到解释，例如通过联想和习惯。

但同时，莫佩尔蒂也提出了自然规律的目的论概念。力学的基本原理是"最小作用量"④原理。这个原理指的是："当自然中发生某些变化时，这种变化所需的作用量总是最小的。我们从这个原理中推导出运动定律。"⑤换句话说，自然在需要达成其目的时，总是使用最小的力或能量。数学家费马（Fermat）在他的光学研究中已经使用了最小作用力定律，但莫佩尔蒂赋予了它普遍的适用性。莱布尼茨的学生萨穆埃尔·柯尼希（Samuel König）争论道，莱布尼茨先于莫佩尔蒂提出了这个定律，而这位法国哲学家试图否认这一争论的真实性。但我们在此不关心优先权问题。重要的是莫佩尔蒂认为他有理由主张自然的目的论体系表明自然是全知造物主的作品。他认为，笛卡尔的能量守恒原理使世界摆脱了上帝的支配。"但我们的原理更符合我们应该具有的有关事物的观念，使世界持续需要上帝的力量，而且世界是这种力量的最明智使用的必然结果。"⑥

17

------

① 《宇宙论》（*Essai de cosmologie*），第二部分；《莫佩尔蒂著作集》，1756年版，I，第29—30页。
② 同上，第30页。
③ 同上，第31页。
④ 同上，第42页。
⑤ 同上，第42—43页。
⑥ 同上，第44页。

莫佩尔蒂在其《著作集》的 1756 年版中收录了《自然的一般体系》（*Système de la Nature*）[①]。这部著作的拉丁文版曾经以鲍曼（Baumann）为笔名于 1751 年出版过。在这部论著中，他驳斥了笛卡尔在思想与广延之间所做的尖锐区分。莫佩尔蒂说，归根结底，人们之所以不愿意将理智归因于物质，仅仅源于这样一个事实，即人们总是假设这里所说的理智一定与我们所具有的理智类似。实际上，理智有着无限等级，从模糊的感觉到清楚的理智，每个实体都在某种程度上具有理智。因此，莫佩尔蒂提出了某种形式的万物有灵论，根据这个观点，甚至最低等的物质也拥有某种程度的生命和感觉。

因为这个学说，莫佩尔蒂有时被归为我们稍后会提到的法国启蒙运动中的朴素唯物主义者。狄德罗将莫佩尔蒂的理论等同于唯物主义，并且认为它破坏了关于上帝实存的有效论证的基础。但是，莫佩尔蒂反驳了这种解释。莫佩尔蒂在 1756 年版的《自然的一般体系》中附上了《回应狄德罗的反驳》，他在文中谈道，狄德罗希望赋予纯粹物质事物类似于触觉的感觉，以便取代赋予它们初级知觉，而这只是在玩弄文词而已。因为，感觉是某种形式的知觉。初级知觉不同于我们所享有的清楚、分明的知觉。"鲍曼"所说的和狄德罗希望他说的之间并没有什么不同。很明显，这些观察没有解决莫佩尔蒂是否是唯物主义者这个问题。但无论如何，这都是一个很难回答的问题。莫佩尔蒂似乎坚持认为，原子和分子享有初级知觉，它们的组合进而产生出更高程度的"知觉"，但它们是物体单位，而非像莱布尼茨的单子那样的形而上学单位。这是否就是唯物主义立场还存在着很大争议。同时，我们必须记住，在莫佩尔蒂看来，无论性质还是广延都是现象，都是心理表象。布鲁内（Brunet）甚至认为，在某种意义上，莫佩尔蒂的哲学类似于贝克莱的非物质论学说。[②]事情真相似乎是，虽然莫佩尔蒂的著作有助于唯物主义的发展，但他的立场太过模糊，这使得我们不能无条件地将他归为法国启蒙运动的唯物主义哲学家阵营。正如狄德

[①] 《自然的一般体系》（*Système de la Nature*），LXII；《莫佩尔蒂著作集》，II，第 164—165 页。

[②] 《莫佩尔蒂》（*Maupertuis*），巴黎，1929 年。

罗解释的那样，当莫佩尔蒂谈到鲍曼的假设中蕴含"可怕"的结论，他明显是在说假话，当他字面上反驳这些结论时，其实是希望宣扬它们。

6. 我们已经看到，丰特内尔和莫佩尔蒂都相信宇宙体系显示了上帝的实存。孟德斯鸠也相信上帝实存，伏尔泰也是如此。伏尔泰的名字常常与他激烈的、嘲讽性的攻击联系起来，这种攻击不仅针对作为制度的天主教会、针对传教士的缺点，而且针对基督教教义。但这并不能改变他不是无神论者这一事实。

弗朗索瓦·马利·阿鲁埃（François Marie Arouet，1694—1778），后来给自己改名为伏尔泰（M. de Voltaire），少年时期在巴黎的路易大帝学院接受教育。在两次被关押进巴士底狱之后，他于1726年造访英格兰，并在那里待到了1729年。正是在他旅居英格兰期间，他熟读了洛克和牛顿的著作，赞赏英国生活的相对自由，这在他的《哲学通信》（*Philosophical Letters*）中表现得极为明显。[1] 伏尔泰在其他地方谈道，牛顿、洛克和克拉克，如果在法国就会受到迫害，在罗马就会被投入监狱，在里斯本就会遭受火刑。但是，当他在1761年听说有三位教士在里斯本被反宗教政府烧死时，这种对宗教宽容的热忱却没有妨碍他对之表达出强烈的满意之情。

1734年，伏尔泰去往锡雷，并在那里写成他的《形而上学论》（*Treatise on Metaphysics*），因其审慎而未加出版。他的《牛顿哲学原理》（*Philosophy of Newton*）问世于1738年。伏尔泰的多数哲学观念来自培尔、洛克和牛顿等思想家。在用清晰、机智的作品表述这些观念，以及使之得到法国社会理解方面，他无疑极为成功。但他不是一位深刻的哲学家。虽然受到洛克的影响，他却不是洛克那样的哲学家；虽然讨论牛顿，他自己却不是数学物理学家。

1750年，伏尔泰接受腓特烈大帝的邀请前往柏林，并于1752年创作了针对莫佩尔蒂的讽刺作品《阿卡基亚博士》（*Doctor Akakia*）。这部讽刺作品使腓特烈大帝感到不悦。当伏尔泰与他的皇室赞助人之间的关系变

---

[1] 伏尔泰从未见过休谟，虽然他极仰慕后者。休谟对这位法国哲学家可能持保留态度，虽然当伏尔泰在弗尼时，有人说服休谟从巴黎写了封欣赏信给伏尔泰。

得紧张时，他于 1753 年离开了柏林，定居在日内瓦附近。他的重要著作《风俗论》（*Essai sur les mœurs*）问世于 1756 年。

1758 年，伏尔泰在弗尼继承了一笔财产。《老实人》（*Candide*）发表于 1759 年，《论宽容》（*Treatise on Tolerance*）发表于 1763 年，《哲学辞典》（*Philosophical Dictionary*）发表于 1764 年，《无知的哲学家》（*The Ignorant Philosopher*）发表于 1766 年，一部有关博林布鲁克（Bolingbroke）的著作发表于 1767 年，《有神论者的信仰自白》（*Profession of Faith of Thesits*）发表于 1768 年。1778 年，伏尔泰前往巴黎参加他的剧作《伊雷娜》（*Irène*）的首演。他在首都受到了极大欢迎，但在演出之后不久，他便逝世于巴黎。

1829 年至 1834 年编辑出版的伯绍（Beuchot）版《伏尔泰全集》总计近七十卷。他是哲学家、剧作家、诗人、历史学家和小说家。作为个人，他具有某些优点。他具有很强的常识感；他要求改革司法机构，呼吁公众注意某些冤案，这些行为中虽然混杂了其他动机，但依然显示出了强烈的人道情感。不过总体而言，他的性格并不特别令人赞赏。他自负、记仇、愤世嫉俗、精神上狂妄不羁。他对于莫佩尔蒂、卢梭以及其他人的攻击使他不值得信任。但是，我们对于他的性格缺陷的讨论不能改变以下事实：他在著作中出色地汇集了法国启蒙运动的精神。

20　　伏尔泰在《牛顿哲学原理》中认为，笛卡尔主义直接导致了斯宾诺莎主义。"我知道很多人受笛卡尔主义影响，只承认广延事物，认为在此之外别无上帝。相反，我没有见过哪个牛顿主义者不是最严格意义上的有神论者。"[①]"牛顿的全部哲学必然导向有关最高存在者的知识，他创造了万物，并自由安排了万物。"[②]如果有虚空，物质必定是有限的。如果物质是有限的，它们就是偶然的和从属的。此外，引力和运动不是物质的本质属性。因此，它们必定由上帝所植入。

伏尔泰在《形而上学论》中提供了两种论证上帝实存的路线。第一条从目的因进行证明。世界被类比于钟表；伏尔泰认为，正如当有人看到钟表

① 《牛顿哲学原理》，I，1。
② 同上。

的指针指示时间时会得出结论说，这只钟表是由某人所制造的，目的是指示时间。因此，有人必定会从对自然的观察中得出结论，认为自然是由智慧的造物主所创造的。第二条从洛克与克拉克所提出的偶因论来进行证明。但后来，伏尔泰放弃了第二条路线，仅支持第一条路线。在《哲学辞典》关于无神论的文章结尾处，他说道："非哲学家的几何学家反对目的因，但真正的哲学家承认目的因。正如某位著名作者所言，传教士在向婴儿宣扬上帝，而牛顿则向智慧者证明上帝。"他在论自然的文章中论证道，这只是聚集了无法解释的宇宙和谐或宇宙体系。"他们称我为自然，但我只是人为。"

虽然伏尔泰始终坚持信仰上帝，但他对于世界与上帝之间关系的观点有过转变。最初，他多少分享了莱布尼茨和蒲柏（Pope）的宇宙乐观主义。因此，他在《牛顿哲学原理》中谈到因为世界上存在着恶而否认上帝的无神论者，并且评论道，善与幸福这类词语的含义是模糊的。"某些东西对于你而言是恶的，但对于整个宇宙体系却是善的。"[①] 再说，难道因为狼吃羊，因为蜘蛛抓苍蝇，我们就放弃理性引导我们得出的上帝实存的结论吗？"相反，难道你没看到，这些不断被吃掉又不断再生的代代相继，不是正好成了宇宙计划的组成部分吗？"[②]

但是，因为 1755 年里斯本大地震，恶的问题强烈地引起了伏尔泰的注意。他在论里斯本灾难的诗以及《老实人》中表达了他对这个事件的反应。他在诗中似乎肯定了神圣自由，但在后来的著作中他却认为创造是必然的。上帝是第一因或终极因，永恒实存。但是没有结果的原因概念是荒谬的。因此，世界必定永恒地来自上帝。实际上，世界并非上帝的一部分，世界在依赖于上帝而实存的意义上是偶然的。但是，创造是永恒的和必然的。就恶与世界不可分离而言，恶也是必然的。因此，恶依赖于上帝，但上帝没有选择创造它。只有上帝自由地创造时，我们才能让上帝为恶负责。

我们现在转向人类。伏尔泰在《牛顿哲学原理》中谈道，有几个认识洛克的人向他确证，牛顿曾经对洛克坦承，我们的自然知识不足以使我

---

① 《牛顿哲学原理》，I，1。
② 同上。

们声称上帝不可能把思维的天赋给予广延之物。[①]似乎非常清楚，伏尔泰认为，那种将灵魂作为非物质性的实体存在者的理论是不必要的假设。他在《哲学辞典》论灵魂的文章中论述道，"精神性灵魂"这类词语只是为了掩盖我们的无知。希腊人在感觉灵魂与理智灵魂之间做出了区分。但感觉灵魂其实不实存，"感觉灵魂只是你的器官的运动"。相比于证明更低灵魂的实存，理性找不到更好的证据去证明更高灵魂的实存。"只有凭借信仰，你才能认识它。"伏尔泰在此没有详细谈到不存在着精神的和不朽的灵魂这类东西。但他在其他地方把这个观点表达得足够清楚。

至于心理学上的人类自由，伏尔泰转变了他的看法。在《形而上学论》中，他通过诉诸意识的直接证据，抵抗了所有理论上的反驳，捍卫了自由的实在性。[②]但是，在《牛顿哲学原理》中，他做出了一个区分。在某些微不足道的事情上，当我没有动机使自己倾向于这样行动而不是那样行动时，就可以说我具有"任意的自由"。例如，如果我有选择向左还是向右的自由，并且如果我没有倾向于这样做也没有厌恶那样做，那么这项选择就是我自己意愿的结果。很明显，"任意的自由"在此是以极为字面意义上来使用的。在其他所有情形下，当我们是自由的，我们拥有的自由被称为"自发性"，"这就是说，当我们具有动机时，我们的意志由它们所决定。这些动机总是理解或直觉的最终结果"。[③]自由在这里只在名义上得到承认。但是，伏尔泰在做出这个区分之后继续说道："每个事物都有其原因，因此，你的意志也有原因。因此，人们除了接受最后观念的结果，不可能意愿任何东西……这就是为何智慧的洛克没有冒险宣扬**自由**之名。自由意志在他看来只是幻想。他知道的自由仅在于有权力做他意愿的事情。"[④]总而言之，"我们必须承认，除非使用模糊的修辞，人们几乎不能对反驳自由的言辞进行回应。这是智慧者甚至害怕去思考的悲观主题。我们可以做出的唯一令人欣慰的反思就是，无论人们拥护什么体系，无论

---

① 《牛顿哲学原理》，I，7。
② 同上。
③ 同上，I，4。
④ 同上。

人们相信我们的行动由什么命定论所决定，人们总是能够像他是自由的那样去行动"。① 在接下来的章节中，伏尔泰提出了对任意的自由的一系列反驳。

伏尔泰在《哲学辞典》论自由的文章条目中坦率地说道，任意的自由只是"毫无意义的词语，由那些自己都没有拥有过这种自由的人所发明"。人们所意愿的东西由动机决定；但人们可能自由地去行动或不行动是就下述意义而言，即他是否有力量完成他所意愿的行动。"你的意志不是自由的，但你的行动是自由的。当你有力量行动时，你就有行动的自由。"在《无知的哲学家》中，伏尔泰认为，自由意志的观念是荒谬的；因为自由意志是一种没有充分动机的意志，它脱离了自然的进程。② 如果"这个五英尺高的小动物"是宇宙支配法则的例外，这就会很奇怪。这就会成了依照偶然而行动，但世上其实没有偶然。"我们发明这个词，表达的只是未知原因的已知结果。"至于自由的意识或感觉，这与我们的意志决定论是相容的。它仅仅显示了当人们有完成他所意愿的行动的力量时，他能够去"做"他所意愿的。

这个决定论的论断并不意味着伏尔泰放弃了道德法则的观念。他同意洛克所持的不存在任何天赋的道德原则的观点。但上帝将我们塑造为在时间进程中逐渐认识到正义的必要性的。诚然，伏尔泰习惯于提醒人们注意道德信念的多变性。因此，他在《形而上学论》中谈道，在某个地方被称为德性的在另一个地方却被称为恶，道德法则像语言和风尚一样是多变的。③ 同时，"自然法也是存在着的，它被世界各个地方的人们所同意"。④ 上帝赋予了人某些不可转让的情感，作为永恒的约束，它们构成了人类社会的基本法则。基本法则的内容似乎极为受限，主要在于不伤害他人，在不损害邻人的前提之下追求自己所满意的东西。即便如此，正如伏尔泰向来坚持着的自然神论的立场（或他自己所称的有神论立场），他从未完全屈从于道德相对主义。伏尔泰的特征不是帕斯卡尔身上的那类深沉的宗教

---

① 《牛顿哲学原理》，I，4。
② 同上，I，13。
③ 同上，I，9。
④ 同上。

情感，同样也不是崇高的道德理想主义。但正如他反对无神论那样，他也反对极端的伦理相对主义。

我们已经说过，伏尔泰在有关心理学意义上的人类自由方面，采纳的是决定论立场。但同时，他也是政治自由的坚决拥护者。正如洛克那样，他相信人权应该得到国家的尊重；正如孟德斯鸠那样，他赞赏盛行于英国的自由状况。但我们有必要理解他所说的政治自由究竟是什么意思。首先，他心中所想的是思想和言论自由。换句话说，他首先关心的是启蒙哲学家的自由，至少当他们赞同他时情况如此。他不是在"希望促进人民统治"这个意义上的民主主义者。他确实提倡宗教宽容，他认为这对于科学和经济进步而言是必要的，他也不喜欢暴君的专制主义。但他嘲笑卢梭的平等观念，他的理想是在哲学家的影响之下实现温和君主制。他不信任梦想家和理想家。他的通信表明，在他看来，群氓（在他高兴时会称之为人民）永远是群氓。自由和宽容的更好条件以及更好的审判程序标准在法国君主制之下能够很好地获得保障，只要教会权力受到破坏，只要哲学启蒙代替基督教教义和迷信。伏尔泰的确从未认为救赎能够来自人民或来自暴力反抗。因此，虽然他的著作有助于为大革命铺平道路，但如果把伏尔泰描绘为期待或有意识地想要促成实际发生的那种大革命，这就是极大的错误。他的敌人不是君主，而是教士。他没有兴趣提出孟德斯鸠"权力分立"意义上的宪政自由。事实上，人们甚至可以说，在他希望摆脱教士影响的意义上，他感兴趣的是增强君主的权力。

这些评论不应被视为想要表明伏尔泰是进步的敌人。相反，他是进步观念最有影响力的传播者之一。但这个词语对他而言意味着理性的统治，意味着理智、科学和经济的进步，而不是政治进步——如果人们将政治进步理解为转变为民主制或人民统治的话。因为在他看来，开明君主制的统治者最可能倡导科学、文学和思想宽容上的进步。

虽然本章事实上已经处理了伏尔泰的历史理论，但我打算把伏尔泰的历史观留在"历史哲学的兴起"那章来讨论。

7. 当有人想到启蒙时期或理性时代，他自然倾向于想到高扬冷静的、批判性的理智。但作为启蒙运动中最伟大的人物之一，休谟说过理性是而且应当是激情的奴隶，他还在激情中发现了道德生活的基础。在法国，人们自然而然地把伏尔泰描绘为批判的、稍有些肤浅的理智的体现者，但他宣称，没有激情就没有人类进步。因为激情是人身上的动力，它们是使得机器运转的齿轮。[1]同样，沃维纳格告诉我们："我们的激情与我们自身不可分离，某些激情是我们灵魂的整个根基和实质。"[2]人类真正的本性在激情中而非在理性中得到发现。

沃维纳格侯爵（Luc de Clapiers，Marquis of Vauvenargues）出生于1715 年。从 1733 年开始，他作为军官参加了几场战役，直到他的健康出现问题。他生命的最后两年在巴黎度过，他在此与伏尔泰结交，并于1747 年逝世于巴黎。在去世之前的那年，他出版了《人类心灵知识导论》（*Introduction to the Knowledge of Human Mind*），随后又出版了《对于某些诗人的批判性反思》（*Critical Reflections on Some Poets*）。箴言录和其他作品汇总在后来（遗作）的编本之中。

沃维纳格把第一卷献给了心灵（esprit）。"第一卷的对象是：通过以经验为基础的定义和反思，弄清楚包含在心灵名义之下的所有不同的人类特质。那些寻求这些特质的物理原因的人，如果他们在这卷中从对原理的研究中成功地得出结果，那么他们或许能够以更少的不确定性谈论它们。"[3]沃维纳格不同意那些倾向于强调所有心灵都相同的人。他在著作中简要讨论了大量的特质，它们通常相互排斥、产生出不同的心灵类型。他也强调天才的概念，并在他们身上发现了通常相互独立的特质的结合。"我相信没有无活力的天才。我相信天才源自各种不同特质的汇合，源自我们的性情与我们的心灵之光之间的神秘契合。如果这些必要条件缺少其一，就没有天才或只有不完美的天才。……这些相互独立的特质的汇合作为必要条件，明显导致了天才总是罕见的这一事实。"[4]

在第二卷中，沃维纳格处理了关于激情的问题。"如洛克先生所言"，

25

---

① 《形而上学论》，8。
② 《人类心灵知识导论》，II，42。
③ 同上，I，1。
④ 同上，I，15。

激情建立在快乐和痛苦之上。① 快乐和痛苦各自又涉及完美和不完美。这
就是说，人类自然地附属于他的存在，如果他的存在没有任何不完美，而
总是毫无阻碍或毫无不完美地发展自身，他就只会感受到快乐。实际上，
我们既经验到快乐又经验到痛苦，"从这两种相反的经验中，我们获得了
善与恶的观念"。② 激情（至少是来自那些"反省官能"，而不仅仅是感觉
的直接印象）建基于"对存在的爱，或者对存在之完美的爱，或者对我们
的不完美的感受"。③ 例如，有些人对他们的不完美的感受比对完美、能
力、力量的感受更为强烈。于是我们发现了焦虑、忧伤等这类激情。强烈
的激情来自这两种感受的结合，来自既感受到我们的力量又感受到我们的
不完美与脆弱。"因为对于我们的不幸的感受迫使我们走出自身，而对于
我们的能力的感受鼓励我们这样去做，支撑我们在希望中前行。"④

　　在第三卷中，沃维纳格处理了关于道德善恶的问题。我们已经知道，
善恶的观念建立在对快乐和痛苦的体验之上。不同的人在不同的事物中发
现快乐和痛苦。他们的善恶观念因此是不同的。但是，这不是道德善恶的
内涵。"如果要让社会整体把某物视为善，它必须倾向于对社会整体有利；
如果要把某物视为恶，它必须倾向于损害社会整体。我们在此得到了道德
善恶的最大特征。"⑤ 人是不完美的，因此不是自足的，社会对于人是必要
的。社会生活包含了个人特殊利益与社会普遍利益的融合。"这是所有道
德的基础。"⑥ 但追求共同善包含了个人牺牲，而且并非每个人都准备自愿
做出这样的牺牲，因此需要法律。

　　至于美德与恶行，"普遍利益优先于个人利益，这是配得上美德之名
的唯一定义，而且它使美德的观念得以固定下来。相反，因个人利益而牺
牲公共幸福则是恶行的永恒标志"。⑦ 曼德维尔（Mandeville）可能认为，

---

① 《人类心灵知识导论》，II，22。
② 同上。
③ 同上。
④ 同上。
⑤ 同上，III，43。
⑥ 同上。
⑦ 同上。

私人之恶就是公共之益，没有贪婪和虚荣，商业就无法繁荣。虽然这在某种意义上是真的，但也得承认，由恶行产生的善同时总会混杂大量的恶。如果这些恶受到控制，而且屈从于公共善，那么这是理性与美德所产生的结果。

因此，沃维纳格对道德提出了某种功利主义解释。但正如他在第一卷中强调天才的概念，在第三卷中他特别致力于讨论灵魂的伟大。"灵魂的伟大是一种崇高的直觉，它驱策人们朝向伟大事物，无论论它的本性是什么。但它使人们趋向于善还是恶，则要根据人们的激情、智慧、教育和运气等。"[①]因此，灵魂的伟大本身在道德上是无差别的。当它与恶行相结合，它对社会就是危险的［沃维纳格提到了喀提林（Cataline）］，但即便如此，它仍然是灵魂的伟大。"伟大所在的地方，我们会不顾自身地去感受它。征服者的荣耀总是遭到攻击，人民总是因其而遭受苦难，但他们也总是敬畏它。"[②]尼采持有"超善恶"的超人概念，因此毫不奇怪，他会赞同沃维纳格。但是沃维纳格当然并没有想要否定他关于道德的社会特征已经说过的内容。他关注的是人类的本性和性格中的复杂性。"某些恶行不排斥伟大的品质，因此有些伟大的品质远离美德，我非常遗憾地认识到这个真理……（但）那些希望人类完全善或完全恶的人们并不理解人性。在人类之中，所有都是混杂的，每个事物都有其限度，即便恶行也有其限度。"[③]

在沃维纳格的《箴言》（*Maxims*）中，我们能够发现很多格言，它们明显让人想到帕斯卡尔。"理性不知道心灵的兴趣。"[④]"伟大思想来自心灵。"[⑤]也有很多对激情的基本作用的坚持，我们已经讨论过这一点。"我们或许要把精神的最大优点归功于激情。"[⑥]"激情把理性教给了人类。在所有民族的婴儿时期，正如在个人那里，感觉总是先于反省，并且是反省

---

① 《人类心灵知识导论》，III，44。
② 《反驳与箴言》（*Réflexions et maximes*），222。
③ 《人类心灵知识导论》，III，44。
④ 《反驳与箴言》，124。
⑤ 同上，127。
⑥ 同上，151。

的第一位导师。"① 提到这点或许是值得的，因为人们可能容易习惯于把理性时代视为贬低感觉和激情而支持冷静的分析性理性的时代。

如果我们认为，由于沃维纳格的作品更多地由格言而非详尽的讨论所构成，所以从根本上说他不是体系性的作者，这就可能不太正确。因为在他讨论人类心灵知识的作品中，多少有对于他思想的系统安排。但他在最初的论述中承认，环境不允许他完成他最初的计划。无论如何，沃维纳格更关心区分和描述心灵的不同性质和各种激情，而不是像他所说的，考察心理现象的原因。若要研究心灵活动与功能是如何从原始根基中衍生出来的，我们必须转向孔狄亚克。

8. 艾蒂安·博诺·德孔狄亚克（Étienne Bonnot de Condillac，1714—1780）最初想要成为教士，并进入了圣叙尔皮斯神学院（Saint-Sulpice）就读。但在 1740 年，他离开神学院转学哲学。从 1758 年到 1767 年，他担任帕尔马公爵之子的家庭教师。

孔狄亚克的首部出版作品是《人类知识起源论》（*Essai sur l'origine des connaissances humaines*，1746），这部著作具有清晰的洛克经验主义痕迹。这不是说孔狄亚克只是重复了这位英国哲学家的学说。他同意洛克的一般原理，即我们必须将复杂观念还原为简单观念，以及我们必须指出每个简单观念在经验上的起源。

在讨论我们心灵生活的发展时，孔狄亚克极其强调语言所起的作用。只有通过与符号或语词相联结，观念才能被固定。例如，当我看到草时，就会产生对绿色的感觉，绿色的简单观念就会通过感觉传达给我。这种孤立的经验当然可以无限重复，但只有通过与符号（即"**绿色**"这个词）联结，它才变成反思的对象，才能够与其他观念结合。因此，知识的基本材料就是观念与符号的联结。正是在这种联结的基础上，我们才能够根据我们不断增长的有关世界的经验以及我们的需要和目的，发展出复杂的理智生命。确实，我们无法在日常语言中发现数学语言中符号及其所指之间的那种完美对应，在这个意义上，语言或日常语言是有缺

---

① 《反驳与箴言》，154—155。

陷的。即便如此，因为我们拥有语言天赋，所以我们才是能够反思的理智存在者。

在《体系论》（*Traité des Systèmes*，1749）中，孔狄亚克激烈地批判了"体系精神"，后者体现在笛卡尔、马勒伯朗士、斯宾诺莎和莱布尼茨这类思想家的哲学之中。伟大的理性主义哲学家试图从第一原理或定义出发建构体系。这尤其体现在斯宾诺莎身上。但是所谓的几何体系对于发展关于真实世界的知识而言是无用的。哲学家可能想象他的定义表达了对于本质的某种理解，但实际上它们是独断的。也就是说，除非它们只是想要表述当某些语词被当作事实来使用时所表达的意义，否则它们就是独断的。可以说，如果它们仅仅是字典上的定义，那么它们就不能担负起它们在哲学体系中所担负的作用。 29

当然，这并不意味着孔狄亚克谴责所有使知识体系化的努力。孔狄亚克激烈批判体系精神以及仅从理性出发以先天的方式发展出哲学的尝试，但这并不意味着他谴责综合方法。在可接受的意义上，体系这个词指有序地整理科学的各个部分，从而清楚地展示出它们之间的关系。当然，仍然会有原理，但原理在此将意味着已知的现象。因此，牛顿建立体系的方式是，首先将引力这一已知现象作为原理，随后使用这个原理来解释行星运动和潮汐运动这样的现象。

我们在孔狄亚克的《逻辑学》（*Logic*）中发现了类似的观念，这部著作在 1780 年作为遗作问世。17 世纪伟大的形而上学家们遵循从几何学中借来的综合方法，依照对定义进行推演的方式进行综合。正如我们所见，这种方法不能为我们提供任何真实的自然知识。然而，分析方法总是停留在被给定事物的范围之内。我们从含混的被给定事物出发，将之分析为几个不同的部分：我们能够以体系化的方式重构整体。这是种自然的方法，在我们希望发展我们的知识时，心灵自然而然地遵循这个方法。例如，我们怎样认识一处风景或乡间呢？首先，我们具有关于它的模糊印象，随后，我们逐渐获得了关于它的各部分特征及其如何共同组成整体的分明知识。在对方法论的发展上，我们不要求详尽阐述理想方法的先天概念，而是应当研究心灵在形成知识时如何实际工作。随后，我们便会发现，没有任何理想的或固定的方法。我们研究事物的顺序应该依赖于我们的需要和目的。如果我们希望研究自然，获得有关事物的真实知识，我们必须停留在被给定事物的范围之内，停留在最终由感官经验提供给我们的现象秩序之中。

30　　孔狄亚克最著名的著作是他的《感觉论》（*Traité des sensations*，1754）。洛克区分了感觉观念和反思观念，承认观念有两种来源，感觉和反思或内省。孔狄亚克在其关于人类知识起源的早期著作中多多少少预设了洛克的立场。但在《感觉论》中，他明显突破了洛克的观念双重起源理论。观念只有一种来源，那便是感觉。

　　在孔狄亚克看来，洛克没有充分说明反思观念，也就是说，洛克并没有对心理现象做充分的说明。他将复合观念（如实体）分析成简单观念，但他仅仅假设了比较、判断、意愿等心灵活动。因此，洛克的观点还有推进的空间。我们必须证明，这些心灵活动和功能最终如何被还原为感觉。当然，它们不可能都被称为感觉，但它们能够"转化为感觉"。这就是说，整个心理生活的大厦建立在感觉基础之上。孔狄亚克在《感觉论》中想要完成的任务就是证明事实就是如此。

　　为了说明他的观点，孔狄亚克要求他的读者想象一尊雕像。从嗅觉开始，这尊雕像逐渐被赋予了各种感觉。他试图证明，人类心灵生活的全部内容如何在假设它起源于感觉的情况下得到解释。对雕像的类比的确有些人为性。但是，孔狄亚克希望他的读者做的是，想象自己失去了所有知识，随后和他一起以初级感觉为基础，重建心灵活动。他处理观念起源问题的方法受到以下资料的启发：天生失明者在伦敦外科医生切塞尔登（Cheselden）成功的白内障手术下恢复视力的经验，以及狄德罗对于聋人和哑巴的心理学研究。在《感觉论》中，他花了不少篇幅谈论切塞尔登的手术所提供的资料。

　　这部著作的主要特点之一在于，当孔狄亚克试图证明每种感官如何各自就能产生出所有官能时他所采用的方式。我们以雕像的例子为例，假设一个人的认识能力仅限于嗅觉。"如果我们给雕像闻一朵玫瑰花，对于
31 我们而言，它就是一尊闻玫瑰花的雕像。对于它自己而言，它自身就是

对玫瑰花的嗅觉。"①也就是说，这个人不知道物质、外物以及他自己的身体。对于他自己的意识而言，他只是嗅觉感觉。现在，假设这个人只有这一种感觉，即对玫瑰花的嗅觉。这就是"注意力"。当玫瑰花被拿走，印象保留下来，根据注意力是否生动鲜明，这种印象或强或弱。我们由此获得了记忆。对过去感觉的注意力就是记忆，因此记忆只是感觉的某种样式。让我们继而假设，这个人在反复闻玫瑰花和石竹花的气味之后，又闻了一朵玫瑰花。他的受动的注意力便被区分为玫瑰花气味的记忆与石竹花气味的记忆。我们随后便有了比较，比较由同时对两种观念的注意所构成。"哪里有比较，哪里就有判断……判断只是对两个被比较的观念之间关系的知觉。"②再有，如果这个人当前有了令人不快的气味感觉，回想起过去令人愉快的感觉，我们就有了想象。因为记忆和想象在种类上并无不同。再有，这个人就能够形成观念，既有具体的又有抽象的。某些气味令人愉快，有些气味令人不快。如果这个人形成了把满意和不满意的观念与它们的几种特别样态相互分离的习惯，他就有了抽象的观念。类似的，当他回想起这几种不同的连续感觉，他也能形成数的观念。

现在，每种气味感觉或者是令人愉快的或者是令人不快的。如果这个人现在经验到令人不快的感觉而回想起过去令人愉快的感觉，他就感受到了重新获得那种更快乐状态的需要。这就产生了欲望。"欲望只是这些官能在面对我们所需要的事物时的活动。"③某种欲望击退了其他欲望，或者至少变成支配性的欲望，就变成了激情。因此，我们获得了爱和恨的激情。"这尊雕塑热爱它所具有的或希望具有的令人愉快的气味，憎恨使它痛苦的令人不快的气味。"④此外，如果这尊雕像记得它现在体验到的欲望在过去某个时刻得到了满足，它认为它能够实现这种欲望，这就是所谓的意志。"因为我们将**意志**理解为一种绝对欲望；也就是说，我们认为被欲求的事物是在我们能力范围之内的。"⑤

———————

① 《感觉论》(*Treatise on Sensations*)，I，i，2。
② 同上，I，i，15。
③ 同上，I，iii，1。
④ 同上，I，iii，5。
⑤ 同上，I，iii，9。

32　　因此，孔狄亚克竭力证明，所有心灵活动都能够从嗅觉感觉中推导出来。很明显，如果我们认为我们的官能和活动只是由嗅觉转换的感觉，那么它们的范围就会极度受限。对于限制在嗅觉感觉下的这个人的自我意识，我们可以说同样的话。"这尊雕像的'我'只是它所经验到的以及记忆所回忆起的感觉的集合。"①然而，"在只有一种感官时，理智具有与五种官能结合起来时同样多的官能"②。（"理智"只是所有认知官能的总称。）

　　孔狄亚克随后考察了听觉、味觉和视觉。但孔狄亚克认为，虽然嗅觉、听觉、味觉和视觉的结合使人类的注意力、欲望和快乐的对象多样化，但这种结合却没有产生出对外在性的判断。这尊雕像"看到的仍然只是它自身……它不会怀疑它应当将它的样态归诸外在原因……它甚至不知道它具有身体"。③换句话说，触觉感觉才是对外在性做出判断的最终原因。在对这个问题的讨论上，孔狄亚克的观念有些变化。在第一版《感觉论》中，他认为关于外在性的知识独立于运动。但在第二版中，他承认外在性概念并不独立于运动。但无论如何，触觉都是外在性概念的主要原因。当小孩沿着他身体的各个部分移动他的手，"他就会在身体的所有部分都感受到他自己"。④"但如果触摸的是外来物体，那么那个感觉到自身在手中变化的'我'，将不会感觉到自身在外来物体中变化。'我'没有从外来物体中接收到从手中所接收到的回应。因此，这尊雕像判断这些样式全都外在于它。"⑤当触觉与其他感觉相结合，这个人就会发现他自己的几种感觉器官，并且判断嗅觉、听觉等感觉都是由外在对象所引起的。例如，通过触摸一朵玫瑰花，使之靠近或远离脸庞，这个人能够形成有关嗅觉器官以及他的嗅觉感觉的外在原因的判断。同样，只有通过与触觉结合，眼睛才学会如何分辨距离、大小和位移。我们已经如此习惯于通过视
33 觉来判断大小、形状、距离和位置，我们自然倾向于认为这些判断仅仅归

① 《感觉论》，I，vi，3。
② 同上，I，vii，1。
③ 同上，I，xii，1—2。
④ 同上，II，v，4。
⑤ 同上，II，v，5。

因于视觉。但事实并非如此。

或许值得注意的是，孔狄亚克的观点在从《人类知识起源论》到《感觉论》之间有所转变。在第一部著作中，他似乎认为，观念与记号或符号之间的联结对于理智是必要条件。但在第二部著作中，这个观点有所修正。例如，在处理只有嗅觉感觉的那个人时，他承认这个人能够具有某种数的观念。他能够具有一个接着一个的观念。但是，根据孔狄亚克，"记忆无法分明地同时理解四个单位。超过三个单位时，记忆就只呈现出不定的多数……正是计算的技艺教会我们扩大我们数数的范围"。[①] 因此，在《感觉论》中，孔狄亚克认为，理智和观念的使用先于语言，虽然语言对于我们的心灵生活超越最初阶段的发展而言是必要的。

《感觉论》的结论是："在自然秩序中，所有知识都起源于感觉。"[②] 人类的所有心灵活动，甚至那些通常被视为高级心灵活动的活动，都能够解释成"转化了的感觉"。因此，孔狄亚克相信，他在洛克立场的基础上做出了实质性的推进。洛克认为灵魂的官能是天赋的性质，他没有怀疑过它们可能来源于感觉本身。有人或许会反驳道，孔狄亚克的论述并不十分准确。因为难道洛克没有提出，上帝赋予物质以思考的官能并未被证明是不可能的？但事实上，洛克关心的是分析和追溯我们的官能所使用的观念的经验基础，他没有对官能或心理功能本身做过同样的分析和追溯。

在《人类理解论》（*Essay concerning Human Understanding*）中，洛克认为，意志是由"心灵欲求某种缺失之善而产生的不安"所决定的。[③] 这种不安"决定了意志采取接下来的意愿性行动，这些意愿性行动构成了我们生活的大部分内容，通过它们，我们经由不同的路径朝向不同的目标"。[④] 孔狄亚克发展和拓宽了这个观念的范围。因此，在《感觉论》第二版所附的《理性摘录》（*Extrait raisonné*）中，他认为，"不安（inquiétude）是第一原理，使我们形成了触、看、听、感、尝，以及比较、判断、反省、

---

① 《感觉论》，I，iv，7。
② 同上，IV，ix，1。
③ 《人类理解论》，II，21，31f。
④ 同上，II，21，33。

欲求、热爱、恐惧、期望、希望等。总之，不安产生了心灵和身体的所有习惯"。因此，所有心理现象都依赖于不安，这种不安与其说是一种对好事的期待，不如说是在某些条件下的不安或忧虑。因此，人们或许可以说，孔狄亚克为人类心灵生活借以发展的整个过程赋予了一种"唯意志论"的基础。注意力必须联系于被感受到的需要而被解释，记忆由嗜好和欲望所指引，而不是只由观念的机械联结所指引。在《动物论》(*Traité des animaux*)中，孔狄亚克认为，我们观念的秩序最终依赖于需要或利益。① 这明显是一个卓有成效的理论。它后来在人类理智生活的唯意志论解释中结出了果实，例如在叔本华那里。

孔狄亚克的心灵理论认为，心灵活动是转化了的感觉，乍看之下这似乎暗示了某种唯物主义立场。这种印象因以下原因得到了增强：他习惯于说灵魂"官能"源自感觉，这或许也暗示了人类灵魂本身是物质性的。此外，他难道没提出过人类只是他所获得之物的总和？"在不断给予这尊雕像新的存在样式和新的感官的过程中，我们看到它形成了欲望，从经验中学会了规范和满足这些欲望，从一些需要到另一些需要，从一些认知到另一些认知，从一些快乐到另一些快乐。因此，这尊雕像只是所有它所获得之物的总和。人难道不也正是这样吗？"② 人可能是他所获得之物的总和，而这些东西则是转化了的感觉。

我认为，很难否认孔狄亚克的理论助长了某种唯物主义观点，因为它对唯物主义者产生了影响。但孔狄亚克本人不是唯物主义者。首先，他不是认为只存在身体及其样态这个意义上的唯物主义者。因为他不仅肯定了上帝作为最高原因而实存，而且坚持了非物质性的、精神性的理论。他不想将灵魂还原为感觉之束。毋宁说，他将灵魂预设为统一性的中心，并且尝试在所有心理现象最终来源于感觉这个假设的基础上重构灵魂的活动。当然，他的还原性分析与他对精神性灵魂的接受，这两者是否能在人身上得到很好的统合，仍然是有争议的。但无论如何，把孔狄亚克描述为

---

① 《动物论》，II，11。
② 同上，IV，ix，3。

唯物主义者是不准确的。

其次，孔狄亚克对于是否存在着任何广延之物未做出任何回答。正如我们看到的，他最初说触觉为我们确保了外在性。但他很快意识到，为外在性观念的产生提供一个解释，这不同于证明存在着广延之物。如果我们想要说声音、味道、气味和颜色不实存于对象之上，那么我们必须要说广延也不实存于对象之上。对象或许具有广延、味道、气味和颜色，或许没有。"我既不赞同第一种观点，也不赞同第二种观点，我期待有人证明它们是它们在我们面前显现的样子，或者是其他某些东西。"① 有人可能会反驳道，如果没有广延就没有对象。但这不是真的，"我们只能合理地推出，对象就是在我们之中引起感觉的实存，它们具有我们无法确切认识的属性"② 。因此，不同于独断的唯物主义者，孔狄亚克为非物质论假设敞开了大门，虽然他没有证明这个假设。

还需补充的是，孔狄亚克不承认他对人类心灵生活的论述中包含了完全的决定论。他的《感觉论》附有论自由的论文，他在其中讨论了这个问题。

9.孔狄亚克试图证明所有心理现象都是转化了的感觉，克劳德·阿德里安·爱尔维修（Claude Adrien Helvétius，1715—1771）在其著作《论心灵》（De l'esprit，1758）③ 中对这一观点有所继承。爱尔维修出生于医生家庭，他原来的名字施魏策尔（Schweizer）已经拉丁化了。他有段时间担任过总包税官，但他的著作《论心灵》所引发的反对使他不可能再在宫廷中担任要职。因此，除了造访英格兰和柏林，他平静地居住在他的庄园里。他的著作《论人的理智能力与教育》（De l'homme, de ses facultés et de son éducation）作为遗作出版于1772年。

---

① 《感觉论》，IV，v，注释。

② 同上。

③ 译者注：中文学界通常翻译成《论精神》。法文 esprit 内涵丰富，既可以翻译成"精神"［如孟德斯鸠《论法的精神》（De l'esprit des lois）］，也可以翻译成"心灵"［如笛卡尔《指导心灵的规则》（Règles pour la direction de l'esprit）］，通常对应于希腊文 nous（不是特指柏拉图意义上的"理智"或"理性"，而是阿那克萨戈拉最初使用的含义，即包括"感知"在内的人的所有认识能力）、拉丁文 mens、英文 mind。本书作者在此也翻译成了 mind，这几节都在讨论这个主题，为了显示出这部分讨论的连贯性，中译文也将之对译为心灵，翻译成《论心灵》。esprit 区别于 âme（灵魂，soul）和 cœur（内心，heart）。

36　　　爱尔维修将人类理智的所有力量都还原为感觉或感官知觉。通常认为，人类拥有超越感官层次的官能。但这是错误的理论。以判断为例。去判断就是知觉到个体观念之间的相同和不同。如果我判断红色不同于黄色，我所做的就是知觉到所谓的"红色"影响我眼睛的方式不同于所谓的"黄色"影响我眼睛的方式。因此，去判断仅仅是去知觉。

　　这个还原分析的过程也被应用于人类的伦理生活。自爱是人类行为的普遍基础，自爱指向了获取快乐。"人们爱他们自己，他们全都欲求快乐，全都认为如果他们被赋予了某种足以获得任何快乐的权力，那么他们的快乐就是完全的。因此，权力之爱起源于快乐之爱。"① 所有诸如权力之爱这类现象都是派生的，它们只是从基本的快乐之爱转化而来。"身体感觉因而是人的唯一动力。"② 甚至诸如慷慨和仁慈这类德性也能够还原为自爱，即还原为快乐之爱。"什么人称得上是仁慈者？悲惨景象会使他产生痛苦感，这就是仁慈者。"③ 最后，仁慈者竭力减轻人类的不幸和悲惨，只是因为它们在他心中引起了痛苦感。

　　在他朴素还原主义心理学的基础之上，爱尔维修建立起功利主义道德理论。在不同社会，人们持有不同的道德观点，赋予**善好和德性**等词语不同的意义。正是不同的人赋予相同的道德词汇不同的意义这一事实，引发了讨论中的诸多混淆。因此，我们在沉溺于伦理学讨论之前应当首先确定语词的意义。"只要定义了语词的意义，问题在提出时几乎就得到了解决。"④ 但是，难道这些定义不会过于独断吗？爱尔维修说，不会，只要这项工作是由一个自由民族来施行的话。"英格兰或许是欧洲唯一使全世界可以期待和获得这项善行的地方。"⑤ 如果预设了思想自由，人类的常识将会找到与伦理语词的适当意义相契合的表达方式。"真正的德性在所有时代所有国家都会获得如此赞誉。只有对公共有益并且符合普遍利益的行

---

① 《论人的理智能力与激情》（以下简称《论人》），2，7；W. Hooper 译，1777 年版（以下简称"Hooper"），I，127。

② 同上，2，7；同上，I，121。

③ 同上，2，7；同上，I，122。

④ 同上，2，18；同上，I，199。

⑤ 同上，2，19；同上，I，200。

为才应被称为德性。"① 因此，虽然自利是基本的、普遍的行为动机，但公 37
共利益才是道德的规范。爱尔维修试图证明，服务于共同利益在心理学上
如何是可能的。例如，如果小孩被教导把自己置于悲惨和不幸的处境，他
就会感受到痛苦的感觉，自爱就会激发出减轻痛苦的欲望。随着时间的推
移，联合的力量就会建立起仁慈的冲动和行为的习惯。因此，即便自爱是
所有行为的基础，利他主义仍然在心理学上是可能的。

　　这些思考暗示了教育对于形成行为习惯来说至关重要。爱尔维修是
功利主义道德理论的主要先驱和倡导者，但其作品的特点在于他坚信教育
的力量。"教育能做任何事情，教育使我们成为我们之所是。"② 但是，设立
优良的教育体系面临着严重障碍。首先是教士，其次在于多数政府非常不
完善或非常坏。只有教士的权力遭到破坏，或者真正良好的政府和立法体
系得到实现，我们才能拥有良好的教育体系。道德的首要与唯一原理就
是"公共善是至高的法则"。③ 尽管很少有政府根据这条律令行动。"但是，
教育的道德部分中每一项重要改革，都预设了与之相应的法律和政府形
式的改革。"④

　　根据这些观念，爱尔维修猛烈抨击了政治专制主义。因此，在《论
人》的序言中，他谈到了法国遭受的专制主义，并且认为"专制权力的特
征就是消灭天才和德性"。⑤ 再有，当谈到国民财富的不平等分配时，他认
为"人们臣服于恣意权力，却自认为获得了平等分配，这非常愚蠢"⑥。只有
在自由国家中，才会产生渐进的和更为平等的国民财富再分配。因此，我
们可以说，爱尔维修比伏尔泰更是政治改革者。他比伏尔泰更关心推翻专
制主义，更关心人民的福利。这也是左翼作家将他视为先驱的原因之一。 38

　　爱尔维修不仅孜孜不倦地攻击教士，尤其是天主教教士，而且攻击
启示宗教或"神秘"宗教，他认为它们对社会利益有害。确实，当他谈到

---

① 《论人》，2，17；Hooper，I，194。
② 同上，10，1；同上，II，392、395。
③ 同上，10，10；同上，II，436。
④ 同上；同上，II，433。
⑤ Hooper，I，vi.
⑥ 《论人》，6，9；Hooper，II，105。

别人指控他不虔敬时，他抗议说自己没有否认任何基督教教义。但是，从他的著作中明显可以看出，除了某种形式的自然宗教或自然神论，他并没有认真地打算接受任何宗教。这种宗教的内容只根据道德的功能而非神学信仰的功能而得到解释。"上帝的意志，正义而善良，在于地球之子应当快乐，应当享受与公共福祉相契合的幸福。这才是真正的崇拜，才是哲学应当向世界展示的。"① 此外，"建立在真正原理基础之上的道德是唯一真正的自然宗教"②。

　　很难说爱尔维修是深刻的哲学家。他将所有心理功能还原为感觉，这种还原论还很粗糙。他在伦理学中也没有为他的基本观念进行详尽的分析或捍卫。这些缺陷在其他某些法国启蒙运动思想家那里也很明显。例如，狄德罗反对爱尔维修向下还原的倾向，反对他用掩盖的利己主义来解释所有道德冲动。即便如此，在他的还原分析中，在他对理智启蒙和教育力量的坚持中，在他对教会和国家的攻击中，爱尔维修的思想代表了 18 世纪法国哲学的某些重要面向，即便把他说成这个时期的典型思想家未免有些夸大。

---

① 《论人》，1，13；Hooper，I，58—59。
② 同上；同上，I，60。

第二章

法国启蒙运动（二）

百科全书派：狄德罗与达朗贝尔——唯物主义：拉美特利、霍尔巴赫和卡巴尼斯——自然史：布封、罗比耐和博内特——博斯科维克的力本说——重农主义者：魁奈和杜尔哥——结语

1.《百科全书》(*Encylopédie, ou Dictionnaire raisonné des arts et des* 39 *métiers*)是法国启蒙运动的观念与理想的伟大文学宝库。在《钱伯斯百科全书》法译本的影响下，狄德罗和达朗贝尔编辑了这部《百科全书》。第一卷出版于1751年，第二卷出版于次年。随后，政府试图以它有害于皇室权威和宗教为由阻止这部作品出版。但是，直到1757年，已经有七卷问世了。1758年，达朗贝尔退出编辑部，法国政府竭力阻止这项计划继续进行。但狄德罗最终获得许可，得以继续印刷，但前提是在全部工作完成之前不能先行出版其余任何卷次。1765年，最后十卷（第八卷到第十七卷）问世，共同问世的还有图版的第四卷，图版第一卷已经于1762年出版。图版的其他各卷也随后相继问世，五卷本补编和两卷本索引也在阿姆斯特丹刊印。《百科全书》(1751—1780)全本第一版由三十五卷构成。当时还有几种外文版本。

暂且不论《百科全书》各篇文章表达的观点所引发的争议，正如它的编者坦率承认的，《百科全书》可供改善之处尚多。各篇文章在标准和价值上差异极大，而且缺乏编者的统筹和协调。换句话说，我们不可能期待在这部作品中发现现代百科全书所具有的简洁性、对清楚准确的事实性资料的关注，以及系统性的协调和编排。但即便有所有这些缺陷，《百科

全书》仍然是极其重要的作品。因为它的目标不仅是为读者提供事实性的
40　资料以及作为实用性的参考书，而是想要引导和塑造意见。当然，这也
是为什么它的出版引发了如此多的反对。因为它既是教会又是现存政治体
系的敌人。我们确实能在某些文章的写作中观察到某种程度的审慎，但合
作者的一般态度仍然非常清楚。它是自由思想家和理性主义者的大规模宣
言。它的重要性在于它的意识形态方面，而非在于现代意义上的百科全书
的任何持久价值。

　　狄德罗和达朗贝尔所找的合作者在例如攻击教会和启示宗教等问题
面前非常齐心，但他们相互之间在其他方面差异极大。因此，自然神论者
伏尔泰为《百科全书》写了某些文章，尽管当他认为审慎或许更加明智
时，他毫不犹豫且十分错误地说他与《百科全书》毫无联系。然而，其他
合作者还有众所周知的唯物主义者霍尔巴赫，爱尔维修也与这部著作有联
系，这都无助于使这本书获得教会权威的承认。孟德斯鸠和经济学家杜尔
哥（Turgot）也是这本书的作者。

　　我们将在论述唯物主义的章节里讨论霍尔巴赫，在本章的结尾处讨
论杜尔哥。在本节中，我将只讨论狄德罗和达朗贝尔。

　　（1）德尼·狄德罗（Denis Diderot，1713—1784）和伏尔泰一样是耶
稣会的路易大帝学院的学生。像伏尔泰那样，他也受到英国思想的影响，把
几部英文著作翻译成了法文。其中包括《论价值和美德》（*Essai sur le mérite
et la vertu*，1745），这部译著包含了他翻译的沙夫茨伯里（Shaftesbury）的
《美德与价值研究》（*Inquiry concerning Virtue and Merit*），并且补充了他自
己的注释。我们已经知道，他将《百科全书》视为毕生事业，这一观念
被钱伯斯的《百科全书》所影响。1746 年，他在海牙出版了《哲学思想
录》（*Pensées philosophiques*）。1749 年，他在伦敦出版了《论盲人书信集》
（*Lettre sur les aveugles à l'usage de ceux qui voient*）。他发表的观点使他在
万塞讷遭受了几个月的牢狱之灾。1754 年，《对自然的解释》（*Pensées sur
l'interprétation de la nature*）问世于伦敦。大量论文如《达朗贝尔和狄德罗
的谈话》（*Entretien entre d'Alembert et Diderot*）和《达朗贝尔之梦》（*Le
rêve de d'Alembert*）在他生前并未出版。狄德罗并不是很富有，甚至曾经

陷入严重的经济困境。但是俄国女皇叶卡捷琳娜资助了他。1773 年，他　41
前往圣彼得堡并在那里度过了几个月，经常与他的赞助人进行哲学讨论。
他是有名的健谈者。

　　狄德罗没有固定的哲学体系。他的思想总是在变化之中。例如，我们
无法说他是自然神论者、无神论者或泛神论者，因为他的立场不断在改变。
他在写作《哲学思想录》时实际上是自然神论者，但他在次年（1747）写了
一篇讨论自然宗教之充分性的论文，虽然这篇论文直到 1770 年才出版。历
史性宗教如犹太教、基督教，都是相互排斥和不可兼容的。它们是迷信的产
物。它们起源于历史的特定时期，最终都会消失。但历史性宗教全都预设
了自然宗教，只有自然宗教永远存在着，使人们相互联合而非相互分离。
自然宗教建基于上帝铭刻在我们内心的证言，而非迷信之人所提供的证言。
但是，在他后来的发展阶段，狄德罗放弃自然神论转向了无神论，呼吁人
们从宗教的羁轭中解放出来。自然神论砍掉了宗教这个九头怪兽的很多头
颅，但是从它放过的那颗头颅上，所有被砍掉的头颅又会再次生长。唯一
的解决之道就是扫清所有迷信。但狄德罗后来又提倡某种形式的自然主义
泛神论。自然的所有部分最终形成一个单一体，称为整体或大全。

　　同样，狄德罗思想的多变特征使我们不可能清楚简单地说他是或不是
唯物主义者。在《百科全书》论洛克的文章中，他引用这位英国哲学家的
观点说：上帝赋予了物质以思考能力，这或许并不是不可能的。而且他明
显认为思想是从感觉发展而来的。在写于 1769 年的《达朗贝尔和狄德罗的
谈话》中，他清楚地表达了对人的唯物主义解释。人和动物都具有同样的
本质，虽然他们的组织结构不同。认知能力和理智差异仅仅是身体结构差
异的结果。同样的观点也出现在《达朗贝尔之梦》中，他在其中表明，所
有心理现象都可以还原为生理基础，而且对自由的感觉是幻觉。狄德罗确
实受到孔狄亚克所持理论（即感觉在人类的心理生活中起作用）的影响，
但他却又批判孔狄亚克的感觉主义，认为孔狄亚克的分析走得还不够远。　42
我们必须看到感觉背后的物理基础。狄德罗协助霍尔巴赫写作具有直言不
讳的唯物主义立场的《自然体系》（*Système de la nature*，1770），这具有重
要意义，虽然霍尔巴赫对狄德罗思想发展的影响不应该被过分夸大。同时，

我们在狄德罗身上还能发现某种万物有灵论的倾向。他非常欣赏莱布尼茨，而且在《百科全书》中专门赞扬过他。我们发现他后来把知觉归属于原子，与莱布尼茨的单子相应。在某种结合下，这些原子构成了动物有机体，在动物有机体中，意识在原子所形成的连续体的基础之上得以产生。

狄德罗对自然和人类的解释所具有的多变特征，与他在科学与哲学中对经验方法的坚持息息相关。他在《对自然的解释》中宣称，数学科学很快就会陷入停顿，不超过一个世纪，欧洲就会只剩不到三个几何学家。这当然是错误的。他相信，数学被它自己设定的概念所限制，无法为我们提供关于具体实在的直接知识。只有通过使用经验方法和新的科学方法，才能获得这种知识；这种新的科学方法既是形而上学又是数学的有力竞争者。只要我们研究自然本身，我们就会发现它是多变的、弹性的，富有新的可能性，具有多样性和异质性的特征。谁认识所有出现在我们之前的物种呢？谁认识所有在我们之后出现的物种呢？万物都在变化，没有两个原子或分子完全相似，只有无限整体是永恒的。自然的秩序不是静态的，而是永远不断重生。因此，我们不能根据我们的概念结构和分类对自然做出永恒的解释。思想的基本需求之一就是它应该向经验实在的新观点和新面向保持敞开。

有些历史学家强调狄德罗思想中的唯物主义因素与他的道德唯心主义之间的差别。一方面，他的唯物主义去掉了自由，而且似乎使忏悔和自责变得无用和无意义。另一方面，他谴责自己早期写过的情色小说《八卦43　珠宝》（*Bijoux indiscrets*），支持自我牺牲、仁慈和人道的理想。他不赞同把唯物主义和无神论与低下的道德理想联系起来的唯物主义者。他反对爱尔维修试图以隐藏的利己主义来解释所有道德冲动和道德理想的努力。实际上，他声称存在着不变的自然道德法则。作为艺术评论家，他还赞颂了艺术家自由的、创造性的活动。

但是，即便我们同意罗森克兰茨（Rosenkranz）在其论述狄德罗的著作中所说的，即这位哲学家的唯物主义与他的伦理学之间具有矛盾，狄德罗本人却不认为存在着任何矛盾。在他看来，道德理想与相信人身上具有精神性的灵魂，二者之间没有本质关联。思想源自更为初级的心理活动，这并没有蕴含对更高的道德理想的否定。因此，正如前文提到过的，在《百科全书》论洛克的文章中，狄德罗追问道，物质思考与物质不思考之间有何差异。"它如何可能影响到关于正义或不正义的观念？"思想来自感觉这个理论不会导致邪恶的道德后果。因为人类仍然保持着他原来所是的样子，判断他的依据是他将力量致力于善的目的还是恶的目的，而非思想是原始的创造物还是从感觉中产生的。用现代术语来说，狄德罗这位拉马克（Lamarck）的进化理论的先行者，认为进化的假设不影响人类道德理想的有效性。

在某种程度上，狄德罗在沙夫茨伯里著作的影响下形成了他的伦理观念。但除了赞成仁慈和人道的理想之外，狄德罗的伦理观常常是不固定的。他至少是从一开始就坚持不变的道德法则这样一种"理性主义者"的观念。但他发现，这些法则的基础在人类本性之中，即这些法则基于人类的冲动、激情和欲望的有机统一，而非基于理性的先天命令。他对违背自然的禁欲理想怀有敌意。换句话说，相比于目的论伦理学，在促进公共福祉方面，即便狄德罗继续支持自然法则的观念，他还是开始强调自然法则的经验基础和实用效力。

（2）让·勒朗·达朗贝尔（Jean le Rond d'Alembert，1717—1783）是私生子，出生后就遭父母遗弃。他的名字让·勒朗（Jean le Rond）来源于他是在巴黎的圣让·勒朗教堂附近被人发现的。达朗贝尔这个绰号是他自己后来加上的。他由某个名叫鲁索的玻璃工的妻子抚养成人，但他真正的父亲德图什勋爵为他设立了年金，他因此得以接受教育。

1738 年，达朗贝尔注册成为律师，但他从未从事这项职业。他随后转而学医，但不久之后就决定完全献身于数学。他向巴黎科学院提交了几篇论文，包括《微积分实录》（Mémoire sur le calcul intégral，1739），并在 1741 年成为巴黎科学院的会员。他的著作在数学和科学上具有极大的重要性。他于 1741 年出版了《论固体反射》（Mémoire sur le réfraction des corps solides），1743 年出版了《论动力学》（Traité de dynamique）。在这篇论动力学的论文中，他提出了至今仍被称为"达朗贝尔原理"的原理。他在 1744 年将这个原理应用在了他的论文《论流体的平衡和运动》（Traité *de l'équilibre et du mouvement des fluides*）中。随后，他发现了偏微分方程的微积分，并将之应用在他的《反思风的一般成因》（*Réflexion sur la cause générale des vents*，1747）中，这篇文章还得到了普鲁士科学院的褒奖。其他作品，我们还可以提到《流体阻力新论》（*Essai d'une nouvelle théorie sur la résistance des fluides*，1752）和《宇宙体系的几个要点研究》（*Recherches sur différents points importants du système du monde*，1754—1756）。

正如我们所见，达朗贝尔与狄德罗合作编辑《百科全书》，他也是这本书绪论的作者。他还写了大量主要以数学为主题的文章。但在 1758 年，他退出了这项合作事业，因为他厌倦了出版工作带来的敌对和危险。1752 年，他出版了《文学、历史与哲学论文集》（*Mélanges de littérature, d'histoire et de philosophie*）。1759 年，他的《哲学原理》（*Essai sur les éléments de philosophie*）问世。1763 年，他造访柏林，但拒绝了腓特烈大帝提供的柏林科学院主席之职，正如在前一年他还拒绝了俄国的叶卡捷琳娜女皇以丰厚的条件邀请他担任她儿子的家庭教师。达朗贝尔是休谟的好友，休谟极为敬重他的道德品质和能力，并在其遗嘱中给他留了 200 英镑的遗产。因为他主要是数学家和科学家，达朗贝尔比其他百科全书派学者更少遭到怀疑和攻击。1755 年，在教宗本笃十四世的推荐下，他成为博洛尼亚学会的会员。

45   达朗贝尔在《百科全书》的绪论中宣称，洛克是科学化哲学的开创者，堪比牛顿之于物理学。他在《哲学原理》中断言，从某种特殊的意义上来说，18 世纪是哲学的世纪。自然哲学已经发生了革命，几乎所有其他知识领域都取得了进步而且采用了新形式。"从世俗科学的原理到宗教启示的基础，从形而上学到鉴赏问题，从音乐到道德，从神学家的学术争论到贸易问题，从君主的法律到人民的法律，从自然法到国家的实定法……每件事物都被讨论、分析或至少被提及。……这种普遍的心灵活跃带来的成果和结果既启发了某些东西又遮蔽了某些东西，正如潮涨潮落既把某些东西冲上海岸又把某些东西冲进海中。"[1]

---

① 《哲学原理》，收录于 1759 年版《文学、历史和哲学论文集》，IV，3—6。

　　这并不意味着，达朗贝尔认为理智进步仅仅在于甚至根本地在于单纯地积累新事实。他坚持认为人类理智展现在所有科学的总和之中，这让人回想起笛卡尔。他还强调齐一的功能。他假设现象系统是同质的和一致的，科学知识的目的就在于根据这个系统所展示的原理证明它的齐一性和一致性。

　　但是，这个观点必须得到正确的理解。达朗贝尔不关心形而上学原理。他也不关心在形而上学意义上确定事物的本质。形而上学的理论和思想使我们自相矛盾，最终陷入怀疑主义。它们不是知识的源泉。我们不可能知道事物的原因。我们甚至不可能知道是否存在着外在世界。确实，我们不可避免地在假设存在着这样的外在世界的基础上行动，但这是直觉问题而非理论知识问题。没有必要为了使哲学科学化而去解决这类问题。例如，我们是否能够洞见到物体的本质，这对我们来说无关紧要，"只要物质被假定为我们所构想的那样，我们就能够从我们所认为的物质的原初属性之中推出第二属性，普遍的现象系统总是齐一和连续的，没有任何地方向我们展现出矛盾"①。从原理推出现象，不是指从形而上学原理或形而上学本质推出经验材料，而是从可观察的原初属性推出可观察的第二属性。科学化的哲学是要以系统的方式描述和关联现象，而非在形而上学意义上解释现象。只要我们试图做后者，我们就越过了所谓知识的界限。

　　因此，我们认为，达朗贝尔是实证主义的先驱。科学不需要隐秘的性质或者实体，也不需要形而上学的理论和解释。哲学像科学那样只关心现象，虽然它所关注的现象范围要比局限于个别科学分支的专家所关注的更宽广。当然，这不意味着这位自然哲学家不关心任何意义上的解释。他能够在感官经验的基础上形成清楚的定义，而且能够推导出可证实的结论，但他不能超越现象或可被经验性地证实之物的范围，除非他希望进入无法获得确切知识的领域。形而上学必须或者变为关于事实的科学，或者停留在幻想的领域之内。对意见史的研究向我们证明人们如何发展出仅仅作为可能性的理论，以及在某些情况下，概然性是如何在被耐心的考察证

① 《哲学原理》，IV，59。

实之后变成了所谓的真理。对科学史的研究也暗示了观点必须得到深入的考察，理论必须得到经验性的检查。

在达朗贝尔的道德理论中，我们能够看到普遍盛行于这个时期哲学家之间的做法，即区分伦理学与神学和形而上学。道德是对我们同胞的责任意识。道德规范全都集中于相同的目的，即证明在我们的真正利益与履行社会责任之间有着内在联系。因此，道德哲学家的任务就是弄清楚人在社会中的位置，以及他为共同的福祉与幸福而付出力量的责任。

47　　我们没有理由把达朗贝尔称为唯物主义者。因为他放弃了对事物的终极本性进行断言，而且不信任教条的唯物主义者和机械论者。除了他作为数学家的重要性，他思想中最突出的特征可能就是他对实证主义方法论的坚持。与狄德罗一样，他认为进步是理所当然的，因为理性启蒙会带来社会和道德进步。但在他关于理性发展和科学发展的观念中，他深受牛顿和经验方法的影响。他的思想活动更多是处于当代科学进步的领域之中，而非处于实在的终极本质是精神的还是物质的这一争论框架之中。

2. 然而，法国启蒙运动的这个时期存在着某些直言不讳的唯物主义者。本节将要讨论的是拉美特利、霍尔巴赫和卡巴尼斯。

（1）朱利安·奥夫鲁瓦·德·拉美特利（Julien Offray de La Mettrie, 1709—1751）是一位医生，通过观察发烧对于心灵和思想的影响，他得到启发进而探寻生理因素与心理活动之间的关系。他的《心灵的自然史》（*Histoire naturelle de l'âme*）[①] 问世于 1745 年，这本书出版的第二年，他遭到法国驱逐。1748 年，他在莱顿出版《人是机器》（*L'homme machine*），这本书出版那年，遭到荷兰驱逐，向腓特烈大帝寻求庇护。1748 年，《人是植物》（*L'homme plante*）问世于波茨坦。

在《心灵的自然史》（后来称为《论灵魂》）中，拉美特利论证道，人的思想和意志的心理生活起源于感觉，发展于教育。没有感觉则没有观

---

① 译者注：中文学界通常翻译为《心灵的自然史》，但法文 âme 通常对应于希腊文 psyche，拉丁文 anima，英文 soul。本书作者也用 soul 翻译 âme，区别于用 mind 翻译 esprit。为了前后文阅读上的连贯性，本书中译文也将之对译为灵魂，翻译成《灵魂的自然史》。

念，感觉越少则观念越少，教育越少观念也越少。灵魂或心灵本质上依赖
于身体组织，它的自然史必须通过对生理过程的精确观察来研究。在拉美
特利看来，感官就是他所认为的哲学家。精神性灵魂本质上独立于身体这
一理论是种不必要的假设。

　　在《人是机器》中，拉美特利引用笛卡尔将活的身体视为机器的描
述。但在他看来，笛卡尔所断言的二元论——人既是思想实体（非物质、
自由）又是广延实体（身体）——没有合理依据。笛卡尔将对生理有机
体的理解应用到了整个人之上。同时，拉美特利关于物质的观念与笛卡尔　　48
差别较大。因为物质不仅是广延，它还拥有移动的力量和感觉的能力。至
少，有机物拥有运动的原理，这使它不同于无机物，而感觉来源于运动。
我们或许不能解释或完全理解这一现象；但我们也不能完全理解物质自身
及其基本属性。只要观察使我们确信运动（即有机物的原理）确实会出
现，这便已经足够。只要有了运动原理，不仅感觉，而且所有其他形式的
心理生命也都能够出现。总之，所有生命形式最终都依赖于物理有机体的
各种形式。当然，机器的类比不足以描述人。我们也可以使用植物的类
比。（因此，拉美特利写作了《人是植物》。）但这并不意味着自然中存在
着根本上的不同层级。我们看到的是程度差异而非种类差异。

　　在宗教事务上，拉美特利赞成完全的不可知论。但他通常被视为无
神论者。实际上，拉美特利试图改进培尔的论断，即由无神论者构成的
国家是可能的，他补充说道，这不仅是可能的而且是可欲的。换句话说，
宗教不仅独立于道德，而且有害于道德。至于拉美特利的伦理观念，他
的作品《享乐的艺术或快乐学派》（*L'art de jouir ou l'école de la volupté*，
1751）的标题便足以表明它们的性质。他没有狄德罗的道德理想主义。附
带一句，18 世纪出版了大量描述所谓"浪荡子"（libertines）圈子的观点
的作品，拉美特利这部作品只是其中之一。这些作品表达的观点范围，既
包括对感官享乐的强调（这是拉美特利的特点），也包括更为精致和理智
性的享乐计划。

　　（2）拉美特利的作品产生了极大影响，但唯物主义立场主要在霍尔巴
赫的《自然体系》（*Système de la nature ou des lois du monde physique et du monde*

morale，1770）中得到表达。霍尔巴赫（Baron Paul von Holbach，1723—1789）出生于德国，定居于巴黎，通常以 d'Holbach 闻名于世。他在巴黎的房子是启蒙哲学家的聚会场所。启蒙哲学家在此受到霍尔巴赫及其妻子的友好款待。附带一句，霍尔巴赫的妻子并不赞同她丈夫的哲学。休谟在巴黎时参加过这些聚会，虽然他不喜欢霍尔巴赫的独断无神论。休谟表达了他对霍尔巴赫的亲近，但在这个圈子中，他更喜欢达朗贝尔。贺拉斯·沃波尔（Horace Walpole）不喜欢启蒙哲学家，因此在他的信中评论道，他不再参加霍尔巴赫家中的晚餐了，"都是无稽之谈，比起哲学家，我更喜欢耶稣会士"。

在霍尔巴赫看来，笛卡尔错误地认为物质本身是无活动能力的，因此运动必须从外部赋予。运动必然来自物质的本质，即来自从根本上构成了物质的原子的本性。笛卡尔也错误地认为所有物质全都一样，都是相同种类。莱布尼茨的不可分辨原理比笛卡尔的物质同质观念包含了更多的真实性。存在着不同种类的运动，每个事物都有它必须遵守的运动法则。

正如我们的经验所知，事物由各种不同的原子组织所构成，它们的行为因其不同的结构而不同。我们在任何地方都能发现吸引和排斥的现象，但只有在人类领域，它们才表现为爱和恨的形式。此外，任何事物都努力自我保存。人类也受到自爱或自利的驱使。但这不应该被看作无视社会福祉。因为人是社会性的存在者，人对自身的满足与福祉的理性考虑，与对普遍福祉的关心携手并进。霍尔巴赫是完全的唯物主义者和决定论者，但他并不赞同自利的生活。作为个人，他是出了名地人道和仁慈。在某些归之于他的不具名作品中，我们还看到《社会体系》（*Système social ou principes naturels de la morale et de la politique*，伦敦，1773）和《普遍道德》（*La morale universelle*，阿姆斯特丹，1776）。

在决定论的自然体系理论中，运动不是事物的外在因素而是其本质属性，这似乎使霍尔巴赫排除了任何假设上帝或最高存在者的需要。世界的秩序或体系不是神圣计划的结果，而是事物本性及其内在法则的结果。但霍尔巴赫绝不满足于赞成不可知论者，也不满足于认为宗教假设（休谟这样称呼它们）是不必要的。在他看来，宗教是人类幸福和进

步的敌人。在《自然体系》第二卷的某个非常著名段落中，霍尔巴赫宣 50
称，无知和恐惧创造了诸神，幻想、狂热和谎言装饰或损毁了它们所形
成的图像，软弱崇拜它们，轻信保存它们，暴君为了他自己的目的而支
持对它们的信仰。信仰上帝没有使人们幸福，相反增加了人们的焦虑和
恐惧。

因此，如果宗教这一政治暴政的有力武器能够被推翻，就更容易确
保发展出一种理性的社会体系，以取代引发了如此多苦难和不幸的社会体
系。霍尔巴赫在他的著作中比多数其他同人更直言不讳地谴责旧制度。但
是，他反对将革命作为政治问题的解决之道。他在《社会体系》中还宣
称，革命比疾病还要糟糕，因为疾病尚可治愈。

有些人认为，在他的《自然体系》中，霍尔巴赫综合了法国启蒙运
动作家的不同倾向并将之推向极端。这在某种程度上无疑是正确的。但对
于很多他的哲学同人而言，他的观念过于极端了。例如，伏尔泰因其中的
无神论而谴责他的作品。德国的腓特烈大帝则注意到其中包含了难以容忍
的自相矛盾。根据霍尔巴赫，人类像其他事物那样屈从于决定论。然而，
他毫不犹豫地以激昂的言辞谴责教士和政府，并要求建立新的社会秩序，
虽然只有当人是自由的而且能够合理地因其行为而受到赞扬或谴责时，这
种说法才会有意义。

最后，这里征引某段经常受到引用且角度非常特别的对霍尔巴赫作
品的评价。在《诗与真》（*Dichtung und Wahrheit, XI*）中，歌德谈论他
在斯特拉斯堡的研究时说道，出于好奇，他和他的朋友浏览了《自然体
系》。"我们无法设想这本书有多危险。对我们而言，它显得如此灰暗、
阴森、死寂，我们难以忍受它的在场，像面对魔鬼那样在它面前颤抖不
已。"在歌德看来，霍尔巴赫的作品似乎剥夺了自然和生命中所有宝贵
的东西。

（3）在皮埃尔·让·乔治·卡巴尼斯（Pierre Jean Georges Cabanis，
1757—1808）的著作中，我们可以发现朴素唯物主义观点。卡巴尼斯是医
生，写作了《人类道德与物质的相互关系》（*Rapports du physique et du moral* 51
de l'homme）。他用"神经——人的中枢"（Les nerfs—voilà tout l'homme）

概括了他对于人的看法，并且还宣称，大脑分泌思想，就像肝脏分泌胆汁。就此而言，人们都会具有思想，思想差异仅仅在于它们是不同的分泌集合，因此很难确定哪种思想拥有更大的真理价值。但是，如果我们认为对整个法国启蒙运动的评价需要根据诸如卡巴尼斯的朴素唯物主义论断来做出，这就会误入歧途。实际上，如果我们只注意到朴素唯物主义，我们就会错失唯物主义思想潮流本身的重要意义。因为它的重要性在于它的纲领性，而非达朗贝尔和其他人所批评的独断性。这就是说，它长期的重要性在于它作为研究生理和心理现象之间关系的纲领，而非在于将后者独断地还原为前者。

卡巴尼斯声称，他所专注的心理生活的生理基础不应当被视为蕴含了形而上学唯物主义。对于终极因，他赞同不可知论。但在他看来，道德必须不依赖于形而上学和神学的预设，并且应该为科学地研究人类提供稳固的基础。他对于这类研究的贡献之一在于他坚持认为人类生命具有统一性。例如他认为，孔狄亚克所谈论的赋予雕像这种或那种感觉是不恰当的。各种感官不仅相互依赖，而且与其他官能具有紧密联系。

3. 狄德罗认为，在特定环境下，没有什么比专注于方法更浪费时间。他说，对于一般的自然史或者特殊的植物学，这种说法尤其正确。当然，他的意思不是说任何科学都能以纯粹任意的方式进行有所收获的研究。他的意思在于，如果我们专注于去发现能够应用于所有科学的普遍方法，那么我们就只是在浪费时间。例如，假设应用于数学的方法也能够应用于植物学，这是荒谬的。适用于植物学研究的方法和体系的形式必须源自这门科学的主题的特征。

在形成这种观点时，狄德罗在某种程度上受到了布封的《自然史》（*Histoire naturelle générale et particulière*，1749—1788）前几卷的影响。

52   （1）乔治-路易·勒克莱克·德·布封（Georges-Louis Leclerc de Buffon，1707—1788）在《自然史》的导言中反思道：首先形成一种理想化的科学方法，然后试图把科学研究的所有分支都纳入这个方法的框架中，这是个巨大的错误。例如，在数学中，我们清楚地固定了符号的含义，我们能够进行演绎，揭示出我们的起点的意涵，但当我们关注的不再是由我们自己所决定的概念或符号的意义（正如我们在数学中所做的那样）而是关注于现存的自然时，我们就不能像在数学中所做的那样去做。数学的真理不同于自然科学的真理。在自然科学中，我们必须从对现象的观察开始，只有在观察的基础上，我们才能借助类比形成普遍结论。最后，我们能够看到特殊事实如何相互联系，普遍真理如何在这些特殊事实中得到展示。但我们不能使用数学的演绎方法。布封是皇家花园的总管，事实上我们清楚地看到，他把他所说的都应用到了植物学领域。

布封反对所有关于单一的、理想的、能够普遍适用的科学方法的严格概念，同时也反对下述想法，即根据严格的界限或限制将有机体划分为截然确定的类或种（classes or species）。甚至林奈（Linnaeus）在其植物学研究中也在这方面误入歧途。因为他随意将植物的某种特征挑选为分类的基础，而我们无法通过这种方式理解自然。自然中存在着连续性，存在着渐进的变化和不是严格固定的类型。换句话说，布封用类的系列或链条观念取代了类的截然可分的层级观念，在类的系列或链条中，每一个类中的成员根据可观察的谱系关系而被理解。他没有反对类或种的整个概念。但是，种是这样一组成员：根据可观察的特征，它们彼此之间的相似性比它们与其他事物之间的相似性更大。假设我们的分类能够表达出对固定本质的理解，这是误入歧途。如果我们愿意，我们可以说布封是在洛克所说的"名义本质"的意义上理解分类的。但他的重点在于，我们必须通过观察来研究自然，我们关于类的概念也要保持弹性，而非构建固定的概念框架，迫使自然适用于它。如果我们只关心我们的观念或定义及其内涵，则后面这种研究步骤就会是合适的。但是，例如在植物学中，我们关心的是 53 认识实在，而非关心类似于数学的观念系统。

有人说布封的观点在某种意义上为进化论铺平了道路，这或许是真的。同样，人们无权根据种的系列或链条观念得出结论，说他本人主张进化论。他确实认为，当外在条件使生存成为可能，就会产生出连续系列中的几种有机体。但他没说过一个种会经历转化为另一个种的过程。他想到的毋宁是生物的某种理想原型，这种理想原型能够表现出神圣计划的统一性，而神圣计划可以采取无限的具体可能形式。虽然这些具体类型不是固定和严格的，但每种类型的创造都是特别的行动。

（2）系列的观念也表现在让-巴蒂斯特·罗比耐（Jean-Baptiste Robinet，1735—1820）的著作之中。对他而言，自然面临的问题在于，以尽可能完美的方式实现营养、生长和生殖这三种生命功能，这些功能在某种意义上可以在所有物质中发现。自然在人身上发现了这个问题的解决之道，因此，人是物质世界各个系列的顶点。但我们可以设想，活动将从对物质以及物质器官的依赖之中逐渐解放，这是实体的本质特征。这个概念把我们引向纯粹理智这一观念。

（3）但是，纯粹线性系列的理论具有很多困难。我们发现，夏尔·博内（Charles Bonnet，1720—1793）认为，自然可能产生了不同系列的主线，后者本身又产生出支线。德国博物学家和旅行家彼得·西蒙·帕拉斯（Peter Simon Pallas，1741—1811）使用了树及其枝干的类比，而布封本人在这个主题上也使用了网络类比。

4. 如果人们认为启蒙运动是一种反对所有超自然宗教的思想运动，那么耶稣会士罗格·约瑟夫·博斯科维克（Roger Joseph Boscovich，1711—1787）明显不能算作一个启蒙哲学家。但启蒙哲学家不应该仅限于这个意义。的确，博斯科维克出生于意大利的拉古萨，不是法国人，而我们现在处理的是法国启蒙运动。但是，他在巴黎担任海军光学指导员长达十年之久（1773—1783），无论如何，现在都是对他做短暂介绍的合适时机。

1740 年，博斯科维克被任命为罗马学院（即现在的格列高利大学）的数学教授，他在职期间发表了大量数学和天文学论文。1758 年，他在维也纳出版了《自然哲学理论》（*Philosophiae naturalis theoria, redacta ad unicam legem virium in natura existentium*）。居住在英格兰期间，他被选为皇家学会会员。1769 年，他受到皇家学会邀请，前往加利福尼亚观测金星凌日，但由于西班牙政府将耶稣会士驱逐出其领土，因而他无法接受邀请。1785 年，他从巴黎返回意大利，出版了五卷本的《光学与天文学论集》（*Opera pertinentia ad opticam et astronomiam*）。有关他的其他著作，我们还可以提到他的《普遍数学原理》（*Elementa universae matheseos*，1754）。

博斯科维克认为，两个物体之间不存在实际的接触。牛顿引力理论的结果已经证明运动只能是超距作用（action at a distance）。因此，我们不再能假设运动或能量是通过直接接触而传递的。相反，我们必须预设原子相互排斥相互吸引，但实际上却绝不相互接触。每个原子都占据空间中的某个位置，在两个原子相互吸引相互排斥的意义上都具有"有势力"（potential force）。对于比某个给定距离更大的距离，这个力就是引力，它与距离的平方呈反比而变化。对于比某个给定距离更小的距离，这个力有时是引力，有时是排斥力。但在这里，支配引力和排斥力的规律还未发现，博斯科维克认为，如果我们无限地减小距离，排斥力就会无限增大。因此，两个原子绝对不可能有直接接触。当然，存在着原子系统，但没有任何系统能够占据其他系统的相同空间。因为当一个系统接近其他系统时，在某个临界点，两个系统的原子之间的排斥力会增加到无法克服的程度。更不用说，博斯科维克并不认为原子是唯一的实在。他所说的只是物体，他接着展示了他的动力原子论如何应用于力学和物理学问题。

5. 百科全书派学者受到进步观念的鼓舞，进步观念表现在科学的发展以及与之相应的对迷信的破除中。理性启蒙还伴随着宗教宽容的增进以及政治和社会的改革。进步观念也在 18 世纪法国经济学家的理论中占有一席之地。这些经济学家被称为"重农主义者"（physiocrats）。这个名称是由这个团体中的杜邦·德·内穆尔（Dupont de Nemours，1739—1817）所发明，由希腊词语"自然"（phusis）与"统治"（kratein）组合而成。重农主义者最初自称为经济学家，但他们的别名是更合适的，因为它使人们注意到他们的基本信条。这个基本信条就是，存在着自然的经济规律，经济进步依赖于我们允许这些规律不受限制地起作用。

从这个立场可以得出，政府应该尽可能少地干涉经济事务。社会建立在契约的基础之上，根据这项契约，当个人对其自然自由的行使与他人的权利相冲突时，个人应当服从于对其自然自由的限制。政府应当将自身的作用限制于保障契约的履行之内。如果政府试图干涉经济领域，例如限制竞争或者维护特权和垄断，这就是在试图干涉"自然法则"的运行。这种干涉不会带来任何好处：因为自然知道什么最好。

这并不意味着重农主义者热衷于民主，也不意味着他们是人民统治观念的热烈拥护者。相反，他们倾向于诉诸开明专制来执行他们的政策。不干涉和自由放任（laissez-faire）的学说确实适合于在革命意义上被使用，即作为对自由的普遍要求的组成部分；而且它们实际上也被这样使用了。但是无论是魁奈（Quesnay）还是杜尔哥都不能被看作革命的倡导者，也不能被看作以人民统治代替君主统治的倡导者。

（1）弗朗索瓦·魁奈（François Quesnay，1694—1774）学习过医学和外科，并且当过路易十五的医生。但他在宫廷中致力于研究经济学，重农主义者以他和让·德·古尔奈（Jean de Gournay，1712—1759）为中心组成团体。魁奈为《百科全书》写了一些以经济学为主题的文章。他的其他著作还包括 1758 年出版的《农业国经济管理的一般原则》（*Maximes générales de gouvernement économique d'un royaume agricole*，1758），以及同年出版的《经济表》（*Tableau économique avec son explication, ou extrait des économies royales de Sully*，1758）。

魁奈认为，国民财富依赖于农业生产。只有农业劳动才是真正的生产力，它们增加了原材料的数量。国民财富依赖于这些产品的价值超过了生产它们所需要的成本。制造业和商业只是给所生产的财富（原材料如金属）提供了新的形式，并把财富从这个人转向那个人。因此它们是"不生产的"、不具有"生产力"的，虽然这样说并不意味着它们是无用的。

因此，地主的利益与社会的利益完全一致。农业产品越多，国民财富越多。或者如魁奈所说，农民穷则国家穷，国家穷则国王穷。因此，"净产品"的增加应该是务实经济学家的目标。商业分配财富；但商业和制造业阶层通过国家的消费来获得利润，而且公共善要求这种消费越少越好。国家收入依赖于农业劳动的净产品，这种收入应当来自土地税。

以牺牲工业和商业为代价强调农业生产并不是所有的重农主义者所公认的观点，这只是这个团体某些杰出成员的特点。亚当·斯密（Adam Smith）在 1764 年至 1766 年造访巴黎时结识魁奈，对他有过高度评价。但是，虽然亚当·斯密在某种程度上受到了重农主义者的影响，他不同意后者将工业和商业描述为"不生产的"。

（2）安·罗伯特·雅克·杜尔哥（Anne Robert Jacques Turgot, Baron

de Laune，1727—1781）最初攻读神学，但在被授予圣职之前放弃了相关研究，随后在议会和政府担任公职。作为伏尔泰的朋友，他也熟悉魁奈、古尔奈、杜邦·德·内穆尔以及重农学派的其他经济学家。除了关心实际的经济改革，他还写了大量著作和论文，有些是为《百科全书》写的。1770 年，他写了《关于谷物自由贸易的通信》(*Lettres sur la liberté du commerce des grains*)。1776 年，他出版了独立成书的《关于财富的形成和分配的考察》(*Réflexions sur la formation et la distribution des richesses*)，本书内容最初在 1769 年至 1770 年发表在某本杂志上。1774 年，他出任海军大臣，不久后出任审计总长，但实际上是财政大臣，他强调经济发展，而且成功提升了国家声誉。最初他得到国王的支持，他在教育系统和济贫方面的计划为国王做出了很多贡献，但是，他还计划废除特权，使所有阶级都要缴税，并且提出谷物的自由买卖，这些都使他树敌众多。最后，在 1776 年，他被迫辞职。他将余生都投入到他的研究之中。

57

作为经济学家，杜尔哥采纳了魁奈的观点，认为土地是唯一的财富之源，而且工业和商业应当完全自由。但他不仅仅是经济学家。例如，在《百科全书》讨论实存的文章中，他发展出某种实证主义的解释。被给予的是杂多的现象，它们之间的相互关系不断发生变化。但在某些集群中，实存着相对持久的协调关系。这些集群之一就是被我们称为自我的东西，自我是与快乐和痛苦的知觉或感受相关联的特殊知觉集群。肯定外在世界实存就是肯定其他现象集群在空间和因果关系中与自我相对，无论这是被直接给定的还是被假设的。因此，实存对于我们就意味着作为主体而实存，或作为在空间和因果关系系统中的主体而实存。实存本身是什么，或者离开时空和因果关系系统的存在者是什么，这是我们没有能力回答的问题。换句话说，我们不能解决形而上学问题。科学关心的是对现象进行描述，而非"终极问题"。

在实证主义历史解释的发展过程中，杜尔哥占有重要位置。不同于动物的历史，人类历史存在着进步，一代人的理智成就会被下一代人继承、拓展和超越。在每个文化阶段，我们确实可以发现某种循环模式。人类的理智进步经历了三个主要阶段：宗教阶段、哲学或形而上学阶段、科学阶段。在第三个阶段，数学和自然科学胜过了思辨形而上学，为未来的科学进步以及社会经济生活的新形式奠定了基础。因此，杜尔哥预见到了奥古斯特·孔德（Auguste Comte）在下个世纪所详尽阐发的历史解释。

58　虽然从经济学观点来看，他必须与魁奈以及其他重农主义者归为一类，但从更广泛的哲学观点来看，他必须与《百科全书》的编者达朗贝尔以及狄德罗归为一类。

6. 人们常常将法国启蒙运动与朴素唯物主义和反宗教论证联系起来，代表人物如爱尔维修、拉美特利和霍尔巴赫，这无疑是可以理解的。当然，这是 18 世纪法国哲学的一个真实面向。但是，启蒙运动的精神或许更好地体现在达朗贝尔、狄德罗和杜尔哥等人身上，他们倾向于放弃对终极实在做出独断宣告，期待从科学进步和宗教宽容的增长中能够产生出全新的和更理性的社会政治生活形式。18 世纪法国哲学无疑有助于为大革命铺平道路，但哲学家们本身的目标却不是流血革命，而是传播知识，并通过知识传播实现社会改革。我不是有意暗示启蒙哲学家的哲学观点是充分的，或者暗示我同意他们反形而上学的观点。同时，如果我们简单地从某些作者的独断唯物主义出发来评论他们，这也是错误的。正如我们指出的，这样做忽视了他们工作的纲领，即尽可能地扩展经验实证知识的范围。例如，他们朴素地期待经验心理学和生物学的成长、社会学研究的发展，以及政治经济学的兴起。在下个世纪，观念论者感到必须调和与综合宗教观点、形而上学观点和科学观点。但这个理想预设了科学和实证主义观点的出现，18 世纪哲学家在这种观点的出现中起到了非常重要的作用。正如 19 世纪的观念论者所看到的，科学观点不是要求否定，而是要求以更广阔的综合进行修正。他们是否成功地提供了这种综合，这当然另当别论。

第三章

卢梭（一）

生平与著作 —— 文明之恶 —— 不平等的起源 —— 公意理论的出现 —— 卢梭的情感哲学

1. 让·雅克·卢梭（Jean Jacques Rousseau）1712 年 6 月 28 日出生 59 于日内瓦，他的父亲是一个钟表匠。1725 年，他开始了为期五年的雕刻匠学徒生涯，但没过多久就逃跑了。日内瓦附近孔菲尼翁乡村的牧师把卢梭介绍给了华伦夫人（Baronne de Warens），她在卢梭生命中有重要的地位。在她的影响下，卢梭皈依天主教，并于 1728 年在都灵的某个救济院中受洗，在《忏悔录》（Confessions）中，卢梭对在救济院的不愉快经历有过描写。在经历颠沛流离、居无定所的生活之后，他在 1731 年与华伦夫人重逢。卢梭与华伦夫人共同生活，最初在尚贝里，然后在夏尔梅特，他在《忏悔录》中将这段经历理想化地描述为田园牧歌般的生活。正是在这个时期，他努力通过阅读弥补了他早期没有受过系统性教育所带来的缺陷。

从 1738 年到 1740 年，卢梭担任马布利夫人（M. de Mably）之子的家庭教师。他在这时结识了孔狄亚克。1742 年，他前往巴黎。1743 年，继续前往威尼斯担任新任法国大使蒙太古（Comte de Montaigu）的秘书。他们相处得并不是很好，卢梭于次年因傲慢无礼而遭到解职，返回巴黎。1745 年，他首次见到伏尔泰。1749 年，狄德罗邀请他为《百科全书》写作有关音乐的文章。他还被介绍参加霍尔巴赫的沙龙。同年，第戎科学院 60 开展有奖征文活动，主题是"科学与艺术的进步是否有助于纯化风俗"。

卢梭的《论科学与艺术》(*Discourse on the Arts and Sciences*)就是获奖论文，这篇论文于 1750 年出版。它的作者立刻成了名人。但是，因为他大肆抨击文明以及文明对人的败坏，他的观点自然遭到启蒙哲学家的强烈反对，引发了笔战。卢梭已经准备好与霍尔巴赫圈子断交。他无惧反对，决定参加第戎科学院提供的另一次有奖征文活动，这次的主题是"什么是人类不平等的起源，以及它是否得到自然法的授权"。他的《论人类不平等的起源和基础》(*Discourse on the Origin and Foundation of Inequality among Men*)没有获奖，但于 1758 年出版了。这部著作描绘了自然人或在自然状态中的人的图景，即剥去文明的陷阱和添附之后的人的图景。人在自然上是善的，但文明带来了不平等和很多随之而来的恶。1755 年，卢梭的政治经济学文章刊印在了《百科全书》之中。1758 年，文章内容以《政治经济学》(*Discourse on Political Economy*)为名独立出版。公意的观念在这部论著中首次出现。

　　卢梭有段时间非常厌恶巴黎的生活，这反映在他的《论科学与艺术》和《论人类不平等的起源和基础》之中。[①]他的心转向了他的故乡。因此，1754 年，他离开法国首都，回到了日内瓦。他在此回归了新教教会。这个转变其实并不意味着任何信仰上的改变。因为卢梭认为，如果他在巴黎的哲学朋友们对他有过什么影响的话，那就是破坏了他对天主教教义的信仰。正如他所承认的，他正式回归新教的主要原因在于他希望重新成为日内瓦公民。但这位哲学家没有在日内瓦待多久。他于 1754 年 10 月返回巴黎，寄送了一份《论人类不平等的起源和基础》复本给伏尔泰，伏尔泰次年回信感谢"这部反对人类的新著作"。

　　从 1756 年到 1762 年，卢梭隐居于蒙莫朗西。这个时期他写了大量著作。1758 年，他写下了《致达朗贝尔论戏剧的信》(*Lettre à d'Alembert sur les spectacles*)。达朗贝尔在《百科全书》论日内瓦的文章中批评了日内瓦禁止戏剧演出，卢梭本文正是针对于此。1761 年，卢梭的小说《新爱洛伊斯》(*La Nouvelle Héloïse*)出版。1762 年，他最著名的著作《社

①　译者注：学界通常将《论科学与艺术》称为《一论》,《论人类不平等的起源和基础》称为《二论》,《政治经济学》称为《三论》。

会契约论》(*Du contrat social*) 以及他论教育的著作《爱弥儿》(Émile)
接连问世。在此之前，卢梭已经与狄德罗有过论战。他与启蒙哲学家的最
终分裂在他的《道德书信》(*Lettres morales*) 中有所表述，虽然这些书信
直到 1861 年才出版。

　　《社会契约论》和《爱弥儿》在 1762 年的出版导致卢梭避难于瑞士。　61
但日内瓦对他的作品也怀有敌意，1763 年，他正式放弃日内瓦公民身份。
1765 年，他准备前往柏林，但在途中又决定前往英格兰。1766 年 1 月，
他穿过英吉利海峡见到了休谟，休谟为他在英格兰提供了避难所。很难
说这次造访是成功的。卢梭敏感而多疑，正在经历受迫害妄想症，开始
怀疑休谟与他的敌人有勾结。休谟不理解卢梭反常的心理状态，非常生
气，特别是当时他正在为他这位朋友筹措一笔皇家津贴，并且还不顾所
有反对意见，在伦敦和巴黎发表了有关这件事的说明。1766 年 5 月，卢
梭返回法国，受到了孔蒂（Conti）亲王的款待。1770 年，在颠沛流离
之后，他不顾可能被捕的事实回到巴黎。但事实上，虽然他受到了文字
上的中伤讨伐 [尤其来自葛林（Grimm）和狄德罗]，但他没有受到警察
的滋扰。1778 年 5 月，他离开法国前往埃默农维尔，成为吉拉尔丹侯爵
（Marquis de Girardin）的客人。他于当年 7 月 2 日在这里去世。他的《忏
悔录》(*Confessions*) 和《一个孤独的散步者的梦》(*Rêveries du Promeneur
Solitaire*) 于死后出版（1782—1789）。《波兰政制》(*Considerations on the
Government of Poland*) 出版于 1782 年。

　　卢梭的性格和生平为心理学家提供了大量素材。有些问题的确要归
因于身体疾病。他长年遭受膀胱炎之苦，很可能死于尿毒症。但他向来就
很难适应社会。虽然他具有深刻细腻的感受和情感，但却过于敏感多疑，
难以维持长期的友谊。他过多地进行自我剖析，常常无法理解自己和他
人。作为哲学家，他的性情却是相当情绪化。他注意到情感和思想、内
心与心智之间的紧张，这种紧张使他压抑。浪漫、情绪化、具有宗教情
感但又以自我为中心，精神上不平衡。毫不奇怪，卢梭最终会与启蒙哲
学家们决裂。霍尔巴赫警告休谟说，他这是在胸膛上温暖毒蛇。休谟随
后指出，卢梭是"所有人中最独特的人"，虽然后来他又尖锐地评价说，

62 卢梭在整个生命历程中只会感受，感性在他那里被提升到了无与伦比的高度。当然，所有这些都不影响卢梭在哲学史上的重要性。①

2."这是多么高贵和美妙的景象啊，看到人类经过自己的努力，终于走出混沌的境地。"②这些语词构成了卢梭《论科学与艺术》第一部分的开篇。我们自然期待看到随后会展开对文明的赞美之词。如果这是达朗贝尔所写，这个期待无疑会得到满足。但卢梭这里并非如此。我们立刻看到："人的心灵和身体各有其需要，身体的需要是社会的基础，心灵的需要是社会的装饰。"③这些话确实能够在不会招致反对的意义上得到接受，即便它们似乎暗示，所有对非身体需要的满足都只是一种不必要的社会装饰。但是，我们直接看到的是，艺术、文学和科学在为锁链点缀花环，而这些锁链压迫和窒息了人的心中与生俱来的自由感。这些"花环"使人爱上了他们的奴隶状态。"需要（necessity）建立起王座，艺术和科学使之巩固。"④

这就为雄辩地攻击所谓的文明社会铺平了道路。卢梭特别关注社会生活的人为性。在更原初的社会形式中，人性可能并非在根本上比现在更好，但人们真诚坦率，以他们的真实面目示人。而现在，"我们不再敢于以真面目示人，而是在永恒的束缚下撒谎"。⑤人群的行为都极为相似，除非某种有力的动机介入；真诚的友谊和真实的自信受到遗忘。习俗的礼貌遮盖了所有令人羞耻的态度。还有，虽然我们粗俗的誓言可能没有褒渎上帝之名，但真实的褒渎行为却没有使我们感到不安。虽然我们没有沉溺于夸耀自己，但我们却精巧地贬低他人的价值并诽谤他们。"我

63 们对其他国家的恨消失了，但爱国之情也随之而亡。无知固然受到了轻视，但危险的怀疑主义却又继之而起。"⑥卢梭不喜欢也不赞同启蒙运动

① 在本章和接下来的几章中，我会使用以下缩写：D. A. 代表《论科学与艺术》；D. I. 代表《论人类不平等的起源和基础》；D. P. 代表《政治经济学》；É 代表《爱弥儿》；S. C. 代表《社会契约论》。所引文献的页码来自人人丛书版的《社会契约论》《政治经济学》《爱弥儿》，因为这些版本读者很容易获得。译者注：为了读者阅读方便，译者把缩写的全名翻译了出来。
② 《论科学与艺术》，第 130 页。
③ 同上。
④ 同上，第 131 页。
⑤ 同上，第 132 页。
⑥ 同上，第 133 页。

的世界主义精神。

卢梭对文明社会的描述明显是泛化他在巴黎的经验，他在巴黎混迹于上流社会，不是以他的功绩，而是以依附性的难堪地位。但是，他所说的某些内容无疑足够真实，这也给他这位"布道者"提供了素材。例如，在世故的社会中，自我吹嘘确实被视为可笑的，但凭借巧妙地贬低他人可以达到同样的目的。然而，卢梭进而将这类状况归因于科学与艺术的发展。"在科学和艺术的进步中，我们的心灵随之败坏。"[1]科学进步归因于"虚荣的好奇心"。[2]但是，注意到18世纪社会的阴暗面是一回事，认为科学和艺术的进步是这些缺陷的原因是另一回事。

的确，卢梭竭力通过征引历史来支持他的论点。他告诉我们，埃及是哲学之母（这个命题很成问题）、精巧技艺之母，但很快被冈比西斯（Cambyses）征服了，随后又被希腊人、罗马人、阿拉伯人以及最后被土耳其人所征服。卢梭还告诉我们，在希腊，科学进步立刻引发了放荡的生活方式，并导致希腊人被迫接受马其顿人的奴役。"并非德摩斯梯尼（Demosthenes）的所有雄辩都能让因奢侈和艺术而衰弱的身体重振活力。"[3]相反，我们可以想想早期波斯人、斯基泰人的德性，更不用说征服过罗马人的日耳曼部落的"单纯、天真和德性"[4]。而且，我们必须不要忘记斯巴达，它是"对科学之虚妄的永恒证明"[5]。

在《论科学与艺术》的第二部分，卢梭直率地告诉我们："天文学诞生于迷信；雄辩术诞生于野心、仇恨、谎言和谄媚；几何学诞生于贪婪；物理学诞生于虚妄的好奇；甚至道德哲学也诞生于人类的骄傲。因此，科学和艺术都是由我们的各种邪恶所产生的。"[6]它们都起源于邪恶，也都导向邪恶的结果。它们产生奢侈和虚弱。罗马人的军事德性随着对艺术的培养而消失。"对科学的培育不仅有害于军事素质，而且更有害于道德品

64

---

① 《论科学与艺术》，第133页。
② 同上，第134页。
③ 同上。
④ 同上，第135页。
⑤ 同上，第136页。
⑥ 同上，第140页。

质。"① 人们所提供的昂贵教育唯独不教授道德诚实和正直。精通文学、艺术和科学会受到尊敬，但道德德性却得不到奖赏。在《论科学与艺术》的结尾，卢梭才想起他是在讨论第戎科学院的征文主题以及他是在竞争这项文学奖。他发现，称赞弗朗西斯·培根、笛卡尔和牛顿"这些人类导师"是可取的②。他将上述这些天才与"教科书作者们"进行对比：自然想要这些天才成为它自己的学生，与之相反，"教科书作者们"③ 轻率地打开了科学殿堂之门，将其传递给不配接触这些信息和观念的大众（他们缺乏这些会过得更好）。不言而喻，卢梭心中指的是谁。

　　卢梭的批评显示出，在支持他的论点"道德败坏起因于科学和艺术的发展"时，他的历史知识比较匮乏，他的论证比较薄弱。如果他生活在今天，他无疑会指出，战争的需要刺激了某些科学研究的发展。他无疑会认为，这种进步源自人类之恶，而且导致了邪恶的后果。但很明显，这幅图景还有另外一面。例如，即便原子物理学的进步在某种意义上曾经受到战争的刺激，但其研究成果也可以应用于除毁灭性目的之外的其他目的。还有，卢梭以贬低雅典为代价把斯巴达理想化，以及他过于称颂日耳曼部落的德性，这些都很容易受到批判。但是，卢梭自己明确承认，这部作品缺乏逻辑和次序，论证也薄弱。但是，即便存在着这些缺点，相比于百科全书派假设科学和艺术的进步代表了普遍意义上的人类进步，《论科学与艺术》在与之唱反调上具有某种重要性。确实，这部著作不应该被视为对文明社会的完全的、整体性的反驳。这只是在某个观念下表达了某种感受和态度，这个观念以突然光照的力量降临卢梭。但后来，尤其是在《社会契约论》中，卢梭试图为人类从原初状态向社会状态过渡做出辩

65　护，探寻什么是与人类的自然善最相融或最少使之败坏或堕落的社会制度形式。此外，在 1750 年或 1751 年，卢梭计划写作《政治制度》（*Political Institutions*），但他后来放弃了这个计划，并从笔记中抽取出《社会契约论》的内容。就此看来，即便当他写作《论科学与艺术》时，他可能都没有严

---

① 《论科学与艺术》，第 147 页。
② 同上，第 152 页。
③ 同上。

肃地认为文明社会本质上是邪恶的，以至于必须完全加以拒斥。同时，如果因此得出结论认为卢梭针对科学与艺术所说的话是不真诚的，这也是错误的。卢梭始终坚持认为，人类因人为文明的发展和理性主义的兴起而受到败坏，尽管为了恰当地描述其哲学整体，我们必须用他有关国家及其功能的积极学说来对这种观念进行平衡。事实上，他的晚期作品与早期作品之间存在着态度上的转变，但并未达到完全改变主张的地步。

3. 如果我们假设人类因人为文明而受到败坏，那么什么是他已经被剥除了的那种自然状态？也就是说，"自然状态"这个术语具有什么积极意义？卢梭在《论人类不平等的起源和基础》中讨论了这个问题。

当然，我们不可能观察到自然状态，因为我们只熟悉社会中的人类。人类的真正原初状态无法被经验观察。因此，我们的解释必须采用假设说明的形式。"因此，首先让我们抛开事实，因为它们对这个问题毫无影响。我们关于这个主题所做的探究，必须不能被视为历史真实，而只是有条件的和假设的推理，旨在解释事物的本性，而非确定它们的实际起源。正如我们的物理学家在有关世界形成上每天所做的假设。"[1] 在实践上，这意味着，我们必须以我们所熟知的方式来看待人，然后抽离所有超自然的禀赋，以及抽离那些在长期的社会发展过程中才能够获得的能力。事实上，我们必须抽离社会本身。

当我们这样做时，我们发现人类"在第一棵橡树下吃饱，在第一条小溪前解渴，在给他提供食物的树下睡眠，他的需要就全都满足了"。[2] 这样的人身体强壮，不惧怕动物，因为即便他在力量上无法胜过动物，也会在技艺上胜过。他很少生病，也不需要药物和医生。他主要关心的是自我保存。他的视觉、听觉和嗅觉非常灵敏，而触觉和味觉极端迟钝，因为后者需要被舒适和感官享受所完善。

野蛮人如何不同于动物？"人和野兽的差别，与其说在于理智，不如

---

① 《论人类不平等的起源和基础》，第175—176页。译者注：所有直接引文的中译文皆参考李常山译文，但有改动。参见《论人类不平等的起源和基础》，李常山译，北京：商务印书馆，1997年。
② 《论人类不平等的起源和基础》，第177页。

说在于人的自由品质……特别是他意识到他具有这种自由，所以显示出他灵魂中的精神性。物理学在某种程度上能够解释感官的机械作用和观念的形成，但在人的意志力或毋宁说选择力以及对这种力量的感受方面，我们只能发现某些纯精神性的活动，这些活动都不能用力学规律来解释。"① 因此，卢梭彻底反驳了以纯粹的唯物主义和机械主义来解释人类的适当性。

人类区别于野兽的另一个特质在于人类的自我完善能力，即人的可完善性。但是人类首先受直接需要、本能和感受所支配。"意愿和不意愿，欲求和恐惧，一定是他灵魂中第一个而且是几乎唯一的活动，直到新的情况使他的能力得到新的发展。"② 野蛮人的欲望没有超出他的身体需要。"在宇宙中，野蛮人所知道的唯一善是食物、女人和睡眠；他所恐惧的唯一恶是疼痛和饥饿。"③

卢梭想象人类"在森林中游荡，没有工业，没有语言，居无定所，没有战争，彼此不联系，对于同类既无需求也无加害的意图"。④ 因此，人类被描绘成缺乏社会生活而且还没有达到反省的层次的。我们能说这种人拥有道德品质吗？在严格意义上，不能。但我们不能因此说处于自然状态的人能够被称为恶的。我们无权因为在原初状态中的人们没有善的观念，就得出结论说他们是恶的。没有"我的"和"你的"，就没有关于正义和不义的清晰概念。但是，这并不意味着缺少了这些概念人类就必须以暴力、野蛮的方式行事。霍布斯的自然状态是一切人反对一切人的战争状态，这个图景是无法得到证明的。他在认为自爱是根本冲动这方面是对的，但是，在自我保存的冲动这个意义上，自爱本身不涉及恶和暴力。起初，个体很少注意他的同伴，当他这样做时，自然的或先天的同情就会起作用。它先于所有反省，甚至野兽有时也表现出这种同情。在本章的结语中，我将回到自然同情及其与自爱的关系这个主题。现在只需要注意到卢

---

① 《论人类不平等的起源和基础》，第 184 页。
② 同上，第 185 页。
③ 同上，第 186 页。
④ 同上，第 203 页。

梭认为人在原初的自然状态中是善的,这就足够了。即便原初状态的人不可能在严格的道德意义上被称为善的,道德性只是他的自然感受和冲动的发展。因此,卢梭在发表于1763年的给巴黎大主教博蒙的信中坦诚说道,基本的伦理原则就是:人在自然上是善的,在人性中不存在着原罪。

前面已经提到过,卢梭描绘的原始人没有语言。在《论人类不平等的起源和基础》的第一部分,他反思了语言的起源和语言在人类理性发展中的重要性。语言起源于"自然的哭声"[1]。但在时间的历程中,同意(common consent)建立起了约定的符号,每个特殊的事物都被赋予了一个特殊的名称。但是卢梭并没有宣称能够解释从语言发展的这个阶段到使用普遍术语表达普遍观念的过渡是如何发生的。"普遍观念只有借助于词语才能被引入心灵之中,理解普遍观念则必须通过命题。"[2]但是语词似乎预设了观念或思想。因此,卢梭给我们留下了难题。另外的难题是语言与社会之间的关系。"我把这个难题留给愿意从事这种研究的人去讨论:已经存在着的社会对于语言的发明,或者已经发明的语言对于社会的建立,这二者哪个更为必要呢?"[3]但是,无论这个问题的答案是什么,离开了语言的发展,人类理智生活的发展就是不可想象的。

在《论人类不平等的起源和基础》第二部分,卢梭讨论了从自然状态到有组织的社会的转变。他想象人类如何逐渐经验到共同行动的好处,进而发展出社会纽带感,至少在个别情况中会是如此。但卢梭特别强调的是私人财产权的建立。"谁第一个把土地圈起来,想到'**这是我的**',并找到头脑简单者相信他,这个人就是文明社会的真正奠基者。"[4]财产权产生之后,平等就消失了,森林变成了欢声笑语的土地,奴役和不幸伴随着农作物而产生。"冶金和农业是产生这项革命的两种技艺。"[5]正义与不正义之间的道德区分随即出现。但这不是说人类现在比从前处于自然状态中时更好。"富人的强取、穷人的劫掠和人们疯狂的贪婪,这些都扼杀了人

68

---

[1] 《论人类不平等的起源和基础》,第191页。
[2] 同上,第192页。
[3] 同上,第194页。
[4] 同上,第207页。
[5] 同上,第215页。

类天然的同情与微弱的正义之声，使人们变得贪婪、有野心和邪恶。……新生的社会状态因此产生出可怕的战争状态。"① 换句话说，私人财产权是人类脱离原初单纯状态的结果，而且带来了数不尽的恶。

我们已经看到，卢梭的自然状态不同于霍布斯的自然状态。它不是那种被描述为"人对人是狼"（Homo homini lupus）的状况。但是，卢梭将上段所描述的那种社会形式比作战争状态，它在这方面与霍布斯的自然状态相似，虽然在其他重要方面二者并不相似。例如，卢梭认为，道德差别产生于公民社会，抽象地说，公民社会的形成先于政治社会的形成②；而霍布斯认为，道德差别后于政治社会和政府赖以建立的契约。

考虑到私有财产制度的建立和发展带来的不安全和其他害处，政治社会、政府和法律的建立成为随之而来的必然结果。"所有人都争相向锁链走去，希望他们的自由能够得到保障。尽管他们有足够理由感觉到政治制度的好处，但他们没有足够经验预见到其中的危险。"③ 因此，政府和法律由同意所建立。但是，卢梭并不是一个热衷于这类发展的人。相反，政治社会的建立"给穷人戴上新镣铐，使富人获得新权力，无可挽回地摧毁了自然自由，永恒地制定了保障私有财产和承认不平等现象的法律，把巧取豪夺转变成不可改变的权利，还为了少数野心家的利益迫使所有人终日劳苦，陷入奴役和可悲的境地"。④

因此，卢梭宣称，他赞成采纳通常的意见，即认为政治社会的建立是"人民与他们选出的首领之间的真实契约，缔约双方都必须遵守契约中规定的法律，法律是把他们联系起来的纽带"⑤。但是，我们可以继续追问，政治社会的发展历程是什么？恣意的权力和专制是其开端还是在后来的发展中才出现？卢梭对于这个问题的回答是模糊的。"我确切地认为，政府不是开始于恣意权力，恣意权力是政府的腐败造成的，是走向极端的结果。它使政府最终又回到了只有依靠最强者的法律才能存在着的地步，

---

① 《论人类不平等的起源和基础》，第219页。
② 19世纪，黑格尔在公民社会与国家之间做出了区分。
③ 《论人类不平等的起源和基础》，第221页。
④ 同上。
⑤ 同上，第228页。

而政府最初正是为了救治最强者的法律之弊病才建立的。"①

　　自然状态中只有天生的或身体上的不平等，这由自然天赋上的不平等（包括身体上的和心灵上的）所构成。追问它的起源毫无用处。因为它的名称恰恰表示了它是由自然所建立的。因此，卢梭称《论人类不平等的起源和基础》的主题为"道德或政治的不平等"②。这最初源自我们能力的发展，它"因财产权和法律的建立而被视为永恒的和正当的"③。此外，我们还可以说，只要它与天然的或身体上的不平等不成比例，它就与自然权利不相符合。例如，"具有特权的少数人狼吞虎咽，而饥饿的多数人缺乏生活的最低必需品"，这是错误的。④当我们走到专制主义，我们就完成了一圈循环。所有臣民都返回到奴隶状态，返回到他们的第一次平等状态。正因为他们的主人不受限制，所有道德差异和平等原理都消失了。随后，人们返回了自然状态。但是，这不同于原初的自然状态。因为后者是无辜和单纯的状态，而前者则是腐败的结果。 70

　　正如我们所知，卢梭提议通过搁置事实并发展假设来开始他的《论人类不平等的起源和基础》。根据他的假设，道德或政治的不平等可能不仅来自人类能力的改善，而且来自私人财产权以及随后的政治社会、政府和法律的建立。最后，我们有了一种尖锐的对立，一方面是原始人的自然善和单纯性，另一方面是文明人的腐败和有组织社会的罪恶。但同时，可完善性是人区别于野兽的显著标志。因此，我们可以理解夏尔·博内在笔名菲洛普利（Philopolis）之下提出的反驳：如果可完善性是人类的自然属性，那么文明社会就是自然的。这明显绝不是能够针对《论人类不平等的起源和基础》提出的唯一反驳。

　　但是，虽然卢梭在《论人类不平等的起源和基础》中重复了《论科学与艺术》中对进步观念的攻击，但他在《论人类不平等的起源和基础》结尾处清楚地表示，他不赞成"摧毁社会"这种荒谬观念。"我们要做什

---

① 《论人类不平等的起源和基础》，第 228 页。
② 同上，第 174 页。
③ 同上，第 238 页。
④ 同上。

么呢？社会必须被完全摧毁吗？'我的'和'你的'必须被取消，我们必须返回到森林中与熊同居吗？"① 那些希望如此的人可以回到森林，但卢梭这类人不可能以橡果为生，也不可能脱离了法律和治安官而生活；他们既保持对文明大厦的合理轻视，同时也显示出对社会改革的关心。因此，一条通向更加积极的政治学说的道路是敞开的。事实上，正如我们所见，卢梭的主要观点之一（即社会契约或政治契约）已经出现在《论人类不平等的起源和基础》之中。

4. 卢梭的另一个主要观点（即公意）首先出现在《政治经济学》之中。在区分了国家和家庭之后，卢梭继续说道，国家是"拥有意志的道德存在者"。② "这种公意总是倾向于整体及其各个部分的保存和福祉；它是法律之源，规定了国家所有成员之间的关系，以及他们与国家之间的关系，制定了何为正义、何为不正义的规则。"③ 例如，当斯巴达小孩为了填饱肚子而偷盗，说他们在道德上犯了偷盗之罪将是无稽之谈。因为他们是根据斯巴达城邦的公意而行动。对他们而言，城邦的公意是正义与不正义、正确与错误的尺度。

如果想到《政治经济学》与《论人类不平等的起源和基础》是同时成书的，甚至前者可能先于后者，我们可能会非常惊讶于两部作品在论调上的差别。但是，正如本章第二节所提到的，在为竞争第戎科学院的有奖征文而写作那篇雄辩论著之前，卢梭似乎就已经形成了有关国家的正面观念。《论人类不平等的起源和基础》讨论了自然状态及其向有组织的社会转变的观念，而且出现了建立在契约之上的政治社会理论。但是，《论科学与艺术》和《论人类不平等的起源和基础》都不试图系统论述政治理论。随后，我们在《政治经济学》中发现了公意理论的梗概。事实上，这部著作在精神上更接近《社会契约论》，而非《论科学与艺术》和《论人类不平等的起源和基础》。但公意概念似乎不是由卢梭首次提出的。

---

① 《论人类不平等的起源和基础》，第 245 页。
② 《政治经济学》，第 253 页。译者注：所有直接引文的中译文皆参考李平沤译文，但有改动。见卢梭，《政治经济学》，李平沤译，北京：商务印书馆，2013 年。
③ 《政治经济学》，第 253 页。

　　回到公意理论。如果我们以国家内部的某个特定法团为例，例如宗教法团，这个法团的成员之间具有公意，也就是说，它拥有旨在实现该法团目标的共同意志。但如果与国家的公意联系起来考虑，这个意志又是特殊意志。现在，道德善涉及个人的特殊意志与公意之间的同一。因此，一个人可能是某个宗教团体的一位好成员，但却是一位坏公民。因为虽然他的意志或许与宗教团体的公意相合，但却与包含了宗教团体的国家的公意不相合。

　　卢梭认为，公意指向共同善或共同利益，"最普遍的意志也总是最正义的意志，人民之声实际上就是上帝之声"。① 国家的公意比国家内部任何法团的公意更加普遍，必须占上风；因为它更为正义，指向更普遍的善。因此，我们可以得出结论说，"合法政府或人民政府就是以人民利益为目标的政府，其首要和最重要的规则是在每件事情上都遵循公意"②。再有，"如果你想要实现公意，就让所有特殊意志与公意相符合，既然德性只在于特殊意志与公意相符合，因此就实行德性统治吧"③。但如果德性只是与公意相符合，那么实现德性统治就只在于所有特殊意志与公意相符合。因此，卢梭强调公共教育的必要性，它必须以促进和保障这种符合为目标。

　　卢梭区分了主权与政府。主权是拥有立法权的权力，政府的功能是执行，即执行法律。"立法者的首要任务就在于使法律与公意相符合。"④ "公意总是站在最有利于公共利益的这边，即最公平的这边，因此，需要的只是行事正义，以确保遵循公意。"⑤

　　我们如何理解公意呢？人们自然倾向于认为，卢梭把不可错的公意等同为集会投票所表达的人民之声。但卢梭没有提出这样的等同。在大国中，整个国家的公共集会是不实际的；即便这样的公共集会是实际的，

---

① 《政治经济学》，第 254 页。
② 同上，第 255 页。
③ 同上，第 260 页。
④ 同上，第 258 页。
⑤ 同上，第 259 页。

"也无法确定这样的决定就是公意的表达"①。当然，如果一个人谈论的是需要清楚阐明的有些神秘的国家公意，他就不可避免地将之视为立法机关所表达的决议或某些人民代言人所表达的意志。这种倾向确实在卢梭那里出现了。考虑到他的前提，很难另做他想。但这只是某种倾向，不是他正式采纳的立场。例如，他明确说过，主权立法机关的实际决议可能无法真正表达公意。它可能表达了私人利益，因某种缘故，这种私人利益错误地占据优势。例如，说公意是正义与不正义的判断标准，但这样说并不意味着我们无法批评国家法律之不正义。这也就是为什么卢梭会说，立法者的首要义务是使法律与公意相符合，以及需要的只是行事正义以确保遵循公意。这些说法明显假设了法律不必然真正表达了公意，即便是公共集会的共同决议也不能免于道德批评。

就《政治经济学》的内容而言，卢梭明显认为存在着某种高于国家的东西。我们已经看到，卢梭认为，意志越普遍就越正义。因此，我们可以说，正如国家中的个人意志和法团意志相对于国家公意而言只是特殊意志，个别国家的意志相对于更大的"世界城邦"也只是特殊意志，"世界城邦的公意总是自然的意志，各个国家和民族是世界城邦的个体成员"②。换句话说，卢梭内心深处似乎有着某种自然道德法的传统概念，它铭刻在人们心中，遵循它就必然导向人类的幸福和福祉。政治社会的公意是人类意愿向善的普遍倾向的特殊渠道，公民的任务就是使自己的特殊意志与公意相协调。

如果在某个既定的政治社会中，这种公意表达了人类意愿向善的普遍倾向，表达了社会每个成员"真正"意愿的东西，那么这就使卢梭能够回应以下反驳：作为社会成员，遵守法律包含了对自由的限制和缩减。人在自然上是自由的。他们联合组成社会，想要保障的不仅是他们的财产和生命，而且还有他们的自由。但是，当他们形成有组织的社会时，他们事实上受到了限制，他们变成了臣民而非主人。人们通过变成臣民而获得自

---

① 《政治经济学》，第 259 页。
② 同上，第 253 页。

由或保存自由，这种说法难道不是极端矛盾的吗？卢梭通过诉诸法律观念 74
来做出回应。"正义和自由只归因于法律。"① 但这个回应的有效性依赖于
法律表达了公意，以及公意表达了每个人的"真正"意志和每个人的理性
"真正"想说的东西。因此，人们在遵守法律时，遵守的就是他自己的理
性和判断，以及他自己的真正意志。遵守自己的判断和意志就是自由的。
因此，守法公民就是真正自由之人，因为他遵守了表达他自己真正意志的
法律。这个观念在后来的哲学中非常重要。

因此，正如我们已经说过的，《政治经济学》在论调上非常不同于《论
科学与艺术》和《论人类不平等的起源和基础》，我们在这部著作中发现了
对《社会契约论》的最重要理论（公意理论）的着重叙述。但深入的讨论
最好还是推迟到下一章。本章最后一节或许有助于揭示卢梭的整体观点。

在《政治经济学》的最后几页，卢梭讨论了赋税问题。他认为，最
公平因此也最适合于自由人社会的赋税体系应该是，根据一个人在生活必
需品之外所拥有的财产数量，按比例征收人头税。只拥有生活必需品的人
们不应该缴纳任何赋税。至于其他公民，赋税不应该按照应征财产的简单
比率来征收，而应该按照他们的条件差异及其剩余财产的复合比率来征
收。人们越是富裕，就应该缴纳越多的赋税，这是完全正义的。因为，富
人从社会契约中获得了更大的好处，社会保障他们的财产，向他们开启了
通往显赫与权力的有利地位的方便之门。他们享受了很多穷人所不能享受
的好处。因此，富人从国家获得越多的财富，他就应该按照他的财富成比
例地缴纳越多的赋税。还应该对奢侈品征收重税。因为这样的话，要么富
人选择以有益于社会的消费替代无益于社会的消费，要么国家获得更多的
赋税。无论哪种情况，国家都会增收。

如果我们将卢梭的观念转换成现代术语，我们可以说他提倡累进所
得税（graduated income-tax）的赋税体系。低收入者不用缴税，而高收入 75
者则按照高税率缴税。当然，这不是卢梭所说的确切含义。因为他针对的
是财产和"剩余物"而非收入。但这个类比指出了其提议的精神实质。而

---

① 《政治经济学》，第 256 页。

且有意义的是，他认为这些提议倾向于在不知不觉中"使所有富人接近于中产状态，这构成了社会真正的坚实基础"。①

5. 卢梭向来认为，人类的根本冲动在于自爱。从我们的需要中产生了我们的激情，原始人的需要是纯身体的，自我保存是"他主要的和几乎唯一的关切"②。卢梭在《爱弥儿》中告诉我们，"我们的首要义务就是我们自身，我们的最初情感集中于自我，我们所有的直觉最初都朝向自我保存和自我福祉"③。还有，"我们激情的起源，所有其他情感的根源，人类唯一与生俱来的，只要活着就不会失去的，就是自爱；这种激情是原初的、本能的，它先于所有其他情感，其他情感在某种意义上都只是它的样式"④。

但是，自爱这种基本激情不能与自利相混淆，自利是一种只有在社会中才能产生的情感，它使人总是偏爱自己。"自利在真正的自然状态中并不存在。"⑤因为自利需要通过比较才可能产生，而原始人不相比较。自爱，就其自身而言，"总是善，总是符合自然状态"⑥。卢梭在写给巴黎大主教博蒙的信中说道，"自爱是一种就其自身而言无所谓善恶的激情，它根据其发展的环境，偶然地变成善的或恶的"⑦。但是，无论它被称为善的或无所谓善恶的，它都不是恶的，并且不能把它与自利相等同。

原始人还被描绘为被自然的怜悯或同情所影响的，卢梭将之描述为"自然的纯粹感情，先于所有的反省"⑧。当然，这种情感只有当一个人在某种意义上注意到了他的同伴时才会起作用。但他不会思考同情的可欲性，而只是感受到它。它是一种自然冲动。

76　　卢梭有时似乎暗示，同情是某种在起源上独立于、不同于自爱的情感或激情。因此，他说同情是"某种自然情感，调和了个体身上自爱的暴

---

① 《政治经济学》，第 286 页。
② 《论人类不平等的起源和基础》，第 183 页。
③ 《爱弥儿》，II，第 61 页。译者注：所有直接引文的中译文皆参考李平沤译文，但有改动。参见《爱弥儿》，李平沤译，北京：商务印书馆，1978 年。
④ 《爱弥儿》，IV，第 173 页。
⑤ 《论人类不平等的起源和基础》，第 197 页，注释 2。
⑥ 《爱弥儿》，IV，第 174 页。
⑦ 《卢梭著作集》，III，1865 年，第 647 页。
⑧ 《论人类不平等的起源和基础》，第 198 页。

虐，有助于整个种群的保存"①。他还补充说道，在假设的自然状态中，同情取代了法律、道德和德性。然而，虽然我们能够区分自爱和同情，但同情确实只是自爱的派生物。卢梭在《爱弥儿》中告诉我们，"孩子的第一种情感是自爱，他的第二种情感来自第一种情感，是爱他周围的那些人"。②确实，卢梭在此谈到了某种超出天然的怜悯或同情的东西。但他随后试图告诉我们怜悯"这种根据自然秩序而触及人类心灵的首要的关系情感"③是如何产生的。我们得知，一个人同情的不会是那些比他幸福的人，而只会是那些比他不幸的人以及遭受了那些他认为自己也难免会遭受的痛苦的人。换句话说，人们最初感受到同情是因为他把自己当成了受苦者。就此而言，作为原始冲动的自爱与其说是与一种独立的自然同情相伴随并且被后者所修正，不如说是同情包含于自爱之中，而且当人们注意到自己的同伴时，由自爱产生了同情。在这个意义上，同情是"首要的关系情感"。

现在，所有道德性都建立在这些自然情感之上。卢梭在写给巴黎大主教博蒙的信中说道，自爱不是简单情感。因为人是感性与理性的复合存在者。感觉欲望倾向于身体之善，而人的理智部分则热爱秩序，倾向于灵魂之善。"后者发展成为主动之爱，称为良知。"④然而，良知的运行，或者说对秩序的热爱，预设了对秩序的认识。因此，只有当人们开始注意到他的同伴，理解关系并且做出比较，他才会具有正义、秩序这类观念，良知才会起作用。只有经过必要的反省，道德概念才会形成，德性与恶行才会产生。但所有这些都建立在人类的基本情感之上。例如，正义的概念建立在自爱的基础之上。"因此，正义概念最初不是起源于我们彼此相欠，而是起源于我们应得。"⑤再有，从同情的自然情感中"派生出所有他（曼德维尔）否认人所具有的社会德性，慷慨、仁慈和人道只是将同情运用于

77

---

① 《论人类不平等的起源和基础》，第 199 页。
② 《爱弥儿》，IV，第 174 页。
③ 同上，第 184 页。
④ 《卢梭著作集》，III，1865 年，第 64 页。
⑤ 《爱弥儿》，II，第 61 页。

弱者、罪人以及人类整体时的表现"①。正如我们所见，良知建立在自爱的基础之上，它使人表现为理智或理性的存在者。

如果整个道德生活都依赖于我们的根本冲动或激情，那么毫不奇怪，卢梭会攻击那些认为道德教育就是要将这些根本冲动与激情根除的人。"我们的激情是自我保存的主要手段，因此，试图摧毁它们就是荒谬且毫无用处的，这无异于征服自然、重塑上帝的创造。"②事实上，道德发展在于自爱这种根本激情朝正确的方向延伸。"把自爱延伸到他人身上时，它就转变成了德性，一种植根于我们每个人心中的德性。"③自爱能够发展成爱所有人，促成普遍幸福，后者正是每个有德性的人所关切的。

因此，道德性是人类的自然激情和情感在不受扭曲和限制的情况下的发展结果。邪恶对人而言是不自然的，它是对人的天性的扭曲。"我们的自然激情很少，它们是通向自由的手段，倾向于自我保存。所有那些奴役和摧毁我们的东西有着其他的根源，自然没有将它们赋予我们，我们却不顾自然，紧紧抓住它们。"④例如，文明的兴起倍增了人的需要和欲求，这产生了自私，产生了"仇恨和愤怒的激情"。因此，很容易理解为什么卢梭坚持认为，最接近自然的那些人、情感和激情最少受到人为文明败坏的那些人，最容易倾听良知的声音。"德性，简朴心灵的崇高科学，难道非要经过许多努力和许多准备才能知晓你？你的原则难道不是铭刻在所有人的心中，难道不是只需返回自身并在激情沉寂时倾听自己良知的声音，就足以知晓你的法则吗？这才是真正的哲学，让我们满足于它。"⑤卢梭让
78 萨瓦神父说道，"因此，我们灵魂深处就有了正义和德性的内在原则，尽管我们有自己的准则，但我们还是依据这个原则判断自己和他人的行为善恶，我正是将这个原则称作良知"。⑥"去存在就是去感受，我们的情感无疑先于我们的理智，我们在有观念之前就已经有了情感……认识善不等

---

① 《论人类不平等的起源和基础》，第 199 页。
② 《爱弥儿》，IV，第 173 页。
③ 同上，第 215 页。
④ 同上，第 173 页。
⑤ 《论科学与艺术》，第 153—154 页。
⑥ 《爱弥儿》，IV，第 252 页。

于爱善，这种认识并不是内在于人的。但只要他的理性引导他去意识到善，他的良知就会使他爱善。"①因此，虽然卢梭没有否认理性和反省在道德发展中起到了部分作用，甚至还明确断言了这种作用，但他所强调的仍然是感受。"我感受到对的就是对的，我感受到错的就是错的……除非是为了刁难良知，否则我们用不着那种烦琐的争论。"②这些话的确只是借由萨瓦神父之口说出，但它们表现出卢梭思想中的真实因素。

上文引述中的"感受"这个词，当然不是指"怜悯之情是一种感受"这个意义上的感受，而是指某种直接的领悟或直觉。当萨瓦神父使用这个词时，它的意思多少可与认识上帝的存在相联系。世界是相互联系的实体组成的有序系统，这个事实展现出神圣理智的存在。"让我们倾听内在的感受之声，哪个健康的心灵可以反驳这项明证？"③"因此，我相信，世界被某个智慧而有力的意志所统治，我看到了它或毋宁说感受到了它，知道这个事实是非常伟大的事情。"④"我从上帝的作品中到处看到了上帝，我在我自身之中感受到了它。"⑤再有，我知道我是自由的、主动的存在者。"你和我争论这个问题只是白费力气，我感受到了它，这种感受向我倾诉，比理性争辩更为有力。"⑥

我们已经知道，当人们开始认识到他与他的同伴之间的关系，道德性就产生了。因此，卢梭会说，"社会必须在个人中得到研究，个人必须在社会中得到研究。如果谁将政治和道德分别处理，他就绝对无法理解二者"。⑦如果某个人只熟悉《社会契约论》，他可能倾向于将这句话理解成，仅仅通过正面立法所表达的公意就可以确定道德区分。但我们应该记住这句话的前半句，即社会必须在个人中得到研究。因此，我们已经讨论过的内容证明，对于卢梭而言，自然本身将我们的意志引向人之善好。但

79

---

① 《爱弥儿》，IV，第 253 页。
② 同上，第 249 页。
③ 同上，第 237 页。
④ 同上，第 239 页。
⑤ 同上。
⑥ 同上，第 242 页。
⑦ 同上，第 197 页。

我们并不拥有关于这种善的天赋观念。因此，我们能够形成有关它的错误观念。故而，我们无法保证，个体公民认为是为了公共利益，实际上就是为了公共利益，即便是他们在集会中聚集起来的时候也是同样。同时，在所有扭曲的激情和错误观念之下，存在着普遍和自然的向善意志。因此，立法者的任务就是理解这种意志，使法律与之相符。这就是为什么卢梭在《社会契约论》中能够说："公意永远正确，永远以公共利益为依归；但不能推论，人民的考虑永远同样正确。我们的意志总是意愿我们自身的善好，但并不总是能看清什么才是善好的。人民绝不会被腐蚀，但往往会受欺骗，而只有这时，人民才好像会意愿不好的东西。"①

我并不是在表示，从政治理论发展史的角度来看，卢梭公意理论（这一理论深深地受惠于传统自然法观念）的上述方面是该理论最重要的一个方面。公意理论的其他方面将在下章讨论。但是，如果我们记住不可错的公意概念与卢梭在其他著作中发展出的道德理论之间的联系，我们或许会更容易理解卢梭最初是如何提出这个概念的。

卢梭高扬直觉和内在感受或内在情感（sentiment intérieur），表达出对枯燥的理性主义的厌恶，这种厌恶在 18 世纪后半叶并不罕见。他赋予了这种厌恶以强有力的动力。对直觉和感性的崇拜在很大程度上要归功于卢梭。至于萨瓦神父的信仰自白，其对上帝实存和灵魂不朽的信念是建立在感受而非纯粹理性的基础之上的，这对罗伯斯庇尔及其追随者产生了很大影响。但从长远来看，卢梭的感性自然神论或许更多地起到了支持而非反对天主教复兴的作用。

---

① 《社会契约论》，II，3，第 25 页。

第四章

卢梭（二）

社会契约 —— 主权、公意与自由 —— 政府 —— 结语

1. 卢梭在《社会契约论》中讨论的第一个问题是："人生而自由，却无 80
处不在枷锁之中。人们自以为是其他一切的主人，却比其他一切更是奴隶。
这种变化是如何产生的？我不知道。什么使它成为合法的？我认为我能回
答这个问题。"[①] 卢梭已经假设了原初的自然状态，人在其中是自由的，因
此，卢梭必须在两条道路中二选一：或者谴责社会秩序，因为人的原初自
由无法在其中存在，并且说人应该尽快脱离枷锁；或者以某种方式为社会
秩序辩护。卢梭排除了第一条道路，因为"社会秩序是神圣权利，为所有
其他权利提供基础"[②]。因此，卢梭必须证明，社会秩序是合理与合法的。

在解决这个问题时，卢梭诉诸契约理论，我们已经在霍布斯和洛克
的哲学中看到了契约理论的不同形式。卢梭不愿意把社会秩序建立在强力
基础之上，因为强权并不意味着权利。"强力其实是物理力量，我不明白
它具有什么道德影响。屈服于强力，只是必然行为，而非意志行为，最多
只是明智行为，怎么会成为义务呢？"[③] 如果公民具有服从的义务，那么这
种义务不可能仅仅以被服从者的强力为基础。同时也不存在着为社会立法
的自然权利。因为社会与自然状态是不同的。因此，社会秩序的合理与合

---

① 《社会契约论》，I，3，第 5 页。译者注：所有直接引文的中译文皆参考何兆武译文，
但有改动。参见《社会契约论》，何兆武译，北京：商务印书馆，1980 年。
② 《社会契约论》，1，3，第 5 页。
③ 同上，I，3，第 8 页。

法必须建立在同意或契约的基础上。

卢梭提出假设，人们已经达到了这样一个临界点：在自然状态中，自我保存的障碍已经超过了保存自身所获得的资源。因此，他们必须结合起来，组成结合体。但问题不只在于找到某种结合形式来保障每个成员的人身和财产。问题也在于找到某个结合体，使每个成员在其中仍然只服从自己，而且保持像以前一样的自由。"这是社会契约要解决的基本问题。"①

81

在本质上，社会公约或契约能够这样表达："我们每个人都以其自身及其全部力量置于公意的最高指导之下，而且我们在共同体中接纳每个成员作为全体的不可分割的部分。"② 这个结合行为瞬间产生了一个道德和集体的共同体，一个公共人格，一个共和国或者政治体。当被视为被动的时，它被称为国家；当被视为主动的时，它被称为主权者；当与其他同类相比较时，它被称为"权力"。它的成员，集体地就称为人民；个别地，作为主权权威的参与者时称作公民，作为国家法律的服从者时称作臣民。

这种社会契约理论明显不同于霍布斯的契约理论。根据霍布斯的理论，个体同意交出他们的权利，交给置身于契约之外、不是契约一方的主权者。因此，同意不仅创造了有组织的社会，同时也建立了政府。事实上，政治体的存在确实依赖于它与主权者的关系，虽然主权者可能是一个会议而非个人，但它确实不是缔约一方。然而，在卢梭的理论中，原始契约创造了这样一种主权者，它等同于缔约各方的集合，且它完全与政府无关。卢梭认为，政府只是执行权力，它的权力依赖于主权者会议或政治体。霍布斯的问题是社会融合。根据他对人类和自然状态的看法，霍布斯面临的任务是找到某种有效的平衡力，用以抵消人性中的离心力。或者更具体地说，他面临的问题是，针对社会中最大的恶（即内战），发现某种有效的救治方法。他在集权的政府中发现了答案。他的主权理论强调了政府地位高于一切。既然他接受了自然状态的假设，他必须把他对政府的强调放入他对契约的阐释之中，而自然状态向有组织的社会状态转变，正是

---

① 《社会契约论》，I，6，第14页。
② 同上，第15页。

借助于契约而实现的。但是，卢梭面临的问题是不同的。基于他对自由的 82
坚持，基于他想要表明的是，从自然状态向有组织的社会转变并不是纯粹
为了安全而以奴役取代自由，因此，他觉得自己不得不表明，相比于在自
然状态中所享有的自由，人们在社会中获得的自由具有更高形式。因此，
人们不会期待他在论述社会契约时强调有关政府的观念，或者强调缔约各
方把他们的权利交托给契约之外的主权者。相反，我们会看到，卢梭强调
缔约各方相互同意，创造出新的道德实体，每个成员在其中能够比在自然
状态中更充分地实现自身。

　　很明显，这表现出《社会契约论》与《论科学与艺术》《论人类不平
等的起源和基础》之间在态度和论调上具有显著变化。我们确实可以看
到，正如上章所说的，在《论人类不平等的起源和基础》中已经出现了卢
梭成熟的政治理论中的某些要素。但《论科学与艺术》不可避免地使人
产生这样的印象，即政治社会对卢梭而言是邪恶的；相反，我们在《社会
契约论》中发现，人类的真正本性在社会秩序中得到了实现。"他不再是
愚蠢的、没有想象力的动物……而是变成了理智存在者和一个人。"① 事实
上，《论科学与艺术》与《社会契约论》之间并不存在着完全的矛盾。在
《论科学与艺术》中，卢梭谈论的是实际存在着的文明社会之恶，尤其在
法国；相反，在《社会契约论》中他谈论的毋宁是政治社会的应然状态。
而且即便是在《社会契约论》中，当他赞美人们通过社会契约获得的好处
时，他也还说道："新处境的滥用也会使他堕落得比原来的出发点更糟。"②
同时，我们很难否认，这里在论调和重点上存在着显著转变。《社会契
约论》与《论人类不平等的起源和基础》之间的关系也同样如此。《论
人类不平等的起源和基础》给人的印象是，自然善之人在逐渐发展的过
程中获得了严格意义上的道德观念和道德品质，在这个过程中，社会纽
带松散的公民社会先于有组织的政治社会而形成。但在《社会契约论》
中，卢梭谈道，通过政治社会的建立，人类立即从非道德状态转变为道德

---

① 《社会契约论》，I，8，第19页。
② 同上。

83　状态。"人类从自然状态进入社会状态，产生了最为瞩目的变化，在其行为中，正义取代了本能，他们的行动被赋予了此前未有的道德性。"① 国家变成了正义的源头和权利的基础。这里或许仍然不存在着尖锐的矛盾。正如休谟所说，社会契约毕竟只是哲学虚构。如果我们愿意，我们可以认为，卢梭在社会中的人与从社会中抽象出的人之间所做的区分，是理论或逻辑的区分而非历史的区分。人作为独立个体，本身不是恶人或坏人，但也不是道德存在者：只有在社会中，人的理智和道德生活才得以发展。这是卢梭在《论人类不平等的起源和基础》中实质上所表达的内容。同时，仍然存在着论调上的变化。确实，这种论调上的变化在很大程度可以用目的差异来解释。在《论人类不平等的起源和基础》中，卢梭关心的是不平等的起源，他把他所说的"道德和政治的不平等"的起源归因于社会制度。正如《论人类不平等的起源和基础》的标题所示，重点在于不平等。而在《社会契约论》中，卢梭关心的是人们从社会制度中获得的好处，例如社会和道德自由取代了"自然"自由。然而，虽然论调的变化可以在很大程度上被解释为目的差异，但变化确实仍然存在着。在《社会契约论》中，卢梭的政治理论中全新且更重要的方面得到了展现。

因此，我们可以看出，如果我们把《社会契约论》第一章的开篇视作对卢梭立场的充分说明，那么它将多么具有误导性。"人生而自由，却无处不在枷锁之中。"这些话阐述的是问题而非答案。答案可以在自然自由转变为社会和道德自由的观念中获得。"人类从社会契约所丧失的是自然自由，以及对于所企图和所能得到的一切东西的无限权利；所获得的是社会自由，以及对于他所享有的一切东西的所有权。"② 自然自由只被个体的力量所限制，公民自由则受到公意的限制，每个社会成员的真正意志在公意中成为"一"。纯粹的占有是强力或先占权利的结果，所有权建立在明确资格（a positive title）的基础之上，它是由国家授予的一项权利。

84　"除此之外，人类在社会状态中所获得的还有道德自由，只有道德自由才

---

① 《社会契约论》，I，8，第 18 页。
② 同上，第 19 页。

能使人类真正成为自己的主人。因为，如果只有嗜欲冲动就是处于奴隶状态，唯有服从人们自己为自己所立的法律才是自由。"① 在某些社会形式中，例如在专制或者善变的独裁统治中，人们事实上返回了奴役状态，他们的处境可能比在自然状态中的处境还要糟糕。但这只是偶然的，因为这种糟糕的状态并非源自国家的本质。如果我们就其本质来考虑国家，我们必须说，国家的建立给人带来了难以计数的好处。

当然，在接受契约理论这个问题上，卢梭面临着与洛克相同的困难。我们是否应该说，最初的缔约方不仅约束了他们自己，而且也约束了他们的后代？还有，倘若如此，我们这样说的理由是什么？卢梭没有明确地考虑这个问题，虽然他清楚表明，国家的所有公民都可以在任何时候同意解除契约。"没有也不可能有任何根本法可以约束人民共同体，即便是社会契约本身。"② 再有，"在国家之中，没有任何根本法是不能予以废除的，即便是社会公约本身也不例外。因为如果全体公民集合起来一致同意破坏这个公约，那么我们就不能怀疑这个公约之被破坏乃是合理的"③。至于单独的个人，卢梭引用格劳秀斯（Grotius）的观念，人们可以放弃自己的公民身份，通过离开国家来恢复他的自然自由。他似乎很赞同这个观点，而且补充道："如果说集合起来的全体公民竟然不能做他们每个人分别开来所能做的事情，这就未免太荒谬了。"④（卢梭还附加了注释说道，在国家需要的时候逃离国家、逃避自己的义务，这是犯罪行为，应该受到惩罚。）他大概认为，随着社会契约产生了一种新的道德存在者，除非全体成员在定期集会中决定解除契约，否则这种存在者将继续存在，即便老成员去世新成员诞生。国家中的成员不会影响国家作为道德存在者而持存。

2. 我们已经看到，卢梭认为，个人通过社会契约结合而成的公共人格在被思考为主动的时被称为主权者。这实际上意味着，主权者是制定了法律且作为法律来源的人民全体。既然法律是意志的表达，因此卢梭可以

---

① 《社会契约论》，I，8，第 19 页。
② 同上，I，7，第 17 页。
③ 同上，III，18，第 89 页。
④ 同上。

说，主权"就是公意的运行"①。每个公民都有双重能力。就其是作为法律之来源的道德存在者中的一员而言，他是主权者中的一员。就其服从于法律、有义务遵守法律而言，他是臣民。当然，个体都具有特殊意志，特殊意志可能与公意不相符。使个体的特殊意志符合于主权者的公意是个体的公民义务，个体自身亦是主权者中的一员。

卢梭坚持认为主权是不可转让的。因为它由公意的运行所构成，而公意是不能转让和转移的。人们可能转让权力，但不能转让意志。这就是为什么卢梭随后坚持认为人民不能选举完全意义上的代表，只能选举代理人。"正如主权是不能转让的，同理，主权也是不能代表的；主权在本质上是由公意所构成的，而意志又是绝不可以代表的；它只能是同一个意志或者是另一个意志，而绝不能有什么中间的东西。因此人民的议员就不是也不可能是人民的代表，他们只不过是人民的办事员罢了；他们并不能做出任何肯定的决定。凡是不曾被人民亲自批准的法律都是无效的，根本就不是法律……"②（卢梭得出结论，英国人民只有在选举国会议员期间才是自由的，随后他们又陷入奴役状态。）

同理，主权是不可分割的。因为意志的运行被称为主权，而这意志是公共的意志，因此不能分割。分割了这个意志就只有特殊意志，因此就没有主权。我们不能把主权分为各种不同的权力，如立法权和执行权。执行权或政府既不是主权者也不是主权者的组成部分，它涉及的是法律的执行，只是主权者的工具。因此，卢梭认为，主权者是立法机构，也就是人民。在现存的某个国家中，名义上的主权者可能是一个人或一群人，而非人民，但真正的主权者永远是人民。当然，卢梭使用的"人民"这个词指的不是国家中不同于其他阶级的某个阶级，而是公民全体。我们可能也注意到，他在自己特有的意义上使用"立法者"这个词，指的是起草法律的人，比如来库古（Lycurgus）据说为斯巴达人起草了法律。但是当然，这个意义上的立法者不具有主权权力。他的功能是建议性和启发性的，他的

---

① 《社会契约论》，II，1，第 22 页。
② 同上，III，15，第 83 页。

任务是启蒙主权者人民，使得人民能够依据清楚的观念行事，明白此时此地真正的公共利益是什么。

因此，卢梭认为主权是公意的运行：主权者是人民，主权属于人民。但公意的意思到底是什么呢？

当然，要理解"公意"这个词，一种自然倾向是首先将其与意志主体（即"人民主权者"）的立法功能联系起来。随后，我们或许很容易想到，公意等同于多数人在集会中投票所做的决议的意图和目的。如果我们在这个意义上理解卢梭，我们就可能批评说，他把公意描述为不可错的、总是倾向于公共利益的，这既荒谬又有害。荒谬，因为无法保证人民集会所制定的法律真正符合公共利益；有害，因为它鼓励专制统治和宗教不宽容。但是，这些结论所依据的解释是不正确的，无论如何，这种解释弄错了重点。

首先，我们必须想到卢梭在公意（volonté générale）和众意（volonté de tous）之间做出的著名区分。"众意与公意之间经常有很大区别：公意只着眼于公共利益；众意则着眼于私人利益，只是特殊意志的总和。"① 公意的普遍性的确在于它是具有普遍性的主体（即人民主权者）的意志；但卢梭将重点放在了对象的普遍性上，即公共利益、公共善或公共好处。这种公意不能轻易就被等同于在多数人或全体一致的投票中所展现出的那种特殊意志的总和。因为，投票的结果可能表达了有关什么是公共善的错误观念，投票结果所制定的法律可能有害于公共利益。"人民永远意愿自己幸福，但人民自己并不能永远看得出什么是幸福；公意永远正确，但指导公意的判断却并不永远是明智的……公众意愿幸福却看不到它。"② 在上述意义上，这个事实"使得立法者成为必要的"③。

因此，"众意"并不是不可错的；只有"公意"是不可错和永远正确的。这意味着，它永远朝向公共善。我认为，很明显，卢梭把他关于个人的自然善的概念扩展到了通过社会契约所建立的全新道德存在者之上。个体在根本上被自爱所驱动（我们可能还记得，自爱不等同于道德贬义意

87

---

① 《社会契约论》，II，3，第 25 页。
② 同上，II，6，第 34 页。
③ 同上。

上的自利），自然地寻求他自己的善，虽然这不必然推出他对于其真正本性具有清楚的观念。① 社会契约所产生的"公共人格"，也不可避免地寻求自身的善，即公共善。但是，人民并不总是理解他们的真正善在于何处。因此，他们需要启蒙，以使公意能够得到适合的表达。

为了论证起见，让我们假设把国家称为一个具有意志的道德实体是有意义的。如果我们说公意这种意志总是正确的，而且如果我们区分这种意志和特殊意志的总和，那么，公意不可错这个论断并不能使我们推出，公共集会所通过的所有法律都必然在给定环境下最有利于公共利益。这里仍然存在着合理批评的空间。同时，我们冒了说重言句的风险。因为，如果我们说公意永远是正确的，而且如果我们这样说的意思是公意永远朝向公共善，那么，这就会产生以下问题：如果我们从普遍对象（即公共善或公共利益）的意义上来定义公意，那么，我们是否只不过在说朝向公共善的意志就是朝向公共善的意志。因此，有人可能认为，只有通过把他所说的还原为无害的重言句，卢梭才能摆脱对公共集会的立法决议的不加批判的崇拜。

也许有人会说，真正需要阐明的是，把国家说成是一个有意志的道德实体意味着什么。如果这种意志不等同于众意，那么它的确切含义是什么？它是超过和高于所有特殊意志的吗？或者它是根据朝向善的自然倾向而被集结起来的特殊意志，而非被每个人自己心中关于善的特殊概念所指引？在第一种情形下，我们面对的是本体论问题。也就是说，我们面对着现存公意的本体论地位问题。在第二种情形下，卢梭需要重新考虑他最初的个人主义。因为 A 的意志朝向 A 的善，B 的意志朝向 B 的善。因此，如果我们想要说 A、B、C 等人的意志就其朝向善的自然倾向而言集体地形成了公意（它朝向公共善），那么我们似乎应该认为，人在自然上从最初就是社会存在者，他们的意志自然地不仅朝向私人善而且朝向公共善，或者朝向包含了或有益于公共善的私人善。我认为，卢梭心底确实有这方面的意思。但是，他首先给我们描绘了人类的个人主义图景，随后提出具有自身意志的新的公共道德人格的观念，这使公意的确切本性及其与特殊

88

---

① 我们或许可以与经院哲学的学说进行比较，无论人们意愿什么，他是"在善的理念下"（sub specie boni）意愿的。

意志的确切关系变得模糊不清。确实很少有迹象表明，对于这些问题，卢梭给予了它们所需要的深入反思。我们能够在他的政治哲学中看到难以调和的不同思想路线。最有意义的思想路线无疑是国家作为具有自身意志的有机体这一观念，在某种相当不确定的意义上，它是国家每个成员的"真正"意志，我们稍后会回到这个观念。

我并不想要表明，对于卢梭而言，公意与人民主权者的立法行为之间没有任何联系。正如卢梭所做的，他说众意与公意之间常常具有很大差异，但这并不意味着它们从不一致。作为政治理论家，卢梭所面临的问题之一就是尽可能地提出一种方法，能够保证不可错的公意在法律中获得具体表达。我们已经注意到他提出的方法之一，即选用智慧的"立法者"。另外的方法就是尽可能地防止国家中形成党派。重点就在于此。如果每个公民完全独立地投票，根据卢梭的看法，他们之间的差异就会相互抵消，"公意仍然是差异的总和"[1]。如果形成了派系和党派，每个派系都有其（相对而言的）公意，那么差异就会减少，其结果就会不那么具有普遍性，也较少能表达出公意。更糟糕的是，如果某个集团或党派力量强大、人数众多，使它的意志必然超过其他公民的意志，结果就是，它表达出来的就绝不会是国家的公意，而是特殊意志（就其与国家公意的关系而言它是特殊的，即便就其与集团或党派及其内部成员的关系而言它是普遍的）。卢梭的结论就是："因此，如果公意能够表达自身，那么从本质上来说，国家中就不能有派系存在，每个公民只能表示自己的意见。"[2]

当然，这也是卢梭之所以不喜欢基督教会的原因之一。"凡是在教士形成共同体的地方，教士就是自己共同体内部的主人和立法者……在所有基督教作家之中，只有哲学家霍布斯很好地看出了这种弊病及其救治方法，并敢于提议把雄鹰的两个头重新结合起来，完全重建政治统一体……但是他也应该看到，基督教的统治精神是和他的体系不相容的，而且教士的利益永远比国家的利益更强。"[3]卢梭在反对基督教会和支持纯

89

---

① 《社会契约论》，II，3，第 25 页。
② 同上，第 26 页。
③ 同上，IV，8，第 116 页。

粹的公民宗教时确实没有直接讨论公意及其表达。但即便如此，他的讨论显然具有相关性。因为，如果教会自认为是"类似的主权者"，它的影响将无可避免地干涉真正的主权者（即人民）的公意的表达。

值得注意的是，卢梭假设，如果公民们得到充分的启蒙，如果国家中的党派社团受到压制（即便这不可能，至少也要使其数目众多，从而使它们的不同利益和影响相互抵消），多数人投票将不可避免地表达出公意。"如果人民能够充分了解情况并进行讨论，公民彼此之间没有任何勾结，则大量的小分歧总是可以产生公意，而且决议总会是好的。"① 再有，"只有一种法律，就其本性而言，必须要有全体一致的同意。这就是社会契约。……除了原初契约，多数人的投票永远可以约束其他所有人……公意通过计票而得到发现"。② 这并不完全与卢梭所说的公意与众意之间的区分相矛盾。因为这个区分意味着允许私人利益的可能性，尤其是党派和社团的利益决定了人民集会的决议。而当这一滥用发生时，投票的结果就不代表公意。但当滥用得到避免时，结果将确实表达出公意。

当然，在某种意义上，这明显是真的：多数人的意志比少数人的意志更为普遍。但这是老生常谈，而且不是卢梭所想的全部。因为，表达公意的法律，在他看来就是倾向于保障或保存公共善或公共利益的法律。因此，如果党派利益的影响力得到避免，集会所表达的意志将会无误地有益于公共善。只有当私人党派或社团的利益造成了不适当的影响时，对集会所表达的意志的批判看起来才是合法的。如果我们假设每个公民都"思考他自己的想法"，而且不会受到不合法的压制，那么在卢梭的前提下，就似乎没有任何理由去批判集会所表达的意志，即便它只是通过多数票决而被表达出来的。确实，卢梭声称，多数人应该依据待决议事务的重要性达成一致意见。但是，这并不能改变以下事实："公意由计票而形成，（而且）公意的所有性质仍然取决于多数人。"③

卢梭对于公意的讨论与自由问题紧密相连。正如我们所知，他希望

---

① 《社会契约论》，II，3，第 25—26 页。
② 同上，IV，2，第 94 页。
③ 同上。

证明从假设的自然状态过渡到有组织的政治社会状态是合理的。因为他相信人在自然上是自由的而且自由具有无可估量的价值，所以卢梭觉得自己有义务去证明，通过社会契约（这种契约使国家产生），人类不是失去了自由而是获得了更高的自由。"放弃自由就是放弃作为人的资格。"[1] 因此，卢梭认为，通过社会契约，公民自由代替了自然自由。但很明显，人们在社会中被迫遵守法律。如果他们不这样做就会受到惩罚。既然如此，是否还有可能认为，通过将自然状态替换为政治社会状态，相比于在自然状态中人可以自由地做任何在身体上力所能及的事情，现在人们在政治社会状态中获得了更多而非更少的自由，或者至少获得了更为真实和完满的自由？卢梭处理这个问题的方式非常著名。

首先，社会契约必须被理解为包含着对服从公意的默认，以及任何拒绝这样做的人都将会受到强制。"公民同意一切法律，包括那些违反他们的意愿而通过的法律，甚至是那些当他胆敢违犯任何法律时惩罚他的法律。"[2]

其次，最突出的一点是，公意是每个人的真实意志。公意的表达是每个公民的真实意志的表达。既然遵循自己的意志就是自由地行动，因此，迫使个人意志符合于公意就是使他被迫自由。这产生了某种状态，人们在其中意愿他"真正"意愿的东西。

我们在此发现了卢梭众所周知的矛盾。"为了使社会公约不至于成为一纸空文，它就默认包含了以下规定（只有这个规定才能使其他规定具有力量）：任何人拒不服从公意，全体就要迫使他服从公意。这恰好是说，人们要迫使他自由。"[3] 再有，"……公意可以通过计票而得到发现。因此，与我相反的意见若是占了上风，那并不证明别的，只是证明我错了，只是证明我所认为的公意其实并不是公意。如果我的特殊意志居然胜过了公意，那么我就是做了另一桩并非我原本想要做的事情；而在这时候，我就不是自由的了"。[4]

---

① 《社会契约论》，I，4，第 10 页。
② 同上，IV，2，第 93 页。
③ 同上，I，7，第 18 页。
④ 同上，IV，2，第 94 页。

很难理解为什么当我的意见不同于由多数人投票而胜出的意见时，这一事实可以"证明"我是错的。卢梭简单地假定了它就是这样的。然而，我们可以忽略这一点而把注意力集中在他对"**自由**"一词的模糊使用上。其他人或许会满足于认为，如果自由意味着自由地做他希望做和身体上有能力做的事情，那么成为国家成员的确削弱了自由。但是，法律对个人自由的削弱对社会福祉而言是必要的，鉴于社会的利大于弊，所以这种削弱就不需要其效用之外的证明。唯一相关的问题在于把这种削弱限制在公共善所要求的最小量上。但是，这种纯粹的经验主义和功效主义方法不合卢梭的品位。他希望证明，自由在表面上的削弱完全不是真正的削弱。因此，他走向了自相矛盾的立场，认为人们可以被迫自由。这个立场立即让人感到自相矛盾，这个事实表明"自由"一词在卢梭这里被赋予了一种含义，无论这种含义是什么，它都不同于这个词通常所具有的含义。例如，将这个词应用到被迫遵守某项法律的人身上将无助于澄清它的内涵。这表明，通过使用一个超出其通常含义的词，强力和强迫就不是真正的强力和强迫了。

语言学上的批评对于某些人而言可能显得无聊和表面。但它实际上具有相当大的实践意义。因为把赞美性名词或形容词转移到它们的通常含义之外，这是政治宣传家使得这些情形更具可接受性的惯用伎俩。因此，"**民主**"这个术语，可能还加上"真实的"或"真正的"这样的前缀，有时就被用于这样的情形中：少数人借助强力和恐怖手段对多数人实行专制。把强迫称为"被迫自由"也是类似的例子。我们后来看到，罗伯斯庇尔说雅各宾派的意志是公意，称大革命政府为自由的独裁。语言学批评能够为这些混乱局面提供一些急需的线索。

当然，这些评论并不是想要表明卢梭自己从任何角度而言是专制、独裁和恐怖的朋友。他的矛盾不是来自想要使人相信黑白颠倒，而是来自，在面对他所给出的自然状态图景时，他要为社会生活的规范特征（即个人的随心所欲受到普遍法律的限制）做出辩护。虽然指出对这类矛盾的使用具有内在危险是适当的，但同样，如果局限于我刚刚提到的这类语言学批评，我们就无法注意到卢梭公意理论及其不同发展路径的历史意义。这也是这种批评可能会显得无聊和表面的原因之一。但是，对卢梭的理论更深入的评论将保留在本章的最后一节。现在我将转向政府这一主题。

3. 卢梭说，所有自由行动都由两种原因共同产生。一种是道德原因，即决定行动的意志；一种是物理原因，即执行行动的物理力量。这两种原因都是必需的。瘫痪者或许有意志想要跑步，但缺少了这样做的身体力量，他只能停留在原地。

卢梭把这个区分应用在政体之上，我们必须区分立法权（即人民主权者）与执行权或政府。前者在普遍法律中表达公意，不关心特殊行动或特殊个体。后者应用和执行法律，因此关系到特殊行动和特殊个体。"我将**政府**或最高行政称为执行权的合法运用，将负责行政的个人或团体称为君主或行政官。"①

人民臣服于君主，这种行为并非契约："它只是委托。"② 由此可以推论，只要主权者愿意，就可以限制、改变和收回这种执行权。卢梭确实构想了人民主权者定期集会，在集会中有两个问题应该被分别表决："主权者愿意保留现有的政府形式吗？"以及"人民愿意让目前实际在担负行政责任的人们继续当政吗？"③ 很明显，卢梭在此想到的是诸如瑞士之类的小国，在这类小国中，人民定期集会才具有物理上的可能性。但是，政府只是人民主权者的工具或公仆这一普遍原则对所有国家都有效。当然，说人民能够"收回"执行权，并不意味着人民能够决定由自己来执行这种权力。即使是在瑞士这种小国，人民也不能每天持续执政。按照卢梭的原则，人民主权者在任何情况下所关心的都是立法权，而非执行权。除非在不满于既存政府执行的意义上，人民主权者才有权利解散政府并把执行权委托给另一个政府。

卢梭认为，执行权"具有某种特殊人格，具有某种为它的全体成员所共有的敏感性，具有某种要求自我保存的力量和意志"④。但是，这并不能改变以下事实："国家因其自身而实存，政府只有通过主权者才实存。"⑤

①　《社会契约论》，III，1，第 50 页。
②　同上。
③　同上，III，18，第 89 页。
④　同上，III，1，第 53 页。
⑤　同上。

这种依赖性在事实上并不会妨碍政府采取积极而迅速的行动，但它的支配性意志应当是表达在法律中的公意。如果政府具有某种与主权者的意志相分离的特殊意志，且这种意志比主权者的意志更为活跃有力，"这就会有两个主权者，一个是权利上的，一个是事实上的；社会结合就会立即消失，政治体就会立即解体"①。卢梭不是反复无常的专横君主或政府的朋友。② 他们应该是人民的仆人而非主人。

虽然卢梭讨论了政府的类型，但我们不需要对这个主题讨论太多。因为卢梭非常明智地拒绝断言存在着适合于所有人民和所有环境的理想政府形式。"如果有人要问，哪种才是最好的政府？那么他就是提出了既无法解答又无从确定的问题。或者说，各个民族的绝对和相对的情况有多少种组合，就有多少种最好的答案。"③ 再有，"什么是最好的政府形式，人们在各个时代里有过许多争论，但却没有考虑到它们之中的每种形式在某种情况下都可以是最好的，在另一种情况下都可以是最坏的"。④ 但是，我们可以认为，民主政府适合于小国，贵族政府适合于中等国家，君主政府适合于大国。但所有政制形式都可能滥用和退化。"如果有神的子民，他们的政府便将是民主制。但这样完美的政府不适合于人类。"⑤ 卢梭在此是在字面意义上谈论民主的，它是所有政制形式中最可能产生党派和内战的政府形式。君主制显然容易滥用权力。"最好和最自然的安排"是"最智慧者统治多数人，只要确保他们为多数人的利益而非为他们自己的利益来进行统治"⑥。但是，这当然是无法确保的。贵族制像其他政府形式一样也会退化。事实上，退化的倾向在所有政制形式中都是自然的和不可避免的。"政治体犹如人的身体，从诞生之日就开始死亡，在它之中包含着使它灭亡的原因。"⑦ 确实，人们必须尽可能地把政治体保持在健康

---

① 《社会契约论》，III，1，第53页。
② 专横一词在这里指的是它的一般用法。在卢梭的术语里，暴君指的是篡夺皇权的人，而专制君主是篡夺最高统治权的人。"所以一个暴君不见得是专制君主，但一个专制君主一定是暴君。"（《社会契约论》，III，10，第77页）
③ 《社会契约论》，III，9，第73页。
④ 同上，III，3，第57页。
⑤ 同上，III，4，第59页。
⑥ 同上，III，5，第60—61页。
⑦ 同上，III，11，第77页。

的状态之中，正如对待他们自己的身体那样。最好的做法就是明确区分执行权和立法权，以及各种政制设计。但是，即使政制设计得最好的国家，尽管在不考虑不可预知的意外的情况下生存得比其他国家更长，也都有其结束之时；这就像健康强壮的人体，不考虑不可预知的意外，即便比患病虚弱的身体活得更长，最终也会死亡。

4. 卢梭在《社会契约论》的某些部分清楚表明，他对小共和国偏爱有加，比如他自己的祖国日内瓦共和国。只有在小国中，公民们才有可能定期集会，实行他们的立法功能。希腊的城邦国家和瑞士共和国为他提供了理想的国家大小。此外，极端富有和极端贫穷，这些破坏当代法国的形象并且使卢梭反感的因素，在瑞士人民单纯的生活中是不存在的。再有，国家的庞大鼓励了卢梭所不同意的代表制度，即便"它起源于中世纪政府，起源于那种使人类屈辱并使'人类'这个名称丧失尊严的、既罪恶又荒谬的政府制度"①。确实，卢梭充分理解到小国会遇到各种不便，比如难以防卫自身，但他接受小国联邦制的想法。

但是，卢梭对于小国的偏爱构成了他政治理论中虽然独特但却相对而言不重要的方面。他并不幻想例如法国能够实际上分化为很多小国或者小国的邦联。无论如何，他的人民主权观念，以及他关于为民政府的理想，比他有关国家的合适规模的任何想法都更具有重要性和影响力。人民主权的观念对罗伯斯庇尔和雅各宾派有所影响。我们也可以说，虽然卢梭本人不支持革命，但自由和平等这类口号传遍欧洲要部分归因于卢梭思想的传播。卢梭不是世界主义者，他不喜欢启蒙运动的世界主义，反对缺乏斯巴达、早期罗马共和国以及瑞士人民所具有的爱国主义。因此，我们可以说，卢梭的国家人民主权观念与国家民主主义的发展有着某种密切关系，这与国家社会主义不同。

要想评价卢梭的著作在政治和社会发展中的实际影响，无论如何几乎是不可能的。我们多多少少被迫局限于泛泛而谈。当然，若要考察他的理论对于其他哲学家的影响就容易得多。立刻浮现于脑海中的两位思想家

① 《社会契约论》，III，15，第83页。

就是康德和黑格尔。

卢梭的社会契约理论在这一方面几乎或根本不重要。他确实赋予了社会契约论以显著地位，正如他主要政治著作的标题所清楚显示的，但这只是从其他作家那里继承过来的人为设计，用来证明从假设的自然状态向政治社会状态的转变是合理的。它不是什么具有光明未来的理论。更为重要的是公意学说。但这个学说至少能够以两种方式发展。

在《社会契约论》的原始手稿中，卢梭将公意说成是每个人心中的纯粹理智行为，它取决于一个人可以要求他的邻人做什么，以及他的邻人可以要求他做什么。意志在此被描述为理性的。让我们再补充上《社会契约论》中表述过的学说："只有嗜欲冲动就是奴隶状态，唯有服从人们自己为自己所规定的法律才是自由。"[①] 于是我们就拥有了自律的、理性的意志或实践理性，人类借此在其更高的本性中为自己立法并且宣布了道德法则，而他的更低本性必须服从于它。这条法则是普遍的，因为理性规定了什么是对的，至少是含蓄地表明了每个人在同样的环境中应该做什么。这种在道德领域中立法的自律意志观念明显是康德伦理学的先驱。有人或许会反驳：康德的意志是纯粹理性的，而卢梭强调的是，除非法则以不可消除的特征铭刻在人心中，否则理性在指导行动方面就是无效的。理性意志需要一种动力，这种动力存在于人类的基本冲动之中。这是对的。这就是说，卢梭强调内在情感（le sentiment intérieur）在人类的道德生活中所扮演的角色。但是，我并不是想说卢梭的公意理论和康德的实践理性完全相同、毫无差异。重要的只是，卢梭理论中的这种因素容易在康德的思想方向上得到发展。康德也确实受到卢梭著作的影响。

但是，公意并不只是在与其对象的关系上才是普遍的。卢梭认为，公意在与其主体的关系上也是普遍的。这就是说，公意是人民主权者、道德存在者或公共人格的意志，它产生于社会契约。我们在此看到了黑格尔所发展的国家有机体理论的萌芽。黑格尔批评和反对社会契约理论，但他

---

① 《社会契约论》，I，8，第 19 页。

称赞卢梭将意志作为国家的原则。[1] 黑格尔当然没有继承卢梭的国家理论和公意理论，但他研究卢梭，并在发展他自己的政治理论时受到卢梭的影响和启发。

我们注意到卢梭表达出对小国的偏爱。在他所认为的理想政治社会中，公意将会在我们称之为直接民主的方式中得到展现，即公民在人民集会中进行投票。但是，如果我们预设的是大国，这类集会将难以实行，公意就不能在直接立法中得到表达。它可以在定期选举中得到部分表达，但就立法表达而言，它需要由人民主权者以外的一个人或一群人予以阐释。这就接近于以下观念：不可错的国家意志通过某些领袖之口得到清楚的表述。我并不是说卢梭会同意以这种方式解释他的理论。相反，这会引起他的厌恶。他或许可以指出他著作中反对这种解释的章节。但同时，清楚地表述他所说的稍显神秘的意志——这一寻求导致了这种解释的出现。

然而，公意理论还可以以另一种方式发展。我们可以想到，国家拥有某种运行理想，它部分地表达在它的历史、传统和制度之中。但这种理想具有弹性，因为它不是固定的、明确的，而是逐渐建立的，并且需要根据国家的发展进行修正和改造。因此，我们或许可以说，立法者和政治理论家的任务至少部分是努力为这个理想提供具体表述，由此向国家显示什么是它"真正需要的"。我并不认为这个概念可以免于批评。我的重点在于，在不需被迫把阐释机构设想为不可错的代言人的情况下，提出公意理论也是可能的。立法机关和政府可以依据国家的传统、制度和历史环境努力去发现对国家而言什么才是最好的。但我们不能随之得出，对"什么是最好的的阐释"要么是正确的，要么应该被视为正确的。国家想要对它而言最好的，政府和立法机关努力或有义务努力表达这种意志，而不用假设存在着某种不可错的阐释或表达机关，持有这种观点完全是可能的。换句话说，我们有可能使卢梭的理论适用于我们西方文化中的民主国家生活。

为什么卢梭的理论具有不同的发展方向，主要的理由可能在于，人们可以在卢梭对其理论的叙述中发现模糊性。一个重要的模糊性可以表述

98

---

[1]　《法哲学原理》（*Philosophy of Right*），T. M. Knox 译，牛津，1942 年，第 156—157 页。

如下。当卢梭说社会秩序是所有权利的基础时，如果我们把"权利"理解成合法权利，那么，卢梭的说法就可以在一种无害的意义上被理解。这个说法就变成了自明之理。但当他说从立法中产生了道德[①]，这就表明国家是道德差异的源泉。而且如果我们将之理解成对不公平社会的攻击，以及对公民宗教（不同于教会所传达的启示宗教）的捍卫，那么我们就很容易理解卢梭的政治理论为何会指向极权主义。但事实上，他不认为道德仅仅依赖于国家。毕竟他坚持认为，如果国家本身想要成为好国家，就需要有德性的公民。因此他陷入了柏拉图式的困境。没有好公民，就没有好的国家。但如果国家就其立法机构和政府而言倾向于使公民堕落和败坏，公民们就不会成为好公民。这就是为什么卢梭诉诸开明的"立法者"，以梭伦（Solon）和来库古为榜样。但是，他面临困境这一事实足以证明他并不认为道德只依赖于国家，意即他并不认为被国家宣布为正确的就是正确的。此外，他相信自然法铭刻于人的心中。如果他认为，在某种条件和预防措施之下，这种自然法的确将会在人民主权者宣告的意志中得到清晰表达，那么这种乐观主义归因于他相信人的自然善而非归因于伦理实证主义。但是，不可否认的是，他的论述带有伦理实证主义的痕迹，它们似乎暗示了道德是从法律和社会意见中派生出来的。换句话说，从整体上看，他的理论是模棱两可的。人永远意愿善，但他可能弄错善的本性。谁来阐释道德法则？回答是模棱两可的。卢梭有时告诉我们是良知，有时告诉我们是立法机关。一方面，立法机关的声音并不必然是不可错的，它可能受到私人利益的影响从而无法表达公意。良知大概必须是决定性的因素。另一方面，人必须遵守人民主权者的决议。如有必要，他必须被迫自由。几乎很难声称这里没有模糊之处。因此，即便卢梭自己强调不可磨灭地铭刻在人心中的法则、强调良知之声，我们还是能够理解相关争议，即他的理论中包含不相容的因素，以及新因素倾向于消除自然道德法则的传统观念。

最后的评论。我们在法国启蒙运动这个总标题下考察了卢梭。从他与百科全书派以及霍尔巴赫圈子断绝联系而言，这似乎是个不太恰当的归

[①]　《社会契约论》，IV，7，第 111 页。

类。此外，在文学发展中，卢梭不仅对法国文学产生了巨大影响，而且对德国文学——尤其是"狂飙突进运动"（Sturm und Drang）——也产生了巨大的影响。这似乎构成了把卢梭与法国启蒙运动分离开来的额外理由。但是，卢梭不是感性文学的开创者，即便他赋予了它强劲的动力；此外，在 18 世纪法国哲学家和作家中，他也不是唯一强调激情和感情对于人类生活的重要性的人。我们只要想想比方说沃维纳格即可。情形似乎是这样的：如果我们认为法国启蒙运动的主要特征在于枯燥的理性主义、宗教怀疑主义和唯物主义倾向，那么我们必须说，卢梭克服或超越了启蒙运动。但是，我们同样可以修正有关这个时期的观念，使卢梭包括进来：我们可以在这个时期中发现某些不同于枯燥的理性主义、唯物主义和宗教怀疑主义的东西。但事实上，虽然我们可以在 18 世纪法国广泛的思想运动中发现卢梭思想的根源，但他在哲学史和文学史中太过突出，以至于很难给他贴上某个能够满足所有条件的简单标签。他是而且始终是让-雅克·卢梭，而不是某个类型的典型代表。他的某些理论，如社会契约论，是那个时代的典型，很少引起历史以外的兴趣。但在他思想的其他方面，如政治学、教育学和心理学方面，他预示了未来。他提出的某些问题，例如个体与国家之间的关系，现在仍然像他写下它时那样真实，虽然我们现在可能以不同的方式提出这类问题。

100

第二部分

德国启蒙运动

第五章

德国启蒙运动（一）

克里斯蒂安·托马修斯——克里斯蒂安·沃尔夫——沃尔夫的追随者和反对者

1. 克里斯蒂安·托马修斯（Christian Thomasius，1655—1728）或许是德国启蒙运动（Aufklärung）第一阶段的最佳代表。他的父亲雅各布·托马修斯（Jakob Thomasius）曾经做过莱布尼茨的老师。克里斯蒂安·托马修斯在年轻时就强调过，在哲学领域，法国胜过德国。德国偏好形而上学的抽象，但这无法促进公共善和个人幸福。形而上学无法产生真正的知识。此外，大学所教授的"学术"哲学，预设了理性反思的目的是对抽象真理本身进行思考。但是，这种预设是错误的。哲学的价值在于它的效用，在于有助于社会或公共善和个人幸福。换句话说，哲学是进步的工具。

这种对形而上学和纯粹理智主义的敌意，在某种程度上根植于经验主义。根据托马修斯，心灵必须清除掉偏见和先入为主的观念，尤其是要清除掉亚里士多德主义和经院哲学的特征。但是，如果他反对亚里士多德和经院形而上学，这样做却不是为了以其他形而上学取而代之。因此，托马修斯攻击了例如契恩豪斯（Tschirnhaus，1651—1708）的《心灵之药》（*Medicina mentis*），在笛卡尔和斯宾诺莎的影响下，契恩豪斯支持将数学方法应用于哲学发现之中，而且还将获取真理称颂为人类生活最高贵的理想。托马修斯认为，我们的自然知识显然依赖于感官。我们没有天赋观念，不能通过纯粹演绎的方法发现有关世界的真理。经验和观察是知识唯一值得信赖的源泉。我们的感官决定了这种知识的界限。一方面，如果某种东西太小，就会无法给感官造成印象，我们就无法认识它。另一方面，如果某种东西太大，就会超出我们的心灵能力，例如，我们可以知道，感官对象依赖于第一因，但我们（至少在哲学上）无法了解这种原因的本性。我们的心灵对感官知觉的依赖，以及随之而来的知识范围上的限制，证明了形而上学思辨的空洞性。我们不应该允许自己因为怀疑感官的可信赖性而退回到形而上学，进而尝试为感官的可信赖性提供哲学证明。怀疑确实在我们的心灵生活中有其适当的地位。因为我们应该怀疑那些已被证明对人无用的过时意见。但合理的常识为怀疑设立了界限。我们应当避免陷入怀疑主义或形而上学之中。我们毋宁应该致力于获得由感官呈现的关于世界的知识，不是为了知识，而是为了效用。

但是，正如在《理性学说导论》（*Einleitung zur Vernunftlehre*，1691）和《理性学说的应用》（*Ausübung der Vernunftlehre*，1691）中表明的那样，虽然托马修斯的哲学观在某种程度上表达了经验主义观点，但历史学家认为它不仅与社会发展相联系，而且与新教改革观点相联系，这可能是对的。当然，如果我们仅仅声称对公共善的重视是中产阶级崛起的表现，人们就会指责我们有夸大的嫌疑。因为，例如中世纪哲学就已经突出了公共善的观念。同时下述说法或许是对的：功利主义的哲学概念集中于启蒙理性并运用启蒙理性的能力来促进公共善，这多少与后中世纪的社会结构有关。以及，如果"布尔乔亚"这个词没有遭到滥用，那么说它是"布尔乔亚"的哲学也并非空穴来风。至于宗教联系，有人认为这种布尔乔亚哲学是新教改革观点的世俗化延伸，这个观点似乎也具有稍许真实性。侍奉上帝的真正方式可以在日常社会生活中去发现，而非孤立地沉思永恒真理或在苦行和禁欲中远离尘世。脱离了严格的宗教设定，这种观念很容易导向以下推论：社会进步和人生在世的成功是上帝眷顾的标志。如果像路德所想的那样，哲学反思在神学领域无法胜任，那么似乎就能推出，应该致力于提升社会善和促进个人的尘世幸福。功利，而非对真理本身的思考，将成为这种反思的主要动机。这就是说，哲学关心的是伦理学、社会结构和法律问题，而非形而上学和神学问题。它将始终以人类为中心，但它在思考人的时候主要目标是促进人的尘世幸福，而非把哲学人类学整合进有关存在的一般形而上学。人将在心理学上而非在形而上学或神学观点上得到考察。

当然，这并不意味着哲学必须是反宗教的。正如我们所见，法国启蒙哲学常常敌视天主教，某些思想家还把一般宗教都看作社会进步的敌人，但这个观点既不是德国启蒙运动的一般特征，也不是托马修斯的个人特征。托马修斯远非无宗教信仰的人。相反，他与虔敬派有联系，虔敬派是在17世纪末兴起于路德宗的运动，目的是将新的虔敬生活注入到路德宗之中。但是，尽管不能合理地说虔敬派把宗教简单地还原为情感，但它的确不支持形而上学或经院神学，而是强调个人信仰和内心。因此，虔敬派如同经验主义，都致力于使哲学远离形而上学和自然神学，虽然它们的理由不同。①

《理性学说》（*Vernunftlehre*）的结论就是，形而上学是无用的，理性应当用来促进人类的福祉。托马修斯在其《道德学说导论》（*Einleitung zur Sittenlehre*，1692）和《道德学说的应用》（*Ausübung der Sittenlehre*，1696）中提出了他的伦理学理论。但是，这个理论经历了奇怪的变化。托马修斯最初认为，人的最高善是灵魂的平静，理性指明了通达它的道路，意志则是引导人远离善的能力。这就表现出了一种个体主义理想。但是，托马修斯继续论证道，人天生是社会性的存在者，只有作为社会成员，他才在严格意义上成其为人。由此推出，如果没有社会约束，如果不爱同类，人就不可能获得灵魂的平静。个体应当把自己献给公共善。通过相互之爱，产生出超越私人意志和自利意志的共同意志。由此似乎可以推出，意志不能被刻画成坏的，因为"理性之爱"是意志的展现，从理性之爱中产生出美德。但即便如此，托马修斯仍然坚持认为人类的意志是坏的。意志是基本冲动（比如欲求财富、荣誉、快乐）的奴隶。无私不可能凭借我们自己的努力而获得。人类的选择和行动只能产生罪恶，只有神圣恩典才

104

① 就虔敬派对于托马修斯及其追随者的直接影响而言，这个陈述是真的，因为它倾向于把宗教和神学移出哲学反思的领域。但是，这个陈述需要有所限制。例如，我们在下卷中将会看到，对于理解黑格尔思想的发展而言，具备某些虔敬派的知识是必要的。

能使人从其道德无力之中获得拯救。换句话说，在托马修斯的伦理学著作中，虔敬派占据了最后的落脚点，他明确谴责自己曾经认为人能够凭借自己的能力发展出自然的道德。

托马修斯作品中的法理学和国际法最广为人知。1688 年，他出版了《神圣法学阶梯》（*Institutionum jurisprudentiae divinae libri tres, in quibus fundamenta juris naturae secundum hypotheses ill. Pufendorfii perspicue demonstrantur*）。正如标题所示，他在这部著作中以著名的法学家塞缪尔·普芬多夫（Samuel Pufendorf，1632—1694）为依据进行写作。但是，在后来出版的著作《自然法与万民法基础》（*Fundamenta juris naturae et gentium ex sensu communi deducta*，1705）中，他展现出极大的原创性和独立性。在这部著作中，他开始考察人的心理学特征而非形而上学的特征。他在人之中发现了三个基本动力：欲求尽可能生活得长久和幸福、本能地逃避死亡和痛苦、欲求财富和统治。只要理性不能控制这些冲动，人类社会就会处于战争与和平交替出现的自然状态，而且总是趋向于堕落到战争之中。只有当理性反思取得优势，而且引导人们朝向获得尽可能长久和幸福的生活时，这种状态才能得到救治。但是，什么是幸福的生活呢？第一，幸福生活是正义的生活。正义的原则就是，我们不应当对他人做我们不希望他们对我们做的事情。狭义的自然法以这个原则为基础，旨在维护对外和平关系。第二，幸福生活的特征是得体（decorum）。得体或合宜的原则就是，我们应当对他人做我们希望他们对我们做的事情。政治学以这个原则为基础，旨在通过仁慈的行动而促进和平。第三，幸福生活需要美德和诚实（honestum）。这个原则就是，我们应当对我们自己做我们希望他人根据其能力对他们自己做的事情。伦理学以这个原则为基础，旨在获得内在和平。

托马修斯在《道德学说的应用》中论述了人类没有能力凭借自身努力开展道德生活，但他在这里提出了相当不同的观点。因为在《自然法与万民法基础》中他明确提出的立场是，自然法可以从人类理性派生出来，通过人类理性的运用，人能够克服他的自利冲动并促进公共善。普芬多夫也认为自然法派生于理性，但托马修斯比他的前辈更尖锐地把自然法与形而上学和神学区分开来。因此，我们发现启蒙运动的特征在于，理性能够治疗人类生活的创伤，理性的实行应该导向社会利益。个人应该在克服其自利欲求和贪欲中，在使自己从属于社会利益中，发现他自己的利益。但这并不意味着托马修斯放弃了对宗教或超自然的信仰。他倾向于区分属于信仰、情感和献身的宗教领域与哲学反思领域。加尔文派对于共同体的强调显示出世俗化的形式，对于托马修斯而言，这可以与路德宗虔敬派共存。

2. 德国启蒙运动第二阶段的主要代表人物是克里斯蒂安·沃尔夫（Christian Wolff，1679—1754）。但是，我们发现沃尔夫与托马修斯的观点完全不同。托马修斯那种结合了虔敬派的对形而上学的敌意，在沃尔夫这里完全消失了。取而代之，我们看到的是学院哲学、经院形而上学的复兴，以及一种彻底的理性主义。但这并不意味着沃尔夫是反宗教意义上的理性主义者，他完全不是这样的人。但是，他发展出了完备的理性哲学体系，其中包括形而上学和神学，这在大学中发挥了巨大影响。他确实强调哲学的实践目的，他的目标也是促进知性和美德在人们之中传播。但是，他思想的关键在于坚信人类理性的力量能够在形而上学领域中获得确定性，包括关于上帝的形而上学知识的确定性。这种理性主义表达在他德文著作的标题之中，常常以 "……的理性观念"（Vernünftige Gedanken von ...）这类词语开头，例如《关于上帝、世界、人类灵魂的理性观念》（*Rational Ideas of God, the World and the Soul of Man*，1719）。他的拉丁文著作汇总构成了 "理性哲学"（*Philosophia rationalis*）。虔敬派把信仰领域和理性领域相互割裂开来，把形而上学作为不确定的和无用的东西予以取消，这在沃尔夫看来是非常陌生的。在这个意义上，沃尔夫继承了文艺复兴之后大陆哲学的伟大理性主义传统。他在很大程度上依据莱布尼茨进行写作，使用经院哲学和学院哲学的形式表达莱布尼茨的思想。但是，虽然他缺乏莱布尼茨以及其他前辈的原创性，但他仍然是德国哲学的重要人物。当康德讨论形而上学以及形而上学证明时，他心中所想的往往是沃尔夫的哲学。因为在其前批判时期，康德研究和吸收了沃尔夫及其追随者的观点。

沃尔夫出生于布雷斯劳，最初打算研究神学，但他很快就投身于哲学，并且在莱比锡讲授哲学。契恩豪斯的《心灵之药》的某些注释使他接触到了莱布尼茨。在莱布尼茨的推荐之下，沃尔夫被任命为哈勒大学的数学教授，他在此不仅讲授数学，而且讲授哲学的各种分支。但是，他的观点激起了其虔敬派同事们的反对，他们控告沃尔夫不信上帝，说服腓特烈·威廉一世剥夺了他的教席（1723）。实际上，沃尔夫被勒令在两天之内离开普鲁士，若违反则会被处以死刑。他得到了马堡大学收留，在那继续讲课和写作，而他的案子在整个德意志引起了激烈的讨论。1740 年，他作为教授被腓特烈·威廉二世召回哈勒大学，随后他获得了一个头衔。在此期间，他的观点影响了德意志各个大学。他于 1754 年在哈勒去世。

在某些方面，沃尔夫是彻底的理性主义者。因此，对他来说，理想的方法是演绎的方法。演绎方法之所以能够应用于形式逻辑和纯数学之外，是因为最高原则（即不矛盾律）适用于一切实在。我们可以从不矛盾律中得出充足理由律，像不矛盾律那样，充足理由律也是本体论原则而不仅仅是逻辑原则。充足理由律在哲学中极其重要。例如，世界必然在超越的存在者中（即在上帝之中）有其充足的原因。

当然，沃尔夫意识到，只凭借演绎方法不足以建立哲学体系，更不用说发展经验科学。如果没有经验和归纳，我们无法发展经验科学，即便在哲学中，我们也需要经验性要素。因此，我们必须常常满足于概然性。有些命题是绝对确定的，因为我们无法毫无矛盾地断言其反命题。但很多命题不能还原为不矛盾律，而是具有不同程度的概然性。

换言之，沃尔夫采纳了莱布尼茨在理性的真与事实的真之间的区分。前者必然为真，我们无法无矛盾地断言其反命题；后者不是必然为真，而是偶然为真。例如，他用以下这种方式应用这个区分。世界是相互关联的有限事物的体系，就像机器那样必然以某种方式运作和移动，因为它就是这样的。但是，这种必然性只是假定的。如果上帝愿意，世界也可能是其他的样子。由此推出，存在着很多关于世界的真实陈述，它们的真不是绝对必然的。同时，世界最终由实体构成，每个实体都例示了一个本质，至少在理想情况下，这种本质能够以清楚的观念来构想并且进行定义。如果我们具有关于这些本质的知识，我们就能演绎出一系列的必然真理。因为当我们构想本质时，我们就抽离了具体实存，只考虑可能性的顺序，不考虑上帝对这个特殊世界的选择。实际上，沃尔夫认为世界可能不同于现在所是的样子，这个观点与他的本质理论并不一致，这也是有争议的地方。因为或许可以坚持认为，既然构成世界的是本质，世界秩序就只能是现在所是的样子。但是，我想要说明的是，沃尔夫的理性主义强调清楚、分明的可定义观念和演绎法，这使得他把哲学描述为关于可能性以及所有可能性事物的科学，可能性事物就是任何不涉及矛盾的事物。

108

我们刚刚提到了莱布尼茨，莱布尼茨的哲学无疑对沃尔夫的思想产生了显著影响。我们稍后会举出几个例子。但是在重新讨论本质观念时，沃尔夫明确提到了经院哲学。虽然鉴于当时对经院哲学存在着广泛的蔑视，沃尔夫谨慎地坚称他改进了经院哲学家的观念，但是他毫不隐讳地表明他追随莱布尼茨，不支持全盘否定经院哲学的观念和作品。事实上，沃尔夫明显受到了经院哲学家的影响。但是沃尔夫把实存思考为本质，使人想到的是司各脱（Scotus）而不是阿奎那（Aquinas）。影响了他的思想的是晚期经院哲学，而不是托马斯主义。因此，在他的《本体论》中，他赞同地提到苏亚雷斯（Suárez），苏亚雷斯的著作在德国大学（甚至包括新教的大学）中获得了广泛的成功。

可以在沃尔夫对哲学的分类中看到经院哲学对他的影响。哲学可以基本划分为理论哲学和实践哲学，这个划分当然可以追溯到亚里士多德。理论哲学或形而上学又可以划分为本体论（关于存在之为存在）、理性心理学（关于灵魂）、宇宙论（关于宇宙系统）、理性神学或自然神学（以上帝的实存和属性为主题）。追随亚里士多德，实践哲学划分为伦理学、治家学和政治学。本体论或一般形而上学与自然神学的明确区分不能追溯至中世纪；这个区分有时会被归之于沃尔夫本人。但是笛卡尔学派的克劳贝格（Clauberg，1622—1665）其实已经做出了这个区分，他使用的术语是"本体之智"（ontosophy）而非"本体论"（ontology），"本体论"是由经院哲学家让-巴蒂斯特·杜阿姆尔（Jean-Baptiste Duhamel，1624—1706）在其著作《普遍哲学》（*Philosophia universalis*）中最先使用。此外，在他的《本

109 体论》（*Ontology*）中，沃尔夫明确表明，他志在改进经院哲学家提供的定义以及他们对于存在之为存在这门科学的处理。虽然他对于哲学的划分不同于阿奎那，但他对哲学分支的分层排列明显是在经院哲学的影响之下发展出来的。[1] 这可能不是非常重要的事实，但至少有趣的是，我们看到经院哲学传统在德国启蒙运动的一位主要人物的思想中找到了延续的生命，尽管从严格的托马斯主义观点来看，在沃尔夫哲学中找到栖身之地的那种经院哲学只是相当劣质的经院哲学。这当然是那些与吉尔松（Gilson）教授一起，将阿奎那及其忠实追随者的"存在主义/实存主义"（existentialism）与晚期经院哲学家的"本质主义"进行比较的人心中的想法。[2]

莱布尼茨的影响可以清楚地在沃尔夫对实体问题的处理中看到。虽然他避免使用"单子"这个术语，但他预设了某种不可知觉的简单实体的实存，这些简单实体没有广延或形状，没有任何两个是完全相似的。我们在物质世界知觉到的东西是这类实体或形而上学原子的聚集；广延则属于现象序列（正如在莱布尼茨那里一样）。当然，人类身体也是实体的聚集。但是在人之中还有灵魂，灵魂也是简单实体，其实存能够通过意识、自我意识、外在世界的意识这类事实得到证明。实际上，灵魂的实存直接地显现在每个人的自我意识中。

沃尔夫极其强调意识。灵魂作为简单实体拥有积极的力量，而这种力量构成了灵魂向自身表象世界的能力。灵魂的不同活动（其中两种基本形式是认识和欲求）只是这种表象能力的不同展现。至于灵魂和身体的关系，则必须用前定和谐来描述。像莱布尼茨那样，沃尔夫认为灵魂和身体之间没有直接的相互作用。上帝如此安排事物，使得灵魂根据其身体感官中发生的变化来向自己表象世界。

沃尔夫认为，上帝实存的主要证明是宇宙论论证。世界作为相互关
110 联的有限事物的系统，它自身的实存和本性需要充足理由，这种充足理由

---

[1] 这里还需补充一句，沃尔夫对于哲学的划分对后来学院哲学的教学指南和教科书产生了极大的影响。

[2] 对这个问题的讨论，可参见吉尔松的《存在和哲学家》（*Being and Some Philosophers*），第二版（修订增补），多伦多，1952 年。

就是上帝的意志，虽然上帝的选择也具有它自身的充足理由，亦即上帝所构想的最好状态的吸引力。当然，这意味着沃尔夫必须遵循莱布尼茨神义论的主要线索。像莱布尼茨那样，沃尔夫区分了物理的、道德的、形而上学的恶。形而上学的恶是必然伴随着有限性而来的不完善性，它与世界不可分离。至于身体的恶和道德的恶，世界至少需要它们的可能性。问题不在于上帝是否能够创造没有恶的世界，而在于上帝是否有充足的理由去创造一个恶或恶的可能性不能缺席的世界。沃尔夫的回答是，上帝创造世界是要受人感激、崇敬和赞美。

所有这些观点明显与托马修斯的观点不同，托马修斯认为人类心灵没有能力在形而上学和自然神学中获得真理。除了上帝实存的宇宙论证明，沃尔夫还接受本体论证明，而且相信，在莱布尼茨和他自己对这个论证的发展之后，这个论证可以免受通常的批评。将沃尔夫指控为无神论者，这是很荒谬的。但可以理解的是，他的虔敬派敌人认为他用理性取代信仰，而这破坏了他们的宗教概念的根基。

正如沃尔夫反对人类理智在形而上学领域是无能的这一理论，他也反对下述理论，即人类的道德是无能的，人类除了作恶，没有能力做任何事情。他的道德理论建立在关于完善的观念之上。善被定义为使我们和我们的状态更完善的东西，而恶被定义为使我们和我们的状态更不完善的东西。但是，沃尔夫承认，"古人"很久以前就认识到，我们只意愿被我们当作善的东西，它在某种程度上使我们完善，我们不意愿被我们当作恶的东西。换句话说，沃尔夫承认经院哲学家所说的，人们总是"在善类中"（sub specie boni）进行选择。因此显然，沃尔夫必须找到区分宽泛意义上的各种善的标准，因为善包含了意志所选择的任何对象，以及道德意义上的善（即我们应当努力获取或者选择的东西）。的确，他强调我们本性完善这一观念。但很明显，这个概念必须被赋予某种确定的内容，从而使我们区分道德行为和非道德行为。在尝试这样做的时候，沃尔夫突出了这一观念：在理性和人类内在外在状态的统治下，人性的各种要素相互协调。有些作者坚持认为，沃尔夫把外在善包含在至善（summum bonum）或人类道德努力的目的之中，从而表达了"新教伦理"。但是，在很多个世纪之前，亚里士多德已经把很多外在善包含在人类的善之中。无论如何，我们都必须注意，沃尔夫渴望避免个体主义，后者可能与自我完善的伦理学相联系。因此，他强调以下事实，人类只有在努力帮助同类和努力超越纯粹自利的冲动时才能完善自身。自我完善的观念包括提升上帝的尊荣和促进公共善。因此，"自然法"命令我们应该做使我们自身以及我们和他人的状态变得更完善的事情，我们不应该做使我们自身或他人变得不完善的事情。

沃尔夫把自由视作道德生活的条件。但是，如果自由意味着人能够做出不同于他实际做出的选择，那么沃尔夫就很难解释自由是如何可能的。因为，正如我们所见，他认为自然类似于机器，在自然之中，所有运动都是被决定的并且（在假设上）是必然的。但是，即便有这个困难，沃尔夫仍然继续肯定人是自由的。在给这个立场提供辩护时，他诉诸灵魂和身体之间的前定和谐理论。灵魂和身体之间没有任何直接的相互作用。因此，例如，身体状态和感官冲动不能决定灵魂的选择。灵魂的选择来自其自身的自发性，因此是自由的。

但是，理智与意志在道德生活中的关系是什么，沃尔夫在此也陷入了困难。根据沃尔夫，持存意志只做符合自然道德法则的事情，它是德性的开端和基础。但是，意志的这种持存方向能够由理智或理性产生吗，能够由有关道德善恶的知识产生吗？这种产生难道不是意志自身的行为吗？因为意志持续地朝向客观的道德善这个事实不是从开始就被给予的，而且很难表明它如何能够由理智单独产生，所以沃尔夫强调了教育在道德生活中的必要性及其所扮演的重要角色。同时，他强调的是理智教育，即形成清楚分明的观念。因此，对于人们如何通过自身的努力朝向真正的道德生活这个问题，即便沃尔夫没有提供完全令人满意的回答，但显然理性主义是他最后的回答。教育的实践目的是产生出有关人类道德天职的各种清楚观念，后者能够充当意志的动力。他心灵深处所想的似乎非常清楚。意志自然地寻求善。但人们会具有关于善的错误观念。因此，发展出真实、清楚、充分的观念非常重要。意志只能通过理智而得到正确的指导。沃尔夫或许没能成功地确切解释，理智如何能够统治意志、如何能够产生正确的欲求，但在他看来，理智无疑能够这样做。

沃尔夫有时说道，心灵教育的目的似乎就是产生有用的观念。当谈到我们对自己和对邻人的义务时，他坚持认为人们应当工作并通过工作维持生存和促进公共善，如果我们记住这点，我们或许倾向于得出这样的结论：他的道德理想只是造就得体的、努力工作的公民。换句话说，我们可能得出结论，他对人类的道德使命持有一种彻底的布尔乔亚概念，这种概念可以被描述成新教关于人在此世的使命的观念的一种世俗化形式。然而，虽然这种概念构成了他思想中的一个要素，但这不是唯一要素。因为他赋予了"有用"这个词非常广泛的意义。对社会有用，不只是意味着作为体力劳动者或行政官员而忠诚服务于社会。艺术家和哲学家发展了他们的潜能，使自身完善，也是对社会"有用"。生命教育不应当从狭窄的、市侩的意义上来解读。沃尔夫尝试把广义的教育和自我完善与坚持为公共善服务的义务相结合，他把这看作其道德哲学的特征。

从康德的观点来看，人有责任追求道德完善，而且这种完善不可能在有限的时间之中实现；值得注意的是，沃尔夫在康德之前已经认为，道德完善不是某种在此时此地能够明确实现的东西。人们不可能达到他的目的而就此停下来。在追求道德完善的责任中包含了下述责任：不断地追求道德完善，不断地努力追求在理性统治下冲动和情感的完满和谐。这种责任既落在个体身上也落在人类总体身上。

人的权利建基于他的义务。所有人在自然上都是平等的，他们作为人具有同样的义务。因此，他们具有同样的权利。因为我们对于所有能够使我们实现自然义务的事物都有自然权利。当然，人还有既得权利，但就自然权利而言，所有人都是平等的。

沃尔夫认为国家的基础是契约。但这有着一个自然辩护，即事实上只有在大型社会中，人们才能够获得足够的生活物资并且抵抗侵犯。因此，国家的存在是为了促进公共善。政府则最终依赖于公民的同意，公民保留了把政府转变为其他形式的最高权力。政府的权力仅限于与实现公共善相关的公民活动。但是，着眼于公民的身心幸福，沃尔夫赋予了政府广泛的监督权。因为他是从人类的完善这个角度来解释公共善的，而不是从纯粹经济的角度。

沃尔夫在其《万民法》(*Jus Gentium*)^①中谈道，各个民族被视为"生活在自然状态中的自由个体"。正如有自然道德法则使个体具有责任并且产生出权利，因此也有各个民族的自然法则或必然法则，它们也是不变的而且产生出平等的权利。这种法则就是应用于各个民族的自然道德法则。

此外，所有民族必须被理解为通过假定的同意共同构成了一个最高国家（a supreme State）。因为自然自身迫使各个民族为了其公共善而形成国际社会。因此，我们必须得出结论，各个民族作为整体，有权迫使个别民族履行其对更大社会的义务。正如在民主国家中，多数人的意志必须被视为代表了全体人民的意志，在最高国家中，多数民族的意志必须被视为代表了所有民族的意志。但是，既然各个民族不能像一群个体那样会面，这种意志又如何得到表达呢？根据沃尔夫，所有民族的意志必须是这样的：如果各民族都遵循正确的理性，那么它们就会同意于这一意志。他由此得出结论说，"更文明的民族"所同意的就是万民法。

沃尔夫把派生于民族社会概念的法律称为"自发的万民法"。他把它归入"实定的万民法"这个总标题之下，"实定的万民法"还包括各个民族明示同意的约定法，以及默示同意的习惯法。但是，若不考虑可能会导致对拥有虚构统治者的最高国家的批评，那么把沃尔夫所说的"自发的万民法"（jus gentium voluntarium）归入"自然的万民法"（jus gentium naturale）而非归入"实定法"（jus positivum）之下似乎更为自然。因为归入"实定法"这个分类似乎要求存在一个实际的最高社会或普遍社会，而不只是一个假定的各个民族的社会。但是，在断言"自发的万民法"的实存上，沃尔夫受到了格劳秀斯的影响，虽然他发现格劳秀斯因为没有恰当地区分自发、约定和习俗的法律而犯了错误。无论如何，各个民族的社会这个观念具有无可争议的价值，无论我们接受还是反对沃尔夫对这个观念的使用。

如果我们把沃尔夫与笛卡尔、斯宾诺莎、莱布尼茨等思想家相比较，那么沃尔夫在哲学史中无疑只是小人物。但是，如果从德国思想的发展背景看，我们的判断就会非常不同。除了莱布尼茨之外，当时的德国在哲

---

① 《万民法》，绪论，第 2 页。

学方面贡献甚少：德国哲学的伟大时期尚未到来。而这时，沃尔夫充当了德国的哲学教育者的角色。人们常常指责他乏味、独断和形式主义，这无疑是正确的。但因其内容无所不包，因其形式化和排列有序，所以他的体系能够为德国大学提供某种学院哲学。他的影响遍及整个德国，他的观念统治了德国大学，直到康德批判哲学的兴起。沃尔夫体系的成就不在于其自身，而在于它激发了哲学反思的产生。即便他的哲学最后被康德及其后继者所取代，沃尔夫也依旧战胜了他神学上的论敌。换句话说，他在德国思想史上占据着重要的位置，这种地位不是指控其缺乏原创性或形式主义就能抹杀的。

3. 沃尔夫本人反对使用"莱布尼茨-沃尔夫哲学"这个术语，这个术　115
语是乔治·伯恩哈德·比尔芬格（Georg Bernhard Bilfinger，1693—1750）发明的，后者曾经是圣彼得堡大学的哲学教授，后来（从1731年开始）成为图宾根大学的神学教授。虽然他没有在所有事情上都追随沃尔夫，但他的著作《上帝、人类灵魂、世界和事物一般性质的哲学解释》（*Diluci-dationes philosophicae de Deo, anima humana, mundo et generalibus rerum affectionibus*，1725）帮助传播了沃尔夫的体系。沃尔夫的其他学生还有路德维希·菲利普·图米希（Ludwig Philipp Thümmig，1697—1728），他在沃尔夫被驱逐时也失去了在哈勒大学的教席，还有约翰·克里斯托夫·戈特舍德（Johann Christoph Gottsched，1700—1766），他写作了《世界的真髓》（*Erste Gründe der gesamten Weltweisheit*，1733），试图把沃尔夫哲学应用于文学批评。我们还必须提到马丁·克努岑（Martin Knutzen，1713—1751），他从1734年开始就是柯尼斯堡大学的逻辑学和形而上学教授，他的听众包括康德。除了是哲学家，他还是数学家和天文学家，他激发了康德对于牛顿科学的兴趣。在哲学领域，他受到莱布尼茨和沃尔夫的影响，但他同时是独立的思想家。因此，他放弃了前定和谐理论，转而支持效力因理论。克努岑无疑影响了康德的批判哲学，但他的课程只是有助于形成康德前批判时期哲学观点的因素之一。在宗教领域，克努岑倾向于虔敬派，但在沃尔夫的影响之下，他在很大程度上修改了虔敬运动对于自然神学或哲学神学的反驳，这种反驳是虔敬运动的特征之一。实际上，他出版了《基督教真理的哲学证明》(*Philosophical Proof of the Truth of the Christian Religion*，1740）。换句话说，他尝试结合虔敬派的精神性和沃尔夫的"理性主义"。

更重要的人物是亚历山大·戈特利布·鲍姆加登（Alexander Gottlieb Baumgarten，1714—1762），他在奥得河边的法兰克福大学做教授，出版了大量解释和发展沃尔夫哲学的教科书。例如，他的《形而上学》(*Metaphysics*）被康德用在了讲座中，当然康德对其内容有所批评。但是，鲍姆加登的重要性还不在于他与康德的关系，也不在于他通过翻译拉丁术语而丰富了德国哲学词汇，而在于他是德国美学理论的真正奠基者。在他的《关于诗的哲学默想录》(*Meditationes philosophicae de nonnullis ad poema pertinentibus*，1735）［英文版的题目是《反思诗学》(*Reflections on Poetry*)］
116 中，鲍姆加登创造了"美学"(aesthetica）这个词语，并且他在两卷本的《美学》(*Aesthetica*，1750—1758）中发展了他的理论。

鲍姆加登处理美学的进路很大程度上受到了沃尔夫哲学的决定性影响。沃尔夫哲学慎重地省略了对艺术和美的处理，因为这个主题不适合于其哲学框架。他关心"分明的"概念，即可以通过词语传达的概念，他不关心"清楚"却不"分明"的概念，即清楚却无法通过词语传达的概念，例如某种特定颜色的概念。因为他相信关于对美的享受的概念不是分明的，所以他省略了对于美学的探究。此外，当思考人的能力时，他关注于"高级能力"(vires superiores），而把"低级能力"(vires inferiores）放在所有的意图和目标之外。他相信，审美鉴赏是感觉能力这种低级能力的功能，这也就成了省略考察美学理论的理由。因此，鲍姆加登试图填补沃尔夫哲学中的这个间隙。对于沃尔夫的学生而言，这涉及对人类感官能力的考察。由于德国对英国经验主义的认识日益加深，所以这种考察变得愈加尖锐。

鲍姆加登的美学观念具有人道主义的特征，因为它总是涉及对人的看法。在《美学》的开篇，他写道"哲学家也是人，如果他认为人类知识中如此大的一部分与他无关，那么他的考虑就是错误的"[1]。哲学家必须努

---

[1] 《美学》，第 6 节。

力探寻感性知识，后者在人类生活中扮演了非常重要的部分，虽然他不能像艺术家那样创造美，但他应当探寻有关美的系统知识。实际上，鲍姆加登把美学定义为关于美和美的事物的科学。因此，美学是关于感官知识的完善的科学。"美学的目标是感官知识的完善。这就是美。"①

鲍姆加登也把美学描述为优美地思考的艺术（ars pulchre cogitandi）。这种不合适的描述或定义明显使它自身受到了误解和误用。但鲍姆加登并 117 不是说美学科学在于知道如何思考"美的思想"；他指涉的是恰当地使用所谓的低级能力的艺术，以期达到这些能力的"完善"。如果我们把各种定义或描述结合起来看，我们可以说他认为美学提供了一种感觉的心理学、一种感官的逻辑，以及一种美学批判的体系。

感官的逻辑观念非常重要。作为沃尔夫的追随者，鲍姆加登自然而然地将哲学科学按等级顺序排列，同样自然地把美学置于从属地位。因为它涉及的是低级能力和低级知识。如果美学是一种科学，它就必须是思想的活动，但因为它不处理分明观念的领域，它在知识阶梯中就处于低级地位。同时，鲍姆加登看到，我们不能把审美直观视为纯粹逻辑思考的形式，因为它在某种程度上满足不了逻辑思维的标准。但它不是"非逻辑的"。审美直观具有它自身的内在法则和它自身的逻辑。这就是为什么他将美学称作理性类比的艺术。"美学（自由艺术的理论，低级知识，优美地思考的艺术，理性的类比）是关于感性知识的科学。"② 鲍姆加登并没有总是非常清楚地指明他是在谈论审美直观本身还是在谈论我们对它的反思或概念表征。但我们至少可以说两件事。第一，不要因为"感官知识"不是纯粹逻辑或数学知识，就把感性排除在知识领域之外。第二，它是一种特殊的知识。在处理美学时，我们需要一种特殊的知识论，低级的知识或知识理论（gnoseologia inferior）。因为统治审美直观的法则不能用清晰而纯粹的逻辑概念来表达；这是"理性的类比"。纯粹逻辑意味着抽象，抽象意味着贫乏，这意味着为了抽象和普遍，牺牲具体和

---

① 《美学》，第 14 节。
② 同上，第 1 节。

特殊。但是，审美直观为特殊和普遍、具体和抽象之间的鸿沟架起了桥梁。它的"真"是在具体性质中得到发现的。美是某种不能在抽象概念中得到表达的东西。

118　　　鲍姆加登把大量主题放在美学的标题之下，这无助于减轻做出清楚的普遍定义的难度。但是，他的美学理论的突出特点在于，他承认了美这类概念有它们自身的特殊运用。因此，他将美学建立为哲学追问的独立分支。例如，当谈到诗的语言时，他明确表明，我们不能强迫语言的所有使用都能够套进相同的模子，以相同的方式被解释。在诗中，语词渗透了直接的感性内容，"完美的感性语言是诗"①。诗的语言必须区别于物理科学的语言：在它们之中，语词的功能不同。但这并不意味着诗性陈述是无意义的。它们表达和唤起了生动的直观，这种直观不是非理性的，而是具有它们自身的理性类比。用鲍姆加登的术语来说，它们具有"认识的生命"（vita cognitionis）。

　　我们确实不应当夸大鲍姆加登的重要性。第一，鲍姆加登不是"美学之父"。无须追溯到更前面的历史，英格兰的沙夫茨伯里和哈奇森（Hutcheson）就已经写过这个主题。第二，人们有时夸大了鲍姆加登的成就，作为矫正，我们可以考虑贝奈戴托·克罗齐（Benedetto Croce）的评判："除了其标题和首次定义，鲍姆加登的《美学》中充斥着老生常谈。"②但同时，鲍姆加登的重要性在德国美学理论的发展中不容抹杀。正如克罗齐所言，鲍姆加登在美学史上的重要性是毋庸置疑的，他使得美学成为"将要奠基而非已经奠基的科学"③，他不仅认识到有美学哲学这类东西，而且认识到美学语言具有自身的特殊性。他无疑是从沃尔夫哲学的观点来解释这个主题的；而且他也被指责为使用过于理智主义的术语，例如"就知识而言""真理"这些词语。但我们需要指出的是，他意识到用纯粹理性主义来解释审美直观和享受是不充分的，以及他为美学理论的进一步发展铺平了道路。无论鲍姆加登的缺陷可能是什么，他看到了人类生活和活

---

① 《关于诗的哲学默想录》，第 9 节。
② 《美学》，D. Ainslie 译，第 218 页。
③ 同上，第 219 页。

动的某个面向，这个面向是哲学考察的合适对象。但只要有人决定把它放进抽象逻辑思维的领域，继而将之排除在哲学之外，那么他就无法理解它。 119

　　鲍姆加登的学生包括格奥尔格·弗里德里希·迈尔（Georg Friedrich Meier，1718—1777）。迈尔在哈勒大学完成了他的硕士论文，出版了三卷本的《一切美的科学的原理》（*Anfangsgründe aller schönen Wissenschaften*，1748—1750）和《考察一切美的艺术和科学的第一原理》（*Betrachtungen über den ersten Grundsätzen aller schönen Künste und Wissenchaften*，1757）。就美学理论而言，摩西·门德尔松（Moses Mendelssohn，1729—1786）也受到鲍姆加登的影响，我们在下章会再次提到他。这里没有必要列出其他名字，我们只需要提到 18 世纪下半叶涌现出大量美学著作就可以了。实际上，在《美学历史和文献纲要》（*Sketch of the History and Literature of Aesthetics*，1799）中，J. 科勒（J. Koller）断言，爱国青年很乐意看到德国在这个主题上生产的作品比其他任何国家都要多。

　　转向沃尔夫的反对者和批评者，我们可以首先提到哈勒大学的约阿希姆·朗格（Joachim Lange，1670—1744），他是以正统信仰和虔敬的名义使沃尔夫被驱逐出大学的主要推动者。另一个更具哲学思维的思想家是在哈勒大学和莱比锡大学任教的安德鲁·吕迪格（Andrew Rüdiger，1673—1731），他反对将数学方法应用于哲学之中。认为数学关涉的是可能的领域，哲学关涉的是实际的领域。因此，哲学家应当以经验为基础，而经验在感官知觉和自我意识中被给予，哲学家应当从这类来源中得出基本定义和公理。吕迪格还抨击了灵魂和身体的前定和谐理论。认为灵魂具有广延，灵魂和身体之间有物理意义上的交互作用。

　　沃尔夫的另一个反对者是克里斯蒂安·奥古斯特·克鲁修斯（Christian August Crusius，1715—1775），莱比锡大学的哲学和神学教授。他抨击了莱布尼茨-沃尔夫哲学的乐观主义和决定论。他认为，因为这个世界有自由的存在者，即人类，所以我们不能把世界体系解释为前定和谐。此外，克鲁修斯批评莱布尼茨和沃尔夫对于充足理由律的运用，但这并未阻止他以自己的基本原则取而代之，即以下命题：凡是不能被思考的就是错

120　误的，凡是不能被思考为错误的就是真的。① 从这个具有启发性的命题出发，他推导出了三个其他原则：矛盾原则，即任何事物都不能同时存在和不存在；不可分离原则，即不能被分离地思考的东西就不能分离地实存；不相容原则，即不能被思考为结合的东西就不能在结合状态中实存。克鲁修斯显然没有真正地反对沃尔夫哲学的精神，只是因为他反对沃尔夫哲学的某些论题，他在同时代人面前就显得像是沃尔夫的反对者。顺便说一句，虽然康德批判了克鲁修斯的形而上学观点，但他偶尔也会高度评价克鲁修斯。

----

① 克鲁修斯以下述方式运用这个原则：例如，世界的非存在是可思考的。因此，它必须已经被创造了。因此，上帝实存。

第六章

德国启蒙运动（二）

引言；腓特烈大帝；"通俗哲学家"——自然神论：莱马卢斯；门德尔松——莱辛——心理学——教育理论

1.（1）沃尔夫及其追随者的哲学在某种意义上是德国启蒙运动的高峰。它构成了一个纲要，把人类心灵活动的所有领域都带到理性面前。当然，这也是路德宗虔敬派神学家反对沃尔夫的理由，他们认为沃尔夫的理性主义是信仰的敌人。沃尔夫体系也代表了受过教育的中产阶级的崛起。理性应该判断比方说在对上帝的信仰中，什么是可接受的，什么不是。在设立民族宗教的过程中，君主或主权者的个人信仰不应该是决定性的因素。此外，"鉴赏"和审美鉴赏不是贵族或天才的特权：哲学理性可以将其影响力扩展到美学领域。当然，哲学确实只是相对少数人所能从事的，但理性本身是普遍的。信仰、道德、国家形式、政府、美学，所有这些都从属于理性的非人格性评判。

沃尔夫哲学的这些方面及其派生物使它与普遍的启蒙运动联系起来。同时，正如我们所见，沃尔夫的体系与莱布尼茨的思想紧密相连，因此也与欧洲大陆的后文艺复兴哲学的理性主义形而上学运动联系起来。因此，它在某种程度上不同于法国和英格兰所展现的启蒙运动精神。但在本章将简要考察的这个启蒙运动阶段，法国和英国思想的影响变得越来越显著。

（2）如果我们想要找到这种影响的标志，最好的方式是考察腓特烈大帝（1712—1786）。他是由法国家庭教师带大的，因而对法国思想和文学产生了狂热之情，同时对德国文学产生了一定的轻蔑之情，这表现于他喜欢用法语说话和写作。他确实有段时间强烈支持莱布尼茨和沃尔夫的哲学。正如我们在上章所示，他还恢复了沃尔夫在哈勒大学的教职。腓特烈大帝不赞成路德宗神学家促使腓特烈·威廉一世驱逐沃尔夫的行径。就宗教信仰而言，他强烈支持宗教宽容，不仅对不同的独断体系宽容，而且还包括对理性主义、不可知论甚至无神论的宽容。沃尔夫这样卓越的人物因为不是虔敬派的支持者而被驱逐出普鲁士，这是腓特烈大帝所不能容许的。但是，随着时间的流逝，他对于沃尔夫作为思想家的看法发生了变化，他受到法国和英国思想的支配性影响。在讨论法国启蒙运动的那几章，我们已经看到腓特烈大帝邀请诸如伏尔泰和莫佩尔蒂等哲学家到波茨坦，他喜欢在那里和他们谈论哲学和文学。至于英国思想，他对洛克评价很高，还在哈勒大学安排了关于洛克哲学的课程。

虽然腓特烈大帝信仰上帝，但他却具有强烈的怀疑主义倾向。培尔是他非常欣赏的作家。腓特烈大帝是个非常自由的思想家。同时，他非常尊敬斯多亚派的皇帝马可·奥勒留，像斯多亚派一样，他非常强调义务感和德性。因此，在其《论自爱作为道德原理》（*Essay on Self-love considered as the Principle of Morals*，1770）中，他试图表明，自爱只有通过对德性的获得和实践才能得到满足，而德性才是人类真正的善。

从他的军事成就以及他成功地决定要提高普鲁士的政治军事地位来看，人们可能会以嘲讽的眼光看待他自称为"无忧的哲学家"。但他对马可·奥勒留的称赞不是空谈。没有人会把这位普鲁士君主刻画成未封圣的圣人，但他无疑拥有强烈的义务感和责任感，而且他在《反马基雅维利》（*Antimachiavell*，1740）中谈到君主应当把自己看作人民的第一公仆时，也是非常严肃的。他可能是专制君主，但这也是开明专制，例如他关心推动正义的公正执行，关心促进教育的普及（从初等教育到普鲁士科学院的重组和发展）。[①] 通过关心教育，腓特烈大帝成为德国启蒙运动的主要人物之一。

（3）哲学观念在德意志的传播受到所谓的"通俗哲学家"的提倡，

---

① 正是因为他对教育的关心，腓特烈大帝不允许教宗克莱门十四世镇压耶稣会的敕令在他的领地上出版。他不希望耶稣会士主持的学校遭到解散。

他们不是创造性的思想家，但却努力把哲学提供给受到教育的公众。克里斯蒂安·加尔弗（Christian Garve，1742—1798）把大量英国伦理学家的著作翻译成了德语，比如弗格森（Ferguson）、佩利（Paley）和亚当·斯密的著作。弗里德里希·尤斯图斯·里德尔（Friedrich Justus Riedel，1742—1785）通过其《审美艺术和科学的理论》（*Theory of the Fine Arts and Sciences*，1767）而有助于美学观念的传播，不过这部著作据说只是他汇编而成的。克里斯蒂安·弗里德里希·尼古拉（Christian Friedrich Nicolai，1733—1811）通过编辑工作发挥了很大影响，首先是《审美科学文库》（*Bibliothek der schönen Wissenschaften*，1757—1758），其次是《最新文学通讯》（*Briefe, die neueste Litteratur betreffend*，1759—1765），最后是《德意志文库总汇》（*Allgemeine deutsche Bibliothek*，1765—1805），他主编的这些文献刊物获得了极大成功。我们还可以提到克里斯托夫·马丁·维兰德（Christoph Martin Wieland，1733—1813），虽然他不是学院意义上的哲学家，而首先是虔敬派信徒，其次是文学家和诗人。他把莎士比亚的 22 部戏剧翻译成了德文，在其自传小说《阿伽通》（*Agathon*，1766）中，他追溯了一位年轻人在不同哲学的持续影响下的自我成长历程。

2. 英国和法国思想对德国思想的影响结果之一就是自然神论的兴起。在 1741 年，丁达尔（Tindal）的《基督教如创世一般古老》（*Christianity as old as the Creation*）出现在德国，而且早在这个世纪初，约翰·托兰德（John Toland）就曾访问汉诺威和柏林的宫廷。

（1）德国自然神论者中最著名的是赫尔曼·萨穆埃尔·莱马卢斯（Hermann Samuel Reimarus，1694—1768），他是汉堡高中的希伯来语和东方语言教授。他主要的著作有《为理性崇拜上帝辩护》（*Apologie oder Schutzschrift für die vernünftigen Verehrer Gottes*），莱马卢斯没有出版这部著作，但莱辛在1774年到1777年之间以《沃尔芬比特尔残篇》（*Wolffenbüttel Fragments*）为名发表了部分章节。莱辛没有给出作者的名字，而是假装在沃尔芬比特尔发现了这些残篇。还有部分于1786年在柏林以 C. A. E. 施密特（C. A. E. Schmidt）的笔名出版，其他部分则发表于1850年至1852年。

124　　　　一方面，莱马卢斯反对纯粹的唯物主义机械论。世界作为可理解的体系，是上帝的自我启示：没有上帝，世界秩序就是不可解释的。另一方面，他是超自然宗教的强烈反对者。世界自身就是上帝的启示，其他所谓的启示都是人类的发明。此外，世界作为因果联结的机械系统这一观念是现代思想的伟大成就，我们不再接受奇迹和超自然的神圣启示这样的观念。奇迹对于上帝毫无价值，因为上帝通过理性的理智系统而实现自己的目的。换句话说，莱马卢斯的自然神学遵循了通常的自然神论模式。

　　（2）犹太哲学家摩西·门德尔松（Moses Mendelssohn, 1729—1786）是莱辛的朋友，也是康德的通信者。从他有助于普及启蒙运动的宗教观念和哲学观念而言，他可以被视作"通俗哲学家"之一。但他自身的思想也引起了人们的兴趣。

　　在 1755 年，莱辛和门德尔松发表了论文《形而上学家蒲柏！》（*Pope ein Metaphysiker!* ），这个标题至少乍看之下令人吃惊。普鲁士科学院以亚历山大·蒲柏（Alexander Pope）所谓的哲学体系为主题发布了有奖征文，莫佩尔蒂把这种体系看作莱布尼茨哲学的摘要。（目标显然是要间接打击莱布尼茨的名声。）但是，莱辛和门德尔松论证道，蒲柏要么是形而上学家要么是诗人，但不能二者都是，而事实上他没有任何哲学体系。哲学和诗歌是两种非常不同的东西。门德尔松在其《关于感觉的通信》（*Briefe über die Empfindungen*，1755）中以更为概括的语词表达了概念和审美之间的差异。他在其"第五封信"中谈道，我们必须区分"天上的维纳斯"（由完善充分的概念构成）与"地上的维纳斯"或美。对美的经验不是知识，我们不能通过分析和定义的程序来把握它。如果认为我们一旦具有更加完善的认识能力，就能够体验到更加完善的审美享受，这是错误的想法。美也不是欲求的对象。只要某个东西被欲求，它就不再成为审美沉思和享受的对象。因此，门德尔松设定了某个独特的能力，他称之为
125　"赞同能力"（Billigungsvermögen）。他还在《晨时》（*Morgenstunden*，7，1785）中谈道，美的独特标记就是以"沉静的愉快"进行沉思，无论我们是否拥有它。因此，门德尔松坚持审美沉思的无利害特征，在某种程度上他受到了英国美学理论的影响。

在宗教领域，门德尔松坚持认为上帝实存可以得到严格证明。他在《晨时》中给出的证明多少追随了沃尔夫体系的证明路径，他接受和捍卫本体论证明。上帝是可能的。但纯粹的可能性与最完善的存在者的观念是不相容的。因此上帝实存。

门德尔松在他的《斐多或论灵魂不朽》（*Phädon oder über die Unster-blichkeit der Seele*, 1767）中试图使柏拉图现代化，并认为灵魂既不只是身体的和谐，也不是可以消耗或消失的可朽事物。此外，灵魂具有朝向自我完善的自然和持续的动力；这与神圣智慧和善是不相容的，因为既然创造了具有这种自然动力或冲动的灵魂，怎么会允许灵魂堕入虚无，从而使它们的实现成为不可能的。

因此，这位哲学家证明了上帝实存和灵魂不朽，这是自然宗教的基础。他这样做仅仅是为人类心灵自发地认识到（或者至少是模糊地认识到）的真理提供理性辩护。但是，这并不意味着，国家可以试图强制人们统一接受某种特定的宗教信仰。这也不意味着任何要求其信徒具有统一信仰的宗教有权寻求国家的帮助以达成其目的。国家关心的是行动，而不是信仰。当然，尽管国家会鼓励形成倾向于在可欲的活动中施行的观念（只要这种观念与思想的自由相容），但是国家不应该把自身的强制权力从行动领域扩展到思想领域。正如洛克所见，宗教宽容是理想的，我们不能容忍那些以不宽容取代宽容的人。

门德尔松卷入了他与雅可比在斯宾诺莎和泛神论问题上的著名争论。但是因为这个争论的产生与莱辛所主张的斯宾诺莎主义有关，所以我们将在接下来关于莱辛的章节里进行论述。

3. 当戈特霍尔德·埃夫莱姆·莱辛（Gotthold Ephraim Lessing, 1729—1781）进入莱比锡大学时，他注册的是神学学生，但随后就为了文学事业而放弃了神学研究；当然，他是以剧作家、文学艺术批评家而闻名于世的。但是，他在哲学史中仍然占有一席之地。虽然他不是沃尔夫那样的具有专业性、体系性的哲学家，但他对哲学问题深感兴趣，他的某些零散观念具有很大影响。但比个别的观念或论题更为重要的是，他的著作形成了对启蒙精神的统一文学表述。这并不意味着他的著作只是像镜子那样反映了他人的观念。当然，这些著作在某种程度上确实如此。例如，《智者纳旦》（*Nathan der Weise*，1779）以戏剧形式表达了宗教宽容的理想，这是启蒙运动的显著特征。但同时，他也发展了从他人那里获取的观念。例如，虽然他在某种程度上受到莱马卢斯的自然神论的影响，但他以自己对斯宾诺莎的理解为基础，在一定程度上发展了莱马卢斯的自然神论，这种发展使人更多地联想到后来的观念论，而非自然神论通常所意味的东西。

正如已经提到的，莱辛以《沃尔芬比特尔残篇》发表了莱马卢斯代表作的某些部分。这使莱辛遭到了某些人的攻击，这些人怀疑莱辛自己就是作者，而他们不同意《沃尔芬比特尔残篇》表达的观点。但事实上，莱辛的宗教观点不同于莱马卢斯。莱马卢斯相信自然宗教的基本真理能够得到严格的证明，与之相反，莱辛相信没有任何宗教信仰体系可以被普遍有效的论证所证明。信仰依赖于内在经验，而非理论证明。

而且，莱辛不同意莱马卢斯对于实定的、独断的宗教的态度。我们不能接受理性主义自然神论者在自然宗教的真理与所谓的启示宗教的教条之间做出的极端区分，前者可以被理性所证明，后者必须被启蒙所拒斥。当然，我的意思并不是说莱辛接受了正统意义上的启示观念。他反对将127　《圣经》作为毋庸置疑的启示，他自身就是 19 世纪开始流行的"高等批评"的先驱。但他相信，宗教观念和信仰的价值可由其对行为的影响进行评判，或者由其以理想的方式影响行为的能力进行评判。基督徒的生活方式不仅在《新约》确立之前就已经存在，而且在任何《福音书》写下来之前就已出现。批评这些文献无法影响这种生活方式的价值。因此显然，如果所有宗教信仰最终依赖于经验，如果它们的价值主要由是否促进道德完善来评价，自然神论在自然宗教可证明的理性真理与基督教的人为教义之间所做的区分，就会倾向于消失不见。莱辛对于基督教教义的解释不是正统解释，但这种解释使他给予了基督教比理性主义自然神论者更为积极的评价。

当然，莱辛的意思并不是说，在任何情况下都不可能有更好的理由去接受一种宗教或哲学立场，而不是另一种。但对他来说，这是真理的比较程度的问题，是无限地接近绝对真理的问题，而不是在任何给定时刻获得具有最终和普遍有效性的绝对真理的问题。这个观点在下述著名的论述中得到象征性表达，即如果上帝用右手向他提供了完全的真理，用左手向他提供了对真理的无限追求，那么他会选择后者，即便这意味着他总是会陷入错误之中。只有上帝才能拥有纯粹的和最终的真理。

这种态度自然地受到了各种批判。例如，常见的反驳在于，既然莱辛否认人类拥有绝对的和不变的真理，那么他就不具有区分真理的不同程度的标准。他确实可以坚持认为，真理的程度应当由它们促进不同行为的倾向来进行评判。但是显然，在区分可取的和不那么可取的行为以及区分道德和非道德等方面，又出现了一些问题。但我们在此不可能深入讨论这些问题。这里只需要指出会出现这些问题就够了。在概述莱辛的观点时，相关的要点还有莱辛从自然神论的理性主义态度转变为真理的"动力"观（甚至"流动"观）。这种真理观后来又出现在非常不同于莱辛思想的语境之中。

莱辛的真理观与其历史观密切相关。在《论人类的教育》（ *Die Erziehung des Menschengeschlechts*，1780）中，他断言"在个人那里是教育的东西，在整个人类那里就是启示"。[①] 教育是对于个人的启示，而启示是对人类的持续教育。因此，对于莱辛而言，启示意味着人类在历史中的神圣教育。这是不断继续的过程，这个过程仍在发生，而且在将来会继续发生。

此外，启示作为对人类整体的教育，可以类比于个人的教育。儿童根据合理的奖惩而受到教育。在人类的童年，上帝"给予的不是另一种宗教、另一种律法，而只会是这样一种律法，这个民族遵守这律法就可以希望在尘世得到幸福，不遵守就担心遭受不幸"。[②] 因此，人类的童年多少对应于《旧约》中所描述的状态。随后的少年时代和青年时代则对应于《新约》。道德行为的更为高贵的动机而非现世的奖惩被突显出来；死后的灵魂不朽和永恒奖惩得到传授。同时，从作为以色列上帝的上帝概念中发展出了普遍天父的概念；内心纯净的理想作为进入天国的准备，取代了仅

128

---

① 《论人类的教育》，第 1 节。译者注：《论人类的教育》引文翻译参考朱雁冰译文，参见《论人类的教育》，刘小枫选编、朱雁冰译，华夏出版社，2008 年，第 99—132 页。
② 同上，第 17 节。

仅为了获得世俗财富而外在地服从法律。确实，基督徒在基督的教诲之上附加了他们自己的神学思辨；但我们应当承认这些神学思辨的积极价值。因为它们促进了对理性的运用，通过它们，人们使自己习惯于思考精神事物。莱辛提到了这些特殊教义，并且使它们合理化。但是重点不在于莱辛使它们合理化，而在于他在其中发现了积极的价值。在这方面，他预示了黑格尔，而不是返回到自然神论者。最后是人类的成年期。"《新约》初级读本中向我们许诺的那个新的永恒福音的时代，一定会到来。"① "初级读本"这个术语不是滥用的，对于莱辛而言，《旧约》相对于《新约》而言就是初级读本，而《新约》相对于神圣启示的第三个阶段而言也是初级读本。在启示的第三个阶段，无论是在尘世还是在天上，人们都将会为了善本身而非为了奖赏而行善。因此，莱辛强调人类的道德教育。这是无止境的过程，莱辛甚至暗示了轮回和再生的理论。说他主张了这种理论未免有些夸张，但他的确在处理各种问题时都暗示了它。"每个个体为什么不能不止一次降临在这个世界之上呢？难道是因为这个假设最为古老就如此可笑吗？……为什么我不该经常回来，正如我能够获取新的知识、新的能力？"②

1783 年，雅可比（我们将在下章概述他的观点）写信给门德尔松说，当他在莱辛去世不久前拜访他时，莱辛公开承认他是斯宾诺莎主义者。这个承认让雅可比非常震惊，因为雅可比认为，泛神论只是无神论的代称而已。门德尔松不是泛神论者，但他对雅可比的信件感到不悦，因为他认为这不仅是攻击莱辛，也是攻击他自己，即便是间接的，因为他正在计划编辑出版莱辛的作品。因此，他在《晨时》中反过来攻击雅可比，而雅可比随即发表了一篇回应，他与门德尔松的通信（1785）也一起被发表。赫尔德和歌德都卷入了这场争论，他们都不同意雅可比把斯宾诺莎等同于无神论。

莱辛对雅可比所说的似乎是，正统的上帝观念（即上帝是一和一切）

---

① 《论人类的教育》，第 86 节。
② 同上，第 94—98 节。

对他不再有用，而且如果他必须称自己为某个人的门徒，他能说出的名字
只能是斯宾诺莎。即便我们考虑到莱辛可能是以惊吓雅可比取乐，他似乎
也无疑受到斯宾诺莎的影响，他承认自己晚期的上帝观念与那位伟大犹太
哲学家的看法之间具有亲缘性。例如，莱辛相信，人类的行动是被决定
的。世界是一个体系，在这个体系中，上帝是终极的、普遍的原因。此
外，他清楚地表明，所有事物都包含在神圣存在者之中。想要看到这个观 130
点，我们只需考察（比方说）他写给门德尔松的短文《论上帝之外的事物
的实在性》（"On the Reality of Things outside God"）。在这篇短文中，他
提到这一理论：实存的事物不同于有关这些事物的神圣观念；他追问道：
"为什么上帝所具有的实在物的观念不能是实在物自身？"有人会反驳说，
如果是这样的话，那么上帝的永恒本质中将会出现偶然事物。但是"你们
这些被迫把偶然事物的观念归诸上帝的人，难道就不曾想到，关于偶然事
物的观念本身就是偶然的观念吗"？莱辛无疑比斯宾诺莎赋予了个体性更
多价值，正如我们所见，他非常强调历史朝向一个目标而运动，而这个目
标就是道德完善。因此，他的理论因强调历史发展而在某种程度上预示了
后来的观念论，而不是退回到斯宾诺莎。但是，问题不在于莱辛是否正确
地阐明了斯宾诺莎，而是在于他对雅可比的评论是否具有某些自传性的真
实性。这似乎很清楚是有的。

当然，在某种意义上，所谓的"泛神论争论"（Pantheismusstreit）不
是很有成效。泛神论是否就是无神论的别称，这个问题最好还是通过对术
语进行界定来处理。但是，这个争论激发了对斯宾诺莎哲学的兴趣，有关
斯宾诺莎哲学的观点是模糊和不确切的。

在美学领域，莱辛在《拉奥孔》（Laokoon，1766）中分析了诗歌与
造型艺术（即绘画和雕塑）的具体不同特征。伟大的批评家温克尔曼
（Winckelmann，1717—1768）评论道，拉奥孔在梵蒂冈的艺术影响就像
维吉尔在《埃涅阿斯纪》（Aeneid）中对于拉奥孔故事的描述那样。莱辛
以这个评论作为出发点。我们已经看到他如何通过蒲柏而在哲学与诗之间
做出尖锐区分。在《拉奥孔》中，他认为，诗歌关注的是表现人类的行
动，通过人类的行动来表现灵魂的生命；因此，他谴责绘画般的描述性诗

歌。然而，雕塑关心的是表现人类身体，尤其是理想的身体美。此外，莱辛尝试表明不同艺术使用的不同材料如何决定了它们各自的特征。

131　　　　如果人类行为是诗歌的特殊主题，那么戏剧尤其如此，莱辛在《汉堡剧评》（*Hamburgische Dramaturgie*，1767—1769）中集中处理了这个主题。在这部著作中，他坚持认为戏剧具有统一性，这种统一性本质上在于行动的统一性。根据莱辛，亚里士多德的《诗学》（*Poetics*）作为对伟大的古希腊悲剧所做的反思，是"像欧几里得的《几何原本》那样绝对可靠的著作"（《汉堡剧评》，最后一章）。同时，他强烈批评了法国人对于"三一律"的偏见。法国人强调时间与地点的统一是戏剧的本质特征，他们误解了亚里士多德。如果他们是对的，莎士比亚就不是真正的戏剧家。莱辛还以自己的理解重述了亚里士多德所谓的悲剧结尾应当"净化怜悯和恐惧"，他把怜悯解释成字面意义上的同情，把恐惧解释成自利。此外，亚里士多德正确地发现了艺术的本质是模仿。戏剧模仿人类的行动，悲剧模仿或表现人类行动的统一性，通过激起或者"净化"怜悯和恐惧的情感而使人高贵。因此，悲剧具有道德目的。

　　　　这些稍显随意的考察的确只是对于莱辛极不充分的勾勒，局限于作为美学理论家和审美艺术批评家的莱辛。在提出新的哲学观念或美学理论这个意义上，莱辛的确不是具有原创性的思想家。在美学领域，他深受法国、英国和瑞士作家影响；在戏剧领域，他深受亚里士多德影响。但是，虽然他的多数观念都可以在其他人那里找到对应，但他却具有使这些观念生动起来的天赋，至少在这个意义上他具有原创性和创造性。在《拉奥孔》的序言中，莱辛评论道，"我们德意志人不缺乏体系性的著作"。他说，他自己的著作可能不像鲍姆加登的那样具有体系性和简洁性，但他能够荣幸地说，相比于鲍姆加登承认其在《美学》中使用了格斯纳（Gesner）著作中的很多例子，"我自己的例子则更多地来自原创材料"。换句话说，正如我们期待美学家自己就是戏剧家和诗人，莱辛努力将他自己的美学反思建立在对实际的艺术和文学作品的思考之上。因此，莱辛的观点无疑远离了形式主义，无论他在形成个人的观点时可能多么依赖于其他著作，他都以某种方式激起了进一步的反思。同样，他在形而上学和历史哲学领域的观察也是如此。

4. 启蒙运动时期见证了心理学研究在德国的开端。这个领域的重要　132
人物是约翰·尼古劳斯·提顿斯（Johann Nikolaus Tetens，1736—1807），
他曾经是基尔大学的哲学教授，1789 年，他接受了邀请，接掌哥本哈根
大学的某个职位。

提顿斯思想的普遍倾向是调和英国经验主义哲学和大陆理性主义哲
学。他绝不是反形而上学者。实际上，他出版了讨论形而上学和上帝实存
证明的作品，他在其中肯定了形而上学及其证明的可能性和有效性，同
时，他试图弄清为什么得到普遍接受的形而上学立场这样少。但他坚持，
在心理学中，我们必须不能从形而上学预设出发，而是要从对心理现象的
分析出发，而这种分析能够作为形而上学反思灵魂问题的基础。在此，我
们看到了刚才所说的调和倾向的例子。

根据提顿斯，内省必须作为科学的心理学的基础。但是，灵魂只有
在其活动中才会意识到自身，只有在灵魂的活动产生了心理现象时，灵魂
才会意识到这种活动本身。灵魂不是它自身直接的直观对象。因此，在对
灵魂的能力做分类时，在尝试确定灵魂自身的本性并将之作为灵魂活动的
基础时，我们必须依赖于假设。

除了知性（understanding），即作为思考与想象的这类灵魂活动，以
及意志（willing），即令灵魂由之产生变化（这些变化本身并不是心理表
征，而是比方说身体运动）的那种灵魂活动，提顿斯还把情感（feeling）
看作可以得到区分的灵魂活动。因此，我们能够区分出三种灵魂能力，知
性、意志和情感，情感被描述为灵魂的接受性和可变性。然而，他提出了
下述假设：这三种能力最终都可以还原为某种基本的能力，即情感能力或
自我活动的能力，它能够逐渐趋于完善。正是在灵魂活动的可完善性中，
人与动物的区分才特别显著。

提顿斯的《对于人性及其发展的哲学研究》（*Philosophical Essays on
Human Nature and Its Development*，两卷，1777）显示出以分析为主的
心理学研究进路。而卡尔·卡西米尔·冯·克洛伊茨（Karl Kasimir von　133
Creuz，1724—1770）的《论灵魂》（*Essay on the Soul*，1753）则代表了

相当不同的进路。与后来的提顿斯一样，克洛伊茨也努力调和英国的和大陆的（莱布尼茨的）灵魂哲学。同样与提顿斯一样，克洛伊茨坚持心理学的经验基础。但是，克洛伊茨关注的是，把莱布尼茨的灵魂作为简单实体或单子这一观点与休谟对自我的现象主义分析相调和。克洛伊茨同意休谟所说的，我们不能发现没有广延的、像"点"那样的形而上学自我。同时，他不允许自我能够被消解为离散的、分离的现象。它确实具有部分，在这个意义上，它具有广延，但部分是不可分离的。灵魂部分的这种不可分离性使之区别于物质事物，构成了肯定灵魂不朽的理由，即便这种肯定的最终基础应当在神圣启示中得到发现。

在这两个人中，提顿斯确实对于心理学的发展更为重要。正如我们所见，他坚持精确的分析进路。但同时，正如他主要作品的标题所示，他把分析心理学与关于人性及其发展的普遍哲学联系起来。在他看来，我们不应当简单地研究人类观念在经验中的起源，而是应该研究人类理智生活的整体成长，直至其在不同科学中的表达。此外，他坚持情感是一种独特的"能力"，这就指向了在艺术和文学世界中对情感和感性生命的表达所做的研究。

5. 卢梭的《爱弥儿》在启蒙运动时期对于德国教育理论的影响相当大。例如，约翰·伯纳德·巴泽多（Johann Bernhard Basedow，1723—1790）就受到了他的影响，巴泽多是《初级读本》（*Elementarwerk*，1774）这本大部头著作的作者（他还写了很多其他教育学著作），这本书被设计为教师的百科全书以及家长与孩子的教材用书。但是，虽然巴泽多受到卢梭"自然"教育观念的激发，但他的教育学理论并没有因文明有害于人类这个预设而变得复杂化。因此，他才可以提出，教育的目的和目标是为了使孩子做好准备，以便为公共善服务，过上爱国的、快乐的生活。在其关于教育方法的观念中，他受到《伟大教诲》（*The Great Didactic*）的作者科梅纽斯（Comenius，1592—1671）的影响。

著名的瑞士教育家约翰·海因里希·裴斯泰洛齐（Johann Heinrich Pestalozzi，1746—1827）也受到卢梭的影响，裴斯泰洛齐影响了德国平民教育或初等教育的发展。但在裴斯泰洛齐这里，我们能够发现与巴泽多一样的对于社会生活教育的强调。裴斯泰洛齐非常强调家庭教育和乡村社群教育，强调总体教育作为社会改革的最佳工具，当然，这假设了教育塑造了道德发展而不仅仅是塑造了理智发展。

　　巴泽多有段时间是伦理学教授，但裴斯泰洛齐很少被称为哲学家。无论他在教育理论史上有多大的名声，在此讨论他在教育领域的独特观点并不恰当。我们只需指出，启蒙运动在德国以及其他地方产生了教育理论家，这就足够了。在英国是洛克，在法国是卢梭，在德国和瑞士则是巴泽多和裴斯泰洛齐。后两位表述了社会生活教育这种观念，这与启蒙运动思想的总体方向相符。

第七章

与启蒙运动决裂

哈曼 —— 赫尔德 —— 雅可比 —— 结语

　　1. 在沃尔夫去世时，约翰·乔治·哈曼（Johann Georg Hamann，1730—1788）正值二十四岁，他是与沃尔夫完全不同类型的人。沃尔夫是伟大的体系作家，而哈曼从未使用哲学体系。沃尔夫代表了抽象和推理能力，而哈曼厌恶被他视作片面抽象的东西、反对推理的暴政。沃尔夫努力追求清楚分明的观念，而哈曼则思考神谕，这使他获得了北方男巫（或占星家）的名头。换句话说，哈曼反对启蒙运动的理性主义，这使他代表了邪恶的力量，而非神圣理性的力量。

　　哈曼是柯尼斯堡人，他性格不太安稳，这使他从一门学科转向另一门学科、从一种职业转向另一种职业，既做过家庭教师又做过商业世界的小职员。当他有段时间陷入极端贫困和精神折磨时，他投身于对《圣经》的研究，并发展出极端的虔敬主义，这成为他著作的特征。他把赫尔德和雅可比视为朋友，同时也非常友好地谈论康德，虽然当康德从独断论的迷梦中惊醒并开始出版其三大批判时，他严厉地批评了康德哲学。

　　北方男巫似乎在哲学史中没有任何地位。但是，虽然他的观点缺乏体系性且具有夸张性，但这些观点在对启蒙运动的反驳中具有典型性，而且他的确发挥了相当大的影响，虽然某些历史学家夸大了这种影响，这种夸大在他对赫尔德的影响上尤为严重。

　　哈曼的反理性主义的主要特征之一在于其宗教立场。我们可以用关于语言的争论作为例子。理性主义认为人类发明了语言；赫尔德反对这种

观点，虽然语言是机械产物，但他坚持认为语言与人类同时产生。哈曼始 136
终持有相同的观点。但是，他不满足于先说语言不是人类理性的人工发
明，然后再列举一些其他的经验性原因。在他看来，以某种神秘的方式，
语言可以与上帝或神圣启示相通。此外，哈曼相信，诗歌尤其不是理性的
产物。相反，正如他在《果壳中的美学》（"Aesthetics in a Nutshell"）[收
录于《语文学家的征程》（Crusades of a Philologist，1762）] 中所言，诗
歌是人类的母语。原始人的语言是感觉和激情，他们只理解图像。他们在
音乐、歌曲和诗歌中表达自身。此外，伟大的诗歌不是更高理性的产物，
它不能归属于理解和遵循规则的高阶能力。荷马和莎士比亚通过其天才创
作其作品，而不是通过理性地运用可理解的规则。但什么是天才呢？天才
就是先知，先知的灵感是神圣的。语言和艺术就是启示的产物。

　　当然，可以对这些说法进行简单和常识性的解释。例如，歌德认为，
如果上帝确实创造了人，如果（与动物不同），语言对人来说是自然的，那
么上帝就的确创造了语言。同样，任何自然神论者（或者事实上的泛神论
者）都准备把天才归诸上帝的创造。但是，哈曼以带有神秘色彩的神谕风
格表达自己的想法，这暗示了他还有其他意思，即便很难精确地说出他的
意思是什么。① 无论如何，他都不满足于只是坚持人类语言的自然特征，不
满足于只是把语言和理性发明的观念分离开来，他坚持语言的神圣起源。

　　另外，哈曼不满足于攻击理性的暴政及其假装的无所不能，不满足
于在人类生活中给信仰上帝和神圣启示留出位置。他的虔敬主义使他贬低
理性，而且在对理性能力的限制之中找到快乐。值得提到的是，他认为只
有诗性的天才，没有科学的天才。我们不能说伟大的科学家是天才。因为
他们通过理性来工作，而这不是灵感的官能。在宗教领域，沃尔夫的自然
神学不仅是不恰当的，我们更要以信仰之名弃置它。此外，虽然哈曼的
历史观点（即历史是对上帝的言辞或上帝的自我表达所做的注解）极大 137
影响了赫尔德的观点，但是哈曼非常困惑，赫尔德为何使用渎神的文献以
及科学方法来解释历史。在哈曼看来，历史就像《圣经》，具有内在神秘

---

① 哈曼所说的是，自然现象总是先作为人与神交流的标记、符号和生动话语。语言是
对作为神的话语的自然知觉的自然回应。

或"真实"的意义，历史由上帝启示，而不是通过理性孜孜不倦的努力而达到。换句话说，哈曼倾向于用新教的概念来理解历史，即《圣经》的真正意义是由圣灵启示给默祷的个体信仰者的。深层的解释只能是上帝的工作，无论是《圣经》还是历史。

　　然而，我们不能只把哈曼当作一个虔敬主义者，如果哈曼值得哲学家去研究，那么这只能是因为一个人应该注意他的对手。哈曼把历史视作神圣启示和神圣天意，这种观点得到了赫尔德的接受并且在不久之后具有相当大重要性。因为这个观点的确被转换为思辨哲学体系，形成了黑格尔历史哲学中不可分割的组成部分，这对于哈曼来说似乎是难以忍受的理性主义表达。此外，哈曼的反理性主义与他对抽象的厌恶有密切关系，这不完全是偏见的产物。我们必须对这个主题进行简要说明。

　　歌德评论道，赫尔德的说法可以还原为以下原则：人们通过言辞、行动或以其他方式从事的任何事情，都源自人格的整体的、统一的力量。[①] 人最初就是诗人、音乐家、思想家和信仰者的统一体。但是，在哈曼看来，启蒙运动的理性主义者把理性视为实体，他们谈论"理性"及其表现，好像理性是自在之物，好像人类生活的理想就在于以理性征服其他所有领域。因此，他们倾向于给出有关人类自身及其活动的错误观念。他们抽象出人类活动的某个功能，把它变成了人类活动的全部。

　　哈曼对他所认为的错误或片面抽象的厌恶，明显表现在他对于康德《纯粹理性批判》的批评之中。在其《理性纯粹主义之元批判》[②]（*Metacritique on the Purism of Pure Reason*）中，哈曼批评康德在理性、知性和感性之间做出区分，在感觉和概念之中区分出质料和形式。康德处理抽象。确实有某种叫作"推理"的活动，但没有"理性"或"知性"这类东西。这只是一个存在者、一个有机体、一个人格在实行不同的活动。显然，尽管这条批评路线没有驳倒《纯粹理性批判》，但哈曼给出了很好的论点。这条批评路线也常常可以在其他哲学家的文本中看到，但他们的总体观点往往

138

---

① 《诗与真》（*Dichtung und Wahrheit*），III，12。
② 赫尔德在其《元批判》（*Metacritique*）中使用了这部著作，但这部著作在哈曼在世时没有出版。这部著作最初写作于 1781 年，就是《纯粹理性批判》出版的那年。

与北方的占星术士相去甚远。

2. 哈曼明确反对启蒙运动的理性主义。然而，当我们转向赫尔德，我们发现他是从启蒙运动的观点出发（只要人们可以合理地谈论"一个"观点），并且脱离了这个观点开辟出自己的道路。因此，虽然历史学家完全有权说赫尔德与启蒙运动决裂，但我们也可以说他发展了启蒙运动的某条思想路线。我们选择如何谈论这件事情，在某种程度上当然依赖于我们定义特定术语的方式。如果启蒙运动指的是沃尔夫的理性主义和很多思想家的个体主义，显然赫尔德与启蒙运动决裂了。但如果我们在更宽广的意义上使用这个词语，其中包含了赫尔德表达的立场的最初萌芽和种子，那么"决裂"这个词就似乎太极端了。但是，如果人们遵循传统用法，把赫尔德视作反对启蒙并与启蒙决裂，那么这个词的含义就很清楚。

约翰·戈特弗里德·赫尔德（Johann Gottfried Herder，1744—1803）出生于东普鲁士的莫伦根，他的父亲是虔敬派的学校教师。1762 年，他成为柯尼斯堡大学的医学生，但他马上转学神学了。他参加了康德讲授传统沃尔夫哲学、天文学和地理学的课程，康德给他介绍了卢梭和休谟的著作。在柯尼斯堡大学，赫尔德还和哈曼结下了友谊，但他并没有马上就深受这位反理性主义朋友的影响；因为当他在 1764 年移居里加时，他还为启蒙运动撰写过几篇论文和评论。1765 年，他被任命为清教牧师。

在 1766 年，赫尔德的《论当代德意志文学之断片集》（*Ueber die neuere deutsche Literatur: Fragmente*）的前两部分匿名发表于莱比锡。这部著作标明的日期是 1767 年，这是其完成的日期。在这部著作中，赫尔德讨论了语言问题，这个主题占据了他思想的大部分内容。正如门德尔松和莱辛，他坚持在诗歌语言与科学语言（在他的术语中，科学语言就是哲学语言）之间做出区分。但赫尔德给出了这个区分的起源和历史背景。赫尔德区分了语言发展的四个阶段，这一分类是与人类成长相类比而提出的（一种由卢梭给出的类比）。第一个阶段是语言的童年时期，语言由激情和情感的标记所构成。第二个阶段是语言的青年时期，语言的诗性时期，诗与歌同一。第三个阶段是语言的成年时期，虽然仍然有诗，但以散文发展为特征。第四个阶段或最后阶段是语言的老年时期，即哲学时期，生命和丰

139

富性被学究式的精确性所牺牲。

这种语言理论的背景是对德语的讨论，我们在此无法深入讨论细节。只需指出，因为赫尔德坚持区分诗性语言和哲学语言，因此他反对德意志诗歌需要发展逻辑清晰性的观点。这个观点由 J. G. 舒尔泽（J. G. Sulzer，1720—1779）提出，他认为诗人是思辨哲学和民族之间的中介者。赫尔德也反对德语应该通过模仿外国文学而改进。如果德语诗从民族诗中自发地生长出来，那么它就是民族天才的成果。赫尔德随后做了很多复兴民间诗歌的工作。在这方面，他反对某些启蒙思想家的态度，他们轻视德语和德意志思想，只把德意志文学的希望寄托于"模仿"。

所有这些似乎都和哲学没什么关系。但是，有趣的是，赫尔德区分了不同种类的语言（当然并不只有赫尔德做出了这个区分）。此外，赫尔德看到，关于使用的问题非常重要。赫尔德告诉我们，我们之所以研究140不同种类语言的起源，目的是为了更仔细地考察它们的使用。语言的使用显然是在当今英语哲学界讨论得相当多的主题。此外，赫尔德坚持认为德文诗和民族的自发诗歌应该作为成熟的诗歌文学的基础，这可以被视作他后来的文化哲学和历史哲学的一个最初发展阶段，文化哲学和历史哲学强调民族文化的发展，认为民族文化是一个整体，而语言在其中扮演了极端重要的角色。

在《批评之林》（*Kritische Wälder*，1769）中，赫尔德以莱辛的《拉奥孔》为出发点，虽然除了莱辛这位他所认为的杰出戏剧家之外，他还对其他内容做了评论。在这部著作中，赫尔德触及了很多论点，例如，他区分了雕塑和绘画，论证了虽然荷马是最伟大的希腊诗人，但他的诗歌才华具有历史条件，他的创作实践不能作为标准典范。这对于我们而言已经足够明显，但赫尔德观点的重要性在于，这一观点从某种方面表现出他对历史发展的感受，以及对纯粹抽象、理性主义批判和理论化的拒斥。

在其生前未出版的《批评之林》的第四部分，赫尔德对于《审美艺术与科学的理论》（1767）的作者弗里德里希·尤斯图斯·里德尔（Friedrich Justus Riedel，1742—1786）提出了尖锐的批评。里德尔断言了心灵三种基本能力的实存：共通感、良知和鉴赏力；它们分别对应于三种绝对事物：真、善和美。赫尔德争论道，假设有某种称为"共通感"的能力，人们可以借此不经过推理的过程就立即理解绝对的真，这是荒谬的。如果人们认为这种反沃尔夫的观念是可以接受的，那么它就会使人返回到沃尔夫哲学。此外，关于鉴赏能力的理论暗含了以下观念，即任何使人快乐的就是美的，或者至少任何使更多的人快乐的就是更美的，这也是荒谬的。鲍姆加登区分了逻辑学和美学，但同时认为存在着或应当存在着美学科学或者关于感觉的科学，并且它们应该作为关于人的哲学的重要组成部分，这条路线要正确得多。对于赫尔德而言，美学应当考察艺术符号的逻辑。同鲍姆加登一样，赫尔德看到美学必须区别于抽象的逻辑学和科学，但赫尔德的进路是更为历史化的。他所要求的是，对不同文化及其各自美学理想 141 的发展和本性进行历史性分析。但是，虽然他反对里德尔关于与绝对美相对应的普遍鉴赏能力的理论，但赫尔德在讨论绝对美时有所动摇。他关于历史研究法的观点，以及与之相伴的心理学和生理学考察，似乎应当导向美的相对主义概念，而且赫尔德确实认为艺术美是相对于不同文化和这些文化的不同时期而言的。同时，他似乎认为，通过历史研究法，我们不可能发现公分母。因为历史研究法不仅仅意味着记录各种不同艺术美的概念，而且涉及对心理、生理、环境的各种要素进行考察，从而确定这些概念。里德尔本身的确曾为以心理学方法探究美学做出辩护，并使用了约翰·格奥尔格·达耶斯（Johann Georg Darjes，1714—1791）的官能心理学，后者受到克鲁修斯（Crusius）心理学的影响。但是，赫尔德的重点在于，心理学方法必须被整合到历史研究法之中。我们不能为了合法地抄近路而假定某种在所有文化中保持统一运作的能力，并认为这种能力能够与某种绝对的、普遍的、不变的理想相关联。

　　1769 年，赫尔德辞去里加的牧师职位，旅行到了南特，随后到达巴黎和斯特拉斯堡，他在这里遇到了年轻的歌德（1770—1771）。到南特旅行的文学成果就是他的《旅行日记》（Travel Diary）。这部著作虽然没打算出版，但却具有重大影响，展现了作者思想的变化。回顾过往，赫尔德表达了他不满于美学批评中毫无生气的炫技，把《批评之林》描述为无用的、粗鲁的和可悲的，希望自己能够学习法语、自然科学和历史，以便获得关于世界和人的实证知识。他说，如果他这样做了，他就不会成为墨水瓶和印刷本的保管仓了。展望未来，他构想了新类型的学校和教育，孩子们在其中可以得到逐步引导，从认识自然环境开始，经过对地理学、民族志、物理学和历史学的具体学习，然后再系统地、更加抽象地研究这些科学。因此，方法就会是归纳的，从具体推进到抽象，从而使抽象观念建立在经验基础之上。当然，宗教和道德教育将会构成整体计划的必不可少的一部分。最终的目的是发展出完整而平衡的人格。换句话说，在《旅行日记》中，赫尔德的思想被实证知识和实证教育的观念所支配。

在斯特拉斯堡，赫尔德成功地向歌德传达了自己对民间诗歌和民族文化遗产的兴趣和欣赏。他也在斯特拉斯堡写作了《论语言的起源》（ *Abhandlung über den Ursprung der Sprache* ）。这部著作成书于1770年底，并且在1771年初就赢得了柏林科学院提供的奖项。赫尔德反驳了两种极端相反的观点，即他一方面反对语言的神圣起源，另一方面反对语言来源于"发明"。他坚持认为，关于语言起源的问题，就其具有任何意义而言，只有基于有关语言的发展和使用的经验证据才可以得到解决：它不能由独断的陈述和先天理论来解决。在讨论的过程中，他攻击了官能心理学，认为原始语言和原始诗歌是同一的，并且强调了诗歌的社会功能。

赫尔德不喜欢斯特拉斯堡，1771年，他来到比克堡，作为宫廷牧师抵达绍姆堡－利佩（Schaumburg-Lippe）宫廷，受到詹姆士·麦克弗森（James Macpherson）伪造的奥西恩（Ossian）风格诗歌的激发，赫尔德撰写了《论德意志风格和艺术》（ *Von deutscher Art und Kunst* ，1773），讨论奥西恩诗歌和民谣，以及莎士比亚。同时，赫尔德反驳了启蒙运动的典型观念，即认为启蒙运动是历史发展的顶峰，中产阶级实际上是启蒙理性的唯一来源。他还断言，笛卡尔、斯宾诺莎、莱布尼茨以及其他伟大的理性主义体系是诗性的虚构，而贝克莱的诗更为伟大，可以得到更好的保存。因此，毫不奇怪，赫尔德完成了他与启蒙运动的决裂，这一决裂的典型标志就是《另一种历史哲学》（ *Auch eine Philosophie der Geschichte* ，1774）。

在这部作品中，赫尔德从人性孩童时期的黄金时代开始，叙述了人性连续发展的各个时期。但是，我们不需要过于认真地看待这个方案，因为赫尔德清楚地表明了以下事实，当有人描绘整个时代或整个民族时，他只能使用概括性的词汇。概括性的描绘本质上是薄弱的。实际上，赫尔德叙述各个历史时代时使用了大量反讽。罗马据说代表了人类的成年时代。这蕴含着，启蒙时期人们交相称赞的 18 世纪代表着老年时代。赫尔德毫不犹疑地提醒人们注意代表着 18 世纪的某些主张所具有的空洞性。例如，启蒙者形成并且表达了崇高的观念和原则；但高贵地、善意地生活的倾向和冲动却非常薄弱。此外，启蒙的欧洲吹嘘自由，但阶级对阶级的不可见的奴役却受到默认，欧洲的罪恶传递到了其他各大洲。

但是，从哲学角度而言，比起赫尔德对启蒙时代人们的自满所做的攻击，更重要的是他对他们的历史编纂学的攻击。他们以某种预设来进行历史研究，即预设历史代表了从宗教神秘主义和迷信向自由和非宗教性道德的上升运动。但是，如果我们从这类预设出发研究历史，我们就绝对无法从具体的历史现实中成功地理解历史。我们应当根据每种文化和各个文化阶段自身的特点来研究它们，努力进入文化的复杂生命，尽可能地从文化内部去理解它，不带有对好与坏、幸福与不幸的判断。赫尔德说，在每个民族内部都有其自身的幸福，同样，文化发展的每个时期也是如此。我们不能宽泛地说，青年人比孩童更快乐，或者老年人比青年人更悲惨。我们也无法合理地对各个民族的发展过程做出类似的概括。

当然，赫尔德的态度是某种历史主义态度。但赫尔德清楚地坚持了以下重要的真理，即如果我们真的希望理解人类历史发展，我们必须不能强迫历史材料符合预设的图式。如今这些看法对于我们是显而易见的；但考虑到启蒙运动使用历史证明论题（而且是证明可疑的论题）的普遍倾向，赫尔德的观点在他提出的时候绝对不是众所周知的真理。

1776 年，赫尔德从比克堡搬到魏玛，他在此被任命为路德宗牧师的负责人或牧首。1778 年，他发表了论文《论人类灵魂的认知和感觉活动》（*Vom Erkennen und Empfinden der menschlichen Seele*），并在其中表达了以下观点：如果心理学不在每个步骤上都是生理学，那么心理学本身就是不可能成立的。这个表述带有明显的行为主义特征，尽管赫尔德在生理学中预设了某种生命力。他也广泛地撰写了以文学为主题的著作，比如讨论民谣及其文化意义、神学问题、《圣经》部分章节，以及希伯来诗歌的精神等。但这个时期最杰出的作品是《人类历史哲学的观念》(*Ideen zur Philosophie der Geschichte der Menschheit*)，从 1784 年到 1791 年共出版了四个部分，但这部作品的写作因为到意大利旅行（1788—1789）而中断了。计划中的第五部分未能撰写成文。因为我在后面章节中专门处理历史哲学的兴起时会讨论这部著作，所以在这里就不讨论它的内容了。

从 1793 年到 1797 年这个时期，赫尔德发表了《促进人道书简》(*Briefe zur Beförderung der Humanität*)，这本书涉及各种各样的主题，《促进人道书简》中的某些观点会在后面联系《人类历史哲学的观念》提到。这部著作的总体理论是"人道"，这是人类的理想特征，作为潜能或倾向内在于我们，必须通过启蒙教育而得到发展。科学、艺术和所有其他人类制度的目的就是使人"人道化"，使人道得以完善。赫尔德提出了某种反对意见，即这种发展会导向超人或者外在于人类的某种存在者的产生，但他认为，完善的人不是超人，而只是"人道"的实现。我们可能注意到，赫尔德的教育理念不仅局限于理论和写作，他设定计划并尽可能地在魏玛公国实施教育改革。

在其晚年，赫尔德出版了大量神学作品，即著名的《基督教文集》(*Christian Writings*，1794—1798)。总体而言，它们具有令人吃惊的理性主义特征，更符合人们对于启蒙运动时期的人的期待，而非对哈曼之友的期待。他极为不赞同康德的批判哲学，因此还写作了反对康德的著作。1799 年，他发表了《纯粹理性批判的元批判》(*Metacritique of the Critique of Pure Reason*)，把康德的著作描述成语词的游戏、语言的怪物，认为它涉及了一种持久不衰且有失偏颇的官能心理学。但这并不意味着赫尔德的批判是某种非理智的恶语。相反，它是对康德理论的理性考察。例如，赫尔德认为，与康德的"数学命题是综合命题"这一理论相反，数学命题是"同一的"，即它们是维特根斯坦所称的"重言句"。此外，赫尔德反对康德对空间和时间的看法。几何学家从不分析空间的先天形式，因为不存在着这类形式。即便赫尔德没有清楚地解释几何学家分析的是什么，他似乎仍然暗示了他们分析的是其公理和基本公设所蕴含的内容。然而，赫尔德对于数学的叙述只是他对康德的批判中的一个特殊例子。他的主要思路在于，康德的全部工作都是错误的构想。即便存在着某种可分离的能力被称为"理性"，但如果说到对它进行"批判"，就是颠倒了次序。相反，我们应当从语言开始，因为推理不仅在语言中得到表达，而且与语言不可分离，虽然它不涉及语言的所有用法。根据赫尔德，思考是内在的言谈，而言谈在通常意义上是发出声音的言谈或发出声音的思考。没有作为实体的"理性"，只有过程，只有作为整体人格的人类活动，语言作为这个过程必不可少的工具，与这个过程相融合。总之，在赫尔德看来，《纯粹理性批判》所根据的是错误的心理学。

1800 年，赫尔德出版《卡利贡涅》（Kalligone），这是对康德《判断力批判》的批判。在他看来，康德没有真正理解美学。赫尔德没有写过对于康德第二批判的批判，但这不是因为他同意它。赫尔德想要批判第二批判，但最终放弃了这个想法，部分是因为有人建议他不要这样做，部分或者更可能是因为他专注于其他著作的写作。这时他着手编纂新的文学杂志《阿德剌斯忒亚》（Adrastea，1800—1804），他是这本杂志的主要作者，杂志的形式是论文和诗剧。[①] 赫尔德用德文翻译的《基德的罗马史》（Romances of the Cid，参照最新的西班牙语版，从法文译本译出）连载于杂志的第五卷中。

赫尔德于 1803 年 12 月 18 日在魏玛逝世。从之前对他的生活和活动的叙述中，我们很清楚地看到，他是兴趣广泛的人，虽然他不是伟大的体系性哲学家，但作为高产的作家，他对德意志的生活和思想产生了极大影响。他被德国文学界称为狂飙突进运动的导师，而且他确实也通过坚持民间诗歌的意义，通过"语言在文化和在美学意识的发展中具有极为重要的角色"这一观念，通过"历史作为神圣启示"这一观念，以及通过他在泛神论争论中对斯宾诺莎的辩护，而影响了随后的浪漫主义运动。A. W. 施莱格尔（A. W. Schlegel，1767—1845）和 F. 施莱格尔（F. Schlegel，1772—1829）都受惠于赫尔德。但是，正如德国文学史家注意到的，对浪漫主义

146

---

① 第五卷交稿日期为 1803 年，但在赫尔德去世的 1804 年出版。第六卷（1804）也在他死后出版。

运动影响最大的是年轻的赫尔德，是他对启蒙运动的理性主义的反叛。在其晚年，赫尔德在文学领域的影响力难以与歌德相匹敌，即便是那些不同意他的人也不可避免地感受到了这点。[①]

3. 我们之前讨论泛神论争论时已经提到过雅可比。弗里德里希·海因里希·雅可比（Friedrich Heinrich Jacobi, 1743—1819）担任过慕尼黑科学院的院长，是一位有信仰的哲学家。他强调自己从未意图构建学院式的哲学体系；相反，他的著作表达了他内心生活和经验，如他所说，是由更高的、不可抗拒的力量强迫产生。

雅可比研究过斯宾诺莎，在他看来，斯宾诺莎的哲学只是逻辑体系。因为人类理性在其证明真理的过程中只能从有条件者向有条件者推论，而不能超出有条件者走向超越的神性。因此，所有对实存之终极基础的形而上学证明都必须朝向一元论，朝向世界体系这一概念，雅可比在他写给门德尔松的信中坚持认为，世界体系的概念等同于无神论。但这并不意味着斯宾诺莎主义应当得到接受。相反，它必须以信仰之名受到反驳，这是心（Gemüt）的事情，而非思辨理性的事情。

147　　　当然，他的立场的结果就是完全区分哲学领域和信仰领域。尝试证明上帝实存等同于尝试把上帝还原为有条件的存在者。长期以来，思辨形而上学必然导致无神论。如果我们认为信仰具有充分的有效性，那么我们最好承认休谟在阐明形而上学的虚假上所做的贡献。正如我们没有证明外在世界的实存，而是在对感官对象之实存的感官知觉中感受到直接的直观，因而我们对于超可感实在也具有（或能够具有）直接的直观，我们称之为"信仰"。在其晚期著作中，雅可比谈到了更高阶的理性［区别于知性（Verstand）的理性（Vernunft）］，我们借此直接领会到超可感的实在。如果有人否定上帝的实存，我们就无法向他证明这种实存，但在其否定之中，他就使自己完全隔绝于人类经验的整体之外。或者更确切地说，他的

----

① 赫尔德在其晚年与歌德有所疏远，歌德发现赫尔德被"自相矛盾的坏精神"所折磨。至于席勒，另一位德意志古典主义的伟大代表，从来没有特别喜欢过赫尔德，作为康德的仰慕者，席勒因赫尔德攻击批判哲学而感到不悦，这种攻击的确不合时宜且容易使作者受到孤立。

否认是由于，除了我们对物质世界的知觉以及我们对于有限事物之间关系的认识之外，他对其他的一切茫然无知。光芒从超可感实在的领域来到我们面前，但如果我们尝试通过推理理性去抓住这道光芒（只有更高的或直观的理性才能使它成为可见的），这道光芒就会褪去和消失。

在某种意义上，雅可比同意康德。因此，他相信知识领域或者说科学或理论知识领域，应该被限制于可能经验的领域，经验在此意味着感官经验。他也同意康德，认为理性没有能力证明超可感实在的实存。因此，在这个意义上，他乐于看见批判哲学为信仰留出了空间。但他反对康德关于实践理性公设的理论。例如，信仰上帝不是实践性的公设，而是信仰的结果，是更高理性的内在启发的结果。此外，雅可比反对他所认为的康德的现象主义。我们知觉到的东西不是由主体的直观形式和知性范畴所联结的现象，而是实在物自身。此外，他坚持道德直观或道德感的直接性，反对康德的定言命令理论，并将之视为空洞的形式主义。的确可以争辩说雅可比误解了康德，但我们在此提到他对于批判哲学的批判，重点在于注意到以下事实：第一，就批判哲学认为推理理性没有能力超越感性领域这一点而言（这与他的观点一致），他接受批判哲学；第二，就批判哲学排除了对上帝和道德价值的直接领会而言，他反对批判哲学。还值得注意的是，在雅可比看来，康德的物自身学说是反常的，不是因为不存在着超现象的实在，而是因为在康德哲学中，对物自身的肯定只有通过因果律才能得到辩护，尽管对于康德而言，因果律是一种主观性原则，因而它只能应用于现象。

148

4. 我们已经看到，本章考察的这三位思想家不仅反对启蒙运动的理性主义，而且都批判了康德的批判哲学。但是，正是从康德开始，德国思辨观念论的伟大运动才在19世纪前半叶兴起。确实，观念论者共享了这三位思想家对于康德的某些反驳。例如，雅可比反驳康德对物自身的肯定，认为当对物自身的肯定与范畴学说相联系时，康德就会陷于矛盾的境地，这同样也是费希特提出的观点。但是，思辨观念论的发展路线既不是哈曼，也不是赫尔德和雅可比会同意的。（雅可比批判谢林，认为后者试图隐藏他思想中的斯宾诺莎主义后果。）在这个意义上，他们是逆流而上的，而这种潮流对他们而言太过强大。同时，赫尔德将历史视为人道的进步教育和神意的显现，以及他对文化领域和心理学领域中的有机整体的坚持，他对分析性的分解的反对，都被整合进了观念论运动，尤其是被整合进黑格尔的体系中。哈曼的确也说过历史观念是对神圣逻各斯的某种补充。但他说的过于模糊，不具有赫尔德观点的效果。因此，从历史上来看，赫尔德必须被视作三者之中最为重要的。

或许可以说，我们不应当只是把这三位放在与随后哲学发展的关系中来看待，而是应该根据他们自身的价值，承认他们起到了有益的作用，亦即使人们注意和坚持人类精神生活的某些面向，而这些面向恰好是理性主义启蒙运动倾向于忽视的。这很可能是事实。同时，人们很难期待人类心灵会满足于哈曼和雅可比所说的信仰和哲学的二分。正如赫尔德所说，如果宗教是人类文化不可分割的一部分，而不是像某些启蒙运动者们所相信的那样，即人类必须在成长之后走出宗教，那么，人们在尝试理解他自身的文化发展时就必须尝试理解宗教。当然，这是黑格尔尝试去做的事情。在这样做时，他把思辨理性提升到了信仰的直接性之上，因此采取了与哈曼和雅可比相反的立场，这又激发了克尔凯郭尔对信仰的重新肯定。因此，我们知道了哈曼和雅可比反对启蒙运动的理性主义，以及随后的克尔凯郭尔反对黑格尔的理性主义形式。这意味着，哈曼和雅可比在 18 世纪晚期[①]，以及克尔凯郭尔在 19 世纪都表明了一个重要的事实，即信仰在人类生活中占有角色。但它也表明，我们所需要的是一种更令人满意的（即理性上更令人满意）信仰与哲学的综合，相比于反对枯燥的理性主义、反对吞噬一切的思辨理智，这样的方案或许更好一些。

---

① 雅可比在 19 世纪初期仍然非常活跃。

第三部分

历史哲学的兴起

第八章

波舒哀和维科

引言：希腊人和圣奥古斯丁——波舒哀——维科——孟德斯鸠

1. 根据亚里士多德在《政治学》[1]中的说法："诗比历史更为哲学、更 150
为重要，因为诗描述的是普遍性的事件，而历史的陈述则是在记录个别事
实。"[2]科学和哲学都关心普遍，而历史则是个别和偶然的领域。当然，诗
不是哲学或科学，但它比历史"更具哲学性"。亚里士多德确实对历史发
展做出过普遍陈述，这些陈述可能会被分类到历史哲学之下。因为，与他
之前的柏拉图一样，亚里士多德在《政治学》中谈论了在不同制度下倾向
于发生的各种革命，它们的原因和防止它们发生的手段，以及从某些制度
类型转变为其他类型的倾向。但是，历史学家自身显然也能够完美地对历
史做出这样的普遍反省。如果我们所说的历史哲学指的是关于历史发展的
整体观点，正如历史研究所示，这种整体观点声称能够展现出历史发展遵
循理性模式、满足某种计划、例示某些普遍和必然的法则，那么，我们就
几乎不能认为希腊人阐述了某种历史哲学。当然，他们拥有他们的历史学
家比如修昔底德，但这是完全两码事。的确，循环的观念在世界历史中非
常常见，实际上，这种理论也可以被称作历史哲学。但是，我们很难主张
希腊人详细阐述了这种理论。如果我们聚焦于最终主导希腊哲学的那种传 151
统，即柏拉图传统，我们就会发现贬低历史发展的重要性的显著倾向，这

---

① 《政治学》，1451b，5—8。
② 这段话有关诗的含义，参见《科普勒斯顿哲学史》第1卷，第361—362页（英文版
页码）。

个倾向当然是与柏拉图坚持认为不变的精神实在才是真实存在的领域（相比于变化的领域）相联系。这个倾向最令人印象深刻的表述或许可以在普罗提诺那里得到发现[1]，普罗提诺把历史事件描绘为戏剧中的很多偶然事件，它们必须与内在生活（即灵魂向上帝的精神性回归）形成强烈的对比。确实，普罗提诺没有把历史从法则和"神意"的统治中删除出去。只要与其一般的哲学图景紧密相连，他对人类历史的看法也可以算作是某种历史哲学：他的历史观是他哲学体系的组成部分，正如斯多亚派的循环宇宙历史观是他们哲学体系的组成部分一样。但是，普罗提诺倾向于贬低在历史学家看来极其重要的事件。无论如何，这里没有那种人类历史朝向某个目标而发展的普遍观念（这个目标只有在历史之中并且通过历史才能获得）。

历史不是循环而是朝向终极目标逐渐发展的过程，这个观念不是希腊思想而是犹太教和基督教思想的特征。但是，这个观念与犹太教的救世主学说、基督教的道成肉身学说以及犹太教和基督教的末世学说之间的密切联系，导向了某种具有神学特征的历史发展理论，这种历史发展理论预设了某些神学学说。当然，基督教历史哲学最著名的例子是圣奥古斯丁在其《上帝之城》中阐发的理论。犹太民族的历史和基督教会的建立与发展在其中扮演了重要角色。我不想在此重复我在这套哲学史的第 2 卷中已经讨论过的圣奥古斯丁历史哲学。[2] 在此只需指出，他是从整个"基督教的智慧"的角度来思考的，而非从系统地区分神学和哲学的角度来思考。因此，他的历史观大致上是某种神学解释，涉及上帝眷顾犹太人（这显现在《旧约》之中），涉及道成肉身及其在教会（基督的奥体）中的延续，这与他的一般哲学图景没有矛盾。实际上，至少从基督教的观点来看，以下两种解释都是有争议的：一种解释认为，将历史作为朝向确定目标的发展过程这种解释方式，只能是某种神学解释；另一种解释认为，对历史的非神学解释，就它是有效的而言，可以被还原为历史学家自身有能力做出的那

---

[1] 《九章集》，III，2。
[2] 参见《科普勒斯顿哲学史》第 2 卷，第 85—89 页（英文版页码）。

种表述。换句话说，从基督教的观点来看，如果历史哲学这个术语被理解为意指把整个历史解释成朝向特定目标的理智运动，并且在这个术语中预设了哲学与神学之间的系统区分，那么，认为不可能存在着历史哲学这类东西，这是有争议的。但是，如果有人主张不可能有在这个意义上的历史哲学这类东西，这个主张显然必须被理解为指涉有效的历史哲学。因为非常清楚的是，没有预设神学学说的历史哲学曾经出现过，而且现在仍在出现。马克思主义的历史哲学就是这方面的例子。在这卷中，虽然我们不关注马克思主义，但我们关注从神学到非神学的历史解释的转变。

2. 雅克·贝尼涅·波舒哀（Jacques Bénigne Bossuet，1627—1704），伟大的演说家，先后担任孔东和莫城的主教，他在其《论普遍历史》（Discours sur l'histoire universelle，1681）中阐述了某种神学性的历史解释。在这部献给法国王储的著作的序言中，他强调了普遍历史的两个方面，即宗教的发展和帝国的发展。因为"宗教和政治统治是人类事务的两个重点"。① 通过历史研究，君主们能够意识到宗教在其连续形式中的持续性和重要性，以及政治变化和帝国更迭的原因。

显然，这两个主题能够由非宗教的历史学家来处理，不带有任何神学预设。但是，在其《论普遍历史》中，波舒哀心中考虑的是护教。在第一部分，他勾勒了十二个时代：亚当或创世；诺亚或大洪水；亚伯拉罕的使命；摩西或成文律法；特洛伊的陷落；所罗门或圣殿的建造；罗慕路斯或罗马的建立；居鲁士或犹太民族的重建；西庇阿或迦太基的征服；耶稣基督的诞生；君士坦丁或教会的和平；查理曼大帝或新帝国的建立。换句 153 话说，波舒哀关注的是上帝的神意眷顾被选的民族，是罗马帝国的扩张为基督教所做的准备，是道成肉身，是教会和基督教社会的建立。东方帝国只有在其与犹太民族发生关系的意义上才进入历史舞台。印度和中国遭到了忽略。创世、神意和道成肉身这些神学学说形成了波舒哀的历史图景的框架。十二个时期又归并为七个"世界纪元"，基督的诞生引入了第七个即最后一个纪元。

---

① *Dessein général.*

　　第二部分致力于宗教的发展，护教的考虑仍然占据主导地位。这部分包括从创世经过十二族长时期到摩西律法的启示；从列王和先知到基督的启示。波舒哀确实讨论了在犹太教和基督教之外的某些其他宗教，比如罗马和埃及的宗教，但相对于他的主题即基督教是宗教的完善发展而言，这些评论只是偶有出现。"这个宗教总是受到攻击却从未被征服，这是永恒的奇迹，也是上帝忠告之不变性的明显见证。"①

　　神圣启示的观念在第三部分也处于显著地位，这部分讨论了帝国的命运。波舒哀告诉我们："这些帝国大部分与上帝选民的历史有着必然联系。"②上帝利用亚述人和巴比伦人惩罚犹太人，利用波斯人使犹太民族在其土地上得以重建，利用亚历山大及其继承者保护犹太人，利用罗马人保持犹太人的自由和反抗叙利亚国王。当犹太人拒斥基督时，上帝同样利用这些罗马人严惩犹太人，虽然罗马人不理解毁灭耶路撒冷的意义。当然，波舒哀没有把自己限制在这类老生常谈之中。他讨论了从埃及到罗马各个帝国和国家衰落的特殊原因，他努力从这些讨论中为王储总结教训。他的结论是，没有人能够根据自己的计划和愿望掌控历史的进程。君主可能意图通过其行动产生某一个结果，但实际上却会产生另一个结果。"没有任何人类力量不服务于它自身之外的其他计划：只有上帝知道如何把所有东西还原为他的意志。这就是为什么如果我们只考虑特殊原因，每件事都是令人惊讶的；但每件事都根据有序的发展而得到推进。"③换句话说，历史变化具有其特殊的原因，这些原因起作用的方式绝对无法被人所预见或意愿。但同时，神意通过这些特殊原因的起作用而得到实现。

　　因此，我们或许可以说，对于波舒哀而言，有着两种历史层次。首先是历史学家所考虑的特殊原因的层次。历史学家可以确定巴比伦帝国或罗马帝国陷落的特殊原因。但还有神学解释的层次，根据这一层次，神意在历史事件中、通过历史事件而实现。但是，对于神意如何在历史进程中实现，我们的知识是有限的。这显然就是波舒哀为何处理埃及、巴

---

① 《论普遍历史》，II，13。
② 同上，III，1。
③ 同上，III，7。

比伦、波斯与犹太民族之间关系的原因之一，因为他在此能够诉诸《旧约》的教导。

因此，波舒哀在 17 世纪复兴了圣奥古斯丁发展历史哲学的努力。但是，正如我们已经表明的，正如波舒哀无疑也意识到的，在发展这类就神意观念而言的历史哲学方面，我们的能力极其有限。他的《论普遍历史》的主要意义可能在于，它有助于使人们注意到人类历史可以作为哲学反思的主题。

3. 在历史哲学的兴起中，更为重要的人物是詹巴蒂斯塔·维科（Giambattista Vico，1688—1744），意大利最伟大的哲学家之一。在维科生活的时期，涌现出大量历史研究。宗教改革和反宗教改革都激发了历史研究，正如历史学家注意到的，此外的动力还有民族国家的兴起及王室的兴趣。莱布尼茨从事写作布伦瑞克家族（the House of Brunswick）的历史，而意大利的穆拉托里（Muratori）在 18 世纪前半叶作为摩德纳（Modena）公爵的图书馆员受其保护人所托撰写埃斯特家族（the House of Este）的历史。[①] 但是，历史研究和历史写作的材料积累与历史编纂学是不同的，而历史编纂学或历史写作与历史哲学或历史理论也是不同的。就历史哲学或历史理论而言，我们必须转向维科。

1699 年，维科成为那不勒斯大学的修辞学教授，他担任该职直到 1741 年。[②] 在这个位置上，他发表了不少就职演说。早期的几篇显示出笛卡尔主义的影响，但在 1708 年，他的态度发生了转变。他说，现代人已经在某些科学领域取得了很大进步，比如物理学，但他们低估和贬低了某些分支的研究，其主题依赖于人类意志而且无法使用数学方法进行处理。这些科学包括诗学、历史学、语言学、政治学和法理学。此外，现代人试图扩展数学证明方法在各门科学中的应用，这只会产生表面的证明。

这个观点在其《论古人的智慧》（*De antiquissima italorum sapientia*，1710）中得到了更充分的发展。在这部作品中，维科攻击了笛卡尔的哲

---

① 穆拉托里的伟大著作就是《意大利历史学》（*Rerum italicarum scriptores*）。
② 1723 年，维科竞聘民法教席，但没有成功。

学。首先，我思故我在（Cogito, ergo sum）不足以拒斥怀疑主义，或者
说不能作为科学知识的基础。因为某人"在思考"的确定性属于未经反
思的意识的层次，而不属于科学的层次。第二，观念的清楚和分明不能
作为真理的普遍标准。它只能在数学中作为真理的标准。它可以应用于几
何学，因为几何学是建构性的科学，心灵在其中建构或创造它自身的实体
（entities）。数学实体不是自然科学的对象，不是实在意义上的实在物，它
们是人类所创造的虚构。它们确实是清楚和分明的，但它们之所以如此，
是因为心灵自身建构了它们。因此，对象的建构比清楚和分明更为基础，
它为我们提供了真理的标准。"真理的规则和标准就是创造它。"[1] 但是，对
象的建构在物理学中所意味的，与其在纯粹几何学中所意味的并非完全相
同。在纯粹几何学中，对象不是实在的实体，而是心灵的虚构；在物理学
中，它们不是心灵的虚构。对象的建构在物理学中意味着使用经验方法。
我们在物理学中能够证明的东西与我们能够制作的东西相似。在自然事物
的观念中，最为清楚的是那些能够通过模仿自然的实验而得到支持的。

　　因此，真理即创造（verum factum）的原则（即真理的标准是创造
它）不会指向几何方法能够在所有科学中普遍应用这个结论。它也并不意
味着，心灵在创造数学实体的意义上创造物理对象。我们不应该把维科理
解成主张事物是心灵的虚构或只是观念。对象的创造或建构应当在认知意
义上而非在实存意义上得到理解。当心灵从对象的元素之中重构出对象
的结构，它就在重构的行动之中获得了真理的确定性。在这个意义上，
知道和创造是同一的，真理（verum）和创造之物（factum）是同一的。
上帝创造了万物，必然清楚地知道万物。与这一真理的严格类比，只能
在人类的数学知识之中得到发现，数学中的对象或实体是心灵的虚构。
我们没有在实存秩序上创造自然。同时，我们只有在认识秩序中重新创
造对象的结构，才能够具有自然科学的知识。如果没有经验方法的帮
助，我们无法知道自己是否正确地做到了这一点。从我们自身创造的纯
粹抽象概念中进行演绎，不能保证获得关于自然的知识，无论这些概念可

---

[1]　*Opere*, 1，136; Bari, 1929.

（左侧页边码：156）

能是多么清楚和分明。

在《论意大利最古老的智慧》（*Ancient Wisdom of the Italians*）中，维科没有把这些观念运用于历史，但我们很容易设想维科思想所采取的普遍思路。人类历史由人类所创造，因此能够被人类所理解。历史科学的原则可以在人类心灵和人类本性的改进中得到发现。实际上，历史比物理学更容易进行科学考察和反思。自然由上帝独自创造，而非由人类创造。因此只有上帝能够具有完整、充分的自然知识。但人类社会、法律、语言和文学都是由人类创造的。因此，人能够真正理解它们及其发展原则。我们在此看到了笛卡尔立场的反转。笛卡尔因对物理学的偏好而轻视的那些科学在维科这里获得了高于物理学的地位。

维科在其伟大著作《新科学》（*Principi di una scienza nuova d'intorno* 157 *alla comune natura delle nazioni*，1725；第二版，1730；第三版，1744）中讨论了新科学的原则。在其自传中，维科谈到，他向来最为推崇两个人，柏拉图和塔西陀（Tacitus）。"因为塔西陀以无与伦比的形而上学心灵沉思人类所是的样子，而柏拉图则沉思人类应是的样子。"[1] 我们可以把他对这两个人的推崇与他在《新科学》中的目标联系起来，即确定历史的普遍而永恒的法则，以及确定这种永恒法则如何在各个民族的历史中得到实现。柏拉图的"秘传智慧"（esoteric wisdom）与塔西陀的"普通智慧"（common wisdom）得到了结合。但是维科还增加了另外两个他要特别致敬的人，第一位是弗朗西斯·培根，从培根的《论学术的进展》（*De augmentis scientiarum*）和《新工具》（*Novum organum*）中，维科获得了对其发展新科学的有力启发。（《新科学》的题目可能就是受培根的《新工具》影响而提出的。）第二位是格劳秀斯。培根看到，他那个时代既存的知识总和需要得到补充和扩充，但就法则而言，他并未成功得出统治人类社会的法则。"但是，格劳秀斯在一个普遍法则的体系中包含了整个哲学和语文学，其中包括后者的两个部分：一部分是关于事实和事件的历史，无论是虚构的还是现实的；另一部分是关于希伯来语、希腊语和拉丁

---

① 《维科自传》，M. H. Fisch 和 T. G. Bergin 译，康奈尔大学出版社，1944 年，第 138 页。

语这三种语言（即通过基督教流传给我们的三种古代语言）的历史。"① 维科想要推进格劳秀斯开启的工作。我们可以把他对自然法哲学家如格劳秀斯和普芬多夫（我们还可以加入霍布斯）的阅读，与他在很大程度上把历史问题构想为关于文明起源的问题联系起来。这是他在《新科学》中格外关注的主题。

正如维科在《新科学》第一版第一卷的开篇所表述的那样，他不愿意从霍布斯的"放纵而野蛮之人"，格劳秀斯的"孤独、柔弱和贫乏的傻子"或者普芬多夫的"没有神恩和神助而降临世上的流浪者"开始讨论。也就是说，维科不愿意把人类的绝对开端设定在这种状态之下。因为《创世纪》表明亚当最初并不处于例如霍布斯描述的自然状态。因此，维科承认人类野兽化在一段时间中存在，如在异教民族中存在。现在的问题在于，文明是如何发展起来的。

维科假定文明的开端始于定居。天空之神的雷鸣闪电驱使男人和女人进入洞穴躲避。这些原初的居住地使得文明的最初阶段——"诸神的时代"或"家族的国家"——成为可能，其中家父长是国王、祭司、道德裁判者和法官。文明的这种家族阶段具有三个原则，即宗教、婚姻和葬礼。

但是，在文明的最初阶段，始终存在着紧张和不平等。例如那些流浪者，即那些尚没有形成一同崇拜神明和耕作土地的定居家庭的人，他们有的是强者有的是弱者。我们可以想象，弱者向定居家族寻求庇护，变成了附庸和奴隶，以使自己摆脱更强者和更有力量的同伴。我们还可以想象，家父长联合起来压迫奴隶。这就是说，贵族阶层和平民阶层慢慢形成，从而产生出"英雄的国家"，行政官员在此属于贵族阶层。这就是文明发展的第二个阶段，即"英雄的时代"。

但是，这个阶段具有内在的不稳定性。贵族自然而然希望保持社会的固有结构，因为他们希望维持他们的地位和特权。但是，同样，平民则自然而然希望改变社会的结构。随着时间的流逝，他们成功地为自己赢得了一份又一份权利，从法定承认的婚姻到公民权和担任公职的权利。因此，

---

① 《维科自传》，第 155 页。

英雄的时代逐渐让位于"人类的时代"，后者以民主共和为特征。这是人类的时代，因为人之为人的尊严、人之为理性存在者，最终得到了承认。

但是，文明发展的第三阶段在自身内部孕育了衰落的种子。宗教在文明开端就已出现，在人类走向文明状态中起到了重要作用，现今却因理性繁盛而让位于哲学和贫乏的理智主义。平等导致了公共精神的衰退以及肆意妄为的增长。法律确实变得更为人道，宗教宽容也得到加强，但衰落伴随着这种人道化的过程，直到最终，社会从内部解体或屈从于外部攻击。正如罗马帝国的结局，这导致了向野蛮时代的回溯。

在循环完成之后，新的循环开始。因此在西方，基督教的到来宣告了新的诸神时代。中世纪代表了新循环中的英雄时代。17 世纪或哲学的世纪则是人类时代的全新阶段。我们可以在各个民族的历史中发现这些循环，它们各自独特的循环是普遍法则的作用结果。维科相信这种循环理论可以归纳地得到证实，但我们不要误解了这种循环理论。维科的意思并不是说历史事件是被决定的，或者完全相似的个别事件集合在每个循环中都会发生。他的意思也不是，例如，基督教是暂时的宗教现象，拥有相对于某个特殊循环的价值，因此必须在将来让位于其他宗教。重复的不是特殊的历史事实或事件，而是事件发生的普遍框架。或者说，重复的是心灵状态的循环。因此，最初的心灵状态表达在感觉、想象和激情之中，随后逐渐被反思性理性的出现所替代。这又反过来与人类本性的其他层次断裂开来，发展为对怀疑理性的消解性批评。这种社会的消解直到人们重新获得自发性的、原初的心灵状态才会得到阻止，这一心灵状态带来与上帝的重新接触，带来宗教的复兴。文明"在任何情况下都开始于宗教，完成于科学、法律和艺术"。[1] 存在着心灵状态和历史发展形式的循环，但不存在着具体内容或者具体历史事实和事件的循环。实际上，维科的观点使人想起希腊的循环理论，但他从未有意肯定相同个别事件的必然重复这种宿命理论。他的循环理论也没有排除所有进步。比如，基督教在新循环中或许对应于维科所说的第一个诸神时代的"恐怖宗教"，但我们不能由此推出

159

---

[1]　*Opere*, III, 5.

基督教不高于它们。

如果认为维科在其历史哲学中只提供了循环理论，这就是明显的错160 误。它远不仅仅是各个民族或国家的发展的整齐示意图。因为我们可以在他的著作中发现对理性主义的有益反驳，即认为理性主义是对人类及其历史的过于理智主义的解释。维科说，哲学家自身无法形成有关社会起源的真正观念，因为他们常常倾向于以他们自己看待事物的方式解读过去的历史，并且就他们赋予理性这个词的意义而言，对不是由理性所创造的东西进行理性化。因此，自然法哲学家向我们描述了处于自然状态中的人类，他们订立了契约或盟约，从而产生了社会。但是，社会的真正起源不是这样的。恐惧，或更宽泛而言，切身的需要，才是驱使流浪者或游荡者进入洞穴或者类似的最初居住地并在那里或多或少地建立固定住所的因素。

这个观念不仅可以应用于 17 世纪的哲学家，而且能应用于古代世界的哲学家。后者就像他们的近代继承者那样被同样的理性化倾向所支配，把国家的法律归功于受到启蒙的立法者，例如斯巴达的来库古。但是，法律不是作为反思性理性的结果而产生的，虽然随着时间流逝，文明发展起来，法律会受到理性的修正。麻烦在于，崇拜反思性理性的哲学家在这种理性中发现了人类的本质。他们认为，只有理性能把人类联合起来，并且作为共同的纽带而起作用，因此它必定是法律的来源，而法律是一种联合要素。想象、感觉和激情使人类彼此分开。但实际上，在发展的第一个阶段，人类受到想象和情感的支配，而非受到反思性理性的支配。确实，理性已经出现，但理性只以适合于想象和情感的形式表现自身。在心理学上，原始宗教是恐惧和无助感的自发产物，而不是哲学意义的理性产物。原始法律与原始宗教内在相连。它们都是情感和想象的产物，而非哲学理性的产物。法律就其起源而言是一种自然生长的习俗，而非计划理智的成果。

维科非常强调诗歌和神话。实际上，《新科学》第三卷的标题就是《发现真正的荷马》。如果我们希望研究早期阶段的宗教、道德、法律、社161 会组织和经济学，我们必须克制抽象的理论化而去研究语文学的材料，即诗歌和神话。例如，在解释荷马史诗时，我们必须避免两个错误观念。第一，我们不应当把神话看作精心的欺骗和有益的谎言，如柏拉图在《理想国》里所评论的那样。第二，我们不应当将之理性化，好像它们的作者是在用寓言的方式表达构思清晰、理性构建的观念和理论。相反，它们表达的是某个民族的"普通智慧"和"诗性智慧"，它们为我们提供了探究神话诞生时各个民族的思考方式的钥匙。例如，荷马史诗以"诗性文字"表达了英雄时代希腊人的宗教、习俗、社会组织、经济学甚至科学观念。它们是某个民族在其既定发展时期的心灵状态和生活的自发性文字表达或积淀。因此，它们具有重建历史的伟大价值。显然，维科没有要求我们把神话中的所有事物都接受为完全的真实。例如，就宙斯及其活动在荷马史诗中被描述的形式而言，宙斯不是真正的人。但同时，他也不只是文学虚构，不只是对关于神的抽象哲学观念的符号表达。相反，他是对人与神的早期接触的想象表达。这并不意味着，对神的诗性描述本身就包含了关于神的哲学理论，而后者在反思性理性之中得到了清晰的表达；相反，这个时期的宗教思考是诗性的思考。它具有自身的逻辑，但这是想象和情感的逻辑，而不是哲学家的抽象逻辑。

在维科的历史哲学中，另外值得注意的是他坚持每个文化时期的复杂统一性。循环中的每个"时代"或阶段都具有自身的宗教、法律、社会组织和经济类型。维科无疑过于图式化了，但他提供了历史研究的计划，它不限于叙述朝代、政治和军事事件，而是深入各个民族在其历史相继的各个阶段中的生活，并探索这些生活的每种分支，展现宗教、道德、习俗、法律、社会和政治组织、经济、文学以及艺术之间的联系。同时，他还概述了对一般人类心灵状态的发展与特殊科学和艺术的发展进行比较研究的计划。

因此，历史向我们展现了人性。我们不能只通过考虑人之所是（比方说，以"人类的时代"的第二个阶段或者以哲学家作为标准）来获得对人类本性的知识。我们必须从历史、诗、艺术，以及社会和法律的发展等方面中逐步展现人类的本性。历史是由人所创造的，因此人类能够理解历史。在研究历史的过程中，人类获得了对自身本性的反思性意识，意识到人类曾经所是、现在所是和能够是的样子。高扬理性时代、哲学家时代的成就而贬低过去和原初时代，这是非常愚蠢的，因为整个历史过程都是人性的展现。在诸神的原初时代，我们把人视作感觉；在英雄时代，我们把人视作想象；在人类时代，我们把人视作理性。

无论我们考虑人类行为还是艺术与文学的丰碑，或是考虑制度，历史都是人类所创造的，但这个事实并不意味着历史与神意割裂开来，以及它在某种意义上不是上帝的作品。然而，对于维科而言，神意主要通过人类的心灵和意志而起作用，即主要通过自然手段而不是通过奇迹干涉而起作用。人类常常意图某一个目标但却获得另一个目标。例如，"家父长们想要无限制地行使他们对于奴隶的家长权力，但他们最终屈从于使城市兴起的公民权力。统治的贵族阶层想要对平民滥用他们的高傲自由，但他们最终必须屈从于建立人民自由的法律"①。无论个体意图什么，通过他们的行动，文明都得到了兴起和发展。在人类时代的第二个阶段，例如，自由思想家试图摧毁宗教，但却促成了社会的解体，促成了文明循环的结束，从而促成了宗教的重生，宗教的重生作为促进人类克服其利己主义激情的主要因素，导致新文化的发展。人类自由地行动，但他们的自由行动是使神意的永恒目标得以实现的手段。

如果有人认为维科的《新科学》完全遭到其同时代人的忽视，这是不准确的。因为某些个别的论题变成了讨论的主题。但是，维科观念的普遍意义确实没有得到重视，直到19世纪，维科才开始得到人们的重视。1787年，歌德到访那不勒斯，《新科学》引起了他的注意。这位伟大的诗人把这部作品借给了雅可比。1811年，雅可比提到他认为维科先于康德提出的某些理论。柯勒律治（Coleridge）在其《生命理论》（*Theory of life*，1816，出版于1848年）中引用了这个段落，而且在随后几年中，他非常热衷于谈论维科。在法国，米希勒（Michelet）出版了维科主要著作的摘译本（1827），1835年他又将其再版，附带翻译了维科的自传和其他作品。在意大利，罗斯米尼（Rosmini）和焦贝蒂（Gioberti）对维科感兴趣，观念论者如斯帕文塔（Spaventa）认为黑格尔主义进入意大利似乎是

---

① *Opere*, IV, 2, 164.

维科返归故里，因为维科是德国哲学的先驱。但在现代，对维科的推广首先要归功于克罗齐，他把维科描述为"发现了诗和艺术的真正本性，发明了美学科学"[①]。

4. 孟德斯鸠（Montesquieu，1689—1755）在其出版的著作中没有提到过维科，但他在1728年造访意大利时可能接触到了《新科学》，这是在他出版其名著《罗马盛衰原因论》（1734）和《法的精神》之前。他对社会、法律和政府进行了比较研究，以确定历史发展的原则，这个事实表明维科对他的思想产生了某些影响，至少是有所激发，尽管这类影响本身难以证明。但是，孟德斯鸠的个人笔记似乎表明，维科的循环理论和文明衰退理论确实对他有所影响，虽然影响的程度很难确定。

因为本书第一章已经勾勒了孟德斯鸠的观点，所以我们在此不再重述。只需指出，我们在维科和孟德斯鸠那里都发现了历史比较分析法，他们都开始使用历史材料作为依据，以供确定支配各个民族历史发展的法则。孟德斯鸠是启蒙运动的思想家，他热爱自由，就其自身的时代而言，他获得了无与伦比的巨大成功。维科的光芒直到启蒙运动终结之时才真正开始闪耀。

[①] 《美学》（*Aesthetic*），D. Ainslie 译，伦敦，第二版，1929 年，第 220 页。

第九章

从伏尔泰到赫尔德

引言——伏尔泰——孔多塞——莱辛——赫尔德

164   1. 人们有时认为，18 世纪启蒙运动的图景是非历史的。如果这个观点的意思是历史没有被书写，这就显然是错的。我们只需想想孟德斯鸠的《罗马盛衰原因论》（*Histoire de la grandeur des Romains et de leur décadence*，1734），吉本的《罗马帝国衰亡史》（*Decline and Fall of the Roman Empire*，1776—1781），伏尔泰的《查理十二史》（*Histoire de Charles XII*，1731）和《路易十四时代》（*Histoire du siècle de Louis XIV*，1751），以及休谟的历史著作。我们也不能说 18 世纪的历史编纂学只关心战争、外交、政治斗争以及"伟大人物"的所作所为。相反，我们将历史观念的兴起视为人类文明史。夏尔·皮诺·杜克洛（Charles Pinot Duclos）写作了《路易十一史》（*Histoire de Louis XI*，1745）和《论世纪的风俗》（*Considérations sur les mœurs de ce siècle*，1750），声称他关注人类的行为和习俗胜过关注战争或政治。他的态度和伏尔泰相同。18 世纪确实见证了历史观念的扩展。

    当人们说 18 世纪启蒙运动的图景是非历史的，这个说法可能部分指的是某些作家展现出的倾向，他们把历史当作某种形式的纯文学（belles-lettres），没有真正理解或认识史料就匆忙做出判断。更为重要的是，这个说法指出了某种倾向，即把理性时代和启蒙运动及其理想视作判断的绝对标准并且轻视过去，除非过去能够被解释成导向了启蒙哲学家的时代。这种思想态度，以及随之而来的用历史去证明论题的倾向，即 18 世纪总体而言的优越感以及尤其是启蒙哲学家的优越感，显然无助于对过去的客观理解。实际上，如果说所有启蒙思想家都阐述了某种天真的进步理论，这的确是有所夸张。甚至在伏尔泰身上都展现出了某种悲观主义。但就整体而言，启蒙哲学家们相信，进步和被解放的理性的胜利是相同的，他们的理性观念使他们很难理解原始的心灵状态和中世纪的心灵状态。当启蒙哲学家试图描绘原始人时，他们把现代人放在自己面前，剥去那些可能归属于文明世界的性质和习惯，小心翼翼地把对理性的使用留给他，使他能够订立社会契约。维科确实看到了这种分析方法的人为性，他通过对诗、歌曲、艺术、习俗记录和宗教仪式进行研究，为理解早期时代的心灵状态提供了可靠的基础。维科是一个天才，他与启蒙运动保持着某种距离，有意识地反对同时代的很多人夸张的理性主义和理智主义。他对其所处时代的评价的确与其他哲学家不同。就中世纪来说，启蒙运动的人们无法同情地理解中世纪的文化和图景，对他们而言，中世纪是黑暗的世纪，理性之光从中逐渐出现。因此，虽然他们扩宽了历史研究的观念，对于历史编纂学的未来做出了有价值的贡献，但他们太过依赖于使用历史去证明某个论题，使用历史去赞美启蒙运动，他们的偏见使他们很难同情地深入理解在他们看来与自己非常不同的、他们倾向于轻视的文化和图景。我们应该在这个意义上理解启蒙运动的心灵状态是"非历史的"这一指控。

2. 本书第一章已经讨论了伏尔泰的一般哲学立场。伏尔泰声称他的《风俗论》(*Essai sur les mœurs*，1740—1749，出版于 1756 年) 意图作为波舒哀作品的延续。"杰出的波舒哀在其讨论世界历史的部分抓住了世界历史的真精神，但却终止于查理曼大帝。"[①] 伏尔泰想要从波舒哀终止的地方继续写下去，他这部作品的全名为《论各民族的精神与风俗以及自查理大帝至路易十三的历史》(*An Essay on General History and on the Manners and Spirit of Nations From Charlemagne up to Our Days*)。但事实上他回到了更早的时代，从中国开始，经过印度、波斯和阿拉伯，随后来到查理曼大帝之前西方和东方的教会。

---

① 　*Avant-propos.*

166　　虽然伏尔泰宣称他的意图是继续波舒哀的工作，但很明显，他的历史观非常不同于这位莫城主教。对于波舒哀而言，历史中的重要事件是创世、上帝眷顾犹太民族、道成肉身和教会的发展，他把从创世到末日的人类历史看作整体，看作神意的显现，甚至人类的自由选择也服务于它。在伏尔泰看来，圣奥古斯丁和波舒哀如果去掉了神学观点就会更加耀眼。历史是人类的意志与激情相互作用的领域。进步是可能的，因为人类超越了动物的境况，因为理性处于支配地位，尤其是当理性以开明专制的形式出现时，开明专制就能带来真正的社会改革。但是，历史作为对神圣计划的执行、作为朝向超自然目标的运动——这种历史观念消失了。随之而来，任何关于历史的统一性和连续性的信念也都消失了。

　　当然，从某种程度而言，伏尔泰只是提出了经验性的、不带有任何独断预设的历史研究这样一种观念。他写作了《历史哲学》(*Philosophie de l'histoire*，1765)，放在了 1769 年版《风俗论》的前面，但这里几乎没有通常意义上的哲学。当他谈论需要以哲学精神书写历史时，他指的是需要排除传说和神话故事。例如，在其《历史评论》(*Remarques sur l'histoire*)中，他追问，某个出生于 18 世纪的具有良好常识的人是否有可能严肃地谈论德尔斐神谕。当然，伏尔泰要求，应该完全排除超自然的解释。以哲学精神撰写历史就是以启蒙哲学家的精神撰写历史。"杰出的波舒哀"不是启蒙哲学家。

　　伏尔泰认为，历史学家的工作不是用奇闻逸事取悦读者，因此，伏尔泰建议人们研究当代历史，而不是古代历史。在《历史新论》(*Nouvelles considérations sur l'histoire*)中，伏尔泰评论道，处理古代历史就是把少数真理与成千上万的谎言相混合。但是显然，古代历史学家不必然会以希罗多德记录逸闻趣事的方式撰写历史，以及将所有神话传说信以为真。相反，正如维科看到而伏尔泰没有看到的，研究这类传说（甚至德尔斐神
167 谕）对于严肃的历史学家会有很大的帮助，对不确定的和传说般的历史的补救措施就是耐心的研究。但当然，伏尔泰偏爱现代史还有其他原因，即相信现代以及尤其是启蒙哲学家的优越性。在简短的《历史评论》中，伏尔泰希望年轻人开始严肃的历史研究，"它真正开始使我们感兴趣的时候，

对我而言是 15 世纪末"。正是这个时期，欧洲转变了其面貌，换句话说，中世纪对我们没有任何真正的吸引力。

这个观点广泛出现在伏尔泰的著作之中。伏尔泰告诉我们，过去时代好像从未存在过，古代犹太人的历史完全不同于我们的历史，人们无法从中得出任何可以应用于今天的行为法则，古代研究只能满足好奇心，相反，当代研究则具有必要性。对于作为历史学家和历史哲学家的伏尔泰而言，这种态度显然是一种弱点。

但是当然，伏尔泰有其长处。在其短论《历史新论》中，伏尔泰谈到，在读过三四千篇关于战争的描述以及数百项条约的内容后，他几乎没有发现自己比以前更智慧了。"我通过查理·马特战役对于法国人和萨拉森人的了解，并不比通过帖木儿（Tamerlane）战胜奥斯曼帝国苏丹巴济扎得（Bajazet）而对鞑靼人和土耳其人的了解更多。"人们应该在历史中找到的不是对战争以及国王和宫廷的行为的描述，而是对各个民族中主要的美德与罪恶的叙述，对各个民族的力量和衰弱的解释，以及关于艺术和工业的建立与发展的故事。总之，对于希望作为"公民和哲学家"来阅读历史的人们而言，"风尚和法律的变化将会是其研究的重要对象"。[1] 同样，在《风俗论》第 69 章开篇，伏尔泰写道："我想要表明那个时期（13 世纪和 14 世纪）的人类社会是什么样子的，人们如何生活在家庭生活的亲密关系之中（艺术在此得到培育），而非重复各种灾难和战争，那些灾难与战争只是（通常的）历史的死气沉沉的主题，是对人类的仇恨老生常谈的例子。"这位哲学家可能低估了政治和军事史的重要性，但他确实使人们注意到人类生活的一些方面，这些方面如今已经被普遍地看作历史学主题的重要组成部分，但在当时，编年史家因沉迷于将领、君主和英雄的事迹而忽视了这些方面。

在其有关历史的一般观点中，伏尔泰明显没有他所攻击的孟德斯鸠那么深刻，更不用说维科。但是，在其社会史观的构想之中，我们可以看到布尔乔亚意识发展的表现。对于他来说，历史不再是王朝史，不再是赞

168

---

[1]　《历史新论》。

美或诋毁君主的工具，而是对 18 世纪生活、艺术、文学和科学的描述，或者更宽泛而言，是对各个时代人类社会生活的描述。

最后，为了平衡伏尔泰对于前文艺复兴世界的轻视，还应该做如下补充。在《风俗论》中（包括他增补的部分），伏尔泰是在一张巨大的画布上作画。他不仅谈论欧洲，而且谈论远东和美洲，不仅谈论基督教世界，而且谈论伊斯兰世界和东方的宗教。确实，他的知识常常具有很大缺陷，但他没有改变他计划的范围。一方面，他的历史没有波舒哀的普遍，因为波舒哀的神学框架把人类全部历史结合在理智统一体之中。但另一方面，很显然，伏尔泰的《风俗论》比波舒哀的《论普遍历史》更为普遍，因为前者写到了各个民族和各种文化，而这是《论普遍历史》中没有触及的。

3. 本书第二章讨论重农主义的部分着重讨论了杜尔哥提出的进步理论，他预示了奥古斯特·孔德（Auguste Comte）在 19 世纪所阐述的历史观点。实际上，杜尔哥比伏尔泰更是进步的信仰者。因为虽然伏尔泰相信启蒙时代的优越性，但他不相信任何支配人类历史的法则。然而，我不想重复讨论已经论述过的有关杜尔哥的内容，而是打算转而谈谈 18 世纪晚期进步观念的另一位主要阐述者，即孔多塞。

孔多塞侯爵（Marie Jean Antoine Nicolas Caritat，Marquis de Condorcet，1743—1794）是数学家和哲学家。在二十二岁的时候，他就撰写了有关积分学的论文，这使他获得了达朗贝尔的赞赏。孔多塞对达朗贝尔以及伏尔泰和杜尔哥非常尊敬，他后来为伏尔泰和杜尔哥撰写了传记（伏尔泰传记写于 1786 年，杜尔哥传记写于 1787 年）。他参与了《百科全书》的撰写，还被选为科学院院士（1769）和法兰西科学院院士（1782）。1785 年，他出版了讨论概率的论文，经过修订和增补，1804 年以《概率计算要论》（*Éléments du calcul des probabilités et son application aux jeux de hasard, à la loterie et aux jugements des hommes*）为题发行了第二版。

孔多塞对于经济事务也感兴趣，在杜尔哥的影响之下，他撰写了捍卫玉米的自由贸易的文章。在政治方面，他是热情的民主派与共和派。他欢迎革命，还被选为国民公会的代表。但是，他的想法过于独立，在这些暴风骤雨般的年头难以生存太久。他批评国民公会所采纳的宪法并支持他所赞同的宪法；他谴责对吉伦特派的逮捕；因为在原则上反对死刑，他反对雅各宾派的行为，这个左翼群体由罗伯斯庇尔、马拉（Marat）和丹东（Danton）所领导。他的批评态度以他被宣告为共和国的公敌和违法者而告终。他有段时间躲在寡妇韦尔内（Vernet）太太的房子里，但他怀疑房子遭到了监视，这会危及他的保护者的生命，因此他逃走了。最终，他被抓住并且死在了皇后镇的监狱里。他是死于中风还是被人下毒或是饮鸩自尽，似乎并不是很清楚。

在躲避敌人时，孔多塞撰写了其论述进步的著作《人类精神进步史表纲要》（*Esquisse d'un tableau historique des progrès de l'esprit humain*，1794），这是他以哲学家闻名于世的主要著作。他主要的一般观点是人类具有可完善性，人类历史是从黑暗到光明、从野蛮到文明的逐渐进步过程，而且在未来还会有无限的进步。因此，虽然他是在断头台的阴影下撰写这部著作，但他充满了乐观主义。他主要从统治者和教士所创造的坏制度和法律来解释当时的暴力与邪恶。因为他不仅是君主制的敌人，而且是神职人员的敌人，甚或是所有宗教的敌人。他将宪政改革和教育视为促进 170 进步的主要手段。1792 年，他和其他人一同向国民大会呈递了关于组织国家世俗教育的计划，该计划成为国民公会后来采纳的计划的基础。根据他的计划，数学、自然科学、技术科学、道德科学和政治科学将会构成高等教育中教授的主要科目，语言研究（无论现存的语言还是死语言）在大纲中占据相对较弱的地位。换句话说，重点在于自然科学和人的科学。

孔多塞对过去历史的解释是在这种科学文化观念中进行的。他区分了九个阶段或时代。第一个时代，人类刚刚走出只在身体上与动物有所区别的野蛮状态，联合起来形成了狩猎和渔猎的群体，承认家庭关系并且使用语言。第二个发展阶段是畜牧阶段，出现了不平等和奴役，以及某些原初的技艺。第三个阶段是农业阶段，有了更多的进步。孔多塞承认这三个最初的时代具有推测性，但随着字母书写的发明，我们从推测过渡到了历史事实。对于孔多塞而言，希腊文化代表了第四个时代，罗马则代表了第五个时代。随后，他把中世纪时期划分为两个时代。第六个时代结束于十字军东征，第七个时代结束于伟大的印刷术发明。第八个时代多少与文艺复兴是同义的，以印刷术的发明为开端，结束于笛卡尔哲学给出的新转变。第九个时代结束于 1789 年的大革命，包括牛顿发现真正的自然体系，洛克开启人的科学或者人性科学，以及杜尔哥、卢梭和普莱斯（Price）发现人类社会体系。

孔多塞因此构想了未来和第十个时代。他说，在这个时代，将会出现民族平等和阶级平等的进步，将会出现个体在身体、道德和理智上的提升。在他看来，平等不仅仅意味着数学上的平等，而更是意味着与权利平等相伴随的自由。

因此，过去的进步被视为导向了未来的进步。这种乐观主义信念的合理性显然依赖于以下这种假设，即存在着某种进步法则或人类发展的法则，允许从过去推论未来。但孔多塞为保证未来的进步而最多强调的那个因素并不是假设的必然运行法则，而是教育，即理性启蒙、政治改革和道德培养。在他看来，我们无法预先设定人类进步和人类之可完善性的界限。在思考第十个时代时，他坚持认为，不仅在道德科学领域，而且在物理科学、技术科学甚至数学领域，无限进步都是可能的。

显然，杜尔哥和孔多塞给出的历史解释为孔德的实证主义体系开辟了道路。随着科学理性的影响日益增强，神学正在消亡，形而上学哲学也同样如此，除非它可以被还原为科学定律的综合。我们很难说孔多塞崇拜启蒙哲学家而且把他们视为历史进步的顶峰。他敬仰伏尔泰，这的确是真的，他也接受了伏尔泰激进的反教会主义。但是，孔多塞并不接受伏尔泰的开明专制和他对人民的蔑视。他期待民主和科学的文明；虽然他的《人类精神进步史表纲要》在整体框架和许多特殊陈述方面都具有缺陷，但从某种意义而言，他比伏尔泰现代得多。他没有神圣化 18 世纪，将之作为朝向未来的指明灯。但很不幸，关于现实和人类的某些重要方面，他是盲目的，当然，他的 19 世纪继承者们都继承了这种盲目性。至于进步的教条，在 20 世纪遭到了重大挫折。

4. 在德国，莱辛阐释了进步观念。正如本书第六章所示，莱辛的历史进步理论具有某种神学立场。在《论人类的教育》（1780）中，他宣称教育是针对个人的，而启示是针对全人类的。进步首先和首要地是上帝对人类的道德教育。确实，莱辛的历史构想非常不同于圣奥古斯丁和波舒哀。因为莱辛不像他们那样把基督教看作上帝对人类的明确启示。正如《旧约》相比于《新约》是"初级读本"，《新约》相比于神圣启示的后续阶段也是"初级读本"，在这个后继阶段中，人们受到教育，为了善本身而行善，而不是为了此世或彼世的奖赏而行善。这种观念超越了基督教道德及其惩罚学说，莱辛因此与启蒙运动的道德理论的普遍论调相一致。同时，他把历史设想为渐进的神圣启示，这至少允许在他与圣奥古斯丁和波舒哀的历史哲学之间做类比。这确实打上了 18 世纪的烙印，但它显然非常不同于孔多塞的理论，对于孔多塞而言，历史进步不是上帝的杰作，而是从宗教之中解放的结果。[①]

5. 当我们转向赫尔德的历史哲学，我们可以发现它与启蒙运动的独特理论有重要的差别。正如我们在本书第七章所见，赫尔德攻击了启蒙运动的自满，攻击了 18 世纪哲学家认为历史通过渐进发展的过程导向他们自身的时代的倾向。但是，正如我们在本书的第七章所见[②]，他不是基于不同意他们对启蒙运动的解释而攻击他们，他攻击的是他们研究历史的一般进路。因为在赫尔德看来，他们带着预设研究历史，利用历史证明已经预先设想的论题。他们的论题的确不同于波舒哀的，但即便如此也仍然是预先设想的理论，即历史代表了某种从宗教神秘主义和迷信的奴役到自由和非宗教的道德的向上运动。的确，启蒙运动的哲学家可能会回应道，他们的解释主要基于归纳而非基于预设。但赫尔德可能反驳道，他们在选择普遍解释所基于的事实时，本身就受到预设的引导。他的要点在于，他们处理历史的方式使他们无法根据各个文化本身的精神和复杂统一性去研究和理解各个文化本身的特点。在《另一种历史哲学》（1774）中，赫尔德把历史划分为几个时代或时期，但他也注意到这样处理的危险。当我们界定一个"时代"并以某些概括描述它时，我们倾向于只给出了某些名词，而抓不住现实、抓不住民族的丰富生活。只有通过对材料进行耐心和彻底

---

① 关于莱辛的更多内容，可以回看本书第 126—131 页（英文页码）。
② 关于赫尔德的更多内容，可以回看本书第 138—146 页（英文页码）。

173　的研究，我们才能理解某个民族的发展。正如我们所见，他自己非常强调诗和早期民谣，将其作为理解人类精神发展的重要来源。实际上，我们很难说强调对语言和文学的发展的理解与启蒙运动的观念有什么矛盾之处。但是赫尔德在解释人类及其历史时注意到了相对原始的文化阶段的重要性。如果我们坚持以理性主义理想和 18 世纪哲学家的预设作为标准去评判它们，我们就会无法理解早期文化阶段的重要意义。

　　赫尔德的伟大著作《人类历史哲学的观念》(*Ideen zur Philosophie der Geschichte der Menschheit*，1784—1791）的构思范围极为宏大。在全书前两部分，每个部分都包含了五卷，其中，赫尔德使用人类学或者（听上去有些矛盾）人类发展的史前时期，去分析人类的物理环境和组织结构。只有在第三部分（第 11—15 卷），他才开始撰写历史，叙述了直到罗马帝国陷落的历史。第四部分（第 16—20 卷）继续对历史进行叙述，一直叙述到 1500 年。但第五部分没有撰写成稿。虽然他这部著作的架构确实具有野心，但赫尔德没有夸大其词。《人类历史哲学的观念》这个书名显得非常谦虚。作者明确表明，这部著作包含了"几个世纪才能完成的建筑的建材"。[①] 他没有傻到认为他可以完成这栋建筑。

　　在讨论了人的物理环境之后（即物理宇宙的各种力以及地球的位置和历史），赫尔德谈到了有机生命和人本身。他没有在人类从其他动物进化而来的意义上阐明进化论，而是把属和种看作构成了金字塔，人类处于这个金字塔的顶端。根据赫尔德，通过所有有机生命体，我们发现了某种生命力量的显现［显然对应于亚里士多德的"隐得莱希"（entelechy）］。当我们提升属和种的等级，这种生命力量就在逐渐增加的功能分化中表现自己。赫尔德的这种等级制构想明显具有神学特征。较低的种类在其上升
174　过程中为人类的出现铺平了道路，而人类是能够进行概念思考的理性和自由的存在者。人类的出现实现了自然的目的，即上帝的目的。但是赫尔德注意到，在纯粹本能的层次上，有机体的基本驱动力以无误的方式起着作用，错误的可能性随着意志的增加而增多。"本能变得越弱，就越是受到

――――――――――

① 《人类历史哲学的观念》，前言，XIII，第 6 页。A. Suphan 编辑，柏林，1877—1913 年。

自由意志的支配，从而也会造成越多的错误。"①

对于赫尔德而言，历史就是人类能力、行动和倾向的自然史，随着时间和地点的变化而有所变化。虽然他没有详细阐述进化理论（至少没有以任何明确的形式阐述），赫尔德强调了人类与物理环境以及低等生物的连续性。他也强调了人类的组织，人类是为了理性和自由而组织起来的。人类来到世界，为了学习理性和获得自由。因此，他可以认为人道（Humanität）潜藏在人类之中，像是某种必定会发展出来的东西。人道潜藏在人类之中，这乍看之下似乎是个自相矛盾的说法。但是，赫尔德在两种意义上使用这个术语。它可能意指人类能够获得的理想，或者也可能意指获得这种理想的潜能。因此，理想是潜在于人道的。当然，作为物质实体，人类已经在这里了。但他仍然具有朝向人之完善、朝向"人道"的潜能。

人类据说也因宗教而组织起来。实际上，宗教和人道内在地具有相关性，因此宗教被描述为最高的人道。至于宗教的起源，根据赫尔德，这要归功于人类从可见现象自发地推出其不可见的原因。认为宗教起源于恐惧（例如，恐惧具有敌意的、危险的或可怕的气候现象），这是完全不充分的原因。"说恐惧发明了多数民族的神，这等于什么也没说。因为恐惧就其自身而言不会发明任何东西，它只是惊醒了理解能力。"②即便错误的宗教也见证了人类认识上帝的能力。赫尔德可能构想出了某些并不存在的东西，但他从可见的到不可见的、从现象到隐藏的原因的推论是合理的。 175

我们在第七章讨论赫尔德时，提到了他在《人类灵魂的认知和感觉》（1778）中论述道，如果心理学不在每个步骤上都是生理学，那么心理学本身就是不可能成立的。因此，值得注意的是，在《人类历史哲学的观念》的第一部分第五卷，赫尔德明确肯定了人类灵魂的精神性和不朽性。他把心灵描述为统一体。观念之间的联结不能被用作相反的证明。相联的观念属于这种存在者："它从自身的能力中唤起记忆……而且根据内在的

---

① 《人类历史哲学的观念》，XIII，第 102 页。
② 同上，III，第 162 页。

吸引力和排斥力，而非根据外力，将观念联结起来。"① 存在着纯粹的心理学法则，根据这些法则，灵魂施行其活动，结合其概念。这当然是与有机体的变化同时发生的；但这并没有转变灵魂或心灵的本性。"如果工具是无价值的，工匠就不能做出任何东西。"② 换句话说，赫尔德澄清了他对唯物主义立场的反对。

赫尔德的《人类历史哲学的观念》第二部分可以被视为对启蒙思想家轻视原始时期的倾向的持久抗辩。的确存在着从较多原始性到较少原始性的发展，在这种发展中，对物理环境的反应是重要因素（如孟德斯鸠认为的那样）。赫尔德构想了从家庭到氏族，从氏族到具有选任领导者的部落，以及从部落到具有等级君主制的社会的发展过程。但是，认为原始民族没有任何文化，这是荒谬的；认为他们因为不具有 18 世纪所设想的特权所以是不幸和悲惨的，则更加荒谬。

此外，赫尔德攻击历史应当被理解成朝向现代国家的渐进运动这一观念。他至少暗示了现代国家的发展和理性没有多大关系，而是要归功于纯粹的历史因素。部落成员可能比某个现代大国的很多居民都要更为幸福，在现代国家中，"成百上千的人们必须忍饥挨饿，以使某个人能够趾高气扬地沉迷于奢侈之中"。③ 而且非常明显，赫尔德不喜欢威权政府。当他出版第二部分时，他不得不略去以下论述：最好的统治者是为了使统治者变成不必要的而付出最大贡献的人，而政府就像坏医生，让病人不断地需要他们。但他说得十分清楚。在他看来，"需要主人的人只是动物，只要他变成了人，他就不再需要主人"。④ 开明专制的理想就是如此。

在这里，赫尔德在某种程度上间接地攻击了康德。康德针对《人类历史哲学的观念》的第一部分发表了怀有敌意的评论。在第二部分，赫尔德抓住机会间接攻击了康德的《世界公民观点之下的普遍历史观念》(*Idee zu einer allgemeinen Geschichte in weltbürgerlicher Absicht*，1784）。康德准

---

① 《人类历史哲学的观念》，第 183 页。
② 同上，第 182 页。
③ 同上，第 340 页。
④ 同上，XIII，第 383 页。

备忽略社会组织的各个阶段，除非它们被看作有助于理性国家的发展。理性国家必须有"主人"，因为人类具有缺陷，他们无法生活在没有主人的社会。虽然康德的主张很可能是对的，但赫尔德更愿意相信人类的自然善和可完善性。无论如何，他都意图反驳这一观点，即历史能够恰切地被解释为朝向现代国家迈进，所有形式的社会组织都必须依此而被评判。

　　在《人类历史哲学的观念》的第三部分，赫尔德转而记录历史。他给历史学家提供的普遍原则是历史学家应当摆脱预设，不应当把任何特别的国家或民族当成他最喜欢的而轻视或贬低其他民族。人类历史学家必须无偏私地进行评判，"就像人类的创造者"①。通常而言，赫尔德努力遵循这个原则，虽然他还是表现出了对罗马的敌意，还伴随着对腓尼基文明的热爱。

　　赫尔德没有把自己限制于欧洲，而是也考虑比如中国、印度、埃及和犹太人的文化，尽管他有关中国和印度的知识自然是有缺陷的。转向希腊②，他发现了一个完整的文化循环，一个民族的兴起和衰落，并且由之得出了普遍的结论。每种文化都具有自身的重力中心，这个中心越是深入到这种文化活生生的积极力量的平衡之中，这种文化就越坚固和持久。因此，我们可以认为，当一种文化的积极力量处于最平衡的状态时，这种文化就会达到顶峰。但当然，这种顶峰是某个点，这就是说，重力中心不可避免地要移动，平衡也会受到动摇。积极力量的分布可能会使平衡得到暂时恢复，但平衡不可能永远持续。衰落迟早会到来。在赫尔德看来，文化生命类似于生物有机体的生命，仿佛是由自然法则决定的。罗马的命运不是由神的干涉而预定的，而是由自然因素所决定。环境迫使罗马人变成战争民族，这种发展形塑了他们的历史，他们兴起、强大、最终衰亡。帝国变得不平衡，无法维持自身。

177

　　在其《人类历史哲学的观念》的第四部分，赫尔德继续从罗马帝国衰亡的角度解释欧洲历史。他在此强调基督教在欧洲文化发展中扮演的角

---

① 《人类历史哲学的观念》，XIV，第85页。
② 歌德把赫尔德视作希腊文化方面的权威。

色。的确，我们看到他意识到经济因素的重要性。赫尔德对于十字军东征的叙述就是一个很好的例子。他绝没有对技术发明和新科学知识的重要性视而不见。但是，他远离了启蒙运动的心灵状态，而启蒙运动把文明的理想发展当成一种逐步远离宗教的运动。赫尔德可能是自由主义的基督徒，但是他深深地相信宗教在人类文化中有着必不可少的角色。

　　因为赫尔德强调民族群体、国家和文化，而且强调在基督教文化兴起过程中日耳曼民族扮演的角色，所以某些受到误导的人（例如纳粹）就试图把他描绘成民族主义者，甚至种族理论的支持者。但这种解释完全偏离了主题。他从未暗示日耳曼人应当统治其他民族。实际上，他谴责条顿骑士团对于日耳曼东部邻国的所作所为。在他的著作中，他常常攻击军国主义和帝国主义。他的理想是各民族文化的和谐展开。正如个人是且应当是自由的（尽管个人被统一在社会之中），不同民族也应当形成一个家族，每个民族都有助于"人道"的发展。至于种族理论，赫尔德相信民族群体

178　形成了国家最为自然的基础。在他看来，使得罗马不稳定的因素之一，恰恰在于罗马征服其他民族，因而摧毁了它自身的民族统一性。但无论这种观点是否有效，都与种族理论毫不相关（如果种族理论的意思是，一个民族内在高于其他民族，而且有权统治他们）。至于犹太人，赫尔德远不是反犹的。但是，在这个主题上逗留更久就是浪费时间了。没有一位明智的、客观的历史学家会把赫尔德的历史理论（即历史被视为民族文化的发展）看作涉及了贬义上的国家主义、军国主义或帝国主义，或者将其看作认为某个特定民族内在高于其他民族。当然，在某种意义上，他是国家主义者，但这并不是说他为了自身民族的权利而不愿意承认其他民族的权利。

　　赫尔德的历史哲学稍显复杂。第一，我们知道他坚持认为，考察需要客观和无偏私，需要摆脱预设的理论，每种文化都具有各自的价值。对于历史学家而言，这显然是非常好的规则。第二，我们知道，他的文化生命理论类似于有机体生命，这种理论可能使人们想起维科的循环理论。第三，我们知道他的"人道"观念与进步理论而非循环理论更为契合。但二者的调和无疑是可能的。每种文化都有其循环，但通常的运动是朝向人类内在潜能的实现，朝向"人道"的实现。

对于赫尔德而言，逐渐接近人道理想是否不可避免，这似乎不是很清楚。他在《人类历史哲学的观念》中评论道，"具有最终目标的哲学相比于自然史而言没有任何优势"。① 例如，如果我们认为罗马的恶劣行为是必要且必需的，以便罗马文化可以发展和达到其顶峰，这就是很荒谬的。同时，虽然我们不能以它们是某种特殊的神意计划所需要的为理由，合理地为历史中的所有行动辩护，但赫尔德似乎肯定会说，"人道"的逐渐发展是不可避免的。因此，他告诉他的读者，在特定的国家、时间和空间环境的范围内，任何可能发生的事情都会发生。② 这显然在暗示，如果逐渐接近人道理想是可能的，那么它就会不可避免地发生。实际上，赫尔德告诉我们，所有破坏性力量必须最终屈从于保存力量，并为整体的发展而起作用。③

《促进人道书简》(*Briefe zur Beförderung der Humanität*，1793—1797) 中也出现了类似的模糊性。在这些书信中，赫尔德表明他比之前更愿意承认政治变化能够有助于人类的进步④，他的普遍观点似乎是，总体上来说，存在着而且将会存在某个逐步实现人道理想的渐进运动。同时，他坚持教育的必要性，认为教育应该发展人类的内在潜能。如果没有这种不断的塑造性教育，人就会降为野兽。⑤ 这个陈述似乎并没有暗示出进步的必然性。赫尔德认为，我们可以区分出欧洲精神发展的三个阶段。第一，罗马和日耳曼文化的混合，这产生出欧洲的宗教和政治组织。第二，文艺复兴和宗教改革。第三，当时所处的阶段，我们还无法预测其结果。⑥ 这里似乎存在着某种对未来的怀疑，当然，虽然这可以和以下普遍信念相调和：人类朝向其最高的潜能的最终发展而前进。

这个情境或许可以这样表达。作为历史学家，赫尔德敌视那种从自

---

① 《人类历史哲学的观念》，XIV，第 202 页。

② 同上，第 144 页。

③ 同上，第 213 页。

④ 例如，他更欣赏腓特烈大帝的改革方式。他最初想要乐观地撰写法国大革命，虽然恐怖的出现使他放弃了这些章节。

⑤ 《人类历史哲学的观念》，XVII，第 138 页。

⑥ 与这个阶段相联系，赫尔德讨论了世界精神（Weltgeist），黑格尔后来使用了这个术语。

身时代的文明来评判所有文化的倾向，他强烈倾向于历史主义和相对主义，这很难与进步的教条相契合。但作为哲学家，赫尔德不仅相信人类的自然善和可完善性，而且相信神意通过人的行为而起作用。他自然倾向于得出这样的结论：人类最高的潜能将会最终实现，即便路途上有很多绊脚石。

第四部分

康　德

第十章

康德（一）：生平和著作

康德的生平与性格——早期著作与牛顿物理学——前批判时期的
哲学著作——1770年论文及其背景——批判哲学的构想

1. 如果不考虑康德的思想发展及其结果，我们不需要花费时间叙述
康德的生平。因为康德的人生异常平淡且缺乏戏剧性事件。的确，任何哲
学家的一生都主要致力于内在反思，而不是公共生活中的外在活动。他不
是战场上的发号施令者，也不是北极探险家。除非他像苏格拉底那样被迫
饮鸩而亡，或者像布鲁诺那样遭受火刑，否则他的人生自然显得毫无戏剧
性。但是，康德甚至也不像莱布尼茨那样周游世界。因为他的全部人生都
在东普鲁士度过。他也没有像黑格尔后来在柏林那样，在首都的大学中担
任哲学讲席教授。他只是边远小城不那么著名的大学中的杰出教授。他也
不像克尔凯郭尔和尼采那样，为心理分析学家提供了丰富的素材。在他的
晚年，他以生活规律和准时而著称；人们很难认为他具有反常的人格。但
是，人们或许可以说：他安稳平凡的人生与他巨大的影响之间的对比，本
身恰好是最具戏剧性的。

1724年4月22日，伊曼纽尔·康德出生于柯尼斯堡，父亲是马具匠。
无论是在家庭中的童年时光，还是从1732年到1740年在腓特烈中学的学
习期间，他都生活在虔敬派运动的精神氛围之中。他一生都欣赏虔诚的虔
敬派信徒的优良品质，但很明显，他尖锐地反对在学校里不得不遵循的宗
教仪式。在正式的学校教育中，康德很好地掌握了拉丁语知识。

1740年，康德进入他家乡城市的大学学习，选修了各个学科的课

程。但是，他所受的主要影响来自逻辑学和形而上学教授马丁·克努岑（Martin Knutzen）。克努岑是沃尔夫的学生，但他对于自然科学有着浓厚的兴趣，在讲授哲学的同时，他还讲授物理学、天文学和数学。康德借阅了这位教授的藏书，受他激发而去学习牛顿科学。实际上，康德的最初的著作主要关于自然科学，他也保持着对这门学科的浓厚兴趣。

在完成大学学业之后，出于经济上的考虑，康德在东普鲁士担任家庭教师，他生命的这个时期持续了七八年，直至 1755 年，他获得了相当于我们现在所说的博士学位，获准担任编外讲师。1756 年，克努岑去世，康德试图获得克努岑留出的教席空位。但是，克努岑的教席本来就是"额外"教席，政府出于财政的考虑，对这个职位未予补缺。1764 年，康德获得了诗学教席，但他拒绝了，这无疑是明智的。1769 年，他拒绝了耶拿大学提供的类似职位。最终在 1770 年 3 月，他被任命为柯尼斯堡大学的逻辑学与形而上学教授。因此，康德作为编外讲师的时期从 1755 年持续到 1770 年，当然，这一时期的最后四年他还担任了助理图书馆的管理员，这给他提供了某些额外的经济支持。（1772 年，他辞掉了这个职务，理由是它与他的教授职务相冲突。）

这十五年通常被称为康德的前批判时期。康德在此期间讲授了大量课程，涉及各种不同的主题。在很多时候，他不仅讲授逻辑学、形而上学和道德哲学，而且还讲授物理学、数学、地理学、人类学、教育学和矿物学。从各方面的反响来看，康德讲课极为出色。按照规定，教授和讲师都要阐述教科书，康德当然也要遵守这项规定。因此，他使用了鲍姆加登的《形而上学》。但是，他常常毫不犹豫地脱离教科书，甚至批判教科书，他的讲课极其风趣，还带有故事性。在他的哲学课程中，他的主要目标是激发听者自己的独立思考。

我们不能认为康德是位隐士。虽然康德在晚年非常珍惜他的时间，但在我们正在讨论的这个时期，他与地方社会保持良好的关系。实际上，他整个人生都非常乐于社交。此外，虽然康德游历不多，但他却很乐意接待游历他国的人士，他通过阅读所获得的异域知识有时甚至让他们感到吃惊。他的兴趣非常广泛。卢梭著作的影响激起了康德对教育改革的兴趣，而且帮助他发展出激进的政治观点。

当然，我们很难期待有人能够确定康德思想的前批判时期结束和批判时期开始的确切时刻。这就是说，我们无法期待有人能够确定康德反驳莱布尼茨-沃尔夫哲学体系并开始构造他自己体系的确切时间。但是，通常来说，我们可以把他在 1770 年被任命为教授作为方便的分界时间。但是，《纯粹理性批判》(*Critique of Pure Reason*) 直到 1781 年才得以问世。康德在中间的这 11 年期间不断思考他的哲学。同时（或者更确切地说，直到 1796 年），他仍然在继续教课。他继续使用沃尔夫的哲学教科书，同时继续讲授非哲学的学科，其中人类学和自然地理学尤其受欢迎。学生需要这类事实性知识，以便他们理解经验在我们的知识中扮演的角色，这是康德的信念。空洞的哲学沉思不是康德的理想，只要粗略浏览第一批判就可以得出这样的结论。

《纯粹理性批判》第一版于 1781 年问世之后，康德的其他名著便很快相继问世。1783 年，康德出版了《未来形而上学导论》；1785 年，出版了《道德形而上学的奠基》(*Fundamental Principles of the Metaphysics of Morals*)；1786 年，出版了《自然科学的形而上学初始根据》(*Metaphysical First Principles of Natural Science*)；1787 年，出版了《纯粹理性批判》的第二版；1788 年，出版了《实践理性批判》(*Critique of Practical Reason*)；1790 年，出版了《判断力批判》(*Critique of Judgement*)；1793 年，出版了《纯然理性界限内的宗教》(*Religion within the Bounds of Reason Alone*)；1795 年，出版了《论永久和平》(*On Perpetual Peace*)；1797 年，出版了《道德形而上学》(*Metaphysics of Morals*)。因此，可以理解，在如此繁重的任务下，康德必须紧凑地利用他的时间。在他作为教授的这些年，康德每天都恪守生活规律，这逐渐变得众人皆知。康德早上不到五点起床，五点到六点花费一个小时喝茶、抽烟，以及思考当天的工作。从六点到七点，他准备讲课，课程根据一年中不同的时间而开始于七点或八点，并且持续到九点或十点。随后，康德开始致力于写作，直到吃午饭。康德通常与其他人一同吃午饭，午饭会持续几个小时，因为康德很喜欢交谈。随后，康德开始每日都进行的散步，大约持续一小时。晚上的时间用来阅读和反思，十点上床休息。

康德只与政治权威有过一次交集，这与《纯然理性界限内的宗教》有关。1792 年，这部著作的第一部分"人性中的根本恶"经过审查后得以通过，理由是这部作品和康德的其他著作一样，不是面向普通读者。但是，第二部分"论善的原则与恶的原则之间的斗争"则未能通过审查，因为这部分攻击了《圣经》神学。但是，这本由四部分构成的著作获得了柯尼斯堡大学神学系以及耶拿大学哲学系的批准，并于 1793 年出版。麻烦随之而来。1794 年，腓特烈大帝的继承者，普鲁士国王腓特烈·威廉二世表达了对这本书的不满，并指控康德歪曲和贬低了《圣经》以及基督教的很多基本原则。国王威胁康德，如果康德胆敢再犯，就施以惩罚。作为哲学家，康德拒绝撤回他的观点，但他承诺不再进一步公开讨论自然宗教或启示宗教，无论是在讲课中还是在著作中。但普鲁士国王逝世之后，康德认为他的承诺已然得到解除，于是在 1798 年出版了《系科之争》（ *The conflict of the Faculties* ）。康德在这部著作中讨论了《圣经》信仰意义上的神学与哲学或批判理性之间的关系。

康德逝世于 1804 年 2 月 12 日。出版第一部成名作《纯粹理性批判》时，康德已经五十七岁，而从 1781 年到他去世，他的著作成果令人惊叹。

184 在人生的最后时期，康德致力于重述他的哲学，他留下来的准备用来修订其哲学体系的笔记由埃里克·阿狄克斯（Erich Adickes）于 1920 年出版，题名为《遗著》。

康德性格中的突出特点可能是他的道德诚实以及他对义务观念的虔诚，他的伦理学著作对于这种虔诚进行了理论表述。正如我们所述，康德喜爱社交，同时也极为善良和仁慈。他从未非常富裕，因此在钱财问题上精打细算，但他仍然经常帮助很多穷人。他虽然节俭，但却并不自私自利或铁石心肠。他虽然很少流露情感，但却是真诚和忠诚的朋友，而且他举止得体，尊重他人。在宗教方面，康德虽然不太遵从通常的礼仪，但也没有人认为他倾向于神秘主义。他也不是严格意义上的正统基督徒。但他确实拥有对上帝的真实信仰。尽管康德坚持认为，在道德原则并不来自自然神学或启示神学的意义上，道德是自主的，但他仍然相信道德性意味着或最终涉及了对上帝的信仰，我们稍后会对之进行解释。有人说康德没有宗教经验，这就太过夸张了。而且如果有人真这么认为，考虑到康德对于头顶的星空和心中的道德法则的尊敬，他的这种想法就会激起经久不衰的愤慨。同时，对于崇拜和祷告活动，以及胡戈尔男爵（Baron von Hügel）所称的宗教神秘因素，康德从未表明真正的赞同。但是，这并不意味着他不崇敬上帝，即便他崇敬宗教的方式只是通过实践上的道德责任意识。事实上，正如康德明显不具有对音乐作品的切身且生动的鉴赏力，但却写了有关美学和美学经验的著作，同样，康德不具有对基督徒虔诚和东方神秘主义的深刻理解，但却写了有关宗教的著作。康德的性格特征更多是道德真诚而非宗教献身，但这不意味着他是反宗教人士或者他对上帝的信仰是不真诚的。只有在他必须出席的正式场合，他才参加教会的仪式。他还对某个朋友说道，放弃祷告将会促进道德善的进步。这多少展现出了他的性格特征。

在政治方面，康德倾向于共和主义，前提是这个术语包含了有限的君主立宪制。他同情独立战争中的美国人，至少也同情法国大革命的理想。军国主义和沙文主义与康德的心智格格不入：《论永久和平》的作者不是纳粹能够利用的思想家。他的政治观念当然内在地与他关于自由价值、道德人格的概念相联系。 185

2. 正如我们所见，康德对于科学问题的兴趣在柯尼斯堡大学被克努岑所激发。同样很明显，在东普鲁士当家庭教师的这段时期，康德读过大量科学文献。因为他在 1755 年提交给大学的博士论文是《论火》（De igne），他在这年还出版了《天体理论和自然通史》（Allgemeine Naturgeschichte und Theorie des Himmels）。这部著作出自之前写作的两篇论文（1754），其中一篇论述地球绕其轴心的运动，另一篇论述地球是否变老的物理学问题。在这部著作中，他提出了具有原创性的星云假说，早于后来的拉普拉斯（Laplace）。

因此，某些历史学家更倾向于把康德的思想生命划分为三个阶段，以取代通常的两阶段划分，即处于莱布尼茨-沃尔夫体系影响下的前批判时期，以及思考和表达他自身哲学的批判时期。这就是说，他们认为我们应当承认原初阶段的存在，在这个阶段，康德主要考虑的是有关科学本性的问题。这个时期持续到了 1755 年或者 1756 年，而前批判时期则集中在18 世纪 60 年代。

　　当然，某些证据支持三分说。因为三分说可以让人注意到康德早期著作中占主导的科学特征。但就通常的目的而言，传统两分说在我看来已经足够。毕竟，康德没有放弃牛顿物理学转而寻求其他物理学。但他却放弃了沃尔夫的哲学传统，开创了新的哲学。这在他的心灵发展中是重要的事件。此外，三分说可能也有误导性。一方面，康德的早期著作虽然

186 以科学为主导，但却并非完全如此。例如，在 1755 年，他在《论火》之后还发表了另一篇拉丁文论文，《对形而上学认识论基本原理的新解释》（ *Principiorum primorum cognitionis metaphysicae nova dilucidatio* ），这篇论文使他获准在大学中作为编外讲师授课。另一方面，康德在批判时期仍然发表了几篇科学论文。在 1785 年，他发表了《论月球上的火山》（ *Ueber die Vulkane in Monde* ）。

　　但是，继续探讨这个问题是浪费时间。重点在于，康德虽然从来不是专业的物理学家或天文学家，但却掌握了牛顿科学的知识；对他而言，关于世界的科学概念具有有效性是严格的事实。科学知识的本性当然仍然需要探讨；科学范畴和概念的应用范围也是个问题。但是，康德从未质疑过牛顿物理学在其自身领域内的普遍有效性；他后来的问题是在这个信念的基础上产生的。例如，世界是受规律统治的系统（每个事件在其中都具有其决定和决定过程）这种科学概念，与包含了自由的道德经验的世界，我们如何能够在这二者之间进行调和？而且，大卫·休谟的经验主义似乎否定了对关于世界的科学概念的所有理性的、理论性的辩护，面对这种经验主义，我们能为科学陈述的普遍性和科学命题的有效性找到什么样的理论辩护呢？我并不是想说这类问题已经出现在了康德最初的思考之中，我也不想在此预先讨论他后期的批判哲学中出现的问题。但是，要想了解他的问题特征，就必须从一开始就理解他接受且一直接受牛顿科学的有效性。鉴于这种接受，鉴于休谟的经验主义，康德发现，随着时间的推移，自己不得不提出有关科学知识的本性的问题。而且，鉴于他接受关于世界

的科学概念，同时鉴于他接受道德经验的有效性，随着时间的推移，康德
发现自己不得不讨论必然世界和自由世界之间的相容性。最后，鉴于科学
的进步以及经典物理学获得了普遍接受，康德发现自己不得不去追问形而　187
上学是否缺乏相应的进步，是否任何一种形而上学体系都没有获得普遍的
接受，而这难道不需要彻底修正我们关于自然以及形而上学功能的观念？
康德将来会处理这些问题，但这预设了他对牛顿科学的接受，这种接受显
现在他的早期著作中。

　　3. 当我们说到康德思想发展中的前批判时期，所指的当然是他构想
和撰写自己的原创哲学之前的时期。换言之，这个术语必须在严格意义上
被理解，而不是"不加批判地"被理解。在这个时期，他多少仍然坚持沃
尔夫哲学的观点，但他绝不是以盲从和不加批判的方式接受这种哲学。早
至 1755 年，在其拉丁文著作《对形而上学认识论基本原理的新解释》中，
他已经批判过莱布尼茨和沃尔夫的某些哲学，例如他们对充足理由律的使
用。但在这个时期，他对莱布尼茨哲学的了解与沃尔夫及其追随者对它所
做的经院哲学阐述不同，是有限的和不充分的。但是在 18 世纪 60 年代
的著作中，我们可以看到他对莱布尼茨-沃尔夫体系的批判态度越来越强
烈，虽然直到 60 年代末期，严格意义上的批判观点才首次出现。

　　1762 年，康德发表了《四种三段论格的烦琐错误》(*Die falsche
Spitzfindigkeit der vier syllogistischen Figuren*)。在这篇论文中康德认为，将
三段论逻辑划分为四种形式是过于烦琐和不必要的。同年年末，康德发表
了《证明上帝实存的唯一可能根据》(*Der einzig mögliche Beweisgrund zu
einer Demonstration des Daseins Gottes*)。这篇论文颇为有趣，我们在此
可以进行简要讨论。

　　在论文的结尾，康德说道，虽然"设想上帝实存是完全必要的，但
是证明它却不是十分必要"。[①] 因为神意不希望认识上帝的唯一途径是形

---

① 参见 3, 5; *W.*, II, 第 163 页。字母 *W.* 表示普鲁士科学院版的康德全集，引用为全
集、卷次、页码。参见本书文献部分。译者注：普鲁士科学院版的康德全集于 1902 年启
动编纂，1942 年完成二十二卷版，二战后继续编纂。学术界广泛使用的康德著作的英
文译本是剑桥大学出版社出版的"剑桥版康德著作集"(*Cambridge Editions of the Works
of Immanuel Kant*)。

而上学上的烦琐论辩。如果事实如此，我们就会处于令人遗憾的困境之

188 中。因为还没有真正有说服力的证明，能够提供类似于数学的确定性。但是，专业哲学家自然应该想要探究上帝实存的严格证明是否可能。康德想要对这种探究有所贡献。

所有有关上帝实存的证明，必须或者依赖于可能性的概念，或者依赖于关于实存的经验观念。此外，这两类各自还可以划分为两个子类。首先，我们可以尝试从下述两种进路展开讨论：一种是以上帝实存作为结果，而可能性是这种结果的基础；另一种是以可能性作为结果，以上帝实存作为这一结果的基础。其次，如果我们从实存的事物出发，同样有两种进路可供选择。我们或者可以尝试证明这些事物的第一个、独立的原因之实存，随后表明，这种第一因必须拥有某些属性，这些属性可以使第一因恰当地被称为上帝。或者我们可以尝试同时证明上帝的实存和属性。康德认为，任何上帝实存的证明只能是上述四种形式之一。[①]

第一种论证，即以可能性作为基础，以上帝实存作为结果，对应于所谓的本体论论证，从关于上帝的观念到上帝的实存。安瑟伦（Anselm）和笛卡尔提出了这种证明的不同形式，莱布尼茨接受并对之进行了重述。康德在《证明上帝实存的唯一可能根据》中对之进行了反驳，在他看来，这种证明假设了实存是个谓词，这是错误的假设。第三种证明对应于康德后来所称的宇宙论论证，在康德看来这种证明方式更多地被沃尔夫学派的哲学家所采纳，但由于我们不能证明第一因必定是我们所说的上帝，所以这种证明也被康德排除在外。第四种证明对应于目的论证明或者设计论证明，康德对这种论证表现出相当程度的尊重（正如他之后持续表现出的那样），前提是这种论证的重点是被放在有机体内在的目的论上。即便如此，它不能且不可能等同于对上帝实存的证明。因为它至多将我们引向产生出世界的系统、秩序和目的的神圣心灵或者神圣理智，而不是将我们引向创造者。换言之，它给我们带来了二元论，一方面是超越世界的心灵，另一方面是等待形塑的物质。就这一论证而言，这种物质是独立于还是依赖于

---

① 3，1；*W.*，II，第154—155页。

上帝，我们仍有疑义。

最后还剩第二种论证，从作为结果的可能性推出作为基础的上帝实 189
存。康德提出，第二种论证是证明上帝实存的唯一可能。他告诉我们，
否认所有实存，这本身并没有内在的逻辑矛盾。但是，我们不能合理地
做出的是，在肯定可能性的同时否认可能性有实存基础。我们必须承认
可能性。因为我们不能不经过思维就将可能性否定，而去思维就是含蓄地
肯定了可能性的领域。康德继续论证道，这种存在者必须是唯一的、简单
的、不变的、永恒的、精神的，以及具有形而上学中"上帝"一词所包含
的所有其他意涵。

从中世纪哲学来看，第二种论证让我们想起了邓·司各脱而非托马
斯·阿奎那，司各脱试图从可能性论证上帝的实存及其属性。阿奎那的确
在其第三条道路中把他的论证建立在"可能性"概念的基础之上，但他的
可能性概念来自经验事实，即某些事物能够产生和消失，因而是"可能
的"（经院哲学家通常称之为"偶然"）。康德论证道，上帝实存包含在所
有思维之中，而非偶然事物的实存显示出了上帝的实存。我们或许可以认
为，康德所要求的是，莱布尼茨从永恒真理出发的论证应当转变为严格
的证明。无论如何，非常有趣的是，他的论证道路虽然不同于本体论证
明，但与设计论证明相比却具有先天特征，而且预设了莱布尼茨式的观
点，即把形而上学视为非经验科学。但是，这不意味着他没有看到数学与
形而上学之间具有内在区别。这种区别在我们即将提到的著作中得到了清
楚的肯定。

在《证明上帝实存的唯一可能根据》中，康德认为形而上学是"无
底的深渊"和"没有彼岸没有灯塔的黑暗海洋"。[①] 在《关于自然神学
和道德的原则的明确性研究》（*Untersuchung über die Deutlichkeit der
Grundsätze der natürlichen Theologie und der Moral*, 1764）中，我们看到
康德更为清楚地阐明形而上学的本性。在此前那年，柏林科学院发布了有
奖征文，讨论形而上学真理是否具有普遍性，或者更具体地说，自然神学 190

---

① 《关于自然神学和道德的原则的明确性研究》，前言；*W.*，II，第 66 页。

和道德的第一原则是否能够与几何真理具有相同程度的论证确定性。如果不是，它们具有什么样的独特本性和确定性程度？这种确定性程度是否足以为我们的形而上学信念做辩护？康德的论文未能获奖，获奖的是门德尔松的论文，但康德的论文非常有趣。

康德坚持认为，数学与形而上学之间具有根本区别。[①] 数学是构造性的科学，因为数学可以任意"综合地"构造它的定义。几何图形的定义不是对之前拥有的概念或观念进行分析所带来的结果，而是概念通过定义而产生。但是，在哲学［康德称之为"世界智慧"（Weltweisheit）］中，定义是通过分析而获得的。这就是说，我们首先会对某个事物具有观念，尽管这种观念是模糊或不充分的。通过对这种观念的应用实例进行比较，以及通过实施抽象活动，我们试图努力澄清它。在这个意义上，哲学是分析性的而非综合性的。康德以时间为例说明这之间的差异。在我们对时间进行哲学探究之前，我们已经具有某些关于时间的观念和知识。这种探究采取的形式是比较和分析时间经验的各种例子，从而形成充分的、抽象的时间概念。"但是，如果我想要在这里试图以综合的方式得出时间的定义，如果这个概念恰好就充分表达了先前给定的观念，那么这该会是怎样的幸运巧合啊。"[②] 这就是说，如果我随意构造时间的定义，像几何学家构造其定义那样，那么，如果我碰巧对我（和其他人一样）已经拥有的具体时间观念给出了明晰的、抽象的表达，这只能是出于运气。

据说，哲学家的确"综合地"构造定义。例如，莱布尼茨自己就构想出了只拥有模糊或混乱表象的简单实体，他称之为沉睡的单子。这的确是真的。但是，重点在于，当哲学家任意地构造定义，这些定义不是严格意义上的**哲学**定义。"对于语词意义的这类规定从来都不是哲学定义；但如果它们被称作解释，那也只不过是语法上的解释而已。"[③] 如果我想，我就可以解释我在什么意义上使用术语"沉睡的单子"，但这样我只是作为

[①]　在《将负数概念引入世俗智慧的尝试》（1763）这篇论文中，康德已经明确反对把数学方法应用于哲学观念，虽然他仍然坚持认为，数学真理在哲学上可以是相关和有效的（*W.*, II，第167—168页）。

[②]　《关于自然神学和道德的原则的明确性研究》，1, 1；*W.*, II，第277页。

[③]　同上。

语法学家而非哲学家而行动。莱布尼茨"没有解释这种单子，而只是设想了它，因为单子的概念并不是被给予的，而是由他创造的"。[①] 与此类似，数学家常常处理某些能够进行哲学分析而不仅仅是任意构造的概念。空间概念就是这方面的例子。但是，这类概念是被给予的；严格来说，它们不是像多边形这种意义上的数学概念。

我们可以认为，在数学中，我完全没有关于对象的概念，直到定义提供了概念；但在形而上学中[②]，我有已经被给予的概念，虽然这种概念仍然是混乱的，我将尝试使之清楚、分明和确定。[③] 正如圣奥古斯丁所说，只要没有人向我追问时间的定义，我就清楚地知道时间是什么。在形而上学中，即便我们不能定义思想对象，我也能够很好地知道有关思想对象的真理，而且能够从这些真理中推出有效结论。康德给出了关于欲求的例子。即便我不能定义欲求，我也能谈论有关欲求之本性的真理。总之，数学以定义作为起点，形而上学所走的则是完全不同的道路。康德总结道，如果要在形而上学中获得确定性，那么需要注意的原则性规则是，要确定人们对于当下主题能够直接和确定地知道的内容，以此决定这种知识所能够引出的判断。

因此，形而上学不同于数学。同时，我们必须承认，哲学理论多数就像陨石，它们的明亮程度不会保证其持续时间。"形而上学无疑是人类所有知识中最困难的，但还没有任何写出来的形而上学。"[④] 我们必须转变方法。"形而上学的真正方法与牛顿引入自然科学并在那里获得有益结果的方法，从根本上是相同的。"[⑤] 形而上学家应当以"内在经验"现象作为起点，精确地描述它们，确定它们能够给出且我们可以确定的直接判断。形而上学家随后追问，各种现象是否能够像引力的普遍规律那样，在单一的概念或定义之下联合起来。正如我们所见，康德在哲学课程中使用了沃

192

---

① 《关于自然神学和道德的原则的明确性研究》，1，1；*W.*，II，第 277 页。
② 康德把形而上学描述为"关于我们知识的最终原则的哲学"（《关于自然神学和道德的原则的明确性研究》，2；*W.*，II，第 283 页）。
③ 《关于自然神学和道德的原则的明确性研究》，2；*W.*，II，第 283 页。
④ 同上，1，4；同上。
⑤ 同上，2；同上，第 286 页。

尔夫的教科书，而在形而上学课程中使用了鲍姆加登的教科书。鲍姆加登
的方法以普遍定义为出发点，进而引出更为特殊的内容。这种方法是康德
明确反对的。康德主要关注的不是纯粹逻辑意义上和形式意义上的前
件与后件之间的关系。他关注的是"真正的基础"；他必须以被给予的作
为起点。

　　至于柏林科学院所提出的有关自然神学和道德的特殊问题，康德在
《关于自然神学和道德的原则的明确性研究》中坚持认为，自然神学的
原则是或能够是确定的。他简要引用了他的上帝实存证明作为可能性的
实际基础。但在道德领域，情况稍有不同。因为我们必须承认，情感在
道德生活中起到了部分作用。康德引用了"哈奇森（Hutcheson）和其他
人"，他论述道，"在我们这个时代，人们首先开始认识到，虽然表象真理
的能力是**认识**，但感受善的能力却是**情感**，这两者必须不能相互混淆"。①
［英国道德学家和作家对于康德美学的影响也明显体现在康德的《关于
美感和崇高感的考察》（*Beobachtungen über das Gefühl des Schönen und
Erhabenen*，1764）中］。但是，不同于情感在道德生活中所扮演的角色，
道德的第一原则仍未得到充分阐明。康德区分了"或然的必然性"（达到
目的 X，必须以 Y 作为手段）与"法则必然性"（你有责任做某件事，不
是作为手段，而是作为目的），这预示了他后期的伦理理论。同时，康德
告诉我们，他在深入思考后得出结论，义务的第一形式原则是"做对你而
言最完美的事情"。②但我们不能从这个原则推导出具体的责任，除非"质
料"的第一原则也同时被给予。所有这些主题都需要仔细考察和思考，在
此之后，我们才能够给道德第一原则提供最高程度的确定性。

　　在《关于自然神学和道德的原则的明确性研究》中，康德澄清了我
们的时间观念。这或许使当代英语读者认为，他把哲学还原为"语言分
析"，还原为对词项的使用所做的分析。但是，康德并没有想要否认形而
上学的实存意义。例如，这很清楚地表现在他对自然神学的论述中。他在

----

① 《关于自然神学和道德的原则的明确性研究》，4，2；同上，II，第299—300页。
② 同上；同上，299。

这部著作中的主要观点是，真正使用了数学方法的形而上学将会局限于展示形式蕴含关系。如果形而上学家想要增加我们的实在知识，他就必须停止仿效数学家，并且转向类似于牛顿在自然科学中成功使用的方法。实际上，他应当从澄清经验上的模糊概念开始，为这些概念提供充分的、抽象的表达；随后他可能会继续推论、建立形而上学。但是，这并不意味着康德相信形而上学可以把我们的理论知识扩展到科学领域之外。当我们已经知道了他后期思想的发展，我们自然会想到这本书中的某些观察已经预示了他后期的观点。这些观察指形而上学关注于我们知识的第一原理。但是，我们在此并不试图证明康德在这个阶段已经具有批判哲学的观点。我们能够说明的是，他建议在形而上学中用牛顿的方法代替数学方法，我们不应该因此就不去注意他对于思辨形而上学日益增长的怀疑主义。实际上，这种建议部分表达了这种怀疑主义，或至少包含了疑义。这与对自然科学的信念相反，自然科学增加了我们有关世界的知识，而形而上学则没有。对于形而上学应当做什么，康德提出了建议，但这并不意味着他自己投身于思辨形而上学的要求之中。事实上，康德很快清楚地表明情况远非如此。

1766 年，康德匿名（虽然作者的身份绝非秘密）出版了半严肃半幽 194
默的著作，《以形而上学的梦来阐释一位视灵者之梦》（*Träume eines Geistersehers, erläutert durch Träume der Metaphysik*）。因为康德有段时间对伊曼纽尔·斯韦登堡（Immanuel Swedenborg）的幻觉经验非常好奇，而且研究了他的"属天的奥秘"（Arcana coelestia），康德的反思的结果形成了《视灵者之梦》。对于幻觉经验，康德没有明确接受或反驳它们可能起源于灵神世界的影响。一方面，康德给我们描述了他所称的"秘密哲学的片段"[①]，考虑到其中假设了（未经证明的）灵神世界，他提出灵神对人类灵魂的影响可能被投射在想象的幻觉中。另一方面，他还描述了"普通哲学的片段"[②]，他在其中提出对斯韦登堡所说的那些经验的解释，使得这些

[①] 《以形而上学的梦来阐释一位视灵者之梦》（以下简称《视灵者之梦》），1，2；*W.*，II，第 329 页。
[②] 同上，1，3；*W.*，II，第 342 页。

经验可以成为医学诊断和治疗的对象。读者可以自己选择采纳哪种解释。但重点不在于康德对幻觉经验的讨论，而在于他提出：思辨形而上学的理论就其自称是超越经验的而言，是否比斯韦登堡的观点具有更强的立场。康德清楚地表明，这些形而上学理论只具有更弱的立场。斯韦登堡的经验似乎通过与灵神世界接触而引起，即便这得不到证明。但是，形而上学理论本应该是在理性上可以证明的，而这就是有关灵神存在者的形而上学理论所无法做到的；我们甚至不可能具有有关灵神的积极构想。的确，我们能够尝试借助否定来描述它们。但康德认为，这个过程的可能性既不依赖于经验也不依赖于理性推理，而是依赖于我们的无知，依赖于我们知识的限度。结论就是，灵神学说必须从形而上学中清除出去，如果形而上学想要具有科学性，它就必须划定"人类理性的本性所设定的知识界限"①。

195　　　康德对形而上学采取的这种态度被休谟的批判所影响。这极其清楚地体现在《视灵者之梦》对因果关系的论述中。因果关系不能与逻辑蕴含关系相混淆。肯定原因而否定结果，这不涉及逻辑矛盾。原因和结果只能通过经验获得。因此，我们不能超出经验（感官经验）地使用因果观念，获得关于超可感实在的知识。康德否认的不是超可感实在的实存，而是否认形而上学能够像以往形而上学家所认为的那样开启通往它们的大门。

　　传统形而上学对于道德而言是必要的，因为道德原则依赖于比如灵魂不死、上帝在来世的奖惩等形而上学真理——康德认为这种说法并不恰切。道德原则不是从思辨形而上学中得出的结论。同时，道德信仰（der moralische Glaube）可能指涉经验世界之外的领域。"将对于未来世界的期待建立在德性灵魂的经验之上，比（与之相反地）将人的道德态度建立在对彼岸世界的希望之上，看起来更合乎人性和道德的纯粹性。"②

　　因此，在《视灵者之梦》中，我们发现了对康德后期观点的预示。传统思辨形而上学不是也不可能是科学的、可证的知识的来源。道德是自主的，不依赖于形而上学或神学。这就是说，道德原则不是从形而上学或

---

① 《视灵者之梦》，2，3；*W.*, II，第369页。
② 同上；同上，第373页。

神学前提得出的结论。同时，道德可以超出自身之外，也就是说，道德经验可以产生对某些真理的（合理的）道德信仰，这些信仰不可能由形而上学家证明。但是，除了认为形而上学应当采取人类知识界限的科学形式，康德还没有构想出他的独特哲学概念。他思想的否定方面，即对思辨形而上学的怀疑主义批评仍然非常突出。

康德还没有形成批判观点，这清楚地体现在他1768年发表的论空间的论文中。在这篇论文中，康德发展了他非常尊敬的莱昂哈德·欧拉（Leonhard Euler，1707—1783）的某些观点，他认为，"绝对空间不依赖于所有物质而实存，具有自身的实在性"。[①] 同时，他表明自己意识到了空间具有独立的、客观的实在性这个理论所具有的困难。他认为，绝对空间不是外在知觉的对象，而是使外在知觉成为可能的基本概念。[②] 这个观点在他的就职论文中得到发展。

196

4. 康德在《未来形而上学导论》的前言中指出，大卫·休谟第一个打断了他的独断论迷梦。这个论断得到广泛引述，以至于人们可能倾向于忽略或者低估莱布尼茨的影响。1765年，莱布尼茨的《人类理智新论》最终出版，1768年，迪唐（Duten）版莱布尼茨著作集问世，其中包含了《莱布尼茨与克拉克论战书信集》。在这些著作出版之前，康德主要以沃尔夫哲学为中介了解这位伟大先驱者的思想。很清楚，重新阐释莱布尼茨对康德思想具有深刻的影响。他反思的最初结果体现在他担任教授的就职论文《论可感世界与理知世界的形式及其原则》（"De mundi sensibilis atque intelligibilis forma et principiis"，1770）之中。

让我们从具体问题开始。有关莱布尼茨与克拉克的通信，康德认为莱布尼茨对牛顿和克拉克的反驳是正确的，即认为时空不可能是绝对实在或物自身的属性。如果我们试图保留克拉克的立场，我们就只能无望地发现自己陷入二律背反之中。因此，康德接受了莱布尼茨的观点，认为时空是现象，而不是物自身的属性。同时，他不准备接受莱布尼茨所持有的时

---

① *W.*，II，第378页。
② *W.*，II，第383页。

空是模糊的观念或表象这一观点。倘若如此，例如，几何学就不会像现在这样是精确和确定的科学。因此，康德认为时空是"纯粹直观"。

想要理解康德这个立场，我们必须往回看看。在就职论文中，康德把人类知识分为可感知识（sensitive knowledge）和理知知识（intellectual knowledge）。这个区分不能理解为模糊的知识与分明的知识之间的区分。因为可感知识可能是完全分明的，例如在几何学（即可感知识的原型）中的情况。理知知识可能是模糊的，例如在形而上学中常常如此。这种区分必须应当从其对象来理解，可感知识的对象是可感事物（sensibilia），它能够影响主体的感性（sensualitas），即主体的接受能力或被在场之物所影响的能力，从而产生对对象的表象。

暂且不讨论理知知识而专注于可感知识，我们在此必须区分质料与形式。质料是被给予的东西，即感觉（sensations），由可感对象的在场而产生。形式是排列质料的，它由认识主体产生，是可感知识的条件。这类条件有两个：时间和空间。康德在就职论文中把它们称作"概念"。但是，康德非常仔细地观察到，时间和空间不是可感事物以之归类的普遍概念，而是可感事物以之成为知识对象的单称概念。这些"单称概念"被描述为"纯直观"。神圣直观是事物的原型和主动原理；但我们的直观的情况并非如此，我们的直观是被动的。被动直观的功能仅仅在于排列接受到的感觉，从而使可感知识成为可能。**"时间不是某种客观的、实在的东西**，它既不是实体，也不是偶性，也不是关系，而是某种由于人的心灵本性而必需的、按照一定规律排列所有可感事物的主观条件，是一种纯直观。因为无论是实体还是偶性，我们都只有通过时间的概念才能按照同时性或者前后相继的顺序排列它们……"[1] 同样，**"空间不是某种客观的、实在的东西**，它既不是实体，也不是偶性，也不是关系，而是某种**主观的、观念的东西**，它按照固定的规律从心灵的本性中产生，并作为一种图型（schema）把所有外部感知排列起来"[2]。因此，时间的纯直观是所有可感

① 《论可感世界与理知世界的形式及其原则》，3，14，5；*W.*，II，第400页。
② 同上，3，15，D；*W.*，II，第403页。

知识的必要条件。除了在时间之中，否则我无法意识到我的内在渴望。空间的纯直观是所有外部感知的必要条件。

因此，如果我们想要避免陷入困难和二律背反，我们就不能认为时间和空间或者是独立的、绝对的实在物，或者是实在的、客观的事物属性，康德认为时间和空间是主观的纯直观（"纯"指它们本身没有任何经验内容）。纯直观与作为可感知识之质料的感觉共同构成了康德在就职论文中所称的"显象"（apparentiae）。但是，我们显然不应当理所当然地认为这意味着人类有意识地把这些纯直观应用于感觉。形式和质料的结合先于所有反思。这就是说，人类主体必然在空间和时间中知觉可感对象。在形式和质料之间进行区分的行为只是哲学反思的工作。但就我们的意识而言，这种结合是种被给定的东西，虽然在随后的反思中，我们能够区分出什么是由可感对象的在场而产生的，什么是由主体而产生的。

人们可以用如下这种方式理解康德的观点。让我们像休谟那样假设，在感觉知识（sense-knowledge）中，被给予的东西最终是印象或感觉。但是经验世界显然不只是由印象、感觉和感觉材料而组成。因此，问题就在于：被给予的东西最终如何综合成经验世界。使用康德在就职论文中的术语来说就是：可感世界的形式和原则是什么？首先（在逻辑先后方面的首先），被给予的要素在纯直观或者空间和时间的"概念"中被知觉。这里有时间和空间上的排列。随后，我们才具有"显象"。再随后，心灵通过康德所说的理智的逻辑应用来组织感性直观的材料，而同时不触碰这些材料的基本感觉特征，我们随后就有了"经验"的现象世界。"从显象到经验，只有根据理智的逻辑应用而进行反思这一条道路。"[①] 在心灵的逻辑应用和功能之中，心灵只组织感性直观的材料；我们随后具有了关于经验的经验性概念。因此，经验科学通过智性的逻辑应用才是可能的。它们属于可感知识的领域，这不是因为这些经验科学没有应用到理智或知性（这将是一个荒谬的观念），而是因为理智和知性没有提供出来源于其自身的新概念，也就是说，理智或知性只是逻辑地组织来源于感觉的材料。实际

①《论可感世界与理知世界的形式及其原则》，2，5；*W.*，II，第 394 页。

199 上，智性的逻辑应用并不局限于组织来源于感觉的材料；但是，当智性以这种方式得到应用时，从康德在就职论文中对这些术语的使用来看，这种应用没有把可感知识转变为理知知识。

那么，康德所说的理知知识和理知世界是什么意思？理知知识或理性知识是以那些不影响到感官的东西为对象的知识，这就是说，它不是关于可感事物的知识，而是关于理知事物的知识。理知事物构成了理知世界。可感知识是**如其所显现**的对象的知识，这就是说，可感知识从属于康德所称的"感觉规律"，即时间和空间的**先天**（a priori）条件。而理知知识则是**如其所是**（sicuti sunt）的事物的知识。① 经验科学属于可感知识的领域，而形而上学是理知知识的主要范例。

这明显意味着，在形而上学中，心灵领会超出感觉的对象，尤其是上帝。但是，我们是否具有关于精神实在的直观？康德明确否定了这种说法。"对于人来说，不存在对理知对象的**直观**，而只有**符号知识**。"② 这就是说，我们是通过普遍概念来构想超可感的对象，而不是通过直接的直观。如何证明我们对于超可感实在的概念表象是有效的呢？

我们可以用如下这种方式表述这里的困难。正如我们所见，康德讨论了理智或知性的逻辑应用，理智或知性的功能在于比较和组织从感官或超感官来源获得的材料。对于从感官获得的材料，知性有了可作用的东西，即从感性直观中获得的材料，感性直观指感觉与时空纯直观之间的结合。但如果我们没有任何对超可感实在的直观，知性似乎就没有任何可作用的东西。因为在其逻辑应用中，它没有提供任何内容，而只是逻辑地组织它们。

这个问题还可以用如下方式展开。康德在知性或理智的逻辑应用与其"实在应用"之间做出了区分。根据其实在应用，理智从自身中产生出概念，即形成了非经验性的概念。在《人类理智新论》中，莱布尼茨批评200 了洛克的经验主义。莱布尼茨坚信，我们并非从经验中获得我们所有的概

---

① 《论可感世界与理知世界的形式及其原则》，2，4；*W.*，II，第 392 页。
② 同上，2，10；同上，第 396 页。

念。在这个问题上，康德支持莱布尼茨，虽然他没有在赞成天赋观念方面追随莱布尼茨。"据此，既然我们没有在形而上学中发现经验性的原则，那么，我们就不能在感觉中寻找形而上学中出现的概念，而是应当在纯粹理智的本性中寻找；它们不是作为天赋（connati）概念，而是应该作为从心灵的固有法则中抽象而得的概念（借助经验的机会注意其行动）。属于这类的，包括可能性、实存、必然性、实体、原因等，以及它们的对立面或者相关物……"[①] 因此，例如，实体和原因的概念不是来自感官经验，而是来自作用于经验的心灵本身。但是，问题在于，就理知世界而言，既然缺乏直观质料，那么这些概念能否被用来领会超可感实在，从而使我们能够对之做出积极和确定的真实陈述？换言之，独断形而上学声称具有关于理知事物的知识，这是否成立？

我们已经看到，康德不仅把知识划分为可感知识和理知知识，而且把世界划分为可感世界和理知世界。这自然表明，理知知识就是关于理知事物的知识，正如可感知识是关于可感事物的知识。正如超可感实在属于理知事物，我们自然期待康德会认为独断形而上学作为可知真理体系是可能的。事实上，这种在莱布尼茨影响下提出的对知识及知识对象的两重划分，使康德很难完全抛弃独断形而上学。但同时，康德在其论文中所讨论的内容极大地削弱了独断形而上学的地位，质疑了其主张，虽然他没有用这些内容彻底地抛弃它。这个问题值得我们进行简要讨论，因为它对于康德思想的发展非常重要。

首先，正如我们所见，康德断言，理智在理知事物领域中的"实在应用"只给我们提供了符号知识。这或许会使受到托马斯主义传统训练的人们认为：康德在说，我们能够具有关于超可感实在的有效知识，即便这种知识具有类比特征。但康德的意思似乎是，在缺少直观质料的情况下，理智的"实在应用"（从其自身产生出就经验而言的概念和公理）延伸到它的独断应用之上，只能给我们提供有关超可感实在的符号指示，把上帝描述为第一因就是这种符号化的例子。这个立场与康德后来的立场

201

---

① 《论可感世界与理知世界的形式及其原则》，2，8；*W.*，II，第 395 页。

之间的差距并不是非常大。这就是说，我们很容易进一步认为，原因、实体这类概念的主要功能是综合感性直观的材料，当然，虽然把这类概念应用于超可感实在在心理上是可能的，但这种应用无法产生关于这些实在的科学知识。

其次，康德讨论了以下这些要点。在自然科学和数学中，感性直观提供了材料或质料，理智只是根据其逻辑应用而得到使用（换言之，它只是逻辑地比较和组织材料，而没有从其自身的内在本性中提供概念和公理），"应用提供了方法"[①]。这就是说，只有在这些科学已经取得某种程度的发展之后，我们才反思和分析所使用的方法，考虑这种方法如何能够得到具体改进。这种情况类似于掌握语言。人们并不是首先阐明语法规则，随后才使用语言。语法的发展后于而非先于语言的使用。"但在形而上学这样的纯哲学中，**理智的应用**就原则而言是**实在的**，这就是说，事物、关系以及公理的原初概念最初是由纯粹理智自身所提供的，而且由于它们不是直观，所以我们无法避免错误，这样，**方法就先行于一切科学**；而且在这种方法的规则被适当地制定出来并牢固确立之前所尝试的东西，似乎都显得是轻率设想的，并且必然作为心灵的空洞荒谬的活动而遭到抛弃。"[②]在处理影响感官的物质事物时，我们可以在不需首先提出科学方法的情况下对它们了解很多。但是，当我们处理诸如上帝这类超可感实在或者物自身（区别于事物在感性直观中向我们显现的方式）时，我们就必须首先确定，我们**如何**能够知道它们。因为在缺少直观时，方法问题就变得至关重要。

康德告诉我们，首要的方法规则就是：我们必须看到，感官知识的原则不能从可感实在扩展到超可感实在。正如我们所见，康德在人类知识的感性层面与理知层面做出截然区分。他坚持认为，我们必须提防，不能把只能应用于感性知识领域的概念应用于超可感实在，不能把感性知识的原则转变为普遍原则。康德举出以下公理作为例子：所有实存的东西，都在某个空间和某个时间中实存。我们没有权利普遍地陈述这个公理，因为

---

① 《论可感世界与理知世界的形式及其原则》，5，23；*W.*，II，第410页。
② 同上；同上，第411页。

这样会（比方说）把上帝拉入时空领域之中。康德所谓智性的"批判应用"（usus elencticus），其职责就在于揭示这类普遍陈述的不合法性。因此，理智在其批判应用中，能够使超可感实在领域不被感性知识特有的原则和概念应用所污染。

但是，理智的批判应用必须区别于其独断应用。例如，我们可以认为上帝不是在时空之中的，但这个事实并不必然意味着我们能够通过纯粹理智获得关于上帝的积极和确定的知识。正如已经指出的，康德只是继续说道，纯粹理智的原初概念的认知功能在于综合感性直观的材料，以便排除独断论的形而上学，如果我们把独断形而上学看作关于上帝、灵魂不朽这类超可感实在的真理体系的话。严格来说，（比方说）原因概念不能应用于上帝。从心理上来说，我们当然可以这样应用；但这种应用只能给我们提供关于上帝的符号指示，而不是科学知识。

康德并不认为甚至从未认为超可感实在不存在。人们或许可能反驳道，既然已经这样地质疑了独断形而上学，那么康德就不再有理由肯定存在着这类实在。但在就职论文中，他没有清楚明确地表明他反对独断论形而上学。当他后来这样做时，他也同时发展出了道德法则的公设理论，这个主题我们暂且留在后面讨论。

在就职论文中，康德把理智的独断应用看作纯粹理智的普遍原则的扩展，从而构想出完善的**本体**或纯粹理知实在，将之作为所有其他实在的准则。在理论领域［即存在领域或实然（what is）领域）］，这种准则或范例就是上帝、最高存在者。在实践领域［即通过自由行动而产生的"应然"（what ought to be）领域］，这就是道德完善。因此，康德认为，就其基本原则而言，道德哲学属于纯粹哲学。康德所说的是，这些原则依赖于理性自身，而非依赖于感官知觉。他同意休谟的看法，即我们不能在感官知觉中发现道德原则。同时，他不准备把它们看作情感的表达而放弃尝试给它们提供纯粹理性的基础。就此而言，伊壁鸠鲁是值得严肃谴责的，"沙夫茨伯里及其追随者"[①]也同样如此，因为他们在某种程度上追随了伊壁鸠鲁。

203

---

① 《论可感世界与理知世界的形式及其原则》，2，9；*W.*，II，第 396 页。

但是，康德暂时没有发展这个主题。康德在后来才详细阐述其道德哲学。

5. 1770 年 9 月初，康德写信告诉 J. H. 兰贝特（J. H. Lambert）他打算在冬天继续研究纯粹道德哲学，"这其中没有经验原则"[①]。他还提到了修改和增订就职论文某些章节的想法。具体而言，他希望发展一门特殊的、尽管是消极的、必须先于形而上学的科学。这门科学被描述成"普遍现象学"[②]，它划定可感知识原则的有效范围，从而防止把这些原则无根据地应用于形而上学。我们已经知道，康德在就职论文中讨论过这门科学，正如在后来的书信中所言，这门科学在此被视为与形而上学相关的"预备性"科学。[③]

但是，康德在 1770 年到 1771 年这个冬季的反思导致他放弃了增订就职论文的想法，转而计划写一部全新的著作。因此，1771 年 6 月，康德写信给他的学生马库斯·赫茨（Marcus Herz），提到他正在着手撰写名为《感性和理性的界限》（*Die Grenzen der Sinnlichkeit und der Vernunft*）的著作[④]。他提出要在这部著作中处理基本原则和法则的关系，它们是在对可感世界的经验之前就已经被决定了的；对这一问题的探究将涉及鉴赏理论、形而上学和道德理论等主题。我们已经看到，在 1770 年的就职论文中，康德阐述了空间和时间是感觉排列的主观"法则"；在同一篇论文中，康德还谈了纯粹理智在经验出现时从自身中派生出形而上学的基本概念，以及道德基本原则仅来源于理性。现在，他提出要着手探究源自主体本性的某些基本概念和法则，这些概念和法则被应用于美学、形而上学和道德学说中的经验材料。换句话说，他所提出的想要在一部书中处理的主题，最后被证明需要用三部书来处理，即三大批判。在这封信中，他谈到主体性原则"不仅是感性，而且是知性（des Verstandes）"[⑤]。因此，康德已经在构想他的伟大事业，即分离出人类知识的先天要素。知识中的形式和质料之间的区分必须不能只在与感性的关系中得到探究（主体性要素在

---

① *W.*，X，第 97 页。
② 同上，第 98 页。
③ *W.*，II，第 395 页，以及 *W.*，X，第 98 页。
④ *W.*，X，第 123 页。
⑤ 同上，第 122 页。

这里是时空的纯直观），而且要在与知性（这部分扮演了综合被给予材料的角色）的关系中得到探究。探究的范围不仅覆盖了理论知识，而且覆盖了道德经验和审美经验。

在 1772 年 2 月写给赫茨的另一封信中，康德再次提到他计划撰写的著作《感性和理性的界限》。根据其原初计划，这部著作由两部分构成，一部分是理论性的，另一部分是实践性的。第一部分又分为两个子部分，分别处理普遍现象学和根据其本性和方法来考虑的形而上学。第二部分也分为两个子部分，分别处理鉴赏感受的一般原理和道德性的最终根基。但是，康德告诉赫茨，当他构思第一部分时，他注意到，需要全面处理心灵表象（Vorstellungen）与知识对象之间的关系。我们需要在此谈谈康德对这个主题的讨论，因为它们表明了康德已经抓住了他的批判问题。

我们的感官表象并没有创造任何问题，因为它们是主体受对象影响　205
而产生的结果。确实，可感对象以某种方式向我们显现，是因为我们是我们之所是，即我们有对时空的先天直观。但是，在感性知识中，形式被施加于被动接受的质料；我们的感性受到外在事物的影响。因此，关于我们的感官表象如何指涉对象并没有什么大的问题。但当我们转向理智表象，情形就不同了。抽象而言，如果理智通过其概念产生出其对象，或者说，如果理智通过构想或思考对象来创造它们，那么概念与对象的客观符合就可以得到保证。但是，只有神圣理智才是在这个意义上的原型理智。我们不能假设，人类理智通过思考其对象而创造它们。康德从未接受在这个意义上的纯粹观念论。同时，在康德看来，纯粹知性概念不是从感官经验中抽象而来的。纯粹知性概念必须"在灵魂的本性中有其起源，但它们既不是由对象所引起的，也不能使对象存在"①。但是在这种情形下，以下问题立刻就会出现：这些概念如何指涉对象，以及这些对象如何与概念相符。康德说，在其就职论文中，他满足于为这个问题提供消极叙述。这就是说，他满足于认为"理智表象……不是通过对象而产生的灵魂样态"②，而没有讨论以下问题：当这些理智表象或纯粹知性概念没有受到对象影响

---

① *W.*, X, 第 130 页。
② 同上。

时，它们如何指涉对象。

如果接受康德的假定，即纯粹知性概念和纯粹理性[①]的公理不是从经验中派生的，那么，这个问题就显然是恰当的。而且，如果想坚持这个假定，那么最后回答这个问题的唯一方式就是放弃就职论文中的以下看法，即感官表象使对象的表象显现给我们，而理智表象使对象如其自身所是地呈现给我们；换言之，纯粹知性概念具有进一步综合感性直观材料的认知功能。这就是说，康德不得不认为，纯粹知性概念是主观形式，我们必然通过这些主观形式去构想（因为心灵如其所是就是这样的）感性直观的材料。然后，对象就会符合我们的概念，而我们的概念就会指涉对象，因为这些概念是使知识对象成为可能的先天条件，起到了类似于时空纯直观的功能，尽管是在更高的层面上，即理智层面。换句话说，康德可以坚持他在感官和理智之间做出的截然区分；但他不得不放弃以下观点，即感官表象使事物之表象显现给我们，而理智表象使事物如其自身所是地呈现给我们。相反，这里就有了逐渐上升的综合过程，经验实在借此得以构成。人类主体的感官和理智形式保持不变，事物只有服从于这些形式才是可知的，因此对象和我们的概念之间总是相符。

回到康德给赫茨的信件。康德说，柏拉图在前世的存在中预设了某种神圣的直观，将其作为知性的纯粹概念和基本原则的来源。马勒伯朗士预设了持续在场的对神圣观念的直观。克鲁修斯预设了上帝在灵魂中植入了某些判断规则和概念，从而使它们能够根据前定和谐与对象相符。但是，所有这些理论都是诉诸机械降神（Deus ex machina），它们所导致的问题比解决的问题还要多。因此，我们必须寻求概念与对象之间相互符合的其他解释。康德告诉赫茨，他正在探究的"先验哲学"（即他尝试把纯粹理性概念还原为某些范畴）能够充分地为他提供"一个纯粹理性的批判"（eine Kritik der reinen Vernunft）[②]，它可以处理理论知识和实践（道

---

① 康德的术语仍然还未固定。他说的是"纯粹知性概念"（die reinen Verstandesbegriffe）、"理智表象"［intellectuale（sic）Vorstellungen］以及"纯粹理性的公理"（die axiomata der reinen Vernunft）。

② W., X，第 132 页。

德）知识的本性。第一部分将在三个月之内发表，处理形而上学的来源、方法和限度。第二部分也将随后发表，处理道德的基本原理。

但是，这部作品并没有像康德最初想象的那样迅速推进。当他挣扎 207
于他的问题时，康德越来越意识到它们的复杂性。随后，他发现他不得不把他希望在一部批判著作中处理的内容划分为几部分。最后，他越来越担心拖延，于是在四个月或五个月之内把《纯粹理性批判》（*Kritik der reinen Vernunft*）整理了出来。它出版于 1781 年。在这部名著中，康德处理了数学和科学知识，并试图针对休谟的经验主义为这类知识的客观性提供辩护。他以此提出他的"哥白尼式革命"，即对象符合心灵而非相反。因为人类感性和人类心灵的结构是恒常的，所以对象总是以特定方式向我们显现。因此，我们能够做出普遍的科学判断，它们不仅对实际经验有效，而且对可能经验有效。因此，面临经验主义的消解倾向，牛顿科学在理论上得到了辩护。然而，从这个立场来看，纯粹知性概念不能使我们领会物自身（除了它们显现给我们的方式）或超可感实在。在《纯粹理性批判》中，康德尝试解释传统思辨形而上学如何产生以及它为什么注定失败。这些基本问题将在下一章中进行讨论。

康德发现《纯粹理性批判》受到了误解，有人抱怨它晦涩。因此，他出版了《未来形而上学导论》（*Prolegomena zu einer jeden künftigen Metaphysik*，1783）这部简短作品，意图不在于补充《纯粹理性批判》，而在于为它提供某种导论或解释。1787 年，康德出版了《纯粹理性批判》的第二版。在引用时，第一版引用为 *A*，第二版引用为 *B*。

同时，康德把注意力转向道德的基本原则。1785 年，他出版了《道德形而上学的奠基》（*Grundlegung zur Metaphysik der Sitten*）。随后，1788 年出版了《实践理性批判》（*Kritik der praktischen Vernunft*）。当然，在以上两部著作出版的中间，他不仅出版了第二版的《纯粹理性批判》，而且还出版了《自然科学的形而上学初始根据》（*Metaphysische Anfangsgründe der Naturwissenschaft*，1786）。我们将在后面的章节中处理康德的道德理论。我们在此仅需要指出，正如他在《纯粹理性批判》中致力于分离出且系 208
统地叙述科学知识中的先天要素，他在其道德著作中也试图分离出且系统地叙述道德中的先天要素或形式要素。因此，他努力使义务和道德法则的普遍性不是建立在情感的基础之上，而是建立在实践理性的基础之上，实践理性就是为人类行为立法的理性。这并不意味着他试图仅仅从理性中演绎出人们在其生活中遇到的所有具体义务。康德也不认为我们可以找出一系列具体的道德法则，使人束缚于此，而不诉诸任何经验上被给予的质料。但他相信，在道德判断中，存在着能够从实践理性中派生出的"形式"，它可以应用于在经验中被给予的质料。道德中的情况因此在某种程度上类似于科学中的情况。在科学和人类道德生活中，也就是说，在理论知识和实践知识中，都既有被给予的"质料"，也有"形式"或先天要素。康德在其伦理学著作中主要关心的是后者。在这个意义上，他关心的是道德的"形而上学"。

但是，康德在其伦理学著作中，同时也在其他意义上关心形而上学。因为他试图把自由意志、灵魂不朽和上帝实存设定为道德法则的公设。因此，根据《纯粹理性批判》而言无法被科学地证明的基本真理，随后作为道德或实践信仰的公设而得到重新引入。这个理论不只是康德哲学的附属物，更不是多余的冗赘物。因为这是康德试图调和牛顿科学世界与道德经验或宗教信仰世界的关键部分。《纯粹理性批判》已经表明，纯粹知性概念无法为我们提供有关物自身和超可感世界的理论知识。同时，康德仍然为"信仰"保留了空间。在伦理学著作中，自由意志、灵魂不朽和上帝实存的真理得到重新引入，不是作为科学证明，而是作为隐含的道德法则，因为对道德责任的承认被视为要求或公设了对这些真理的实践信仰。因此，康德仍然认为存在着超可感领域，但他发现，通向它的钥匙不在独断形而上学之中，而在道德经验之中。

209　　我们可以想到，在其原计划撰写的《感性和理性的界限》中，康德不仅试图处理形而上学和道德学说，而且试图处理鉴赏理论（die Geschmackslehre）的基本原则。审美判断力或鉴赏判断力最后在《第三批判》，即《判断力批判》（Kritik der Urteilskraft）中得到了处理，出版于1790年。这部著作由两部分构成，第一部分处理审美判断力，第二部分处理目的论判断力或自然中的合目的性判断力。这部著作极为重要。因为康德尝试在物理学中所呈现的自然机械世界与道德、自由和信仰世界的鸿沟之上建立起桥梁。也就是说，他试图表明，心灵如何从这个世界转向另一个世界。他所尝试的这项工作非常困难，既要表明这个过渡是如何合理的，同时还不能返回到他已经讨论过的立场，即独断形而上学的虚妄性，以及道德或实践信仰是通往超可感世界的唯一手段。这部著作的内容将在后面讨论。但值得注意的是，康德极其关心在科学图景与道德宗教之间做出调和。

1791 年，康德出版了《论神义论中一切哲学尝试的失败》（*Ueber das Miszlingen aller philosophischen Versuche in der Theologie*），他在其中认为，我们在神义论或哲学神学中关心的是信仰而非可被科学证明的真理。他随后还于 1793 年出版了《纯然理性界限内的宗教》（*Die Religion innerhalb der Grenzen der blossen Vernunft*）。本章第 1 节提到过这部著作的出版引发的麻烦。我们还可以提到《论永久和平》（*Zum ewigen Frieden*，1795），他在其中把建立在道德基础上的永久和平描绘为历史和政治发展的实践理想。[①] 最后，在 1797 年，他还发表了两部作品，分别构成了《道德形而上学》（*Metaphysik der Sitten*）的两部分，即《法权论的形而上学初始根据》（*Metaphysische Anfangsgründe der Rechtslehre*）和《德性论的形而上学初始根据》（*Metaphysische Anfangsgründe der Tugendlehre*）。

我们已经看到，在康德看来，人类心灵没有整体地构造或创造对象。210 这就是说，虽然我们通过体现在人类主观结构中的先天形式而知觉和认识事物，且被知觉和被认识的事物在这个意义上与我们相关，但是，仍然还存在着物自身，尽管我们无法就其自身而言来认识它们。简而言之，我们不能就事物的本体实存而言来创造事物，这将无异于戴着红色眼镜的人创造他所看到的事物。如果我们假定这副眼镜永远无法去除，这个人就只能看到红色事物，而且它们的显象就归因于知觉主体中的一个因素。但是这无法推出事物无法独立于知觉主体而实存。因此，康德拒绝承认费希特对物自身的抑制是康德自己哲学的合理发展。同时，很难否认，康德《遗

---

① 康德于 1784 年还发表了讨论历史的《世界公民观点之下的普遍历史观念》（*Idee zu einer allgemeinen Geschichte in weltbürgerlicher Absicht*）。

著》的某些笔记表明，在他生命最后阶段，康德发展其思想的方式使人有理由认为他的思想中预备了德国的思辨观念论。但是，如果人们把对康德晚年思想发展方向的解释建立在某部分笔记之上，而排除其他表达了不同观点的笔记，这也是不合理的。如果将《遗著》视为整体，我们似乎必须得出结论，认为康德完全没有抛弃其思想中的实在论因素。在讨论康德哲学的最后阶段，我们还会进一步讨论这部《遗著》。

第十一章

康德（二）:《纯粹理性批判》诸问题

形而上学的一般问题——先天知识问题——这个问题的划分——
康德的哥白尼式革命——感性、知性、理性和纯粹理性批判的结
构——纯粹理性批判在康德哲学一般问题背景下的意义

1. 如果我们考察《纯粹理性批判》第一版和第二版的前言，以及 211
《未来形而上学导论》的前言和最初几段，我们就会发现作者明显强调形
而上学问题。[①] 形而上学是否可能? 显然，这个问题不在于是否可能写出
形而上学论文或者进行形而上学沉思。这个问题在于形而上学是否能够扩
展我们有关实在的知识。康德认为，形而上学的主要问题是上帝、自由和
灵魂不朽。因此，我们可以这样表述这个问题：形而上学是否能够向我们
提供关于上帝的实存和本性、人类自由，以及关于在人之中精神性的、不
朽的灵魂的确切知识?

这类问题显然预设了某个疑问。在康德看来，这类初始疑问有充分
的理由，即有充分的理由提出形而上学问题。形而上学曾经 "被称为所有

---

① 本书十一章到十三章对于康德著作的引用，说明如下。*A* 指《纯粹理性批判》第一版，
B 指该书第二版。这两个版本各自被收录于普鲁士科学院编辑的《康德著作集》中第四
卷和第三卷（见本书参考文献）。*A* 和 *B* 后面的数字指代该版中的分节（这些分段对应于
德文原版的页码），引文段落的翻译由我自己负责。但是，引文翻译的多数段落都出自 *B*
版，因此这些引文对于 N. 肯普·史密斯（N. Kemp Smith）的英译本也是有效的（见本书
参考文献），而且这个译本也注明了上述所言的原版页数。（史密斯教授的译本也包含了 *A*
版的前言和 *A* 版所给出的范畴演绎。）*Prol.* 指代《康德著作集》第四卷中的《未来形而上
学导论》。*Prol.* 后面的数字指代这部著作中的分节。例如，J. P. 马哈菲（J. P. Mahaffy）和
J. H. 伯纳德（J. H. Bernard）的译本也注明了这些分节（见本书参考文献）。译者注：部分
引文沿用或参考了国内已有中译本的翻译，如《纯粹理性批判》中的内容沿用或参考了
人民出版社 2004 年出版的邓晓芒先生译本的译文，部分译文有改动。

科学的女王，而且如果有人想要这样说，那么由于形而上学自身主题的
212 突出重要性，它自然配得上这个尊号"①。康德从未否认形而上学所处理的
主题的重要性。但现在，他发现形而上学已然声名狼藉。这也很容易理
解。数学和自然科学取得了进步，这些领域已经有了很多得到普遍接受的
知识。没有人会严肃质疑这个事实。但是，形而上学就像是充满无穷争议
的竞技场。"人们不能指着任何一本书，就像介绍欧几里得几何学那样说：
这就是形而上学，在这里你们将找到这门科学最主要的目的，即由纯粹理
性的原则所提供的，关于最高存在者和来世的知识。"②事实上，不像物理
学，形而上学没有发现任何能够用来解决其问题的可靠科学方法，这让我
们不禁去问，"为什么这里还没有找到确定的科学道路，这样的道路是不
可能的吗"③？

形而上学无确定性，它直到现在都无法找到导向确定结论的可靠方
法，它总是倾向于倒退、重新开始；所有这些特征都助长了对于形而上学
及其主张的广泛的无所谓态度。确实，在某种意义上，这种无所谓是不合
理的；因为"想要对这样的研究装作无所谓是徒劳的，这些研究的对象对
于人类本性来说不可能是无所谓的"④。此外，这些声称无所谓的人都倾向
于做出他们自己的形而上学陈述，虽然他们往往没有意识到这个事实。同
时，在康德看来，这种无所谓不只是心灵轻率的结果，而是表达出了当时
的成熟判断，拒绝满足于虚幻的知识或伪科学。因此，这种无所谓应当作
为刺激，促使我们致力于对形而上学进行批判考察，把形而上学传唤至理
性法庭面前。

这种批判考察必须采取什么形式？如果要回答这个问题，我们必须
想想形而上学对于康德意味着什么。正如我们在上章所示，康德不同意洛
克的理论，后者认为我们所有的概念都最终来源于经验。事实上，康德也
没有接受相反的理论，即天赋观念理论。但同时，康德相信，有些概念和

---

① *A*, viii.
② *Prol.*, 4.
③ *B*, xv.
④ *A*, x.

原则是理性在运用于经验时从其自身之中获得的。例如，孩童不是生来就
具有因果观念。但在运用于经验时，孩童的理性从自身之中获得了这个概 213
念。这个概念不是来源于经验，而是被应用于经验且统摄经验，在这个意
义上，它是**先天**（a priori）概念。因此，存在着根植于心灵自身结构之中
的先天概念和原则。这些概念就其自身而言没有任何经验内容和质料，在
这个意义上它们是"纯粹的"。现在，形而上学假定了，理性能够应用这
些概念和原则来领会超可感实在和事物本身（它不仅仅是显现给我们的样
子）。因此产生出了各种各样的独断形而上学体系。但是，这种假定过于草
率了。我们不能理所当然地认为，理性的先天概念和原则能够超经验地运
用，即认识没有在经验中被给予的实在。首先，我们必须着手批判性地考
察纯粹理性自身的能力。这是独断哲学家所忽视的任务，独断论可以被描
述为如下假定：通过运用理性长期以来惯用的原则，仅仅以纯粹哲学概念
为基础，就可能在知识领域取得进步，而不必探究理性是以何种方式、何
种合理的理由得出这些原则的。"独断论因此就是纯粹理性的独断方法，
这种方法并没有先行批判理性自身的能力。"① 这就是康德提出的批判。

因此，形而上学即将被带往的法庭"就是对纯粹理性本身的批判"，
这意味着"对理性的能力进行批判性考察，涉及在独立于所有经验的情况
下，它所能努力获得的所有认知"。② 问题在于，"若脱离所有经验，知性
和理性③能够认识什么、认识多少"④。让我们像康德那样假定，思辨形而
上学是一门非经验科学（或所谓的科学），它声称可以超越经验，通过先
天概念和原则获得关于纯粹理知（非感性的）实在的知识。如果这样看待
形而上学，那么形而上学主张的有效性就明显取决于回答以下问题：心灵
若脱离经验，能够认识什么、认识多少。

正如康德所言，想要回答这个问题，必须对理性能力进行批判考察。 214
这到底意味着什么，我希望这个问题在本章的讨论过程中会变得更加清

---

① 　*B*, xxxv.

② 　*A*, xii.

③ 　知性和理性的区分暂且不讨论，这种区分随后会进行解释。

④ 　*A*, xvii.

晰。但是，我们现在即可指出，康德指的不是把理性作为心理实体从而对其本性进行心理学考察，即不是把理性当作各种对象中的一个对象。康德关心理性，着眼于它使得先天知识得以可能。这就是说，康德关心的是人类主体认识对象的纯粹条件。这类考察被称为"先验的"①。

《纯粹理性批判》的主要任务之一就是以系统的方式表明这些条件是什么。理解康德谈论的是哪类条件，这是非常重要的。很明显，知觉事物和学习真理具有经验条件。例如，我不能在完全黑暗的环境中看到事物；光是视觉的必要条件。没有工具的帮助，我们也无法发现很多科学真理。此外，有些经验条件是主观的，意即它们是认知主体自身的条件。如果我遭受严重的眼疾，我就无法看到事物。很明显，就实际情况而言，有些人无法理解其他人相对容易理解的主题。但是，康德所关心的不是经验条件，而是人类知识本身的非经验或"纯粹"的条件。换言之，他关心的是纯粹意识的形式要素。个别的个人有各自的局限，因而没有进入这个问题，或者说，个人只是作为人类主体本身的例示而进入这个问题。换言之，如果知识的条件对于人类主体本身成立，那么它们就显然对于个别人也成立。但是，康德关心的是认识对象的必然条件，而不是多变的经验条件。如果这些条件表明超出感官经验的实在无法成为知识的对象，那么，思辨形而上学的主张就会显得空洞和虚妄。

现在，康德提到沃尔夫是"所有独断论哲学家中最伟大的"②。很清楚，当康德谈论独断论形而上学，他心中主要是（虽然不完全是）莱布尼茨-沃尔夫体系。因此，我们可能会倾向于提出反对，认为他对于形而上学的可能性和不可能性所做的考察，其实只是对某种特定类型的形而上学的能力所做的考察，考察它能否扩展我们有关实在的知识，因此，这种考察的范围太有限。因为除了沃尔夫以外还有其他的形而上学观点。虽然康德可能的确没有充分注意其他形而上学观点，但这种反驳的重要性可能是被夸大的。例如，沃尔夫之外的其他形而上学体系中也使用原因和实体这

215

---

① 译者注：读者请注意区分先天的、先验的和超验的，分别对应翻译 a priori、transcendental、transcendent。

② B, xxxvi.

类概念。但如果这些概念的地位和功能是像康德在《纯粹理性批判》中所宣称的那样，它们就不可能用来获得有关超可感实在的知识。康德对于理性能力的批判如果有效，就会因此影响很多沃尔夫之外的其他形而上学体系。换句话说，就形而上学对他来说只是特定类型的形而上学而言，康德的考察范围可能在其开端太过狭窄了。然而，康德的考察以某种方式得到了发展，使其结论具有非常广泛的应用。

同样值得注意的是，康德并不总是在严格相同的意义上使用"形而上学"这个术语。从纯粹先天认识来考察理性能力，被称为批判哲学；而通过纯粹理性能力（即先天地）所获得或可获得的全部哲学知识的系统表述，则被称为形而上学。当形而上学在这种意义上被使用时，批判哲学就是形而上学的预备或者先导，因此不包括在形而上学之中。但是，形而上学这个术语也可以用来指所有纯粹（非经验）的哲学，包括所谓的批判哲学，在这种意义上，批判哲学就构成了形而上学的第一个部分。如果我们把"形而上学"这个术语看作通过纯粹理性能力所获得或可获得的全部哲学知识的系统表述，那么，这里的"知识"或者指严格意义上的知识，或者包括了很多哲学家认为可通过纯粹理性而获得的伪称或幻相。如果我们在第一种意义上理解"知识"，那么康德明显不反对形而上学。相反，康德认为，知识至少在原则上能够系统而完备地得到发展。他自己的《自然科学的形而上学初始根据》正是对此做出的贡献。但是，如果"形而上学"这个术语用来指关于超可感实在的伪称或幻相的知识，那么批判哲学的任务之一，就是揭露这种伪科学的主张的空洞性。最后，我们必须区分作为自然倾向的形而上学与作为科学的形而上学。心灵具有提出上帝实存和灵魂不朽这类问题的自然倾向，康德既不希望也不相信能够根除这种倾向，即便这是可欲求的。形而上学作为自然倾向是现实的，因此显然是可能的。但是，如果科学指的是关于超可感存在者的科学知识，那么在康德看来形而上学之为科学从未成为现实。因为迄今为止所有所谓的论证都可能被证明是无效的，或者说都是无效论证。因此，我们可以恰当地追问，形而上学作为科学是否可能。

所有这些可能听起来非常复杂和混乱。但是这个问题实际上不像听起来那么混乱。首先，康德自己对于"形而上学"这个术语有不同用法。①其次，康德在特定段落使用的语境使我们很清楚康德是在何种意义上使用这个术语。但形而上学这个术语在康德著作中具有不同意义这个事实非常重要。如果我们忽略了这个问题，就可能轻率地认为康德自相矛盾，即他一方面肯定形而上学，另一方面否定形而上学，而实际上没有任何矛盾。

2. 但是，虽然形而上学作为科学（即作为具有自身的对象的、超越感官经验的科学）的可能性对于康德而言是重要问题，但这只是《纯粹理性批判》一般问题的一部分而已。这个一般问题可以称为先天知识的可能性问题。

康德所说的先天知识指的不是相对而言的先天知识，也就是说，指的不是相对于这种或那种经验，或者相对于这类或那类经验。如果某人把衣服放得太靠近火，衣服就会烧焦或烧毁，我们可以说，他可能先天地知道这会发生。这就是说，在这个人这样行动之前，以过去的经验为基础，他就已经先行知道将会发生什么。他不需要等到事情发生之后才知道会发生什么。但这种先行知识只有相对于特定经验而言才是先天的。康德所思考的不是这类相对意义上的先天知识。他所思考的先天知识相对于所有经验。

但是，我们在此必须小心，不要得出结论认为康德思考的是天赋观念，即在时间先后的意义上"先于"经验呈现在人类心灵之中的观念。纯粹的先天知识不是指在开始经验任何东西之前就明确地呈现于心灵之中的知识，而是指不是来源于经验的知识，即便这种知识正如我们通常所说的"知识"那样只有在经验出现的场合才得以显现。不妨看看如下著名且被广泛征引的话："我们的一切知识都以经验开始，这是无可置疑的……但是，尽管我们的一切知识都以经验开始，它们却并不因此都产生于经验。"②在"我们的一切知识都以经验开始"这个说法上，康德同意比如洛克等经验主义者的观点。他认为，我们的知识必须以经验开始，因为认识

---

① 例如，参见 *B*，第 869—870 页。
② *B*, 1.

能力需要在我们的感官受到对象影响时才能发挥作用。当感觉（即经验的原始材料）被给予，心灵才能开始运作。但同时，即便没有任何知识在时间上先于经验，当感觉印象形成时，认识能力仍然可能在自身之中提供先天要素。在这个意义上，先天要素不是来源于经验。

现在，为什么康德认为先天知识是可能的？答案在于，康德相信明显存在着这种知识。他同意休谟的观点，认为我们不能从经验中推出必然性和严格的普遍性①。因此，从这可以推出"必然性和严格普遍性是先天知识的可靠标志，彼此之间不可分割地相互关联"②。我们很容易指出，我们拥有一些能够在必然和普遍的判断中得到表达的知识。"如果想从科学中举出实例，那么人们只需要看看任何数学命题；如果想从知性最普通的应用中举出这样的实例，那么，一切变化都必然有其原因这个命题就可以充任。"③在康德术语中，后一个命题就是"不纯粹的"，因为"变化"这个概念来源于经验。但是，这个命题仍然是先天的，即便它不是纯粹先天知识的范例。因为，这是必然和严格普遍的判断。

因此，存在着关于先天知识的大量领域。康德承认休谟对他的影响。"我坦率地承认，正是大卫·休谟的提醒在多年以前首先打破了我的独断论迷梦，并且为我在思辨哲学领域的研究提供了一个完全不同的方向。"④但是，虽然康德认可休谟对于因果律的讨论，同意判断中的必然性要素无法从纯粹经验主义立场得到辩护，但他拒绝接受休谟以"观念的联结"为起源的心理学解释。如果我说每个事件都必须有个原因，我的判断就在表达先天知识：这不只是表达由观念的联结机械地产生的习惯性期待。康德坚持认为，必然性不是"纯粹主观的"⑤；任何事件，或任何发生和变化，都依赖于原因，这是人们都知道的，而且是先天地知道的。这就是说，我的判断不只是从对个别例子的经验中得出的概括，它也不需要通过经验证实来

---

① 康德认为，基于归纳的普遍性不是严格的，而是"假定的和相对的"，而且允许例外。如果我基于个人经验认为人类不能活过百年，那么这个判断的普遍性是"假定的"。严格的普遍性不允许例外。

② *B*, 4.

③ *B*, 4-5.

④ *Prol.*, 前言。

⑤ *B*, 5.

确立其真理性。因此，虽然休谟所说的事件和原因之间的必然关系不是由经验给出这点是对的，他对于必然观念之起源的心理学解释却是不充分的。我们在此就有了一个先天知识的例子。但这绝不是唯一的例子。休谟主要专注于因果关系，但康德"很快发现，因果联结的概念远远不是知性用来先天地思维事物之联结的唯一概念"[1]。因此，存在着先天知识的大量领域。

但是，如果确实存在着先天知识，为什么康德还要追问它如何可能呢？因为既然它是现实的，它显然就是可能的。答案在于，在比如纯粹数学和纯粹物理学这些领域，康德相信显然存在着先天知识，问题不在于这种知识如何**可能**（或者更准确地说，**是否**可能），而在于**如何**可能。即便承认它的可能性（因为它是现实的），它到底是如何可能的？我们如何能够具有比如我们在数学中所具有的先天知识呢？

但是，在思辨形而上学中主张拥有先天知识却是可疑的。因此，我们在此追问是否可能而非如何可能。如果形而上学向我们提供有关上帝和灵魂不朽的知识，从康德的形而上学观点来看，这类知识就必定是先天的。它必定独立于经验，因为它并不在逻辑上依赖于纯粹经验判断。但是，思辨形而上学向我们提供了这类知识吗？这在原则上是可能的吗？

3. 我们现在必须尝试使这些问题表达得更精确。想要这样做，我们必须涉及康德对于不同类型判断所做的区分。

首先，我们必须区分分析判断与综合判断。分析判断指那些谓词至少隐含地包含在主词概念之中的判断。它们被称为"解释性判断"（Erläuterungsurteile）[2]，因为谓词不会给主词的概念增加任何后者尚未包含的内容，无论是明确的还是隐含的。它们的真依赖于矛盾律。我们不能否定这些命题而不陷入逻辑矛盾之中。康德举出的例子是"所有物体都有广延"。因为广延的观念包含在物体的观念之中。但是，综合判断却对不包含在主词概念之中的谓词做出肯定或否定的判断。因此，它们被称为"扩展性判断"（Erweiterungsurteile）[3]，因为它们将某些东西增加到主词的

---

[1]　*Prol.*, 前言。

[2]　*B*, 11; *A*, 7.

[3]　*Ibid.*

概念之中。康德认为，"所有物体都有重量"是综合判断的例子，因为重量观念不包含在物体这类概念之中。

现在，我们必须在综合判断这个总类别中做出进一步的区分。正如我们所见，在所有综合判断中，某些东西增加到了主词的概念之中。谓词和主词之间的某种关联得到肯定（让我们把注意力限制在定言判断之中），但谓词不能仅仅通过分析便可扩展至主词之外。现在，这种关联可以是纯粹事实性的和偶然性的：只在经验中且通过经验被给予。如果情况如此，这个判断就是后天综合的。比如命题"X部落的所有成员都很矮"，让我们假设这个命题是真命题。它是综合的，因为我们不能只通过分析X部落成员的概念就引出矮的概念。[①] 但是，矮和部落成员之间的关联，只是在经验中且通过经验被给予；因此判断只是一系列观察的结果。这种普遍性不是严格的，而是假定的和比较性的。即便现在恰好所有部落成员都是矮的，将来也可能有高的成员。我们不可能先天地知道所有成员都是矮的，这只是偶然的事实。

但是，康德认为，还有另一类综合命题，在这类综合命题中，主词和谓词的关联尽管不能仅仅通过分析主词的概念而得知，但它们之间的关联仍然是必然的和严格普遍的。这些命题被称为先天综合命题。康德给出的例子是"凡是发生的事情都有其原因"[②]。这个命题是综合的，因为谓词"具有原因"，没有包含在主词"凡是发生的事情"这个概念之中。这是扩展性判断，而不是解释性判断。但同时，它是先天判断。因为它具有必然性和严格普遍性的特点，而这是先天判断的标志。"凡是发生的事情都有其原因"这个命题并不意味着，就我们目前经验所及，所有事件都有原因，而且我们有理由期待，直到经验展现出相反情况之前，未来的事件也会具有原因。相反，它意味着，每个事件毫无例外都具有原因。当然，这个命题在某种意义上依赖于经验，也就是说，正是通过经验，我们才能熟

220

---

① 当然，通过把这个部落成员定义为包含矮的观念的，我们能够把这个判断转变为分析判断。但是，这样我们就只能在字面定义及其含义之中打转，我们就不是在处理经验实在，不是在处理现实存在的部落的问题。
② *B*, 13; *A*, 9.

悉所发生的事件。但是，谓词和主词之间的关联是先天地被给予的。它既

221 不仅仅是从经验中归纳总结出来的，也不需要经验上的证实。我们先天或者先行地知道每个事件都有原因。在经验领域内的事件中观察到的这种关联并没有给这种判断的确定性增加任何东西。

我认为，为了讨论先天综合命题这个具有高度争议的问题而中断对康德哲学的问题意识的阐释是不太合宜的。但是为了照顾那些可能还不太熟悉的读者，这里需要指出，是否存在先天综合命题这个问题受到当代逻辑学家的广泛挑战，尤其是来自逻辑经验主义者和逻辑实证主义者的挑战。他们对于这个问题的处理方式与康德非常不同，但我不想停留在这个主题。关键在于，虽然分析命题与综合命题之间的大体区分没有引起任何困难，但很多哲学家拒绝承认存在任何先天综合命题。如果命题是必然的，那么它就是分析的；如果命题不是分析的，用康德术语来说，那么它就是后天综合命题。换句话说，经验主义者的论点在于，如果命题不仅是分析词项的意义，或者不仅是说明符号的意义，或者如果它给出了关于非语言性实在的信息，那么谓词和主词之间的联系就不是且不可能是必然的。这就是说，所有综合命题，用康德术语来说，都是后天的。命题的真值如果只依赖于矛盾律，则它就是分析命题。命题的真值如果不依赖于矛盾律，则它就不可能必然为真。在分析命题和经验命题（对应于康德的后天综合判断）之外，不存在着第三类命题。

但是，康德显然相信先天综合命题的实存，这种命题不只是"解释性的"，而是既会扩展我们有关实在的知识，同时又是先天的（即必然的和严格普遍的）。因此，先天知识如何可能这个普遍问题可以这样表达：先天综合命题如何可能？我们如何能够先天地认识实在？但是，这个普遍问题可以分为几个特殊问题，涉及先天综合命题在哪些地方可以得到发现。

首先，先天综合命题可以在数学中发现。"首先要说明的是，真正的

222 数学命题在任何时候都是先天判断，而不是经验的，因为它们自身中就包含了无法从经验中获得的必然性。"① 命题 7+5=12 不是允许可能性例外的

————————————

① *B*, 14.

经验性归纳命题，而是必然命题。但同时，在康德看来，这个命题不是上述意义上的分析性命题，而是综合命题。12 这个数字的概念不是也不可能只是通过分析 7 和 5 之和这个观念即可得出。因为这个观念自身没有蕴含作为相加结果的特殊数字 12 的概念。我们只有借助直观的帮助才能获得 12 这个数字的概念。"因此，算术命题在任何时候都是综合的。"[1] 这就是说，它是先天综合命题，因为正如我们所见，它是必然命题，因此不可能是后天综合命题。

同样，纯粹几何学命题也是先天综合命题。例如，"两点之间直线最短，这是综合命题。因为我关于**直**的概念并不包含关于的量的任何东西，而是只包含性质。因此，关于**最短**的概念完全是附加的，是不能通过分析从直线的概念中得出的。所以，在这里必须求助于直观，只有凭借直观，综合才是可能的"。[2] 但是，除了是分析的，这个命题还是必然的，因此是先天的。它不是经验性归纳。

在康德看来，几何学家可以使用某些分析命题，但他坚持认为所有纯粹数学的命题都是先天综合命题。对于莱布尼茨而言，纯粹数学只是一种依赖于矛盾律的分析科学，康德认为并非如此，因为它的特征是构造性的。我们在下章处理康德的时间和空间理论时，将更多地讨论康德的数学概念。此时，我们只需注意，从数学命题是先天综合命题这个康德学说之中，引出了纯粹数学科学如何可能这个问题。我们确实知道数学真理是先天的，但这是如何可能的？

其次，先天综合命题也可以在物理学中发现。例如，命题"在物质世界的一切变化中，物质的量保持不变"。康德认为，这个命题是必然的因此是先天的，但同时也是综合的。因为在物质概念中，我们设想的不是物质的持久不变，而是其通过对空间的填充而在空间中在场。当然，物理学通常不只是由先天综合命题构成。但是"自然科学（物理学）在自身中包含着作为原则的先天综合判断"。[3] 如果我们把这些原则的复合体称为

223

---

① *B*, 16.

② *Ibid.*

③ *B*, 17.

纯粹自然科学或者纯粹物理学，则产生出如下问题："纯粹自然科学或者纯粹物理学如何可能？"我们在这个领域拥有先天知识。但是，我们如何可能拥有这种知识？

康德认为，道德领域中也存在着先天综合命题。但我们正在处理的是《纯粹理性批判》提出和讨论的问题，道德领域的问题可留待讨论康德伦理理论的章节再进行论述。因此，我们转向形而上学主题。如果我们考虑形而上学，我们就会发现，形而上学的目标不只是分析概念。形而上学当然包含了分析性命题，但严格来说，它们都不是形而上学命题。形而上学的目的是扩展我们有关实在的知识。因此，形而上学的命题必定是综合的。同时，如果形而上学不是经验科学（而它的确不是），那么形而上学命题必定是先天的。因而，由此可得，如果形而上学是可能的，它必定由先天综合命题构成。"形而上学至少就其目的而言纯粹是由先天综合命题组成。"[1]正如康德所引用的例子所示，"世界必须有一个最初的开端"。[2]

但是，正如我们所见，"形而上学是科学"这个主张仍然具有疑问。因此，这个问题不在于形而上学作为科学**如何**可能，而在于形而上学作为科学**是否**可能。但是，在这方面，我们必须涉及我们已经做出的区分，即在形而上学作为自然倾向与形而上学作为科学之间的区分。康德认为，人类理性自然会提出某些无法通过经验来回答的问题，因而康德可以恰当地追问，形而上学作为自然倾向如何可能。但是，当他怀疑形而上学构成了一门可以回答自身问题的科学这一说法是否合理时，这里的问题就是形而上学作为科学是否可能。

因此，我们面临着四个问题。第一，纯粹数学科学如何可能？第二，纯粹自然科学或者纯粹物理学如何可能？第三，形而上学作为自然倾向如何可能？第四，形而上学作为科学是否可能？康德在《纯粹理性批判》中处理了这些问题。

224

---

① 　*B*, 18.
② 　*Ibid.*

4. 先天知识如何可能，或者先天综合判断如何可能 —— 如果我们考察这个普遍问题，并且同时考虑到康德同意休谟的观点，即认为从经验材料中不可能获得必然性和严格普遍性，那么我们就能知道，对于康德而言，认为知识只是心灵与其对象的符合，这是多么困难。理由非常明显。如果心灵要认识对象就必须使自身符合对象，并且，如果它不能在这些被视为在经验上被给予的对象中发现必然联结，那么就无法解释我们如何能够做出必然和严格普遍的判断，而这些判断事实上是可证实的，正如我们先天或在先地知道，它们必然总是可证实的。例如，我们不仅仅发现经验事件具有原因，我们也在先地知道每个事件必定具有原因。但是，如果我们把经验还原为仅仅是被给予的东西，我们就无法发现存在着必然因果关系。因此，如果假设知识只在于心灵使自身符合其对象，那么我们就不可能解释如何具有"每个事件必定具有原因"这种知识。

因此，康德提出了另外的假定。"迄今为止，人们一直假定我们所有的知识都必须与对象相符合；但是，所有试图先天地通过概念来确定有关对象的任何东西从而扩展我们的知识的尝试，在这个预设之下都归于失败。因此我们不妨试试，如果我们假定对象必须符合我们的知识，我们在形而上学的任务中是否会有更好的进展。这个假定更符合我们正在寻求的可能性，即关于对象的先天知识的可能性，这种知识应当在对象被给予我们之前就对对象有所决定。"①

康德认为，这个假定类似于哥白尼提出的假定。哥白尼看到，虽然太阳看起来是从东到西围绕地球转动，但我们不能从中合理得出结论，认为地球固定而太阳围绕固定的地球转动，因为假如在转动的是围绕太阳转动的地球以及地球上的人类观察者，那么，我们所观察到的太阳的转动仍然是相同的（这就是说，现象仍然完全是现在所显现的那样）。在两种假设之下，直接现象都是相同的。问题在于，是否有些天文现象只能在日心说的基础上才能得到解释，或者在日心说基础上比在地心说基础上能够得到更好和更经济的解释。随后的天文学研究显示，事实上的确如此。类似

225

---

① *B*, xvi.

地，康德认为，即便假设对象若要被认识（即对象若要成为对象，如果我们所说的"对象"指的是知识的对象）就必须符合心灵而非相反，经验实在仍然会保持当下情形。如果先天知识能够在新假说而不是旧假说的基础上得到解释，那么这显然就是支持新假说的论证。

康德的"哥白尼式革命"并不蕴含如下观点：实在能够还原为人类心灵及其观念。康德并不认为，人类心灵可以通过思考事物而创造事物之实存。康德提出的毋宁是，除非对象从属于主体的先天知识条件，否则我们不可能认识事物，对象也不可能成为我们的知识对象。如果我们假定人类心灵在认识中是纯粹被动的，我们就不可能解释我们确实具有的先天知识。因此，让我们假定心灵是主动的。这种主动性不是意味着从无中创造实存者，而是意味着心灵把它自身的认识形式强加于基本经验质料之上，这些认识形式由人类感性和知性的结构所决定，事物只能通过以这些形式为中介才能得到认识。但是，当我们谈论心灵将其自身的认识形式强加于认识的原材料之上，这绝不意味着人类主体故意、有意和有目的地这样去做。我们所思考的对象（例如树）作为被给予于意识经验的对象，已经从属于人类主体通过自然必然性所强加的认识形式，因为主体是其所是，或者说，因为主体的自然结构即是作为认识主体。因此，如果"对象"确实指这类认识对象，认识形式就决定了对象的可能性。当然，如果"对象"指物自身，即脱离任何与认识主体的关联而实存的事物，那么我们就不可能认为它们是由人类心灵所决定的。

如果我们再次引用戴着红色眼镜的人作为粗略的例子，这个问题或许可以表达得更加清楚。一方面，很明显，当某个人戴着红色眼镜看世界而把世界看成红色的，他并没有如上帝创造事物那样创造他所见到的事物。除非有些实存事物影响他或者刺激他的视觉能力，否则他就无法看到任何事物。另一方面，除非事物被看作红色的，否则事物就不能被他看到，或者事物就不能成为他的视觉对象。同时，为了使这个类比完全适用，我们必须补充以下重要问题。戴红色眼镜的人有意这样做：他通过自己的选择而把事物看成红色的。因此，我们必须想象某个人，他天生的视觉能力就是把所有事物看成红色的。世界在经验中呈现给他的就是红色的世界。这是康德反思的出发点。这里有两种可能的假说。一种假说认为，所有事物都是红色的；另一种假说认为，事物具有不同颜色[①]，但因为某些主观因素，这些事物显现为红色（正如上面比喻中的情形）。自然而然，这个人会相信第一种假说。但是，可能随着时间推移，他发现这个假说很难解释某些事实。如果他发现这些事实能够用第二个假说进行解释而不能以所有事物都是真实的红色这个假说进行解释，他将相信第二个假说。实际上，他永远无法看到事物的"真实"颜色。在他改变假说之后，显象对他而言仍然是相同的，正如接受了日心说的人看到的太阳转动与接受地心说的人所看到的完全相同。但是，他知道为什么事物如其所显现那样地显现。接受日心说的人就会知道太阳绕着地球的表面视移是因为地球绕着太阳运动以及观察者自己随着地球运动。把所有事物看作红色的人也会有理由设想，事物的这种显象是由他自身之中的条件所造成的。与此类似，接受康德"哥白尼式革命"的人也有理由相信，事物向他显现的方式（例如，事物显现为具有空间上的排列，以及具有必然因果关系）是因为主体自身之中的先天知识的条件。事实上，只有在事物从属于这些先天条件或形式时他才能认识事物，但他会知道为什么经验世界对于他的意识而言是这样的。

我们已经提到，康德在《未来形而上学导论》的前言中讨论过休谟对其思想的影响。在《纯粹理性批判》第二版的前言中，康德强调了数学和物理学对于他提出自己的"哥白尼式革命"产生的影响。在数学领域，这种革命很早就已经发生。无论是哪位希腊人最初证明了等腰三角形的性质，他的脑海中一定闪过一道新的光芒。因为他认识到，可见的三角形图形及其在心灵中的观念，都不足以解释这种性质。他必须通过主动构造的过程，才能证明三角形的性质。总之，数学只有在根据先天概念进行构造时才变成了科学。至于物理学，这种革命来得更晚些。伽利略、托里切利（Torricelli）和其他人的实验给物理学家带来了新曙光。他们最终理解到，虽然科学家必须接触自然、向自然学习，但科学家不必只是作为学生来这

227

[①]　出于这个类比的目的，我必须使用普通的日常语言。这显然是一个类比或例证，而不是关于颜色的本体论状态的深思熟虑的陈述。

样做。相反，科学家必须作为法官来接触自然，强迫自然回答他提出的问题，正如法官要求证人回答按照计划向他们提出的问题一样。科学家必须一方面根据原理另一方面根据实验来接触自然，要求自然回答依据科学家的设计和目的而提出的问题。他必须不能让自己只是像孩童依靠牵引绳那样追随着自然。只有当物理学家看到必须使自然符合于他们所预先构想的设计①，科学的进步才可能发生。这些在数学和物理学中发生的革命表明，如果我们假设对象必须符合心灵而非相反，我们就可能更好地在形而上学领域展开工作。正如休谟所示，先天知识不能在第二个假说之下得到解释。因此，让我们看看，先天知识是否能够在第一个假说之下得到解释。

"哥白尼式革命"如何能够有助于解释先天知识？以下例子或许有助于给出初步的看法。我们知道，每个事件都必定具有原因。但是，正如休谟所示，对个体事件的多少观察都不足以产生这种知识。由此休谟得出结论：我们不能说我们**知道**每个事件都有原因。我们能做的只是尝试为我们的信念找到心理学解释。②但康德认为，我们确实知道每个事件必定都有原因。这是先天知识的例子。它在什么条件下是可能的呢？它的可能性条件就是：对象若要成为对象（也就是说，若要被认识），必须从属于人类知性的先天概念或先天范畴，而因果性就是其中之一。因为在这种情形下，没有任何事物能够在不作为因果关系的例示的情况下进入我们的经验领域，正如我们之前的例子，某个人的视觉能力使他看到的所有事物都是红色的，因此除了红色，没有任何东西能够进入这个人的视觉。如果经验对象必然部分地由心灵范畴的强加所规定或构成。如果因果性是这些范畴之一，我们就能够先天地或在先地知道，如果没有因果性，在人类经验的整个领域之中就不可能发生任何事件。通过把这个观念扩展到因果性之外的例子中，我们就能够解释整个先天知识的可能性。

现在，我已经讨论过康德的"假设"。当然，它在最初构想中只是假

---

① 显然，康德并不认为物理学家只是简单地把预先构想的定理套在自然之上。他会考虑假说、演绎和控制实验，在这个过程中，物理学家显然不只是从自然中接受印象的被动接受者。

② 康德在《未来形而上学导论》的前言中正确地注意到，休谟从未怀疑以下事实：原因概念对于生活来说是必不可少的。

设。"让我们看看，如果假设……，我们是否能够得到更好的结果"表述了康德引入其观点的方式。康德注意到，虽然在自然哲学或物理学的革命中已经提出这个观点，但在批判哲学中，我们无法像物理学家做实验那样在批判哲学的对象上做实验。我们关注的是对象与意识之间的一般关系，我们不能把对象从它们与认识主体的关系中脱离出来，进而观察对象是否会因此而有所区别。这个程序在原则上是不可能的。但同时，如果在新假说之下我们能够解释其他假说所不能解释的东西，同时我们也能够成功证明在自然之中的先天法则（自然在此被视为所有可能经验对象的总和），那么我们就能够成功证明最初被假定为假说的观点的有效性。

5. 现在，"人类知识有两个主干，它们也许出自共同的但不为我们所知的根源，这两个主干就是感性和知性，对象通过前者被给予我们，但通过后者被思想"①。康德在此区分了感性（Sinnlichkeit）和知性（Verstand），并且告诉我们，对象通过感性**被给予**，通过知性**被思想**。但如果不考虑背景单独来看，这个陈述很容易让人误解康德的意思，我们在此需要给出某些说明。

我们已经看到，康德不同意经验主义者的观点，即所有人类知识都来源于经验。因为存在着先天知识，它们不能通过纯粹的经验主义原则得到解释。同时，康德在下述观点上同意经验主义，即对象在感官经验中被给予。但"被给予"这个词可能会产生误解。大体而言，只有对象在感觉中被给予之后，思想才会起作用，但这并不能得出，"被给予"的东西不是质料与人类感性所赋予的形式之综合。康德相信，被给予的实际上就是这种综合。因此，"被给予"这个词必须被理解为指的是被给予于意识，而不是意指感官领会着"物自身"（即独立于人类主体的综合活动而实存的事物）。感官经验本身涉及这类活动，即涉及时间和空间的先天感性直观之综合。物自身绝不会作为对象被给予我们：可以说，在知性面前作为被给予的而被发现的东西已经是形式与质料的综合。随后，知性在其自身纯粹的（非经验的）概念或范畴之下，继续综合感性直观的材料。

---

①　*B*, 29; *A*, 19.

230　　因此，感性和知性共同构成了经验，决定了对象之为对象，虽然它们的贡献并不相同。现在，这意味着，知性的纯粹概念或范畴的功能是综合感性直观的材料。因此，它们不能应用于不在或不可能在感官经验中被给予的实在。由此得出，没有任何形而上学可以运用知性的纯粹概念或范畴（比如因果概念和实体概念）去超越经验，或者如康德所说的，去描述超可感实在，而还能够合法地宣称自己是一门科学。事实上，哲学家的任务之一就是去揭露这类主张的空洞性。

　　因此，知性的纯粹概念或范畴的功能在于综合感性杂多，它们的用途在于应用于感性直观的材料。但是还有些观念不仅不是从经验中抽象而来，同时也不能应用于感性直观的材料。它们超越了经验，因为在与它们相对应的经验中，没有对象被给予，也没有对象可以被给予。这类观念包括比如作为精神原则的灵魂观念和上帝观念。这些观念是如何产生的呢？人类心灵具有寻求统一的无条件^①原则的自然倾向。因此，在灵魂作为思想主体或自我这个观念中，它寻求所有范畴思维的无条件统一原则。在上帝或至高完美存在者的观念中，它寻求所有经验对象的无条件统一原则。

　　正如康德所称，这些"先验理念^②"被他归入理性之中。因此，我们必须注意，康德在不同的严格程度上使用理性这个词。当他把"第一批判"称为《纯粹理性批判》时，就这部著作通常所覆盖的内容而言，"理性"这个词包括了感性、知性和狭义的理性。狭义的理性区别于知性，更不同于感性。它指的是这样一种人类理智——寻求杂多的统一，并将杂多指向无条件的原则，如上帝。

　　现在，理性的这种自然倾向，就其自身而言，康德丝毫没有对之进行贬低。相反，他认为这种先验理念行使了重要的范导性功能。例如，世界作为整体、作为因果关联现象的整个系统——这一观念不断促使我们发展出解释力更广泛的科学假说，发展出更广泛的对现象的概念综合。换句话说，它作为理想目标，激发心灵不断做出新的努力。

---

①　"无条件"，即超越感性和知性这类主体性条件。
②　译者注：文中的 idea、Idea、ideal 分别对应翻译成"观念""理念"和"理想"。

　　但是，问题在于，这些理念是否具有超出范导功能之外的功能。它们能够成为有关相应实在的理论知识的源头吗？康德坚信它们不能。在他看来，任何尝试把这些理念当成科学的形而上学都注定要失败。如果我们这样做，我们将发现自己陷入逻辑谬误和二律背反。既然我们具有这些理念，很容易理解，就存在着"超验"地使用它们的诱惑，即把我们的理论知识扩展到超出经验的领域。但是这种诱惑应当受到抑制。

　　如果记住这节勾勒的内容，我们很容易理解《纯粹理性批判》的大体结构。这部著作划分为两大部分，第一大部分名为"先验要素论"（Transzendentale Elementarlehre）。正如"先验"①这个词所示，这里处理的是知识的先天要素（形式或条件）。这一部分进而划分为两个主要部分，即"先验感性论"（Die transzendentale Ästhetik）和"先验逻辑论"（Die transzendentale Logik）。在第一部分中，康德讨论了感性的先天形式，而且表明了数学的先天综合命题是如何可能的。先验逻辑又划分为"先验分析论"（Die transzendentale Analytik）和"先验辩证论"（Die transzendentale Dialektik）。在"先验分析论"中，康德处理的是知性的纯粹概念或范畴，而且表明了自然科学的先天综合命题是如何可能的。在"先验辩证论"中，康德考虑了两个主要论题，第一个论题是形而上学的自然倾向，第二个论题涉及形而上学（即传统的思辨形而上学）是否能够成为一门科学的问题。正如已经指出的，康德肯定形而上学作为自然倾向的价值，但否定了形而上学的下述主张，即可以构造这样一门真正的科学，这门科学会为我们提供有关纯粹理知性实在的理论知识。

　　《纯粹理性批判》的第二大部分名为"先验方法论"（Transzendentale Methodenlehre）。思辨或"超验"形而上学声称它是有关超越经验的实在的科学，康德取而代之构想出"先验"形而上学，它既包含了完备的先天知识体系，也包括了自然科学的形而上学基础。康德没有宣称要在《纯粹理性批判》中提供这种先验系统。如果我们把完备的先天知识体系视为宏伟建筑，我们可以认为，先验要素论（即《纯粹理性批判》的第一大部

---

① "我称之为先验的，指的与其说是关注于对象的一切知识，不如说是有关对象的认识方式的、就其为先天可能而言的一切知识。"（B, 25; A, 11–12）

分）考察了整栋建筑的材料和功能，而先验方法论则构思了整栋建筑的规划，而且是"对于完备的纯粹理性体系的形式条件的规定"[1]。因此，康德可以说，《纯粹理性批判》体系性地描绘了建筑的规划，而且它是"先验哲学的完备理念，但还不是这门科学自身"[2]。严格来说，《纯粹理性批判》只是先验哲学或者形而上学体系的预备。但是，如果我们在宽泛意义上使用形而上学这个术语，我们当然可以说，《纯粹理性批判》的内容、要素论和方法论构成了先验哲学或先验形而上学的第一部分。

6. 我们在上章提到过以下事实：康德在《视灵者之梦》中宣称，形而上学是探讨人类理性界限的科学。在《纯粹理性批判》中，康德努力完成了这项工作。但是，理性必须被理解为意指理论理性或思辨理性，或者更准确地说，在其理论功能下的理性。如果某种实在不在感性经验中被给予或者不能如此被给予，我们就不可能具有关于这种实在的理论知识。当然，存在着理性对于自身的批判反思，但这种反思的结果主要是去表明科学知识的条件，以及表明使对象成为可能的条件。它没有向我们开启作为理论知识对象的超可感实在世界。

同时，这种对理论知识或科学知识的边界所做的限定，并不表明（比方说）上帝观念是不可思想的或者这个词是无意义的。这种限定所做的是把自由意志、灵魂不朽和上帝实存放在既无法证明也无法反证的领域之中。因此，先验辩证论对于形而上学的批判为依赖于道德意识的实践信仰或道德信仰开辟了道路。因此，康德可以说[3]他必须去除关于它们的知识，以便为信仰留出空间，他对于形而上学声称其是科学的毁灭性批判，给了唯物主义、宿命论和无神论的根基以致命一击。因为，存在着精神性灵魂、人是自由的、上帝实存等等这些真理不再依赖于谬误论证，而人们正是根据这些谬误论证来否认这些真理。这些真理被转移到了实践理性或道德理性的领域，变成了信仰对象而非知识对象（这个词是在与应用于数学和自然科学时相类比的意义上使用的）。

---

[1] *B*, 735–736.

[2] *B*, 28; *A*, 13.

[3] *B*, xxx.

如果我们把这种理论看作只是讨好教会，或者看作只是康德的审慎行动，这就大错特错了。因为，这是康德对于如何调和科学世界与道德或宗教意识世界这个重大问题的部分解决。科学（即经典物理学）涉及因果律，而因果律不承认自由。人作为科学家所研究的宇宙系统中的成员，同样也不例外。但是，科学知识有其限度，它的限度被人类感性和知性的先天形式所决定。因此，我们没有合理的理由认为，我们的科学知识或理论知识的限度就是实在的限度。当道德意识的实践内涵得到发展时，就会把我们带到可感领域之外。作为现象存在者，人类必须被视为服从于因果律以及被决定的；但道德意识本身是实在的，它涉及自由的观念。因此，虽然我们无法在科学上证明人是自由的，但对于自由的信仰却是道德意识所必需的。

这个观点确实面临着困难。我们不仅在可感的现象实在与纯粹理知的本体实在之间做出了划分，而且还面临着以下困难：我们把人构想为在现象上是被决定的但在本体上是自由的，因此人同时是被决定的和自由的（虽然是在不同方面）。但在这里讨论这些困难并不恰当。我提到康德这个观点的原因有二。首先，我希望再次让人们注意这个一般性问题：康德试图调和牛顿物理学世界与道德宗教世界。因为，如果我们记住这个一般性问题，就可以避免只见树木不见森林。其次，我希望表明，《纯粹理性批判》本身无法与康德的其他著作分离开来，它构成了逐渐在随后的著作中展现出来的哲学整体的组成部分。确实，《纯粹理性批判》具有自身的问题意识，它在某种程度上可以独立存在。但是，除了对先天知识的探究尚需扩展到实践理性的领域这一事实之外，《纯粹理性批判》的结论仅仅构成了对潜藏在康德全部思想之下的一般问题的部分解答。从最初就明白这个事实对于我们非常重要。

234

第十二章

康德（三）：科学知识

空间和时间——数学——知性的纯粹概念或范畴——范畴应用的
合理性证明——范畴的图型——先天综合原则——纯粹自然科学
的可能性——现象与本体——对观念论的反驳——结语

235   1. 康德在"先验感性论"的开篇就谈到，只有通过直观，我们的知识才
能够直接地与对象相关联。[①] 而且，只有当对象被给予我们时，直观才会发
生。神圣理智据说既是直观又是原型。这就是说，神圣直观创造了其对象。
但人类直观的情况并非如此，人类直观预先假定了对象。这意味着，人类主
体必须在某种意义上被对象所刺激。现在，我们通过被对象所刺激而接受
对象之表象（Vorstellungen）的能力被称为"感性"（Sinnlichkeit）。"借
助于感性，对象被给予我们，而且唯有感性才给我们提供直观。"[②]

如果只是从其自身来看这些讨论，则"感性"这个词具有宽泛的含义，
即只是认识的接受性或通过被对象所刺激而接受对象之表象的能力。但我
们必须记住，康德认为人类直观与神圣直观完全对立，因为神圣直观不仅
是原型而且是理智。因此，可以得出，人类直观是感性直观。感性从而就
意味着通过在感觉上被对象所刺激而接受对象之表象的能力。"就我们被对
象所刺激而言，对象对于表象能力的作用就是感觉（Empfindung）。"[③] 因

---

① "直观"（Anschauung）这个词既指直观行动，又指被直观的对象。在当前语境下，
这个词是在第一种意义上使用的。但是，康德也常常在第二种意义上使用这个词。
② *B*, 33; *A*, 19.
③ *B*, 34; *A*, 19.

此，康德同意经验主义者，认为人类对于对象的认识需要感觉。心灵需要
通过感觉的刺激而与事物相接触。康德理所当然地认为感官受到外在事物
的作用，这种作用于表象能力的结果就称为"感觉"。感觉因此就是主观
的表象，但这并不意味着它由主体所引发。

236

但是，感性直观不能被还原为只是事物对我们感官的后天刺激。经
验性的感性直观的对象被康德称为"显象"（Erscheinung）。在显象中，
我们可以区分出两个要素。首先是显象的质料，它被描述为"与感觉相应
的东西"[①]。其次是显象的形式，它被描述为"使得显象的杂多能够在某些
关系中被整理的东西"[②]。如果质料被描述为与感觉相应的东西，而形式不
同于质料，则形式自身不可能是感觉。因此，虽然质料后天地被给予，但
形式必定位于主体这边，换句话说，形式必须是先天的，作为感性的先天
形式，与感性的结构相关，构成了所有感性直观的必要条件。根据康德，
存在着两种感性的纯形式，即空间和时间。实际上，空间不是所有经验直
观的必要条件，但这个问题暂且不讨论。我们需要注意的是，康德与纯粹
经验主义者相分歧的地方在于，他在所有感官经验中发现了先天要素。

或许在这方面，我们应当对康德的术语有所讨论，即便这会打断我
们对于康德时间和空间理论的阐述。首先，"表象"（Vorstellung）这个
词在宽泛意义上包括了多种认识状态。因此，"表象能力"这个短语可以
很好地等同于"心灵"（Gemüt），心灵这个词的含义也非常宽泛。其次，
"对象"（Gegenstand）这个词没有一以贯之的含义。因此，在上文定义
"感觉"时，"对象"必定指的是康德所称的物自身，而物自身是不可知
的。但是，"对象"通常意指知识的对象。第三，在《纯粹理性批判》第
一版中，康德区分了"显象"和"现象"。"各种显象，就它们作为对象
按照范畴的统一性被思想而言，就叫作现象（phenomena）。"[③]因此，"显
象"意指感性直观的内容，只要这个内容被视为"未规定的"或未范畴化
的；而"现象"意指范畴化的对象。但事实上，康德常常在这两种意义上

237

---

① B, 34; A, 20.
② B, 34; A, 20. 第一版中的文字稍有不同。
③ A, 248.

使用"显象"。

我们还需指出。我们已经看到，显象的质料被描述为"相应于"感觉。但在别的地方，康德告诉我们，感觉自身就可以被称为"感性知识的质料"①。这两种不同的说法或许可以被视为表达了康德思想的两种不同倾向。刺激主体的外在事物本身是不可知的，但外在事物通过刺激感官产生出表象。现在，康德有时倾向于认为，似乎所有显象都是主观的表象。当这个观点起主导作用时，很自然，他就会把感觉自身描述为显象的质料。因为正如我们所见，感觉被描述为对象作用于表象能力而产生的结果。但是康德也说到，现象似乎是对象，而不仅仅是主观的表象，这实际上代表了他的主导观点。随后，如果我们不考虑知性范畴对于现象的贡献，而直接考虑显象（在这个词的狭义意义上），很自然就会认为显象的质料就是"相应于"感觉的东西。

如果我们承认康德在用词上可能具有矛盾，上述三段内容就不是打断，而是对文本的一系列注释。但是，简要地阐述上段最后一句话所暗含的观点可以澄清康德的立场，并使我们的阐释得到展开。这个进路实际上是由康德自己提出的。②

日常经验世界显然是由具有不同性质的事物所构成的，而这些事物彼此之间具有不同的关系。也就是说，我们通常说知觉到事物，每个事物都能够从其性质得到描述，都与其他事物有不同的关系。在这个意义上，知觉显然是知性与感性合作产生的结果。但是我们可以从整个过程中抽出知性所做的贡献，以便考察经验直观或者狭义的知觉。随后，我们通过逻辑分析而获得显象或者我们所谓的感觉内容或感觉材料。但我们还可以做出进一步的分析。在感官经验的内容之中，我们可以在质料要素与形式要素之间做出区分，质料要素指未规定的感觉，而形式要素指杂多显象的时空关系。③"先验感性"这一部分的目的就是抽出形式要素并加以研究，

---

①　*A*, 50; *B*, 74; *Prol.*, 11.

②　*A*, 20–22; *B*, 35–36.

③　严格来说，正如我们所见，显象的形式是使显象的杂多（感觉或相应于感觉的东西）以特定关系组织起来的东西。但是，我们也可以把关系视为显象的形式要素。

形式要素被视为经验的必要条件。

这个问题能够用以下方式进行表述。我们所能构想出的最低层次上的关于对象的知识，至少也涉及事物作用于我们的感官所产生的表象。但是，如果不把感觉在时间和空间中关联起来，我们就不能获得感觉。例如，如果想要获得两种感觉或者想要意识到两种感觉，我们就要在时间中或者在时间序列的秩序中把二者关联起来。一种感觉与另一种感觉处于在先、在后或者同时的关系。空间和时间构成了框架，感觉的杂多在其中得以组织或排列。因此，空间和时间（在时空关系中）同时多样化和统一未规定的显象质料。

当然，这不意味着我们首先意识到了某些未经排列的感觉，然后才使它们从属于空间和时间的先天形式。因为我们从未面对如其所是的未经排列的感觉，我们也不可能做到这样。实际上，康德的要点在于时间和空间是感性经验的先天必然条件。因此，在经验直观中被给予的或者我们意识到的，都是已经得到排列的。排列是意识的条件，而非意识的结果。确实，在显象之中，通过逻辑抽象或逻辑分析，我们能够区分质料和形式。但只要我们在思想中抽离出由主体所贡献的显象形式，我们意识到的对象也会消失。总之，感性直观或经验直观的对象，作为被给予于意识的东西，已经从属于感性的先天形式。排列或关系在感性直观之中发生，而非在其之后发生。

我们现在可以注意康德在外感官与内感官之间做出的区分。通过外感官，我们知觉到外在于我们的对象（或者如康德所说，我们表象外在于我们的对象）；通过内感官，我们知觉到我们的内在状态。[1] 空间是"外感官的所有显象的形式，也就是说，是感性的主观条件，唯有在这个条件下外部直观对我们来说才是可能的"。[2] 所有外在于我们的对象在且必须在空间中表象为实存。时间是"内感官的形式，即对我们自己[3]和我们的

239

---

① 康德同意休谟，认为通过反省，我们知觉到的是心理状态而非恒常的自我或者灵魂。我们稍后会详细讨论这个主题。
② *B*, 42; *A*, 26.
③ 康德指的是经验性自我，而不是精神性灵魂。

内部状态的直观的形式"。① 我们的心理状态不是在空间中被知觉，而是在时间中作为彼此相继或同时发生的而被知觉。②

　　但是，康德进而立即说道，时间是所有显象的先天形式条件，而空间只是外在显象的先天形式条件，这似乎表明他自相矛盾。但他的意思就是如此。所有表象，无论它们是否有外在事物作为其对象，都由心灵③所决定。这样，它们都属于我们的内在状态。因此，它们必须全部都从属于内感官或直观的形式条件，即从属于时间。但是，时间因此虽然只是外在显象的间接条件，然而却是所有内在显象的直接条件。

　　现在，我们已经讨论了空间和时间作为感性的纯形式，以及作为直观的形式。但我们之前已经注意到康德对于"直观"这个词的不同用法④。在康德所称的对时间和空间观念的"形而上学阐明"中，他把时间和空间观念本身视为先天直观。它们并不是经验性地来源于概念。我不能后天地从外在显象的经验关系中获得空间的表象。因为除非在空间之中，否则我们不能把外在显象表象为具有空间关系的。除非时间表象已经在场，否则我们也不能把显象表象为同时或相继地实存。因为，只有在时间中，我才能把它们表象为同时或相继地实存。我可以设想所有外在显象都消失，但作为其可能性条件的空间表象仍然得到保留。同样，我可以设想所有内在状态都消失，但时间表象仍然得到保留。因此，空间和时间不可能经验性地来源于概念。如果我们所说的概念指的是普遍观念，空间和时间甚至都不能是概念。我们的各种空间观念是通过在统一空间之中引入限制而形成的，这个统一空间被设想为各种空间观念的必要基础。我们的各种时间观念或者有关时间绵延的观念以类似的方式而形成。但康德认为，我们不能以这种方式分割普遍概念。空间和时间是特殊概念而不是普遍概念。它们建基于知觉层面，它们通过知性的概念而得到预设，而非相

---

① 　*B*, 49; *A*, 33.
② 　我们可以回想到休谟的讨论，他说我们不能恰切地认为一种内在状态是在另一种内在状态的左边或右边。
③ 　Das Gemüt 习惯上翻译成"心灵"（mind）。康德在非常宽泛的意义上使用这个词。当然，我们不能把它等同于"知性"（Verstand）。
④ 　参见本书第 224 页注释 ①（中文页码）。

反。因此，我们必须得出结论认为它们是感官层面上的先天直观，当然，我们不能因此认为在对统一的空间和时间进行表象时，我们直观到非心灵实在的实存。空间和时间的表象是知觉的必要条件，但它们是主观方面的条件。

因此，对于康德而言，空间和时间是不实在的吗？这个问题的回答依赖于我们赋予"实在"和"非实在"何种意义。作为在经验直观中被给予的对象，显象已经是时间化的，而作为表象为外在于自我的东西，显象则已经是空间化的。因此，经验实在是时空化的，由此推出，空间和时间必定具有经验实在性。如果空间和时间是否是实在的这个问题等同于经验实在是否通过时空关系进行刻画，回答必定是肯定的。我们只能经验到显象，显象作为经验的可能对象，只有通过形式和质料的结合，即只有通过将感性纯形式应用于对未规定的和无形式的感觉质料进行排列，才能成其所是。不可能存在着不在空间之中的外感官对象；不可能存在着不在时间之中的对象，无论是外感官对象还是内感官对象。[①] 因此，经验实在必须必然通过时空关系进行刻画。如果我们说显象**"好像"**在空间之中，这是不恰当的，显象就**"是"**在时空之中。可能有人反对说，根据康德，空间和时间是感性的主观形式，因此它们应当被称为观念的而非实在的。但是重点在于康德认为，如果没有这些强加的形式，就不可能有任何经验实在。它们作为经验实在参与构造，因此它们本身在经验上是实在的。

但同时，因为空间和时间是人类感性的先天形式，它们的应用范围只能扩展到显现给我们的事物。没有任何理由假设，在显现给我们之外，它们可以应用于物自身。事实上，它们不可能这样做。因为它们是显象之可能性的本质性条件。因此，虽然例如"所有显象是在时间之中的"这个说法是正确的，但"所有事物或所有实在是在时间之中的"这个说法则是不正确的。如果存在着某些实在，它们不能刺激我们的感官，不能属于经验实在，那么，它们就不能在空间和时间中实存。通过超越经验实在，它们就超越了整个时空秩序。此外，这些刺激我们感官的实在，当把它们看作

241

[①]　当然，"对象"这个词必须被视为人类知识的对象或我们的对象。

物自身而不是看作经验对象时，它们就不在空间和时间之中实存。或许在事物之中存在着某种基础，基于这个基础，事物作为现象才具有某些空间关系，而不是其他空间关系。但是，这种基础是不可知的，而且它必然保持着不可知。它自身不是空间关系。因为空间和时间无法应用于非现象的实在。

因此，康德的公式可以表述如下。空间和时间在经验上是实在的但在先验上是观念的。它们在经验上的实在性，意指在经验中被给予的东西处于空间（如果它是外感官的对象）和时间之中。康德坚持认为，空间和时间不是幻相。我们既可以在康德的理论中也可以在相反的理论中区分出实在和幻相。空间和时间在先验上是观念的，意指它们只有在现象领域才具有有效性，而不能应用于在事物对我们的显象之外的物自身。[①] 但是，这种先验观念完全不会伤害时空秩序的经验实在。因此，康德不会认为他的观点可以归入贝克莱的观念论，根据后者，实存就是知觉或被知觉。因为康德肯定物自身的实存，而物自身是不能被知觉的。[②] 康德坚持认为，他的哥白尼式革命不会损害经验世界的经验实在，就像日心说不会转变和否定我们观察到的现象。他的时空观能够解释建立在这些直观基础之上的先天知识，而其他观点则不能解释它们。我们现在必须转向这种先天知识。

2. 康德给出了对时间和空间的所谓"先验阐释"。"我把先验阐释理解为将一个概念解释成一个原则，从这个原则出发就能够看出其他先天综合知识的可能性。为了这个目的就要求：第一，诸如此类的知识确实是从这个被给予的概念得来的；第二，这些知识只有在以给定的方式解释这个概念的前提下才是可能的。"[③] 在时间的先验阐释中，康德告诉我们的不外乎如下事实：首先，变化的概念以及运动的概念（运动被思考为位移）只有在时间表象之中并且通过时间表象才是可能的；其次，只有在时间是先天直观的前提之下，我们才能解释展现在一般运动学说中的先天综合知

[①] 我们一定还记得，显现意味着从属于感性的先天形式。

[②] 康德是否能够融贯地坚持这个观点，这是我们暂时不需要考虑的问题。

[③] *B*, 40.

识。但是，康德在处理空间时，详细谈到数学^①，尤其是几何学。康德的主要论点在于，数学知识作为先天综合知识，其可能性只有在时空是纯粹先天直观的理论之下才能得到解释。

让我们考察如下命题："三条直线可以构造一个图形"。我们不能仅仅通过分析直线和数字 3 的概念来演绎出这个命题。我们必须构造出对象（一个三角形），或者正如康德所说，给我们自己提供在直观中的对象。这不可能是经验直观。因为它不可能产生出必然命题。因此，它必定是先天直观。由此可推出，对象（三角形）不可能是物自身或者物自身的心灵印象。它不可能是物自身，因为物自身从定义来看就不向我们显现。即便我们允许直观物自身的可能性，这种直观也不可能是先天的。如果这是可能的，物自身也不得不在后天的理智直观中向我们呈现。我们也不能假设对象（三角形）是物自身的心灵印象或表象。因为我们能够通过构造三角形而提出的必然命题只是关于三角形本身的。例如，我们能够证明等腰三角形的性质。我们没有任何根据去假设，对于表象而言必然为真的东西也可以适用于物自身。那么，我们如何能够在直观中构造使我们能够阐明先天综合命题的对象？只有在我们具有先天直观能力（Vermögen）这个条件之下，我们才能够这样做，这种能力是外在直观对象之可能性的普遍、必然条件。数学不是只关于概念内容或词项意义的纯粹分析科学。数学先天地向我们提供有关外在直观对象的信息。但是，只有数学构造所需的直观都建立在先天直观的基础之上，这才是可能的，这种先天直观对于外在直观对象的可能性而言是必要条件。因此，"几何学是一门综合地规定空间属性的科学，但它又是先天的"^②。但是，我们不能以这种方式决定空间的属性，除非空间是人类感性的纯形式，这种纯粹先天直观对于所有外在直观对象都是必要条件。

如果我们参考康德在《未来形而上学导论》中所讨论的数学的客观性或者它对于对象的可应用性，这个问题或许可以阐明得更清楚。几何

---

① 这就是说，只要我们结合考虑标题为"空间概念的先验阐明"的这节内容和"对先验感性论的总说明"的相关部分。

② *B*, 40.

学作为数学的分支，是先天的。即便如此，我们确实知道，在经验实在必定总是符合于几何学命题的意义上，几何学的命题是必然的。几何学家先天地决定空间的性质，他的命题对于经验性的空间秩序而言总是为真。但是，他如何能够提出在外在经验世界中具有客观有效性的、必然为真的先天命题呢？只有当空间是人的感性的纯形式（人决定了空间的属性）时，他才能做到这一点；只有在这种形式之下，对象才能被给予我们，这种纯形式只能应用于现象而不能应用于物自身。只要我们接受这种解释，"这就十分容易理解，同时也可以无可辩驳地证明，我们的可感世界的所有外在对象必然与几何学命题极为精确地一致"[①]。

这样，康德使用数学的先天特征去证明他的时空理论。值得注意的是康德观点与柏拉图观点之间的关系。柏拉图也相信数学的先天特征。但是，柏拉图通过假定"数学对象"的直观来解释它，这种数学对象作为理智个别物不是现象，而且在某种意义上依其自身而持存。但在康德的原则之下，这种解释遭到抛弃，康德批评柏拉图放弃了可感世界而飞入空洞的理念领域，心灵在此不能找到任何可靠的根据。但是，他分享了柏拉图所相信的数学知识的先天特征，虽然他的解释与之不同。

参考莱布尼茨的观点或许可以有助于进一步阐明康德的数学观。莱布尼茨认为，所有数学命题，包括公理，都能够通过定义和矛盾律而得到证明。康德认为，基本公理不能通过矛盾律进行证明。因此，几何学具有公理化性质，但康德认为，几何学基本公理表达了在主体的先天直观中表象出的对于空间本质的洞见。非常明显，我们有可能既认为公理是不可证明的同时又认为公理没有表达对于空间本质的洞见。因为公理可能被视作自由的假定，比如数学家 D. 希尔伯特（D. Hilbert）就是这样认为的。

莱布尼茨认为，在发展数学科学的过程中，思考是以分析性的方式推进的。我们只需要定义和矛盾律，随后我们就可以通过分析进行推进。但康德认为，正如我们所见，数学不是纯粹的分析性科学：它是综合性的科学，它要求直观，并且以构造性的方式推进。在算术和几何中都是如

---

① *Prol.*, 13, 附释 1。

此。现在，如果我们接受以伯特兰·罗素（Bertrand Russell）为代表的观点，认为数学最终可以还原为逻辑，即纯粹数学能够在原则上从某些原初的逻辑概念和不可证明的命题中演绎出来，那么我们自然就会反对康德的理论。我们就会认为，康德的理论已经遭到《数学原理》（*Principia Mathematica*）的驳斥。但是，罗素把数学视为纯粹分析性的，这当然从未得到普遍接受。如果我们考虑比如 L. E. J. 布劳威尔（L. E. J. Brouwer）的观点，他认为数学确实涉及直观，我们自然就会重视康德的理论，即便我们不接受康德对于空间和时间的讨论。但是，因为我自己不是数学家，我无法有益地尝试去确定这个理论在多大程度上是真的。我只能提醒大家注意以下事实：康德认为数学不是纯粹的分析性科学，而现代的数学哲学家对这个问题的看法绝不都与康德相反。

　　然而，也需要注意康德几何学理论的一个特点，这个特点使批评者们认为该理论已被随后的数学发展所推翻。康德所说的空间是欧式空间，他所说的几何是欧式几何。① 由此推出，如果几何学家遵从空间的性质，那么欧式几何就可以说是唯一的几何学。欧式几何将必然运用于经验实在，而其他几何系统都无法进行这类运用。然而在康德的时代，非欧几何已经得到发展，而且它已经表明欧式空间只是可构想空间中的一种。此外，欧式几何不是唯一适用于实在的几何学，数学家运用哪种几何学，取决于他的目的和他要处理的问题。实际上，责备康德偏爱欧式几何是很荒谬的，但同时，其他类型几何学的发展已经使康德的立场无法成立。

　　准确来说，毫无保留地说康德排斥了非欧几何的可能性，这是过于草率了。因为我们发现康德曾说过，比如，"在一个由两条直线围成的图形这一概念中并没有任何矛盾，因为两条直线及其相交的概念并不包含对一个图形的否定；相反，该图形的不可能性不是基于概念自身，而是基于该图形在空间中的构造，也就是说，基于空间和空间的种种规定条件；但这些条件又有它们自己的客观实在性，也就是说，它们应用于可能的事

_____

① 莱布尼茨也把空间理解为欧式空间。

246 物，因为在它们自身中先天地包含着经验的一般形式"①。但是，即便我们把这个段落看作康德暗指非欧几何具有逻辑上的可能性，康德也清楚地表明了这类几何不可能在直观中被构造出来。对于康德而言，这实际上等于说不可能有非欧几何系统。非欧几何或许是可设想的，但这只在以下意义上成立，即我们在运用矛盾律时无法排除这种可能性。但是，正如我们所见，康德认为，数学不只是依赖于矛盾律，它不是分析科学而是综合科学。因此，构造性对于几何系统而言是本质的。如果谁认为只能构造欧式几何，他就是在认为不能有非欧几何系统。

因此，如果我们假定几何学具有构造特征，而如果非欧几何能够被构造，那么就可以推出，康德的几何理论不能够像之前那样得到接受。如果非欧几何系统能够得到应用，这就驳斥了康德的理论，即对欧式空间的直观是对象之可能性的普遍而必然的条件。但是，是否可能修订康德有关空间之主观性的理论以便适应随后的数学发展，关于这个问题我不打算提出任何看法。从纯粹数学的观点来看，这不是重要的问题。从哲学的观点来看，这的确是重要的问题。但是，还可能有其他理由驳斥康德有关时空的先验观念的理论。②

但是，如果我们假定康德已经证明了他的时空理论的真理性，那么他就可以说是已经回答了他的第一个问题，即数学是如何可能的。我们如何能够解释我们在数学中无疑具有的先天综合知识的可能性？当且仅当时空具有以上所述的经验实在性和先验观念性时，这才可以得到解释。

最后还需说明，读者可能会认为，康德在感性层次上处理数学是非
247 常奇怪的。但当然，康德并不认为算术和几何可以在不运用知性的情况下只由感官就得到发展。问题在于，当心灵发展数学命题体系时，什么是其必然基础。康德认为，感性的先天形式或者时空的纯直观构成了这种必然基础。在康德的观点下，人类的所有直观都是感性的，如果直观在数学中是必要的，则数学必定是感性的。在认为人类所有直观都必然是感性的这

---

① *B*, 268; *A*, 220–221.
② 在某种意义上，莱布尼茨也主张有关时空的先验观念的理论，但他指涉的是上帝之思，而不是像康德那样，指涉的是我们人类之思。对于康德而言，这个差异至关重要。

一问题上，他可能犯了错。但无论如何，康德假定感性不用结合知性即可构造数学系统，这并不荒谬。

3. 我们可以通过稍微考察感性和知性在人类知识中相互结合这一重要问题，来开始我们对于先验分析论的处理。

人类知识在心灵中有两个主要来源。第一个来源是接受印象的能力，通过这种能力，对象被给予我们。感性直观给我们提供材料，我们无法以其他方式获得作为材料的对象。人类知识的第二个主要来源是通过概念去对材料进行思考的能力。心灵对印象的接受性被称为"感性"。自发产生表象的能力被称为"知性"。这两种能力的结合是关于对象的知识的必要条件。"没有感性就不会有对象被给予我们，没有知性就不会有对象被思维。思想无内容则空，直观无概念则盲。……这两种能力或机能也不能互换其功能。知性不能直观任何东西，而感官则不能思维任何东西。只有从它们的相互结合中才能产生出知识。"①

但是，虽然这两种能力的结合是知识的必要条件，但我们不应该忽略二者的区别。我们能够区分感性及其法则与知性及其法则。我们已经讨论了关于感性法则的科学，因此我们现在必须转向关于知性法则的科学，即逻辑学。

我们这里关心的逻辑不是形式逻辑，形式逻辑只涉及思维的形式，而不关注其内容，不关注我们能够思考的不同种类对象之间的区别②。我们关心的逻辑是康德所谓的"先验逻辑"。先验逻辑不是用来替代传统形式逻辑的，康德只是简单地接受了形式逻辑。先验逻辑是作为一种补充性的、全新的科学。就像纯粹形式逻辑，先验逻辑关注的是思想的先天原则；但不像纯粹形式逻辑，先验逻辑不脱离知识内容或者不脱离知识与其对象的关系。因为它关注知性的先天概念和原则及其在对象上的运用，不是指它在这个或那个特殊对象上的运用，而是它在一般对象上的运用。换句话说，先验逻辑关注对象的先天知识，只要这种知识是知性的作用。先

①　*B*, 75; *A*, 51.
②　例如，我们在系统性地绘制出演绎思维的形式时，关心的仅仅是这些形式本身。所有内容都可以符号性地得到表达，而不涉及对象。

验感性（我们之前提到的）研究感性的纯形式，即研究在感性直观中被给予我们的对象的先天条件。先验逻辑研究知性的先天概念和原则，即研究被思维的对象（即感性直观的材料）的必然条件。

这个问题可以这样理解。康德相信，现象的杂多通过知性中的先天概念而得到综合。因果性就是其中之一。因此，我们就有了系统研究这些概念以及建基其上的原理的空间。在进行这项研究时，我们就会发现人类知性对现象进行综合的必然方式，以及它使知识成为可能的方式。

"先验逻辑"的第二部分是"先验辩证论"，先验辩证论关注这些先天概念和原理的误用，以及它们从在感性直观中被给予的对象向一般性的事物（包括那些在严格意义上不能作为对象被给予我们的事物）所做的不合法扩展。但我们等到下一章才探讨第二部分，我们现在所关注的是第一部分"先验分析论"。我们首先的任务是确定知性的先天概念（即"概念分析论"）。

249　　但是，我们如何从事这项任务呢？显然，我们不要求给出所有可能概念的列表，然后把先天概念与从感官经验中抽象出来的后天或经验概念分离出来。即便这在实际上是可能的，我们也必须拥有区分先天概念与经验概念的标准和方法。如果我们拥有某种方法来确定什么概念是纯粹先天概念，那么，这个方法的使用就能使我们达到我们的目的而不用列出这类总表。因此，问题在于，是否在事实上存在着直接而且系统地确定知性的先天概念的方法。正如康德所说，我们需要一个原则或一个"先验引线"（Leitfaden）来发现这些概念。

康德在判断力之中发现了这个"引线"，对他而言，这个引线等同于思维能力。"但我们可以把知性的所有行动归结为判断，以至于知性可以被表象为一种判断能力。因为如上所述，它是一种思维能力。"[1] 现在，什么是判断呢？去判断，等同于去思维，就是通过概念去统一不同的表象，继而形成认识[2]。因此，在判断中，表象通过概念而得到综合。现在，如

---

[1]　B, 94; A, 69.
[2]　康德认为，判断是有关对象的**中介性**知识，是有关对象的表象的表象。除了直观，没有任何表象与对象直接相关。概念只与其他某些表象直接相关，它们或者是直观，或者是其他概念。

果我们谈论特殊判断，我们显然无法规定判断的可能数量。但是，我们可以确定判断的可能方式的数量，即依据它们的形式确定判断的逻辑类型的数量。在康德看来，逻辑学家已经这样做了。不过，逻辑学家没有进而追问为什么只有这些判断形式是可能的。然而，正是在这里，我们能够发现我们的"先验引线"。因为判断的每种形式都由先天概念所规定。因此，想要发现知性的纯粹先天概念表，我们只需考察判断的可能逻辑类型表。

我们可以这样处理这个问题。知性不直观，而是判断。去判断就是去综合。现在，存在着某些基本的综合方式（或者如康德所说的，判断中的统一功能），展现在判断的可能逻辑类型或形式之中。它们作为统一或综合能力，展现了知性的先天结构。因此，我们能够发现知性的基本综合功能。"因此，如果人们能够完备地描述判断中的统一性功能，就能够发现知性的所有功能。下一章将表明，这是很容易做到的。"①

迄今为止，我们通常谈论的是知性的纯粹概念或先天概念。但是康德也称它们为**范畴**。这可能是更好的用词。知性是统一能力、综合能力和判断能力，具有先天范畴结构。这就是说，因为它是其所是，所以必然根据某些基本范畴，以某些基本方式来综合表象。没有这种综合，关于对象的综合知识就是不可能的。因此，知性范畴是知识的先天条件。也就是说，它们是对象可能被思维的先天条件。对象不被思维，就不可能说成是被认识。因为，正如我们所见，感性和知性合作产生知识，尽管它们的功能不同，而且可以分别考察。

我们现在可以列出康德的判断类型表或者判断的逻辑功能表。方便起见，我同时列出康德的范畴表。整个图式表明，范畴相应于，或应该相应于逻辑功能。这些表出自"概念分析论"的第一章。②

判断表	范畴表
1.量的判断	1.量的范畴
（i）全称的	（i）单一性

---

① 　*B*, 94; *A*, 69.
② 　*B*, 95, 106; *A*, 70, 80.

判断表	范畴表
（ii）特称的	（ii）复多性
（iii）单称的	（iii）全体性
2. 质的判断	2. 质的范畴
（iv）肯定的	（iv）实在性
（v）否定的	（v）否定性
（vi）无限的	（vi）限定性
3. 关系的判断	3. 关系的范畴
（vii）定言的	（vii）依存性与自存性（实体与偶性）
（viii）假言的	（viii）因果性与隶属性（原因与结果）
（ix）选言的	（ix）共联性 （行动者与承受者之间的交互作用）
4. 模态的判断	4. 模态的范畴
（x）或然的	（x）可能性/不可能性
（xi）实然的	（xi）实存/不实存
（xii）必然的	（xii）必然性/偶然性

251

康德表明，他的范畴表不像亚里士多德范畴表那样随意列出，而是通过原理的系统运用而得到的。因此，它包含了知性一切原初的纯粹概念或范畴。实际上，存在着知性的其他纯粹概念，但它们是（先天地）派生性的和附属性的。康德提出把它们称为"派生概念"［或者可陈述词（predicables）］，以与范畴［或者陈述词（praedicamenta）］相区分。但康德并未着手列出它们，并未着手列出知性的基本和派生的纯粹概念的完备体系。但是，列出基本的概念或范畴，这对于康德的目的来说已经足够了。

然而，康德认为他已经给出了完整的范畴表，这显然是过于乐观。因为很明显，康德用来确定范畴是什么的原则，依赖于接受关于判断的某些观点，而这些关于判断的观点又来自康德时代的逻辑学。因此，康德的后继者可以修正这个列表，即便他们接受先天范畴的一般观念。

或许值得注意的是，根据康德，每个三组合范畴的第三个范畴都出自第一个和第二个范畴的结合。因此，全体性是把复多性当成单一性。限定性是实在性与否定性的结合。共联性是一个实体与另一个实体交互作用所确定的因果性。必然性是通过实存的可能性所给定的实存性。^①这种三组合图式的阐释似乎有些牵强，但如果我们考虑后来在黑格尔哲学中占据核心地位的正、反、合的三组合观念，就值得在此注意康德的说明。

4. 因此，根据康德，存在着十二个先天知性范畴。但是，在综合现象时，我们运用它们的合理性是什么？用它们来对现象进行综合的合理性在于什么？这个问题在感性先天形式的运用中并不会出现。因为，正如我们所见，除了通过使感觉的未规定质料从属于时空的形式，没有任何对象可以被给予我们。因此，追问我们如何合理地把感性形式运用于对象，这是愚蠢的。因为这些形式是成为对象的必要条件。但是知性范畴的情况则不同。对象已经在那里了，即已经在感性直观中被给予了。将知性范畴运用于这些对象或显象，难道不会歪曲或者误解它们吗？我们需要证明这种运用是合理的。

康德将这种辩护称为范畴的"先验演绎"。"演绎"这个词很容易遭到误解。因为它可能指对范畴做出系统性的发现。这已经做过了。因此，在现在的语境中，正如康德所解释的，演绎意味着合理性证明。至于"先验"这个词的意思，最好在与"经验"这个词的对比中进行理解。康德所关心的，不是通过证明范畴能够在经验上有效地应用于这门或那门科学，而是通过证明范畴是所有经验的先天条件，来证明其运用的合理性。因此，他可以说，先验演绎的全部目的在于去证明知性的先天概念或范畴是经验之可能性的先天条件。

这个问题还可以更仔细地进行定义。时空也是经验的先天条件。但它们只是对象被给予我们的必要条件。因此，先验演绎的任务在于，证明范畴是对象被**思维**的必要条件。换句话说，将范畴运用于对象的合理性证明必须要采取以下形式，即证明对象只有通过知性的综合范畴才能被思维。正如思考对象是认识对象的必要条件，证明对象只有通过范畴才能被

---

① 因此，一个必然存在者指的是这样一种存在者，它的可能性涉及实存，所以它不能只是可能性。但康德认为，这个概念不是在客观上可应用的。

思考就是证明它们只有通过范畴才能被认识。证明了这个问题，也就证明了范畴的运用是合理的，即它们具有客观有效性。

这条思想线索显然涉及康德的哥白尼式革命。如果假定心灵必须符合对象，则范畴的运用不可能是合理的。但如果被认识的对象必须符合心灵，如果这意味着它们必须从属于知性范畴才能成为完整意义上的对象，则范畴的运用就不需要进一步地证成。

康德的先验演绎论证很难理解。但在论证的过程中康德引入了重要的观念，我们必须努力对之进行简要叙述，即便这会冒着将他的思想线索过度简化的风险。在做出这个尝试时，我将把注意集中于《纯粹理性批判》第二版中给出的演绎，这与第一版中给出的演绎极为不同。

康德把知识对象定义为"在知识对象的概念中，被给予的直观的杂多被**结合**起来"①。没有综合，就不可能有关于对象的知识。未经联结的表象之流不可能被称为知识。现在，综合是知性的工作。"一种杂多的联结（康德使用的词是 Verbindung 和 conjunctio）从来不能通过感官被给予我们……因为它是表象能力的自发性的一种行动。既然人们为了将它与感性相区别而必须把这种自发性称为知性，那么一切联结，无论我们是否意识到它，无论它是直观杂多的联结还是各种各样的概念的联结……都是知性的一种行动，我们把这种行动普遍地称为综合。"②

除了杂多及其综合的概念，联结的观念还包含了其他要素。这就是对杂多之统一性的表象。因此，联结是对"杂多的综合统一的表象"③。

254　　康德在此指的不是范畴表中所列出的单一性④这个先天概念或范畴。他不是要说所有联结都涉及这个范畴的运用。因为任何范畴的运用，无论是单一性还是其他范畴，都预设了他所谈论的统一性。那么，康德谈论的统一性是什么呢？他谈论的统一性指的是与知觉和思维的主体相关的统一性。对象通过范畴而被思维，但如果没有这种统一性，它们就是不可思

---

① *B*, 137.

② *B*, 129–130.

③ *B*, 130.

④ 译者注："单一性"和"统一性"的原文都是 unity，英文和德文中使用一个词，故作者需要在此对之做出辨析。中译文在翻译 unity 时，已经根据其不同含义做出了分别处理。

维的。换句话说，除非在意识的统一性之中，否则知性的综合工作就是不可能的。

这意味着，除非知觉和思维统一在主体之中，从而使自我意识能够伴随着所有表象，否则直观或知觉的杂多就不可能被思维、不可能变成知识的对象。康德这样表达这个意思：**我思**必须能够伴随着个人所有的表象。这并不需要我总是把我的知觉和思维视为**我的**。但是，如果这种意识是没有**可能性**的，统一性就不能被给予直观的杂多：联结就是不可能的。"**我思**必须能够伴随我的一切表象；因为如若不然，在我之中就会有某种根本不能被思维的东西被表象，这就等于说，表象要么是不可能的，要么至少对我来说什么也不是。……所以，在这种杂多被遇到的那个主体中，直观的一切杂多与**我思**有一种必然的关系。"① 除非自我意识能够伴随着观念，否则谈论我具有任何观念就是荒谬的；除非自我意识能够伴随着知觉和思维，否则谈论知觉的杂多被思维就是荒谬的。

主体与直观的杂多之间的关系（即表达在"我思必须能够伴随着直观的杂多"之中的关系），被康德称为"纯粹统觉"，以区别于经验统觉（即经验地或偶然地意识到被给予的心理状态是属于我的）。伴随着各种表象的经验意识是零散的。有时我行使自我意识的经验行动，伴随着被给予的表象，有时我不这样做。经验意识就像它所伴随的表象，不是统一的。但是，一个伴随着所有表象的统一性**我思**的可能性则是经验的恒常条件。它预设了自我意识的先验（而非经验）统一性，这种先验的统一性不是作为对象被给予我们的，而是作为对象之所以能够成为我的对象的必要基本条件。除非直观的杂多能够如其所是地提交给统觉的统一性，否则就不会有经验，不会有知识。或者不那么主观地表述，就不会有对象。

当然，康德指的不是在我能够进行综合之前我首先必须把自己意识为主体或自我。我没有在先地意识到一个恒常的自我同一性的自我。只有在某些指向被给予对象的行动中，我才意识到它们是属于我的。关于自我的意识与关于认识对象的意识在自我之中如此密切联系起来，以至于对自

255

---

① *B*, 132.

我的意识不是时间上在先的经验。同时，统觉的统一性（就**我思**必须能够伴随着我的所有表象而言）和意识的先验统一性是经验的先天条件。没有联结，就没有经验。而联结需要统觉的统一性。

谈到作为经验的条件的意识统一性，或者知觉和思维在主体中的统一性，康德似乎是在谈论某种显而易见的东西。但是，即便如此，这个显而易见的事实似乎也被某些人忽略了，这些人忘记了主体作为主体，而是聚焦于作为对象的经验自我，他们认为可以合理地把自我化解为一系列心理事件，或者把自我描述为简单的逻辑构造，作为这类事件的集合。如果我们想到这些现象论者，那么康德似乎正在将注意力转向一个非常重要的问题。

但是，问题在于，所有这些与范畴的合理性运用有什么关系？答案可以简述如下。除非直观的杂多在自我意识中得到联结，否则任何关于对象的经验和知识都是不可能的。但是，所有综合都是知性的结果，因此通过知性，表象的杂多才能被纳入统觉的统一性。现在，知性通过其先天范畴进行综合。因此，除非通过范畴的运用，否则任何关于对象的经验和知识都是不可能的。只有通过知觉和思维的合作，通过对感性先天形式和知性范畴的运用，经验世界才得以形成。因此，范畴指涉对象，即具有客观的指涉，因为所有对象若想成为对象，就必须符合于范畴。

康德自己的说法值得引用。"在感性直观中被给予的杂多必然从属于统觉的源始、综合的统一。因为只有通过这种统一，直观的**统一**才是可能的。但是，只有通过知性的运作，被给予的杂多表象（无论它们是直观还是概念）才能被置于统觉之下，而知性的运作就是判断的逻辑功能。因此，一切杂多，只要是在一个经验性直观中被给予，就是根据判断的各种逻辑功能之一而**被规定的**，也就是说，被这种功能带给了一个意识。但现在，如果一个被给予的直观的杂多是就这些功能而被规定的，那么**范畴**无非就是判断的这些功能。所以，就连一个被给予的直观中的杂多也必然从属于范畴。"[①]另外，"在一个被我称为'我的'的直观中所包含的杂多，通过知性的综合

---

① *B*, 143.

被表象为归属于自我意识的**必然**统一，而这是通过范畴而发生的"。[①]

5. 然而，出现了另一个问题。我们一方面有直观的杂多材料，另一方面有各种范畴。那么，什么规定了应该运用何种范畴呢？我们需要关于联结的某些指示。如果感性直观的材料要归摄在范畴之下，它们之间必定存在着某种比例或同质性。但是，"纯粹知性概念与经验性的直观相比（甚至与一般而言的感性直观相比）是完全异类的，纯粹知性概念绝不能在任何直观中遇到。那么，把后者归摄于前者之下，从而把范畴运用于显象是如何可能的呢"[②]？这就是需要处理的问题。

康德诉诸想象力（Einbildungskraft）解决这个问题，想象力被视为知性和感性之间的中介能力。想象力据说是图型（Schemata）的产生者和承受者。图型一般而言是产生图像的规则或程序，这种规则或程序使范畴图型化或者得到规定，从而使之运用于显象。图型自身不是图像，而是代表了构造图像的普遍程序。"想象力为概念提供其图像，我将这一过程的普遍程序称为该概念的图型。"[③] 这种图型是普遍的，因此与概念具有亲缘性；而图像是特殊的，因此与直观的杂多性具有亲缘性。因此，想象力能够在知性概念与直观杂多之间作为中介。

当然，康德不是第一个强调想象力的中介功能的哲学家。例如中世纪的亚里士多德主义就把这种中介功能归之于图像。但是，康德哲学处理这个主题的方式明显不同于而且必定不同于中世纪亚里士多德主义者。对于中世纪亚里士多德主义者，图像是感性层次上作用的结果，进而又反过来作为理智抽象的基础。但是，康德认为，图像是想象力根据其自身产生的图型而运作的自发产物。我们绝对不要忘记，在康德看来，对象必须符合心灵，而非心灵必须符合对象。

为了表明他意指何物，康德从数学中举出了一两个例子。例如，通过逐次标出五个点，我能够产生数字 5 的图像……但是，数字 5 的图型自身不是这个图像或者其他图像。杂多能够根据某个概念在图像中得到表

---

① *B*, 144.

② *B*, 176; *A*, 137–138.

③ *B*, 179–180; *A*, 140.

象，而图型就代表了这个方法。图型允许概念和杂多的现象如其所是地结合起来。这就是说，图型允许概念运用于现象。康德还引用了非数学的例子，如关于狗的概念。这个概念的图型是一种使表象得以产生的规则，这种规则是将概念运用于个别动物时所需要的。

这类例子可能会遭到极大误解。因为我们在此主要关心的不是数学概念，同时也较少关心后天的经验性观念，比如关于狗的观念。我们关心的是知性的纯粹范畴。我们关心的不是用于产生图像的图型或规则（这种图型是我们能够选择和改变的），而是规定先天条件的先验图型，正是在这种先天条件之下，范畴才能够被运用于杂多。不过，康德选取的例子，即有关数学概念以及后天观念如何运用于知觉材料的例子，只是为了引入图型的一般观念。

范畴的先验图型规定了能够将范畴运用于显象的条件。对康德而言，这意味着规定了将范畴运用于显象的时间性条件。因为所有显象的唯一共同特征是处于时间之中，包括经验性自我的状态。因此，康德能够说，"图型无非就是符合规则的先天时间规定"[1]。时间是所有表象之间的联结的形式条件。时间的先验规定是想象力的结果，它在这两个阵营中都有其基础。先验的时间规定是普遍的而且依据先天规则，就此而言，它与范畴是同类的。时间包含在每个杂多的经验表象之中，就此而言，先验的时间规定与显象是同类的。"因此，凭借先验的时间规定，范畴应用于显象就成为可能，时间规定作为知性概念的图型，使得显象被归摄在范畴之下。"[2]

康德没有过多地讨论具体范畴的具体图型。他想要说明的内容在某些情况下极其难以理解。我不希望使自己陷入对这些问题的冗长阐释之中，因此我仅提几个例子。

让我们转向关系的范畴，康德告诉我们，实体范畴的图型是"实在物[3]在时间中的持存性，即作为一般经验性时间规定之基底的那个表象，因

----

① *B*, 184; *A*, 145.

② *B*, 178; *A*, 139.

③ 正如我们在讨论质的范畴那节中所见，实在性的概念指涉在时间中的存在者。

而这个东西在一切其他东西变化时保持不变"。[①] 这就是说，为了使实体概念被运用于知觉材料，实体概念必须被想象力的图型所图型化、所规定。这涉及把实体表象为在时间的变化中持存的基底。只有在这种图式化的形式之中，范畴才能运用于显象。

原因范畴的图型是："实在物，只要设定了它，任何时候都有某种别的东西接踵而至。因此，该图型就由杂多的相继所构成，只要这相继服从某种规则。"[②] 康德不是想说因果性的概念只是有序相继的概念。他的意思只是，除非原因范畴通过想象力而图型化为在时间中的因果相继，否则它就不能运用于显象之中。

第三个关系范畴的图型是行动者和受动者之间的共联性或交互性，指"一个实体的规定和另一个实体的规定按照一条普遍规则而同时并存"。[③] 康德在此的意思不是说，实体与其偶性的共在就是交互概念的全部内容；而是说，除非这种概念被给予了一种涉及在时间中共在的表象形式，否则它就不能运用于现象。

最后，让我们看看后面两个模态范畴。实存范畴的图型是在某个时间中的实存；而必然性范畴的图型是对象在所有时间中的实存。必然性作为范畴并不单纯意味着在所有时间之中。正如我们之前所见，它意味着通过实存的可能性而被给予的实存性。但康德认为，这个范畴不可能得到运用，除非想象就时间而言如此规定这个范畴，即涉及在所有时间中的存在或实存。这是它的可运用性的必要条件。我们只有把某物表象为必然的，才能把它表象为在所有时间之中实存的。这个观念属于图型化范畴。而且它总是得到运用的图型化范畴。

我们可以简要指出这里产生的问题。正如我们所见，康德使用"范畴"和"纯粹或先天概念"来意指相同的东西。现在，范畴被描述为逻辑功能。它们是知性的纯形式，使得综合成为可能，但抛开其运用于显象而就其自身而言，它们不表象任何对象。就此而言，我们可以追问，是

259

---

① *B*, 183; *A*, 144.

② *B*, *Ibid*.

③ *B*, 183–184; *A*, 144.

否"概念"这个词就是误用。在其对《纯粹理性批判》的评注中[①]，我们发现肯普·史密斯教授提到，当康德谈及范畴时，他通常指的是图型。因此，在范畴的图型法这章中只是包含了对范畴的延迟定义。作为知性的纯形式，严格意义上的范畴只是逻辑功能，没有任何确定的内容或意义。例如，康德将实体概念称为实体范畴的图型。实体的纯粹概念只能是在图型中得到定义的实体观念。

就这个问题来说，我们可以讨论的还有很多。如果我们转向数学概念，我们可能认为，三角形的概念**就是**对构造三角形的普遍规则或程序的表象。同时，康德确实说过，没有图型化的范畴不能给我们提供关于对象的概念的充足意义，它们"只不过是知性用以产生概念的功能"。[②] 他也赋予它们某些内容，即便这种内容不足以表象对象。"例如，如果人们删去持存性的时间规定，则实体就只不过是意味着能够被当作主词（而不是被当作关于某种别的东西的谓词）来思维的某物。"[③] 正如康德所说，我很可能无法使这个观念具有意义。但这意味着我不能把它运用于对对象进行表象，这里对象指的是经验的可能对象，而经验指的是感官经验。但是，康德仍然把**某些**意义或内容归之于没有图型化的概念。这类意义不足以给出知识，但作为一种逻辑上的可能性却是可思维的。根据康德，形而上学家尝试把纯粹范畴当作用来认识物自身的来源。以这种方式运用纯粹概念就是误用它们。但是，误用的可能性预设了它们具有**某些**意义。

6. 现在，知性产生出某些先天原理，后者表述了对象经验的可能性条件，也就是说，表述了对对象的经验的可能性条件。或者换个方式表述：知性产生某些先天原理，后者是范畴运用于对象时所遵循的规则。因此，要确定这些原理是什么，我们只需要考虑图型化范畴的表格。"范畴表给我们提供了原理（Grundsätze）表的自然的指示，因为后者毕竟无非是前者运用于对象时所遵循的规则。"[④]

---

① 第 340 页：见参考文献。
② B, 187; A, 147.
③ B, 186; Ibid.
④ B, 200; A, 161.

康德把相应于"量的范畴"的原理称为"直观的公理"。他没有提到　261　具体的公理，但他告诉我们，这些公理的总原则是"一切直观都是广延的量"。① 这是纯粹知性的原理，因此它不能够（像人们认为的那样）是数学原理。因为数学原理据说是以知性为中介，来源于纯粹直观，而不是来源于纯粹知性本身。同时，据康德所说，这个直观公理的原理解释了为何数学的先天综合命题可运用于经验。例如，如果所有直观都是广延的量，那么，几何学所肯定的空间的纯直观就必定对经验直观是有效的。实际上，正如原理自身是对象经验的条件，数学的可运用性也是对象经验的条件。我们可能补充说，如果直观公理的原理可以解释为什么数学中的先天综合命题可以运用于现象实在，那么，它也可以解释数学物理学的可能性。

康德把相应于图型化"质的范畴"的原理称为"经验的预先推定"。这些预先推定的总原则是"在一切显象中，作为感觉对象的实在物都有强度的量（intensive magnitude），即一种程度"。② 在讨论"量的范畴"的图型中，康德认为，它涉及对不同强度的表象，这个观念蕴含了在强度上增加的可能性以及减少到零的可能性。康德现在告诉我们，在经验的预先推定的总原则中，所有经验性的知觉因为涉及感觉，所以必定具有强度上的不同程度。因此，这个原理给感觉的数学度量提供了先天基础。

如果我们把这两个原理（即直观的公理和经验的预先推定）结合起来考察，我们就会看到，它们使我们能够对未来的直观或知觉做出预测。实际上，我们不能先天地预测我们未来的知觉是什么，我们也不能预测经验知觉（涉及感觉的知觉）的性质。例如，我们不能预测知觉的下一个对象将是红色的。但是我们能够预测所有直观或知觉将会是广延的量，以及所有涉及感觉的经验知觉都会有强度的量。

康德把这两个原理合称为数学原理。或者说，它们是范畴的数学运　262　用的原理。康德这样说并不意味着这两个原理是数学命题。他的意思是，它们施加于直观之上，它们证成了数学的可应用性。

---

① *B*, 202; *A*, 162.

② *B*, 207; *A*, 166.

　　康德把相应于图型化"关系范畴"的原理称为"经验的类比"。这种类比的总原则是"经验只有通过知觉的一种必然连合的表象才是可能的"。① 在知觉的综合中，杂多的综合统一被呈现于意识，如果没有这种知觉的综合，对对象的经验或者说关于感性对象的知识就是不可能的。但是，这种领会着联结的综合统一性是由主体所提供，也即是先天的。而且先天联结是必要的。因此，除非通过知觉对象之间的必然联结的表象，否则经验就是不可能的。

　　康德把三个类比视为知性在发现具体联结中的经验运用的规则或引导。它们各自相应于康德所谓的时间的三种样态，即持存性、相继性和并存性。通过考察三种类比本身，可以最好地理解这意味着什么。它们可以表述如下。第一，"无论显象如何变化，实体均保持不变，实体的量在自然中既不增多也不减少"。② 第二，"一切变化都按照原因与结果相联结的规律而发生"。③ 第三，"一切实体，就其在空间中能被知觉为同时的而言，都处在无一例外的交互作用之中"。④

　　这些原理显然各自相应于图型化的关系范畴，即实体和偶性，原因和结果，以及行动者与受动者之间的共联性或交互性。它们是先天原理，因此先于经验。然而，虽然它们告诉我们关系或比例，但它们却不预测或不会使我们能够预测未知的词项。因此，正如康德的注释所示，它们区别于数学类比。例如，第一个类比告诉我们的并不是在自然中的持存实体是什么：它告诉我们的是变化都涉及实体，以及无论实体是什么，它的总量守恒。无论我们在经验基础上决定把自然中的实体或变化的基底称为（如康德所认为的）物质或能量，还是其他什么，这都会是真的。大体而言，这个类比告诉我们，自然中基本物或实体的总量保持不变，但这个类比没告诉我们基本物或实体是什么。我们不能够先天地发现它。第二个类比告诉我们，所有变化都有原因，任何给定的结果必定有确定的原因。但是，

263

---

① 　*B*, 218，这与 *A*, 176–177 版本的内容有区别。
② 　*B*, 224; *A*, 182.
③ 　*B*, 232; *A*, 189.
④ 　*B*, 256; *A*, 211.

虽然我们可能知道结果，但我们不能只通过第二类比的运用就发现原因是什么。我们必须诉诸经验，诉诸经验研究。这个类比或原理具有范导性的特征：它指导我们使用因果性范畴。至于第三个类比，它显然没有告诉我们什么东西是在空间中并存的，也没有告诉我们它们的交互作用是什么。但是，它先天地告诉我们，在一般意义上，我们应当寻找什么。

康德把相应于模态的范畴的原理称为"经验性思维的一般公设"。论述如下。第一，"凡是与经验的形式条件（直观和概念）一致的，就是可能的"。第二，"凡是与经验的质料条件（感觉）相关联的，就是实在的"。第三，"凡是与实在物的关联是按照经验的普遍条件而得到规定的，就是**必然的**（必然地实存）"。①

很重要的是要理解到，对于康德而言，这些公设只涉及世界（或经验对象）与我们认知能力的关系。例如，第一个公设表明，只有能够从属于经验的形式条件的，才是可能的实存者，即在经验实在中的实存者。它没有说，没有任何能够通过超越对象经验的形式条件而超越经验实在的存在者。例如，上帝不是物理世界中的可能实存者，但这不是在说没有而且不可能有上帝。无限的精神存在者超越了经验的形式条件的运用，因此，它不像物理或经验对象那样是可能的。但是，神圣存在者在逻辑上是可能的，至少在上帝的理念中无法发现逻辑矛盾。而且，可能会有信仰这个存在者的理由。

如上所述，这些公设是关于经验思考的公设。因此，第二个公设在 264 对"实在"这个词的经验运用中给我们提供了关于实在的定义和解释。这等于在说，在科学中，根据经验的分析，没有任何东西可以在不与经验知觉或感觉相联结的情况下而被接受为实在的。至于第三个公设，它涉及根据经验的类比或经验法则，从被知觉者推论到不被知觉者。例如，如果我们就其自身而言考察经验的第二个类比，我们就只能说，假定一个变化或事件，它就必定具有一个原因。我们不能先天规定原因是什么，但如果我们考虑自然的经验法则，就可以说某个确定的因果关系是必然的、某个

---

① 　*B*, 265–266; *A*, 218.

原因必定实存，当然，这不是绝对的必然性，而是假言的必然性，换句话说，假设某个变化或事件发生了。

7. 因此，不仅数学可以运用于自然，而且也存在着大量来源于知性范畴的先天原理。纯粹自然科学因此是可能的。物理学在狭义上是经验科学。康德从未想过我们能够先天地演绎出整个物理学。但是，存在着普遍的自然科学，即康德在《未来形而上学导论》中所称的"物理学的预备"①，当然康德也将之称为普遍物理学或一般物理学②。当然，在物理学的哲学部分（或物理学的预备），并非所有概念都是康德意义上的纯粹概念，因为某些概念依赖于经验。康德给出的例子是运动、不可入性、惯性等概念。③ 并非普遍自然科学的所有原则都在严格的意义上是普遍的。因为有些原则只能运用于外感官的对象，而不能运用于内感官（即经验自我的心理状态）的对象。但同时，存在着某些可运用于所有经验对象的原则，无论是外感官还是内感官，例如，事件根据恒常律而受到因果规定这一原则。无论如何，都存在着纯粹自然科学，它所具有的命题不是经验假设，而是使我们能够预测自然发展进程，而且这些命题是先天综合命题。

265　　　我们还记得，康德在《纯粹理性批判》中的主要问题之一就是解释这种纯粹自然科学的可能性。如何可能这个问题在本章的前半部分已经得到回答。纯粹自然科学是可能的，因为经验对象之为经验对象，必然符合某些先天条件。考虑到这种必然符合，我们知道，先天综合命题这一复合体或直接或间接地来源于先天知性范畴，这将总是可证实的。简而言之，"可能经验的原理同时就是自然的普遍规律，这些普遍规律是可以被先天地认识的。这样，我们的第二个问题中所包含的问题，即'纯粹自然科学是如何可能的'，就解决了"④。

　　　我们可以用其他方式表述这个问题。对象要成为对象，必须与统觉的统一性或者意识的统一性相关联。它们通过被归摄在某些先天形式或范

---

① 《未来形而上学导论》，15。
② 同上。
③ 同上。
④ 同上，23。

畴之下而相互关联。在与一般的意识统一性的关联之中，可能的经验对象的复合体形成了自然。因此，将它们相互关联起来的必然条件本身就是必然的自然法则之基础。如果没有综合，对于我们来说就没有自然，先天综合为自然提供了法则。这些必然法则在现实意义上由人类主体所强加，但它们同时是客观的法则，因为它们对于所有的可能经验都是有效的，而且是必然有效的；也就是说，自然是可能经验对象的复合体。

因此，康德完满地解决了休谟提出的问题。牛顿物理学预设了自然的齐一性（uniformity）。但是，经验不能证明自然的齐一性。经验无法在证明存在着普遍且必然的自然法则的意义上，证明将来会类似于过去。但是，休谟满足于观察到我们具有关于自然齐一性的自然信念，并满足于尝试着为这种信念提供心理学解释，而康德则尝试证明这种齐一性。他同意休谟，认为这种齐一性不能通过经验归纳而得到证明，他认为这一点可以从下述事实中推出——自然作为可能经验对象的复合体，必须符合于对象经验的先天条件。正是这个事实使得我们先天地认识到牛顿物理学基础中的某些真理。[①]

如果我们愿意，我们可以说，康德试图为牛顿物理学提供合理性辩护。但当然，"合理性辩护"（justify）这个词可能会受到误解。因为科学体系需要的唯一辩护就是它的成果。也就是说，通常认为，后天的辩护才是唯一真正相关的辩护。但康德认为，牛顿物理学涉及某些无法在理论上得到后天辩护的预设。因此，问题在于，先天的理论辩护是否可能。康德相信，只有在接受他的哥白尼式革命这个条件之下，这才是可能的。康德所说的很多内容无疑要么是过时的要么是极有争议的。但是，自然科学是否涉及某些预设，以及这些预设的逻辑状态是什么，这些问题显然绝不是过时的问题。例如，罗素在其《人类的知识：其范围与限度》（*Human Knowledge, Its Scope and Limits*）中论证道，存在着大量科学推理的"预

266

[①]　对于康德来说，物理学很自然地指的是牛顿物理学，考虑到历史语境，这几乎不会指其他物理学。"原理分析论"所列出的康德原理与牛顿物理世界的概念之间很明显具有某种联系。例如，断言所有变化都根据必然的因果关系而发生，这个原理显然与承认"不确定性"概念的物理学不相合。

设"，它们不是来源于经验，也不可能在经验上得到证明。他进而给出有关这些自然信念之起源的心理学和生物学解释。因此，他追随休谟而非康德的步伐。因为康德尝试证明，物理学预设具有客观指称，以及为什么它们具有客观指称并且产生知识。但同时，罗素同意休谟和康德，认为纯粹的经验主义作为知识理论是不充分的。因此，即便他对康德没有好感，罗素仍然承认康德所面对的问题具有真实性。这就是我想指出的要点。

8. 读者将注意到，知性的范畴就其自身而言，没有给我们提供任何关于对象的知识。图型化范畴只能运用于感性直观的材料，即显象。范畴不能给我们提供任何关于事物的知识，"除非通过它们在**经验直观**上的可能应用，即它们只充当经验知识的可能性。但这种知识就叫作经验"。① 因此，就关于事物的知识而言，范畴的唯一合理使用就在于将它们应用于可能经验对象。康德认为这是非常重要的结论，因为它规定了范畴使用的限度，证明它们只有对感官对象是有效的。它们无法为我们提供关于超越了感官领域的实在的理论知识或科学知识。

当然，同样的说法也适用于知性的先天原理。它们只能运用于可能经验对象，即运用于现象，运用于在经验直观或感性直观中被给予的对象。"因此，这整章的最后结论就是：纯粹知性的一切原理都无非是经验之可能性的先天原理；而且一切先天综合命题都与此相关，甚至它们的可能性本身也是完全依据这种关系的。"② 因此，例如，有关实体和确定因果性的原理只对现象有效。

因此，我们关于对象的知识被限制于现象世界。但是，虽然我们不能跨越现象世界或经验世界之界限，去认识超越这些界限的东西，但我们无权断言只存在着现象。康德引入了本体的观念，我们现在必须考察这个观念。

从字面上来说，本体这个词的意思是思维的对象。康德有时把本体视作知性的对象（Verstandeswesen）。③ 但是，说本体指的是思维的对象，无助于我们理解康德的学说。实际上，它可能在定义上受到误解。因为这

① *B*, 147.
② *B*, 294.
③ *B*, 309；《未来形而上学导论》，32。

可能暗示，康德把实在划分为可感物或感性对象，与理知物或作为纯粹思维所领会的对象的本体。当然，本体这个词能够这样使用。"各种显象，就它们作为对象按照范畴的统一性被思维而言，就叫作现象。但是，如果我假定的事物纯然是知性的对象，并且它同时能够作为对象被给予直观，尽管不是被给予感性直观而是被给予理智直观，那么，这样的事物就叫作本体或理知物。"① 但是，虽然"本体"这个词能够这样使用，人类运用或能够运用对本体的理智直观这一观念恰恰是康德最想排除的立场之一。对康德而言，所有直观至少都是感性直观。因此，我们最好暂时放下词源考察并集中于康德对这个词的实际使用，这也是康德努力阐明的。

　　在《纯粹理性批判》第一版中，康德区分了"先验对象"与"本体"。显象的观念涉及"显现的事物"的观念。与"显现的事物"这一观念相关的，是关于"不显现的事物"的观念；后者是关于一个自在的、无法显现的事物的观念。但是，如果我试着从对象中抽取出所有指涉着"知识的先天条件"的东西，也就是说，抽取出指涉着"对象知识之可能性的先天条件"的东西，那么我就可以获得关于未知的"某物"的观念，未知的或者（确切来说）不可知的 X。这个不可知的 X 是完全未规定的，它只是一般意义上的某物。例如，有关牛的 X 观念与有关狗的 X 观念没有任何差别。因此，我们在此有了关于先验对象的观念，即"关于一般而言的某物的完全未规定的观念"。② 但这还不是本体的观念。如果要把先验对象转化成本体，我必须假定一种理智直观，在其中，对象能够被给予。换句话说，虽然先验对象的概念只是界限概念，但本体则被设想为理知物，一种能够成为理智直观之对象的积极实在物。

　　做出这个区分之后，康德继续谈道，我们不具有任何理智直观的能力，我们甚至不可能在积极性概念中设想其可能性。此外，虽然本体作为物自身这一观念没有任何逻辑矛盾，但我们不能看到本体被视为可能的直观对象的积极可能性。因此，将对象划分为现象和本体，这是难以接受

268

---

① 　*A*, 248–249.
② 　*A*, 253.

的。同时，本体的概念作为一个界限概念是必不可少的。我们能够把就事
物不显现自身而言的物自身称为本体。但是，我们的这个概念是可疑的。
我们没有断言存在着本体：如果我们拥有理智直观的能力，我们就能够直
观到它。同时，我们没有任何权利断言，显象穷尽了实在。关于感性限度
的观念把它看作与之相应的、未规定的、否定性的本体概念。

　　这个说法的问题在于，康德先是谈道，本体这个词具有比先验对象
更多的含义，随后他排除这种更多的含义，而完全不区分对本体的解释与
对先验对象的解释。但是，在第二版中，通过仔细区分本体这个词的两种
意义，康德澄清了这个明显的混淆，虽然他有关我们知识范围的学说仍然
保持未变。

　　首先，本体这个词具有消极意义。"如果我们把本体理解为这样的事
物——因为它不是我们感性直观的对象，所以只能从我们直观它的方式
中被抽象出来；那么，这就是消极意义上的本体。"[1] 康德给出了有关从我
们的直观方式中将本体抽象出来的说明，但这个说明绝不能被视为暗示
着，康德认为我们能够以非感性的方式直观本体。他的意思是，如果我们
把本体理解为不是感性直观的对象，同时如果我们没有假定其他直观方式
的可能性，那么，我们就具有了消极意义上的本体观念。

　　这个词的消极意义与其可能的积极意义相对。"如果我们把它（本
体）理解为非感性直观的对象，那么，我们就假定了某种特殊的直观方
式，即理智直观方式，但它不是也不可能是我们的直观方式；而这就会是
积极意义上的本体。"[2] 因此，积极意义上的本体就会是**理知物**，即理智直
观的对象。但是，根据康德，因为我们不具有任何这类直观，我们暂时忽
略积极意义上的本体，回到消极意义上的本体。

　　康德坚持认为，本体的概念是必不可少的。因为这与他的整个经验
理论紧密相连。"关于感性的学说同时就是关于消极意义上的本体的学
说。"[3] 如果我们认为人类主体具有完全意义上的创造性，我们就可以抛弃

---

① 　*B*, 307.

② 　*Ibid*.

③ 　*Ibid*.

现象与本体之间的区分。但如果主体如其所是那样只提供了经验的形式要素，我们就不能放弃这个区分。因为，事物需要符合经验的先天条件，这种看法涉及物自身观念。

　　同时，鉴于范畴的认知性运用只能局限于现象世界，由此推出，我们不仅不能在认识其性质的意义上认识本体，而且我们也不能独断地断言本体实存。单一性、复多性和实存性都是知性的范畴。虽然我们能把本体设想为实存，但范畴的这种运用超出了其运用的恰当范围，因此不会产生知识。因此，本体的实存是悬拟的，本体或物自身的观念变成了"界限概念"（Grenzbegriff）。[①]"通过把物自身称为本体而非称为现象"，知性限制了感性，"但是，它同时也为自己设定了界限，即知性不能通过范畴认识本体，不能将本体思考为未知的某物"[②]。

　　现在，在本章第一节中，我们看到了康德如何讨论对象对我们的刺激。换句话说，他从下述常识立场出发——事物对主体产生影响，从而产生了感觉，感觉被定义为"就我们被对象所刺激而言，对象作用于表象能力而产生的结果"[③]。但是，这种常识观点似乎包含着一种断言，即存在着物自身。因为，它似乎涉及从作为结果的感觉向作为原因的物自身的推论。因此，在《未来形而上学导论》中，我们读到，就其本身而言，物自身是不可知的。但是，"我们通过它们作用于我们的感官时带来的表象来认识它们"[④]。然而，康德的这种陈述显然使自己面临如下指控：对因果性原理的运用超出了他自己所定下的界限。因此，本体被思考为物自身以及它们的实存被断言为因果推论的结果，这些都受到了广泛反驳。因为根据康德的原理，原因范畴只能运用于现象。因此有人认为，当康德断言本体作为感觉的原因而实存时，他自相矛盾了，换句话说，他与自己的原理不一致。实际上，康德这样陈述是可以理解的。因为康德绝不相信事物能够被简单地还原为我们的表象。因此，他很自然地会预设我们的表象的外在

270

271

---

① *B*, 311.
② *B*, 312.
③ *A*, 19; *B*, 34.
④ 《未来形而上学导论》，13，附释2。

原因。但是，这无法改变这一事实，即他造成了明显的不一致。如果我们希望维持康德有关原因范畴的功能的观点，我们就必须放弃本体作为物自身的观念。

然而，虽然如果我们只考虑康德对我们的表象的原因所做的说明，那么这种反驳明显就是恰切的，但是，正如我们所述，当康德明确讨论现象和本体之间的区分时，他采取的是不同的进路。因为本体观念不是通过对感觉的原因进行推论而得出的，而是作为现象观念的不可分的相关者而出现的。我们不是一方面呈现出主观的表象，另一方面呈现出其外在原因。毋宁说，我们呈现出的是对象的观念，它的出现与我们具有的观念相对应；作为纯粹的限制性概念，对象的观念区别于其显象。本体似乎是这个图景的另一面，这另一面是我们没看见且不能看见的，但它是必然伴随着我们看到的这一面的非规定性观念。此外，虽然康德显然相信存在着本体，但他至少在理论上避免断言其实存。这条进路似乎不会使他受到上文所提到的反驳。因为，即使我们使用原因范畴来思考本体，这种使用也是悬拟的而非断言式的。与运用其他范畴相比，运用这个特殊的范畴并没有造成任何特殊的困难。

最后的说明。在本节中，我们把本体视作会显现出来的东西，但它并不是正在向我们显现的事物。这就是说，我们把本体视作所谓的物自身。但是，康德也把自由的、非经验的自我和上帝视作本体或视为具有本体性实在的。他也偶尔把上帝称为物自身。实际上，这种说法在他的前提之下可以得到辩护。因为上帝不是现象，不能拥有现象性或经验性的实在。因此，上帝必须被设想为本体或物自身，而不是某种在向我们显现的东西。此外，上述关于范畴不能运用于本体的一切说法，都仍然适用于上帝。同时，如果上帝被思维，就不只是作为时空显象的相关物而被思维。上帝概念不是显现的事物（就其在显现而言）之概念。因为上帝不可能被说成在显现的。因此，当本体和物自身这些词被运用于上帝时，它们的意义与以上文所述的方式被运用时并不相同。因此，我们最好还是把上帝的观念留待下一章讨论先验辩证论时进一步讨论。因为正是在《纯粹理性批判》的这个部分，康德在处理纯粹理性的先验观念时，讨论了上帝的观念。

9. 在其思想发展的不同阶段，康德在不同意义上使用观念论这个词。这个词没有不变而一贯的用法。但是，他对于这个标签的反感明显在逐渐减低，甚至我们可以发现，康德把他自己的哲学称为先验观念论、批判的观念论或者悬拟式观念论。但是，当他这样论述时，他想到的是物自身的不可知性。他不想声称从他的观点来看，只存在着人类的自我及其观念。实际上，稍后我们就可以看到，这是他所攻击的观点。而且如果我们可以把康德的哲学称为批判的观念论，我们就也能把它称为批判的实在论。因为康德坚决拒绝放弃物自身的观念。但是，我不想陷入康德哲学的恰当命名这项无益的讨论之中。相反，我要转向他对观念论的拒斥，即他对他所谓的经验观念论或者质料观念论的拒斥；这两种观念论与先验观念论或形式观念论相对。在他看来，接受后者就意味着拒斥前者。

两版《纯粹理性批判》都包含了对观念论的拒斥。但我的讨论仅限于第二版中给出的版本。康德在此区分了两种观念论，悬拟式观念论和独断式观念论。根据笛卡尔的悬拟式观念论，在空间中实存的外在事物是可疑的和不可证明的，只存在着"我在"（I am）这个经验命题。根据贝克莱的独断式观念论，空间以及以空间为不可分离条件的所有对象都是不可能的，因此空间中的对象只是想象的产物。

如果把这些概括视作对笛卡尔和贝克莱的实际立场的概括，委婉来说，它们是不充分的。贝克莱并不认为所有外在对象只是想象的产物。笛卡尔确实认为我们能够把"夸张的"怀疑运用于外在有限事物的实存之上，但他也认为理性能够克服这种怀疑。康德或许认为，笛卡尔对于在自我之外的有限事物之实存的证明是无效的。但是，这种信念无法证成他的以下说法：根据悬拟式观念论，外在事物在空间中实存是不可证明的；然后将这种观点归之于笛卡尔。但是，相比于他对这两种立场的处理，康德的历史性评论的精确性并不那么重要。

康德很少讨论独断式观念论。他只是表明，如果我们认为空间是物自身的属性，则独断式观念论是不可避免的。因为，在这种情况下，空间以及以空间为不可分离条件的所有对象，都是非物（ein Unding）。但这个立场在先验感性论中已经遭到排除。换句话说，如果空间被说成是物自身的属性，空间概念就可以显示为某种不真实和不可能的事物的概念。空间概念的摧毁会牵连到具有空间属性的事物，因此它们也只能是想象力的产物。但是，《纯粹理性批判》已经证明，空间是感性的先天形式，只能运用于现象而不能运用于物自身。当空间被证明具有经验实在性时，物自身仍然未受牵连。

康德更仔细地讨论了归属于笛卡尔的悬拟式观念论。他的主要结论是，笛卡尔的进路是完全错误的。因为笛卡尔假定，我们拥有独立于且先于对外在事物的经验的自我意识，随后他追问，确定了自身实存的自我如何能够知道外在事物的实存。康德反对这个立场，他论证道，内在经验只有通过外在经验才是可能的。

实际上，康德的论证有些复杂。我意识到我自身的实存是在时间中得到规定的[①]。但是，时间中的所有规定性，即时间相继的规定性，都预设了在知觉中持存的某物之实存。但是，这种持存的某物不能是我自身中的某物。因为它是我在时间中实存的条件。由此推出，我知觉到我自身在时间中实存，这种知觉只有通过在我之外真实实存的某物才是可能的。因此，时间中的意识必然地与外在事物的**实存**相联结，即不仅仅与外在事物的**表象**相联结。

因此，康德提出的论点在于，我只能间接地意识到自我，即通过对外在事物的直接意识而间接地意识到自我。"对我自己的实存的意识，同时就是对外在于我的其他事物的实存的直接意识。"[②]换句话说，自我意识不是先天给定的材料，相反，我只有在知觉外在事物时才意识到自我。因此，我们不需要提出如何推出外在事物的实存这个问题。

康德显然在此提出了很好的观点，我们只有在注意到外在于我自身的东西的同时，才能意识到我自身。但是，为了用这个观点反驳笛卡尔，康德不得不证明，除非外在事物**实存**而且它们不只是我的表象或观念，否

[①]　当然，康德谈论的是经验性自我，我只有在其相继状态中才能反思性地知觉到它。先验自我不是在时间中得到规定的，它不是作为自我意识的对象而被给予的。它被思想为统觉的先验统一性的条件。

[②]　*B*, 276.

则我就不可能意识到自我。实际上，证明这个观点是其论证的压力所在。但是，康德发现自己被迫承认下述观点："这不能得出，外在事物的任何直观的表象都同时包含着这些事物的实存；因为这种表象完全可能只是在梦中或疯狂妄想中想象出来的。"①但是，他论证道，这些想象的产物是先前的外在知觉的再现，而这些先前的外在知觉只有在外在对象实存时才是可能的。"这里应当证明的只是：一般内在经验只有通过一般外在经验才是可能的。"②特殊知觉是否是纯粹的想象，这必须根据特殊情况而定。

康德对观念论的这种处理可能留下了很多可供讨论的地方。但它至少确定了康德坚持作为整体的经验世界的经验实在性。在经验实在的领域内，我们不能合理地赋予经验自我以特殊地位，把外在对象（无论是独断式地还是悬拟式地）还原为经验自我的观念或者表象。因为，主体的经验实在性是与外在世界的经验实在性不可分离的。这就是说，对于主体和对象这两个因素的意识不能分开进行，否则，如何推出在自我之外的对象之实存这个问题就会变成真实的问题。

10. 在康德哲学的一般框架内，康德的经验理论面临着很多严厉批评，这些批评者接受了康德的一般观点，而且自称是康德主义者或新康德主义者。例如，他们可能会不满意康德的以下观点：基于判断表，通过对他所熟知的形式逻辑略加变化，就能够提供出完备的范畴表。但是，这种不满意本身并不必要放弃范畴理论所代表的一般立场。此外，他们还可能批判康德在指涉"范畴"和先天概念时具有歧义。但是，我们可以澄清这种歧义，而不用同时被迫抛弃整个理论。但是，我们在此无须关注在康德哲学体系的一般框架之内可能会引发的详细批评。我们会在这套哲学史后面的卷次中讨论新康德主义者。

如果我们把康德的经验理论视作解释先天综合知识之可能性的努力，那么我们对它的评判显然在很大程度上依赖于我们接受还是拒斥先天综合

---

① *B*, 278.
② *Ibid.*

命题的存在。如果我们认为这类命题不存在，我们显然会得出结论，认为根本不存在如何解释先天综合知识这样的问题。例如，我们会说：康德认为几何学家从先天直观去解释空间的属性，这是错误的。使用康德的术语来说就是，所有命题只能或者是分析的或者是后天综合的。但是，如果我认为存在着先天综合命题，我们就至少会承认康德的问题是真实的问题。因为，感官经验无法**单独**为我们提供必然的联结和真正的普遍性。

但是，我们无法由此推出如果我们接受先天综合知识的存在，我们也就必须要接受康德的哥白尼式革命的假设。因为有可能既允许存在着先天综合命题，同时又坚持存在着作为这类命题之根基的理智直观。我自己确实不想承认这样的观点，即几何学家能够直观空间，并且能够如其所是地理解空间的属性。但我完全没有处理数学问题。换句话说，当我谈到先天综合命题时，我想到的不是关于纯粹数学的命题，而是关于形而上学原理的命题，比如每个生成的事物都有原因这类原理。我所说的直观不是对于上帝这类精神实在的直接领会，而是对于存在的直观领会，这种存在暗含在有关感官知觉的具体对象的实存性判断之中。换句话说，如果心灵能够依靠感官知觉辨识出存在者的客观的、可理知的结构，心灵就能够阐明先天综合命题，这种命题对于物自身而言具有客观有效性。我不想进一步阐发这个观点。我提到它的目的只是想要指出，我们并非只能在经验主义和康德批判哲学之间做出选择。

第十三章

康德（四）：遭受攻击的形而上学

引言——纯粹理性的先验理念——理性心理学的谬误推理——思辨宇宙论的二律背反——证明上帝实存的不可能性——纯粹理性的先验理念的范导性运用——形而上学与意义

1. 如果我们假定了上一章所描述的有关对象经验①的分析，似乎就不
需要进一步论述任何有关形而上学的内容了。因为可以从先验感性论和先验分析论直接推出关于这个主题的一般结论。第一，在某种程度上，先验批判本身可以称为形而上学；或者说，就关于对象经验的形而上学而言，形而上学是可能的，而且它作为一门科学也是可能的。第二，如果我们能够解决与纯粹自然科学有关的先天综合命题的整个体系，我们就发展出了关于自然的形而上学或者关于自然科学的形而上学。第三，就心灵能够运用未经图型化的范畴来思维物自身，从而形成不包含逻辑矛盾的观念而言，传统形而上学就具有心理学上的可能性。例如，我们可以在心理上把物自身思考为实体。但是，第四，这个程序对范畴的运用超出了范畴的合理运用领域，就此而言，它不能产生知识。范畴的认识功能在于它们适用于在感性直观中被给定的对象，即现象。物自身不是且不能是现象。我们不具有理智直观的能力，不能为范畴的超现象运用提供对象。因此，传统形而上学遭到弃置，只要它仍被视作客观知识的可能根源。还是上面那

---

① 对象经验，指关于对象的经验或知识。对道德经验的分析还没有得到考察。道德经验不是我们之前所说的对象经验那个意义上的对象经验。

278 个例子，将实体范畴运用于物自身并不会产生有关物自身的任何知识。第五，我们不能使用知性原理推出超可感存在者（比如上帝）的实存。因为，知性原理，就像它们建基其上的范畴一样，其运用范围是有限制的。这就是说，它们指涉的对象只能是现象。因此，它们不能在（康德意义上的）超越经验的意义上被应用。

但是，康德在《纯粹理性批判》中展示出的对形而上学的态度，远比以上结论更为复杂。正如我们所见，康德相信，形而上学的冲动是人类心灵中不可根除的冲动。形而上学可以被视为一种天性。此外，它还具有价值。在先验辩证论中，康德至少倾向于使理性能力区别于或可区别于知性能力。它产生了先验理念。先验理念实际上不能用来增加我们有关对象的科学知识，但是，它们同时具有积极的"范导性"功能。因此，康德仍然需要研究这些理念的起源和体系，以确定它们的精确功能。

此外，康德不满足于只是说，传统思辨形而上学所声称提供的知识都是幻相。他希望严厉批判思辨心理学、思辨宇宙论以及自然神学或哲学神学，从而说明和肯定他的主张的真实性。"先验辩证论"的第二卷所做的就是这些工作。

康德所说的"先验辩证论"是什么意思呢？康德认为，希腊人把辩证法理解为诡辩的艺术。关于这个词的历史用法的这种观点是极其不充分的。但是，这与我们当前的目的不甚相关。重点在于，康德把辩证法说成"幻相的逻辑"（eine Logik des Scheins）①。但是，康德显然不想生产诡辩式幻相。因此，对于康德而言，辩证法是对错误或诡辩推理的批判性考察。先验辩证论指对于知性和理性的批判，就其声称给我们提供关于物自身和超可感实在的知识而言。"先验逻辑的第二部分必须是对这种辩证
279 幻相（或错觉）的一种批判，它被称为先验辩证论；它不是作为独断地激起诸如此类的幻相的一种艺术（各种各样的形而上学戏法的一种令人遗憾的、非常流行的艺术），而是作为对知性和理性的形而上学应用所做的批判。它的目的是揭露理性的无根据的、僭妄的错误幻相，并将理性所声称

---

① *B*, 349; *A*, 293.

的功能——它单凭先验原理就可以发现新的真理、扩展我们的知识——降低到仅仅保护纯粹知性免受诡辩的假象之害。"①

我们在此就有了先验辩证功能的纯粹消极概念。但是，鉴于对先验观念和原理的滥用预设了它们的出现和在场，并且，鉴于它们具有某种价值，先验辩证论也具有积极功能，即以体系性的方式规定什么是纯粹理性的先验理念，以及它们合理与恰当的功能是什么。"纯粹理性的种种理念就自身而言永远不可能是辩证的，相反，只有它们的滥用才必然使得从它们给我们产生一种骗人的幻相；因为它们是通过我们理性的本性被给予我们的，而我们的思辨的一切权利和要求的这一至上法庭，却不可能自己包含着源始的欺骗和幻相。因此，它们也许在我们理性的自然禀赋中有其正当的与合目的的规定。"②

2. 康德与沃尔夫的共同特点在于他们尊重（虽说不是热爱）体系性的安排和演绎。我们已经看到康德如何从判断形式中演绎出知性范畴。在先验辩证论中，我们看到康德从间接推理的形式中演绎③出纯粹理性的理念，康德所说的间接推理就是三段论推理④。这种演绎对我来说有些牵强和缺乏说服力。但是通过以下步骤，我们可以表述出康德的一般观点。

知性直接地关涉于现象，在判断中统一现象。理性则不是以这种方 280
式直接地关涉于现象，而只是间接地和中介地关涉于现象。这就是说，理性接受知性的概念和判断，寻求以更高原则来统一它们。让我们以康德自己所举出的三段论为例："所有人都是有死的；所有学者都是人；因此，所有学者都是有死的。"结论被看作从大前提通过小前提或以小前提为前提而推出的。但是，我们显然可以继续追问大前提的真值条件。这就是

---

① B, 88; A, 63–64.

② B, 697.

③ 这种对纯粹理性的理念的演绎对应于对知性范畴的形而上学演绎，也就是说，对应于从判断形式中系统地推出范畴。在先验辩证论中，我们无法发现任何严格对应于先验演绎或者对应于将范畴应用于对象的合理性证明的东西。因为理念不可能应用于对象。但是，由于理念具有"范导性"功能，对这一事实的展示以某种方式有些类似于范畴的先验演绎。

④ 因为结论在三段论中是间接推论，只能通过大前提而从小前提中推出，而小前提是演绎的一个条件。

说，我们可以尝试把大前提"所有人都是有死的"本身看作之前三段论的结论。例如，这个结论是从以下三段论中获得："所有动物都是有死的；所有人都是动物；因此，所有人都是有死的。"随后，我们的新大前提可以被看作是统一了整个系列判断，比如"所有人都是有死的""所有猫都是有死的""所有大象都是有死的"。随后，我们可以继续以类似过程设想大前提"所有动物都是有死的"，把它展现为之前三段论的结论，因此统一了更广泛的不同判断。

现在，在上述例子中，很明显，理性并不从自身中产生出概念和判断。它关涉于知性的经验运用中诸判断之间的演绎关系。但是，理性的特征是在这个统一过程中，不满足于停止于任何特定前提。这种前提本身是有条件的，也就是说，前提自身可以展现为之前三段论的结论。理性追求无条件者，而无条件者不能在经验中被给予。

在这方面，我必须提及康德所做的一个区分，它对于先验辩证论所表达的思想线索非常重要。可以说，在之前三段论的链条中不断上溯是纯粹理性的逻辑准则。这就是说，理性的逻辑准则努力追寻知识的更大统一，越来越接近于无条件者，接近于自身无条件的终极条件。但是，逻辑准则就其自身而言并未断言推理链条抵达了无条件者。它并未断言存在着某个无条件者：它只是通过告诉我们要不断努力去完成我们的条件性知识，而让我们像无条件者存在着那样去行动。但如果假设，条件序列到达无条件者，而且存在着某个无条件者，那么逻辑准则变成了纯粹理性的原则。先验辩证论的主要任务之一就是证明这个原则是否客观有效。纯粹逻辑准则并没有受到质疑。但是，我们是否可以合理地假设，条件性判断的序列实际上统一在无条件者之中？这个假设是形而上学中欺骗和谬误的源头吗？

现在，根据康德，存在着三种类型的三段论式推论，即定言的、假言的和选言的。这三种类型的间接推理对应于三类关系范畴，即实体、原因和共联性或交互性。对应于这三种类型的推论，存在着纯粹理性原则所预设的三类无条件的统一性。在定言三段论的上升系列中，理性推出某种总是主词而绝不会是谓词的概念。如果我们通过假言三段论的系列上升，理性在其预设中需要一个无条件的统一体作为前提，而这个无条件的统一体自身不以其他任何东西为前提；换句话说，它是终极前提。最后，如果我们通过选言三段论的系列上升，理性需要一个无条件的统一体，它作为选言划分的成员之聚合体，这个聚合体使划分变得完整。

为什么康德努力从三种类型的三段论推理中推出三种类型的无条件统一体。我认为，原因是很明显的。在演绎知性范畴时，康德希望避免他指责亚里士多德所犯的随意性演绎，而是要代之以系统而完备的演绎。换句话说，他希望同时表明范畴是什么，以及为何只存在着这类范畴而非其他范畴。因此，他尝试从判断的逻辑类型中演绎出它们，假定这些类型的分类是完备的。同时，在演绎出纯粹理性的理念的过程中，他希望同时表明这些理念是什么，以及为何必须只存在着这些理念（或者如康德所说，这类理念）而没有其他理念。因此，他试图从这三类间接推理中得出它们；根据康德所接受的形式逻辑，这三类间接推理是所有的可能类型。在 282 整个过程中，我们看到康德在著作中对于体系性安排和知识体系的热爱。

但是，在演绎纯粹理性的理念的过程中，康德引入了使整个问题更容易理解的补充性思路。换句话说，他引入了我们的表象能够维持的最为普遍的三种关系。第一，存在着我们的表象与主体之间的关系。第二，存在着我们的表象与作为现象的对象之间的关系。第三，存在着我们的表象与作为一般思想对象的对象（无论是否为现象）之间的关系。我们可以分别考察这些关系。

第一，正如我们在上章所见，经验若要成为可能的，则所有表象都应当与统觉的统一性相关联，即"我思必须能够伴随着所有表象"。现在，通过假定一个无条件者，即假定持存性自我或者作为实体的思维主体，理性倾向于完成这种综合。换句话说，理性倾向于通过跨越经验性的、条件性的自我而达到无条件的思想自我（即绝不作为谓词的实体性主体），来完成这种内在生命的综合。

第二，转向我们的表象与作为现象的对象之间的关系；我们可以回想，因果关系就是，知性根据第二种关系范畴来综合感性直观的杂多。现在，理性寻求通过达到作为因果序列之总体的无条件统一体，来完成这种综合。知性给我们提供了因果关系，而每种因果关系都预设了其他因果关系。理性预设了不以其他事物为前提的终极前提，即现象因果序列的总体。因此，这里出现了作为因果序列总体的世界观念。

第三，就我们的表象与一般思维对象之间的关系而言，理性寻求无条件的统一体，将其作为所有可思维事物之可能性的至高条件。因此，这里出现了上帝概念，上帝将所有完善性统一于自身。①

283　　　　因此，我们有了三个纯粹理性的基本理念，即灵魂作为持存的实体性主体，世界作为因果关联的现象之总体，以及上帝作为绝对完善者、作为一般思想对象的条件的统一体。这三种理念都不是天赋的。同时，它们不是经验性地获得的。它们是纯粹理性试图完成知性做出的综合这个自然冲动的结果。正如已经提到的，这并不意味着纯粹理性通过施加经验的先天条件（即范畴），从而进一步推进了知性的综合活动（即那种构造了对象的综合活动）；纯粹理性的理念不是"构成性的"。但是，理性具有朝向统一经验条件的自然冲动，它这样做的方式就是以上面提到的三种形式推进到无条件者。在这样做时，理性显然超出了经验。因此，纯粹理性的理念也被康德称为"先验理念"，虽然他随后又继续把第三种理念即上帝的理念称为"先验理想"。因为上帝被设想为至高者和绝对的完善者。

这三个理念形成了沃尔夫分类下的思辨形而上学三大分支的基本统一主题。"思维主体是**心理学**的对象，一切现象的总和（世界）是**宇宙论**的对象，而包含着一切能被思维者的可能性的至上条件的那个实体（一切存在者的存在）则是**神学**的对象。因此，纯粹理性为一种先验的灵魂学说［Psychologia rationalis（理性心理学）］，为一种先验的宇宙科学［cosmologia rationalis（理性宇宙学）］，最后也为一种先验的上帝知识［theologia transcendentalis（先验神学）］提供了理念。"②

现在，根据康德，既然我们没有任何理智直观能力，因此，相应于

---

① 康德承认，根据这个理论，选言三段论的唯一形式必然涉及纯粹理性的至高理念，即所有存在者的存在者（Wesen aller Wesen）的理念，"这乍看之下显得极为荒谬"（B, 393）。但他承诺随后继续讨论（参考 B, 599 以下讨论先验理念的章节）。但是，我们在此无法进一步讨论这个问题。

② B, 391–392; A, 334–335.

这些理念的对象也不能以这种方式被给予我们。它们也不能以上章描述的方式通过经验而被给予我们。实体性灵魂、作为一切现象之总体的世界、作为至高存在者的上帝：它们都不是在经验中被给予的。它们不是也不可能是现象。它们的理念并不是通过使经验材料从属于经验的先天条件而出现的，而是通过尽可能地把经验条件统一为无条件者。因此，如果理性对它们做出了康德所称的"超验"运用，声称能够证明相应对象的实存和本性，从而扩充我们有关对象的理论知识，那么它就会陷入诡辩论证和二律背反之中。康德的理性心理学、思辨宇宙论、哲学神学的批判性考察之目的，就是要证明这个事实以及证明事实必定会如此。我们现在依次考察它们。

3. 康德认为理性心理学按照笛卡尔的思路推进，论证过程是从**我思**到作为简单实体的灵魂；后者是持存的，因为它在时间中保持自我同一，即在一切偶然变化中保持自我同一。在康德看来，理性心理学必须先天地展开，因为它不是经验科学。因此，它从经验的先天条件即统觉的统一性出发。"因此，**我思**是理性心理学的唯一解说词，它应当从中展开自己的全部体系。"[①]

如果我们回想上章的内容，就很容易看到康德的批判所采取的思路。**我思**应当能够伴随个人的一切表象，这是经验之可能性的必要条件。但是，自我作为经验的必要条件，不在经验中被给予：它是先验自我，而非经验自我。因此，虽然在心理学上把它设想为统一实体是可能的，但是在这种情况下，对实体和统一体这类范畴的运用不可能产生知识。因为，这种认识功能仅限于在现象而非本体上运用。我们能够得出结论，先验自我作为逻辑主体是经验的必要条件，因为除非对象之为对象必须与统觉的统一性相关联，否则经验就是不可理知的。但是，我们无法论证先验自我作为实体而实存。因为，这涉及对实存、实体、统一性等范畴的滥用。科学知识受到现象世界的束缚，但先验自我不属于世界，它是一个限制性概念。因此，康德可能会同意维特根斯坦："主体不属于世界，相反，它是

284

世界的一个界限。"①

285　　　根据康德，理性心理学包含了基本的谬误推理，即逻辑上谬误的三段论。这种三段论可以表述如下：

　　　　凡是只能被思维为主词的东西也只能作为主体而实存，因而也就是实体；

　　　　现在，一个思维着的存在者仅仅作为本身来看，只能被思考为主词；

　　　　因此，它也只作为一个主体，也就是作为实体而实存②。

　　这个三段论是谬误推理，这是从它包含四个词项这个事实中得出的。也就是说，中项"只能被思维为主词的东西"在大前提与在小前提中的含义不同。在大前提中，指的是一般的思维对象，包括直观对象。确实，实体范畴能够应用于在直观中被给予或可被给予的对象，因而只能被思维为主词③，而不能被思维为谓词。但是，在小前提中，"只能被思维为主词的东西"被理解为与作为思维形式的自我意识相关，而不是与直观对象相关。这绝不能推出，实体范畴能够应用于这个意义上的主体。因为纯粹自我意识的自我不是在直观中被给予的，因此它不是范畴运用的备选项。

　　值得注意的是，康德没有质疑两个前提本身的真实性。实际上，康德认为，两个前提都是分析命题。例如，如果小前提中的思维着的存在者被理解为纯粹统觉的自我，则它只能被思维为主词，这在分析上为真。但是，"主词"这个词的含义不同于大前提中所使用的含义。我们不能合理地得出**综合的**结论，认为纯粹统觉的自我作为实体而实存。

　　我们无须深入康德对于理性心理学的讨论，以便看到直观观念在其批判哲学中占据的重要地位。持存性自我不是在直观中被给予的，康德在
286　这个问题上同意休谟。因此，我们不能把它应用于实体范畴。但是显然，有人可能会质疑"持存性自我不能在直观中被给予"这个观点。即便康德

---

① 《逻辑哲学论》，5，632。
② *B*，410–411；*A*，348.
③ 译者注：这里的"主词"和"主体"都是 subject/subjekt。

认为它不能在直观中被给予，我们也可以认为康德的直观观念太狭窄了。无论如何我们都可能论证，一切经验的假设前提和必要条件正是一个持存性自我。如果经验是实在的，它的必要条件必定也是实在的。如果这种看法涉及把范畴运用于限定范围之外，那么这种运用的限制才是可质疑的。但是，如果我们承认康德的前提，我们就几乎无法避免得出他的结论。先验辩证论的有效性显然在很大程度上依赖于先验感性论和先验分析论的有效性。

值得注意的是，由于康德相信所有现象事件都是因果地决定的，所以，在某种意义上，康德有意把持存性自我置于超出经验的本体实在领域。因为这能使他随后把自由作为公设。同时，通过把持存性自我置于超出直观范围的本体领域，康德使我们不可能在这个意义上争论自我的实存。当然，我们能够断言经验自我的实存，因为这是在内直观中被给予的。但经验自我是心理学研究的自我。它是时间中的对象，可还原为前后相继的状态。而不能还原为前后相继的状态且只能被思维为主词的自我，则不能在直观中被给予、不是一个对象，因而不能独断地断定它能够作为简单实体而实存。

4. 我们已经看到，康德认为，思辨宇宙论以把世界看作现象因果序列的总体这个观念为中心。思辨宇宙论者希望能通过先天综合命题来扩充我们有关作为现象的总体的世界的知识。但是，康德认为这个过程会导向二律背反。当两个相互矛盾的命题都能得到证明，就会产生二律背反。如果思辨宇宙论不可避免地导向在这个意义上的二律背反，那么必然可以得出结论认为思辨宇宙论的整个目标是错误的，即建立把世界看作现象总体的科学这个目标是错误的。思辨形而上学的这个分支不是也不可能是一门科学。换句话说，思辨宇宙论产生二律背反这个事实表明，我们不可能对世界作为现象总体这个先验理念做出科学上的运用。

康德讨论了四种二律背反。它们被认为各自对应于四类范畴。但是，我们不必局限于这种系统性的对应。我提议忽略这个问题，直接对四个二律背反进行简要讨论。 287

（1）第一个二律背反的矛盾命题：“**正题**：世界在时间中有一个开端，

在空间上也包含于界限之中。**反题**：世界没有开端，在空间中也没有界限，而是不论在时间还是空间方面都是无限的。"①

　　正题证明如下。如果世界在时间中没有开端，那么无限序列的事件必定已经发生。也就是说，在当前时刻之前，无限序列必定已经完成了。但是，无限序列绝对不可能完成。因此，世界必定已经在时间中有一个开端。至于正题的第二部分，如果世界在空间中没有界限，那么它就必然是无限被给予的并存事物之总体，而我们只有通过不断附加部分直到完成，才可能思维充满着所有可能空间的无限被给予的并存事物之总体。但是，除非我们把这种附加或综合当作是在无限时间中完成的，否则我们就不能把它看作完成的。这涉及把无限时间看作已经流逝了的，而这是不可能的。因此，我们不能把世界看作是充满着所有可能空间的无限被给予的并存事物之总体。我们必须把它看作空间上有界限的或有限的。

　　反题证明如下。如果世界在时间中有开端，那么在时间开始之前必须存在着空的时间。但在空的时间中，生成或开端是不可能的。讨论某物在空的时间中生成是毫无意义的。因此，世界没有开端。至于世界在空间上是无限的这点，为了论证，让我们假设，世界在空间中是有限的或有界限的。那么它就必须在空的空间之中实存。在这个情形下，它必须与空的空间具有某种关系。但是，空的空间是无，与无之间的关系本身就是无。因此，世界不能是有限的以及不能在空间上受到限制，它必须在空间上是无限的。

288　　　初看之下，康德似乎采取了与阿奎那直接相反的立场。② 因为，阿奎那认为③，人们在哲学上从未证明世界在时间中是有开端的还是没有开端的，而康德表明，这两个立场都是能被证明的。我们还可以指出，康德对于正题"世界在时间中有开端"的证明，类似于圣波拿文都拉（St.

---

① 　*B*, 454–455.

② 　我在此引用中世纪哲学并不是要暗示康德心中所想的就是中世纪哲学。就我所知，没有证据表明康德具有使得这种引述成为可能的有关中世纪哲学的足够知识。但我认为，我这里的引用具有普遍意义。

③ 　关于阿奎那的立场，可参见《科普勒斯顿哲学史》第2卷，第366—367页（英文页码）。

Bonaventure）[1]的证明，而圣波拿文都拉的证明之有效性遭到了阿奎那的否定。但是，康德认为这两个证明都建立于错误的假设之上。正题的证明建基于这一假定，即我们能够把纯粹理性的原则运用于现象，在这个意义上，如果有条件者被给予，那么条件的总体以及无条件者就也会被给予。反题的证明建基于这一假定：现象世界是物自身的世界。例如，假设空间是客观实在。只有给出这种必要的假定，这些证明才是有效的。[2]但是，两个矛盾命题都能够被证明这个事实表明，这些假定是不合法的。我们只有通过采纳批判哲学的立场，以及通过放弃独断理性主义和非批判性常识的立场，才能避免这个二律背反。这是康德真正想要提出的论点，虽然很难说康德清楚地对之进行了说明。因此，认为康德终究走到了阿奎那的立场上，这就会产生误导，即便它在某种意义上是真的。因为，根据康德的观点，只有通过采纳某种确实不同于阿奎那的哲学，我们才能看到，尝试证明世界在时间中具有或没有开端，有其固有的无效性。

（2）第二个二律背反："**正题**：世界中的每一个复合实体都由单纯的部分构成，而且除了单纯的东西或者由单纯的东西复合而成的东西之外，没有任何其他东西。**反题**：在世界中没有任何复合的事物是由单纯的部分构成的，而且在世界中没有单纯的东西。"[3]

正题的证明采取了如下形式。假定复合实体不是由单纯实体构成，那么，当一切复合都在思想中被取消时，就没有任何东西会留存下来。但是，这可以被排除。因为复合只是偶然的关系。因此，复合物必须由单纯的部分构成。由此推出，任何实存的东西都必须或者是单纯的或者是由单纯的部分复合而成的。

反题能够这样得到证明。一个复合实体占据空间。这个空间必须由像复合实体中的部分那么多数量的空间部分构成。因此，复合实体的每个

---

[1]　参见《科普勒斯顿哲学史》第 2 卷，第 262—264 页（英文页码）。
[2]　当然，这不能推出，我们必须追随康德认为它们是有效的。我们可能希望说，二者都不是有效的，或者一者有效一者无效。关于康德对于四个二律背反中正题和反题的证明，读者可参考例如 N. 肯普·史密斯教授的《康德〈纯粹理性批判〉评注》（*Commentary to Kant's Critique of Pure Reason*），第 483—506 页。
[3]　*B*, 462–463.

部分都占据一个空间。但是，每个占据一个空间的东西，都必须由多个部分组成。其中每一个部分又会占据一个空间，因此本身又包含部分。由此类推，以至无穷。因此，不可能有任何由单纯部分构成的复合物。也不可能有任何单纯物。

和第一个二律背反一样，正题表述了独断理性主义的立场。所有复合实体都由单纯实体构成，比如莱布尼茨的单子。同样如第一个二律背反，反题代表了经验主义对独断理性主义的反驳。但是，正题把本体看作现象，即看作在经验中被给予的对象；而反题把现象（广延物体）看作本体。同样，走出二律背反的唯一途径是采取批判哲学的立场，承认现象作为现象不可能被断言为本体，而我们对于本体不具有任何对象性知识。①

（iii）第三个二律背反涉及自由的原因。"**正题：**按照自然规律的因果性，并不是世界的显象全都能够由之派生出来的唯一因果性。为了解释这些显象，还有必要假定一种通过自由的因果性。**反题：**没有任何自由，相反，世界上的一切都仅仅按照自然律发生。"②

正题证明如下。让我们假设只有一种因果性，即根据自然律的因果性。在这种情况下，被给予的事件由之前的事件决定，由此类推，以至无穷。这就不可能有第一个开端；因此，因果序列就不可能完成。但是，自然律规定，如果没有原因先天充分地决定，那么任何事情都不会发生。如果每个原因的因果性本身就是在先原因的结果，自然律就无法成立。因此，必定存在着绝对自发的因果性，它源于一系列根据自然原因而发生的现象。

反题简要证明如下。自发的、自由的因果性预设了如下原因状态：原因不再（作为结果）与之前的状态处于因果关系之中。但是，这个预设与自然因果规律相矛盾，它将使经验的统一性成为不可能的。因此，自由无法在经验中被发现，而只是思想的虚构。

康德在这个二律背反中谈论的是什么，这在初看之下还不是很清楚。

① 这里是否真的没有二律背反是有争议的，鉴于正题必须被解释成指涉莱布尼茨的单子，而反题指涉空间中的广延物体。
② *B*, 472–473.

正题的证明显然表明，康德谈论的是第一因作为自然因果系列的起源。第一因的因果活动完全是自发的，因为它自身不依赖于之前的原因。在康德对这个论题的考察中，他明确指出，他心中所想的是世界的起源。但是，他随后指出，如果整个现象因果序列具有一个自由的原因，我们就可以合理地承认，世界之中具有不同现象序列的自由原因。

至于反题，我们很自然把它理解为指涉人类自由。显然，我们至少可以有意义地认为，人类主体的一种状态由另一种状态因果地决定；但是提出不同状态之间与上帝有关的因果关系问题，是没有意义的。然而，在康德对于反题的考察中，他引入了外在于世界的自由原因的观念。在他看来，即便我们接受这类原因的实存，我们也无法接受在世界之中的自由原因。

因为这种歧义，即因为正题和反题的不确定的运用范围，我们很难认为通过观察到正题和反题指涉不同事物，这个二律背反就可以得到解决。但是，在某种意义上，除非正题和反题指涉相同事物，否则这里很可能没有任何二律背反。如果正题断言整个现象因果序列的自由原因能够得到证明，而反题表明我们可以证明不存在着这类原因，这样才会具有二律背反。如果正题表明我们能够证明世界之中具有自由的因果性，而反题表明，我们能够证明世界之中不具有自由的因果性，这样才会具有二律背反。但是，如果正题表明我们能够证明整个现象因果序列具有外在于这个序列的自由原因，而反题表明在整个现象序列之内不具有任何自由因果性，我们就可以认为，这里没有任何二律背反。

我的目的不是去否认第三个二律背反能够在很大程度上落入康德二律背反的一般模式。如果正题被理解为指涉着整个现象因果序列的第一因，那么正题的证明只有在以下假定的基础之上才是有效的，即我们能够把作为总体的世界这一先验理念运用于扩展我们的理论知识。因此，这个正题代表了独断理性主义的立场。而反题，无论它表明了我们不可能证明整个序列的第一因，还是表明了在整个序列中不可能存在着任何自由原因，都代表了经验主义立场。但是，如果这个二律背反只有采取批判哲学立场才能得以解决，我们就不应该将这个立场引入正题或反题的证明。然而，这是否正好是康德证明反题时所做的，至少是存在着争议的。因为康德表明，承认自由因果性将会摧毁经验统一的可能性。虽然我们无须以他自己独特的观点来理解这个陈述，但我们很难避免产生事实上应该这样理解的印象。

但是，当我明显采取批判的观点，这个二律背反会发生什么呢？如果正题被理解为指涉于整个现象序列的自发原因，正题的证明就是建立在对世界的先验理念的滥用之上。至于反题，即对自由的否定，只适用于现象领域。因此，康德可以认为，人类在本体上是自由的，而在现象上是被决定的。如果我们采纳这个观点，我们可以认为，对于康德而言，只要正题和反题得到正确的理解，它们就都是真的。"根据自然律"的因果关系不是唯一的因果关系，这个正题是真的，虽然我们无法证明事情的确如此。"自由不存在"这个反题也是真的，只要它被看作只是涉及现象世界，虽然在涉及所有实在时它不是真的。对于康德而言，只有在采纳批判哲学的观点时，我们才能明白正题和反题在何种情况下为真、在何种情况下为假，才能克服理性在独断运用时使自己陷入其中的表面矛盾。

（iv）第四个二律背反关注必然存在者的实存。"**正题**：有某种东西属于世界，它或者作为其部分或者作为其原因，是一个绝对必然的存在者。**反题**：任何地方，无论是在世界之中，还是在世界之外，都没有作为世界的原因的绝对必然的存在者实存。"[1]

正题的证明。就必然存在者实存而言，一系列条件假定了完整的条件序列，直至必然实存的无条件者；通过假定的这个事实，正题可以得到证明。康德还论证道，这种必然存在者不能被思维为超出感官世界的，因此它必须或者同一于整个宇宙系列，或者是整个宇宙的一部分。

反题的证明。通过表明绝对必然存在者既不可能在世界之中也不可能在世界之外实存，反题得到证明。不可能存在着一系列本身是必然的和无原因的变化。因为所有现象都在时间中被决定。如果没有任何序列成员是必然的，则整个宇宙序列就不可能是必然的。因此，在世界中不可能有必然存在者，无论作为与世界同一者还是作为世界的一部分。但是，也不

---

[1]　*B*, 480–481.

可能有外在于世界而实存的必然存在者作为世界的原因。因为，如果它是宇宙变化序列的原因，它就必定开始行动。如果它开始行动，它就是在时间之中。如果它在时间之中，它就在世界之中，而非在世界之外。

第三个二律背反和第四个二律背反之间明显有大量重合。因为，虽然康德在第四个二律背反中引入了新术语"绝对必然存在者"，但他在证明正题时使用了与第三个二律背反中相同的论证思路。在那里，康德用该思路证明了现象序列必然具有一个纯粹自发的原因。因此，既然每个二律背反被假定为对应于四类范畴之一，则我们需要讨论康德补充第四个二律背反的原因。实际上，必然性和偶然性的范畴属于第四类范畴，即模态的范畴，而因果性属于第三类范畴，即关系的范畴。但是，康德在证明第四 293 个二律背反的正题时确实使用了因果论证。

很显然，康德在考察第四个二律背反的反题时，观察到证明正题的基础与证明反题的基础是相同的。但是，他随后说道，在从不同观点考察相同对象时，理性常常陷入自相矛盾。如果正题和反题代表了不同观点，似乎可以推出二者都为真。这就是说，反题可能是正确的，只要反题代表的主张是在世界中没有必然存在者，无论它与世界同一还是作为世界的一部分，而且也没有证据能够表明这类必然存在者在世界之外实存。但是，正题所说的这点可能是正确的，即这类存在者在世界之外实存，虽然我们永远不可能说我们**知道**事实就是这样。

从整体上来看这些二律背反，正题被假定为代表独断理性主义形而上学的观点，而反题被假定代表了经验主义观点。当然，康德把经验主义对形而上学的批评，即后者假装增加了我们的知识，看作完全合理的；就此而言，康德支持经验主义。但同时，重要的是要理解，康德没有因此完全信服这类经验主义哲学。在他看来，虽然经验主义在对思辨形而上学的否定性批判中是合理的，但经验主义自身却也是独断体系，独断地把实在限制在现象之中，因此把它们当作物自身对待。康德必须揭示的不只是思辨形而上学的伪装。虽然接受了经验主义者对形而上学论证的批评，我们必须突破独断经验主义（可以等同于唯物主义）的狭隘限制，给物自身留出空间。此外，形而上学自身得到了道德和宗教兴趣的支持。虽然这个事实很容易把形而上学家引向支持不可靠的论证，但我们必须承认，形而上学代表了人类生活的某些层面，这些层面是极端经验主义无法提供的。但是康德认为，我们能够在批判哲学中避免形而上学的谬误与极端经验主义的教条唯物主义谬误、机械论谬误。通过把知识限制在其合适领域，同时给基于道德经验的实践信仰留出空间，我们可以突破二律背反。例如，人类的自由不可能在现象领域得到承认，但它可能是实在的，后来被证明为道德意识的必然公设。

　　5.康德将纯粹理性的第三个先验理念称为"先验理想"。可以说，它最初是所有可能谓词的总和，先天地包含了所有特殊可能性的材料。这就是说，心灵沿着选言三段论序列而上升，在所有谓词的总和这一观念中，发现所有特殊谓词的无条件的条件（它们中的每一个都排除了矛盾的和不相容的谓词）。这是关于所有可能完善性的聚集体或总和的观念。但是，因为这个总和被思维为所有特殊完善性的无条件的条件，所以它被认为是所有特殊完善性的原型，这个原型是所有特殊完善性从中推出并与之接近的，它不只是由所有特殊的、经验性的完善性合并而成的抽象概念。因此，它被思维为实在的存在者，甚至最高实在。最完善的存在者（Ens Perfectissimum）也是最实在的存在者（Ens realissimum）。这个存在者不可能被思维为经验的、有限的、常常相互排斥的完善性之间的合并或并列。它必定被思维为无限的、纯粹的完善性在一个单纯的存在者之中的结合。此外，所有可能的有限完善性和实在的无条件的条件都被思维为必然实存。因此，我们达到这样一个观念：上帝作为个体的、必然实存的、永恒的、单纯的和最完善的最高存在者。上帝观念不是有限实在的聚集体，而是它们的无条件的条件和终极原因。这个观念形成了自然神学或哲学神学的主题。[①]

　　康德关于纯粹理性之运作的构想是清楚的。理性追求所有可能谓词的无条件的统一。它无法在经验性完善的聚集体中发现这种统一，而是必须超出有条件者。因此，纯粹理性把其探索的不确定目标对象化为最完善

[①]　沃尔夫哲学已经表明了康德的进路。例如，鲍姆加登通过最完善的存在者的观念思考上帝观念，最完善的存在者等同于最实在的存在者。

的存在者。而这又"实体化"为最实在的存在者，即一个个体存在者。最后，它被人格化为有神论的上帝。但是，通过这个对象化程序，理性超出了所有可能的经验。我们没有权利断言确有作为"最完善的存在者"和"最实在的存在者"的存在者，也就是说我们不能断言有这样一个对象，它能够对应于所有可能完善性之总和。即便理性继续认为我们只能拥有关于最高存在者的类比知识（或符号知识），但是，把完善性总体这一观念对象化，意味着我们把范畴扩充到超出它们合理运用的领域。

　　很明显，在康德的前提之下，证明上帝实存是不可能的。但是，他希望通过指出上帝证明的各条道路都是错误的来澄清这种不可能性。这个任务不像人们预想的那样艰巨。因为，根据康德，在思辨形而上学中只有三条证明上帝实存的路径。理性可以从我们所谓的可感世界之**如何**开始，即从可感世界明显展现出的目的性特征开始，推进到上帝作为这种目的性的原因。这样，我们就有了"自然神学"论证[1]。或者，理性可以从经验性实存开始，推进到上帝作为这种实存的终极原因。这样，我们就有了"宇宙论"论证。或者，理性可以从上帝的观念开始，推进到神圣实存。这样，我们就有了"本体论"论证。

　　康德从对第三条证明道路的分析开始，处理这几条证明道路。因为在形而上学中，心灵朝向上帝的运动总是由纯粹理性的先验理想所引导，这种先验理想是其努力的目标。因此，康德以先天论证为出发点是合理的，这个论证从上帝的观念推导出神圣实存。此外，康德相信，其他论证道路若想要达到上帝，理性最后都要被迫使用本体论论证。因此，本体论论证是基础的论证，必须首先考察。

　　（i）康德心中的本体论论证的一般形式可以陈述如下。[2] 在最完善的存在者的概念中包含着实存。因为如果不包含，那么这个概念就不是最完善存在者的概念。因此，如果这类存在者是可能的，它就必然实存。因为

---

① 译者注：作者交替使用 argument 和 proof，因此并未严格区分二者，虽然如此，译者在翻译过程中仍然忠实地进行一一对译，分别译为"论证"和"证明"。
② 关于安瑟伦给出的本体论论证，参见《科普勒斯顿哲学史》第2卷，第161—164页。关于笛卡尔和莱布尼茨给出的变体版本，参见《科普勒斯顿哲学史》第4卷，第110—115页和第320—323页。

实存包含在其可能性的完全组合之中。而最完善存在者的概念是一个可能存在者的概念。因此，这类存在者必然实存。

296　或者，这个论证还可以表述如下。"最实在的存在者"的观念是绝对必然存在者的观念。如果这类存在者是可能的，那么它就是实存的。因为仅仅是可能的（而非现实实存的）必然存在者的观念是自相矛盾的。但是，绝对必然存在者的观念是一个可能存在者的观念。因此，最实在的存在者实存，即上帝实存。

康德反驳道，若我们只是说到，关于一个仅仅可能的必然存在者的观念是矛盾的，那么这种讨论就是无意义的。想要把这类存在者思考为只是可能的，我必须在思考中取消其实存。但是，这样就不会剩下任何能够产生出矛盾的东西了。"如果我们取消这个存在者的实存，我们就是把事物本身连同其所有谓词一起取消；在这种情况下，矛盾又从何而来呢？"[①]如果有人说上帝不实存，他不是在取消实存而留下诸如全能等谓词：他是在取消所有的谓词，并且将主词一并取消。因此，上帝不实存这个判断不是自相矛盾的，即便它是错误的。

有人可能会认为，最实在的存在者是特殊情况。我可以否认任何其他实存，而不用使自己陷入矛盾。因为实存不属于任何其他存在者的概念或观念，但它确实属于最实在的存在者的概念。因此，我不能毫无矛盾地既承认最实在的存在者的可能性，又同时否认它的实存。

康德回答如下。首先，我们没有能力在上帝观念中发现任何逻辑矛盾——这并不能证明最实在的存在者具有积极可能性。其次，任何从最实在的存在者推论到其实存的论证都是没有价值的，因为它只可还原为重言式的同义反复。如果把实存引入存在者的观念，我当然可以得出结论认为它实存。但是，我所说的只是一个实存着的存在者实存。这是真的，但却只是同义反复。我可以从存在者的概念或观念中得出结论认为存在者实存，而这只是因为我已经把实存置于其观念之中，因此这只是在回避问题。如果可能性包含了现实性，那么，认为我从可能性推论出现实性，就

---

①　B, 623.

是自我欺骗。

因此，康德论证道，所有实存命题都是综合命题而不是分析命题。因此，任何实存命题都能够毫无矛盾地受到否定。实际上，本体论论证的捍卫者可能会回应说，康德忽略了这个论证的重点。在其他情况下，实存命题是综合的，但最完善存在者的情况是独特的。因为在这种情况下，也只有在这种情况下，实存包含在主词的观念之中。因此，我们能够通过分析而去除它。康德可能会说，这之所以是可能的只是因为我们已经把实存放置在观念之中，因此回避了问题；但是重点在于，实存是必然属于主词的谓词。

然而，康德认为，实存不是真正的谓词。如果它是真正的谓词，我们便可推出：当我肯定某物的实存，我就是在把实存附加到这个事物的观念之上。但在这种情况下，我肯定的事物与我观念中所表象的事物并不完全相同。事实在于，当我说某物实存，我只是用某物的谓词肯定或者假设主词。因此，如果我否认上帝实存，我不是在否认一个主词的一个谓词：我是在思想中取消了整个主词，取消了它的所有谓词。这里没有产生任何逻辑矛盾。

因此，我们可以得出结论，"就从概念出发对最高存在者的如此著名的证明（笛卡尔学派的证明）而言，一切气力和劳作都是白费的。一个人不能从纯然的观念出发使洞见变得更加丰富，恰如一个商人不能通过在他的账户上增加几个零来增加其财富"①。

（ii）康德基于莱布尼茨的工作构造出上帝实存的宇宙论论证。"如果某种东西实存，那就必定也有某个绝对必然的存在者实存。现在，至少我自己实存，所以一个绝对必然的存在者实存。小前提包含着一个经验，大前提则包含着从一个一般经验到必然存在者实存的推论。"②

康德对于这个论证的批评思路可以清楚地陈述如下。在康德看来，大前提以因果性原则的"超验"运用为基础，因此是滥用。任何偶然事物

① *B*, 630.
② *B*, 632–633.

都有原因。这个原则在感官经验的领域之中是有效的，也只有在这个领域，这个原则才具有意义。我们不能把它应用于感官经验的世界之外。此外，康德认为，宇宙论论证涉及在必然存在者的无条件统一中完成现象序列。虽然理性具有这样做的自然冲动，但屈从于这种冲动并不能扩充我们的知识。

298   没有必要进一步讨论这个批判思路。因为由此立即可以推出康德有关人类知识限度的观点。但是，关于康德对于宇宙论论证的处理，在此还有必须注意的要点。康德论证道，为了从必然存在者的观念推出对上帝实存的肯定，必须至少隐秘地诉诸本体论论证。

      必然存在者的概念是不确定的。即使我们承认对经验的反思可以把我们引向必然存在者，我们也无法通过经验发现其属性。因此，我们被迫追寻一种概念——这种概念足以成为必然存在者的观念。理性相信，我们在最实在的存在者这个概念中已经发现了所要求的东西。因此，理性断言，必然存在者就是最实在的存在者，它是最实在的或最完善的存在者。但是，这样做就是只用概念来工作，这是本体论论证的特征。此外，如果必然存在者就是最实在的存在者，而最实在的存在者就是必然存在者。我们在此谈论的就是，最实在或完善的存在者之概念包含了实存的绝对必然性；这恰恰是本体论论证。

      很多哲学家和哲学史家似乎不假思索地假定康德的以下努力是成功的，即康德表明宇宙论论证必然回到本体论论证。但在我看来，这缺乏说服力。或者更准确地说，它只有在以下这个假定的基础上才具有说服力，即经验论证给我们带来的，不是肯定必然存在者的实存，而是必然存在者的模糊**观念**。因为在这种情况下，正如康德所说，我们应当寻找某个确定性概念，这个概念将实存包含在它的内容之中，从而，实存就能够从必然存在者的确定性观念中演绎出来。随后，我们就卷入了本体论论证之中。但是，如果这个在经验基础之上的论证使我们肯定必然存在者之**实存**，那么，尝试去先天地确定这个存在者的必然属性这种努力就与本体论论证毫无关系，因为本体论论证主要关注的是从可能存在者的观念中演绎出实存，而不是从以下这种存在者的属性中演绎出实存，这种存在者的实存已经在可能性之外的基础上得到肯定。我们可以说，康德的确假定了建立在经验基础上的论证只给我们带来了必然存在者的模糊观念。但是，这不是认为宇宙论论证必然回到本体论论证的充分理由。这个建立在经验基础之上的论证是有效还是无效这个问题，其实与这个问题的要点并不相关。因为如果某人相信（即使是不太合理地相信）他已经在必然存在者的先天可能性之外的其他根基之上，证明了这类存在者的实存，那么，他随后努力去确定这个存在者的属性这个过程，也与本体论论证中所采取的过程不同。

（iii）康德开始他对自然神学证明的讨论时，再次重申了一般观点，这些观点从一开始就排除了对上帝实存的任何后天证明。例如，"从结果到原因的过渡之一切规律，甚至我们知识的一切综合扩展，所依靠的无非是可能的经验，从而也就是仅仅依赖于可感世界的对象，并且仅仅就这些对象而言才能够具有一种意义"①。如果情况确实如此，从自然设计到超验原因的论证，就不可能是有效的证明。

自然神学论证的主要步骤如下。第一，我们在世界中观察到目的安排的明显迹象，即手段与目的之间的相适应。第二，这种手段与目的之间的相适应是偶然的，它不属于事物的本性。第三，因此，这种相适应必然有着至少一个原因，这个原因或这些原因必定是理智的和自由的。第四，世界不同部分之间存在着交互关系，或者产生了像艺术作品一样的和谐体系的那些关系，这为我们的推论，即有且只有一个这类原因，提供了合理辩护。

因此，康德把从目的性中得出的上帝实存证明，解释成基于与"人类构成性地使手段与目的相互适应"相类比而得出的证明。事实上，这个证明在 18 世纪的确是这样表述的。②但是，除了在这方面能够提出的反驳，康德还评论道："这种证明所能够阐明的，至多是受到他所加工的材料的适用性限制的世界建筑师，而不是一切都要服从其理念的世界创

---

① *B*, 649–650.
② 当然，康德心中所想的不是佩利（Paley）的《基督教的证明》，因为这部著作直到 1802 年才出版。

造者。"① 这个论点显然是真的。设计的观念自身就把我们引向设计者的观念，但却没有立刻得出结论认为这个设计者也是有限可感事物的创造者，将有限可感事物依据其实在而创造出来。因此，康德论证道，为了在适当的意义上证明上帝实存，自然神学证明必须寻求宇宙论证明的帮助。在康德看来，这又会回到本体论证。因此，甚至自然神学证明也要依赖于（虽然是间接地依赖于）先天论证或本体论论证。换句话说，排除其他考虑，如果不使用本体论论证，我们就无法证明上帝的实存，但本体论论证却是错误的。因此，所有这三种证明既具有相同的错误，又具有各自的错误。

因此，自然神学或者康德所称的"先验神学"，从某个特殊的观点来看是没有价值的，即将其看作尝试通过先验理念或理论原则来证明上帝实存；因为先验理念不能运用于超出经验的领域。但是，如果简单地说康德反对自然神学，这就很容易对康德的立场产生错误的印象。当然，这个说法是正确的。因为，康德把自然神学描述为"从在这个世界中发现的性状、秩序和统一性出发，推论到一个世界创造者的属性和实存"。② 而且认为这样做的尝试是"完全没有结果的"。③ 同时，康德反对自然神学时所用的纯粹消极的陈述，可能也会让人误以为康德反对所有哲学性的神学。但实际上，康德承认他所称的"道德神学"④。"我们以后将指出，道德法则不仅预设了一个最高存在者的实存，而且由于这些法则本身在其他方面是绝对必然的，所以道德法则有理由公设这种实存（尽管只是从实践角度上）。"⑤ 当我们达到对上帝的实践（道德）信仰，我们可以使用理性概念以融贯的方式思考我们信仰的对象。确实，我们总是只能停留在实践信仰的领域，但是，如果我们记住这个事实，我们就有权使用理性的概念去构造理性神学。

---

① B, 655.
② B, 660.
③ B, 664.
④ 当然，这个术语并不指向研究基督教道德原则的实践运用的那种道德神学。它指向的是基于道德法则的公设的哲学性神学或上帝学说。
⑤ B, 662.

最后的这些说明让我们对"康德反对自然神学"这个命题有了新的
理解。换言之，这些说明帮助我们限定了这个命题的意义。对自然神学的 301
批判具有两方面的功能。这种批判阐明了上帝实存的理论证明中的谬误，
表明了上帝实存不能得到证明。同时，这一批判的本性也表明上帝不实存
也绝对不可能得到证明。通过理性，我们既不可能证明也不可能反驳上帝
的实存。因此，对自然神学的批判就为实践信仰或道德信仰留出了空间。
当信仰得到假设，理性就能纠正和纯化我们有关上帝的概念。虽然理性在
其思辨应用中不能证明上帝的实存，"但是，它毕竟在以下方面具有十分
强大的作用，即纠正可能从别处获得的对至高存在者的知识，使其与自身
以及任何理知对象的概念相一致，而且使之纯化，让它免除可能与至高存
在者不一致的所有东西，让它免除经验限制的所有掺杂"①。

此外，即便上帝实存的证明是错误的论证，它们仍然具有积极的用
途。因此，康德对自然神学论证常常保留了真正的敬意，即便它不能为自
然神学提供可靠的基础，但它能够让心灵为神学（实践）知识做好准备，
为心灵提供"正确和自然的方向"②。

6. 我们已经看到，纯粹理性的先验理念不能进行"构成性"的运用。
也就是说，它们无法给我们提供有关对象的知识。知性的图型化范畴运用
于感性直观的材料，"构成"了对象，因此使我们能够认识它们。但是，
纯粹理性的先验理念不能运用于感性直观的材料。纯粹的理智直观也无法
提供相应的对象。因为，我们不具有任何这类理智直观的能力。因此，先
验理念不具有任何构成性运用，而且不扩充我们的知识。如果我们在经验
领域之外运用它们，并且断言实在之实存并没有在经验中被给予，我们就
不可避免地使自己陷入先验辩证论所要阐明的谬误之中。

同时，康德告诉我们，人类理性具有超越经验界限的自然倾向，他
甚至把先验理念看作"不可抗拒的幻相"③的源头。当然，康德的意思不 302
是说我们不可能纠正这些幻相，而是说产生这些幻相的冲动是自然冲动，

① *B*, 667–668.
② *B*, 665.
③ *B*, 670; *A*, 297–298.

纠正应当紧随在对它们的自然顺从之后。从历史上来看，思辨形而上学先于先验辩证论。虽然后者在原则上使我们能够避免形而上学的幻相，但它不能摧毁产生和顺从这些幻相的冲动。理由就是，"先验理念对于理性来说就像范畴对于知性来说那样，是自然的"。[①]

现在，如果先验理念对于理性而言是自然的，这就表明，它们具有恰当的运用。"因此，先验理念无论怎样猜测都有其良好的因而是**内在的**运用。"[②] 这就是说，它们具有与经验相关的运用，虽然这种运用无法使我们认识对应于理念的对象。因为不存在着**内在于**经验的这类对象。如果我们对理念进行超验运用，正如我们所见，我们就不可避免地陷入到幻相和谬误之中。那么，什么是理念的恰当运用呢？这就是康德所谓的"范导性"[③] 运用。

理性的独特任务在于为我们的认识提供体系性安排。因此，我们可以说，"知性就是理性的对象，正如感性是知性的对象。理性的工作就是在知性的所有可能的经验性行动中产生出系统的统一性，这就像知性通过概念把显象的杂多联系起来并将它们置于经验性的规律之下"[④]。在这个体系化的过程中，理念作为范导性统一原则而起作用。

例如，在心理学中，自我的理念作为简单、持存的主体，刺激和引导我们朝向心理现象的更大统合，例如欲求、情感和想象的行动等等。经验心理学努力把这些心理现象统合在法则之下，形成统一的图型。自我的先验理念（即自我作为简单、持存的主体），在很大程度上为这项工作提供了帮助。确实，这种先验自我是在经验中被给予的。如果我们受到这种理念的误导，独断地断言某个相应的对象实存，我们就超出了其合法的运用范围。但是，这无法改变这个理念作为启发性原则具有重大价值这个事实。

至于世界的宇宙论理念，如果这个理念涉及断言世界是封闭的总体，

---

① *B*, 670.

② *B*, 671.

③ 译者注：regulative，或译为"调节性"/"调整性"。

④ *B*, 692;cf. *A*, 302.

或者是完整的序列，那么这个理念就会阻碍科学的发展。但是，如果不涉 303
及这个断言，那么世界作为无限序列事件这一理念就会刺激心灵沿着因果
链条推进。康德解释道，他的意思不是说，在追寻被给予的自然序列时禁
止我们发现任何相对而言的第一项。例如，如果经验证据许可，我们并没
有被禁止去发现被给予的物种序列中的原初物种。宇宙论理念没有告诉我
们通过科学研究应该发现什么不应该发现什么。它只是一种刺激，一个启
发性原则，使我们不满于现在的知觉，促使我们根据因果律无限接近自然
现象的科学统一性。

最后，上帝的先验理念（即上帝作为最高理智和宇宙原因）引导我
们把自然思考为体系性的、合目的的统一体。这个预设帮助心灵去探究自
然。当然，康德的意思不在于，比如，我们研究眼睛时止步于认为上帝因
某些目的而赋予某些生物以眼睛。这样的断言在任何情况下，都涉及了去
断言我们不知道和不可能知道的某些东西。但是，如果我们把自然思考为
仿佛是理智创造者的理智产品，在康德看来，我们就应当受到鼓舞继续科
学研究工作，把所有东西都归入因果律之下。或许人们可以这样理解康德
的意思。自然作为理智创造者的作品这个观念，涉及自然作为理智体系这
一观念。这样，最高存在者的先验理念就能具有范导性和内在性的运用。

因此，如果借用费英格（Vaihinger）那部名著的题目①，先验理念构
成了**仿佛**哲学的基础。它在心理学中得到实践性的运用，**仿佛**心理现象
与持存性主体相关联。它在科学研究中得到运用，仿佛世界是在因果序
列中无限延展的总体，仿佛自然是理智创造者的作品。这种运用没有表明
理念在具有相应对象的意义上是真的。康德也不是在说，上帝实存这个陈
述的真实性在于上帝理念的"内在"用处。康德没有提出真理的实用主义
解释。同时，我们也很容易看到为何实用主义者能够把康德看作其哲学的 304
先驱。

7. 我们还记得，康德提出的有关形而上学的两个问题是：形而上学
作为自然倾向如何可能；形而上学作为科学是否可能？实际上，我们已经

① 编者注：指德国哲学家汉斯·费英格（*Hans Vaihinger*，1852—1933）的主要哲学著
作《仿佛哲学》（*Die Philosophie des Als Ob*）

给出了这两个问题的答案。但是，我们可以把这些答案和上节所说的纯粹理性的先验理念的范导性运用联系起来。

由于人类理性的本性，形而上学作为自然倾向（即人自然地朝向形而上学）是可能的。正如我们所见，人类理性根据其本性寻求对知性的经验认识进行统合。这种朝向体系性统合的自然冲动，产生出不同形式的无条件统一体的理念。这些理念的唯一恰当的认知性运用是范导性的，因此是"内在的"。同时，我们具有把这些理念对象化的自然倾向。理性在各种形而上学分支之中为这种对象化寻求辩护。在这样做的过程中，理性超出了人类知识的界限。但是，这种超越没有改变理念对于理性是自然的这个事实。这些理念不是来源于经验，它们也不是天赋的，但它们产生于理性的本性。因此，我们无须反对只是被如此这般地考虑的理念。此外，它们使得发展出道德经验的必然公设成为可能。例如，先验理想（上帝的理念）使得"道德神学"（即建立在道德意识基础之上的理性神学）成为可能。因此，没有必要把人朝向形而上学的自然冲动当作有悖常理的东西加以清除。

但是，形而上学作为科学是不可能的。这就是说，人们假定思辨形而上学所涉及的对象能够对应于纯粹理性的先验理念，但实际上却没有这类对象。因此也不可能有关于这类对象的科学。理念的功能不是"构成性的"。当然，如果我们认为"对象"的意思只是实在，包括未知的和不可知的实在，我们当然没有权利认为不存在任何对应于持存的、简单的自我理念和上帝理念的"对象"。① 但是，"对象"这个词应该被用作对应于我们的知识。这些事物不可能是在经验中被给予我们的对象。但是，如果确实存在着对应于先验理念的实在，这些实在也不能在缺乏任何理智直观能力的情况下在经验中被给予。因此，没有任何对象对应于理念这个说法是完全正确的。在这种情况下，显然不可能具有任何有关它们的科学。

现在，虽然严格来说没有任何对应于先验理念的对象，但是，我们

305

---

① 当然，康德相信，存在着我们称为灵魂和上帝的本体实在，虽然他想说的是他不知道以及不可能知道情况就是如此。证明灵魂和上帝存在的论证是错误的；但各种观念本身并不产生二律背反。然而，宇宙论的理念的确产生了二律背反。就此而言，它自成一类。

能够"思维"灵魂和上帝的理念所指涉的实在。即便我们没有把理念投射到相应的实在，这些理念仍然具有内容。因此，形而上学不是无意义的。我们不可能通过思辨理性知道持存的、简单的灵魂是否实存或者上帝是否实存，但是，灵魂和上帝的理念不涉及逻辑矛盾。它们不只是无意义的术语。所谓的形而上学知识是虚假的知识，是幻相，完全不是知识；所有表明它是知识的尝试都是犯下了谬误。但是，形而上学命题并不仅仅因其是形而上学的就是无意义的。

在我看来，这似乎是康德的基本立场，这使他不同于当代实证主义者，后者宣称形而上学是完全无意义的胡说。同时必须承认，康德立场的解释绝非像这里叙述的那样一帆风顺。因为康德有时似乎在说或者至少是在暗示，思辨形而上学是无意义的。例如，他告诉我们，"实在性、实体性、因果性的概念，甚至实存中的必然性概念，如果我胆敢在感官领域之外运用它们，它们就会失去任何意义，只是概念的空洞名称而没有任何内容"[1]。而这不是这种思路的唯一例子。

正如某些评论者所说，康德谈论传统形而上学所使用的术语的意义时具有明显的歧义，而这种歧义与他对范畴的讨论中所带有的歧义相联系。后者被称为知性的先天概念。只要它们是概念，即便是未图型化的概念，都必定具有某些内容。因此，即便在超出经验领域的应用中，它们都至少具有某种意义。但是，纯粹范畴据说也是判断力的逻辑功能。在这种情况下似乎可以推出，只有在它们被图型化时，它们才成为概念或者产生概念。未图型化的范畴就其自身而言没有任何内容。因此，如果超出经验领域之外进行应用，它们就没有任何意义。"最实在的存在者"和"必然存在者"这些词就会没有任何内容。

因此可以论证，康德的思想指向了思辨形而上学的命题是无意义的这个结论。但是，即便这个结论似乎可以从其思想的某条思路中推出，这无疑也不代表他的一般立场。康德不仅坚持肯定形而上学基本问题的重要性，而且试图表明自由、灵魂不朽和对上帝的实践信仰具有理性合法

---

[1]　*B*, 707.

性，因此我极其确信，他不可能真正相信形而上学只是无意义的胡说。但是，康德真正坚持的是，如果把范畴运用于上帝，那么它们不仅无法提供有关上帝的知识，而且也不能提供这类不确定和模糊的内容，它们只是未知者的符号。实际上，我们能够思维上帝，但我们只通过符号思维上帝。我们产生了未知者的符号性概念。从图型化范畴来思考上帝，就等于把上帝引入可感世界之中。因此，我们尝试在思想中去除图型化，而在类比意义上使用比如实体这类词语。但是，如果试图去除概念对可感世界的指涉，我们就只剩下没有确定内容的符号。因此，我们的上帝观念就只是符号性的。

就先验理念的范导性运用或所谓的内在运用而言，在康德看来，我们观念的这种模糊性是不重要的。因为，当我们对上帝的观念进行范导性运用时，我们没有断言某个对应于这个观念的存在者实存。如果上帝实存，上帝在其自身之中可能是什么，这是不确定的。我们使用这个观念作为"某个观点"，从而使理性能够施行其统合功能。"总之，这个先验事物只是那个范导性原则的图型，理性通过它尽其所能地把系统的统一性扩展到一切经验。"[①]

307　　最后，我们可以补充到，康德的宗教哲学建立在对实践理性进行反思的基础之上，建立在理性的道德运用之上。如果我们想要探讨康德是如何思考上帝的，我们就要首先探讨康德的道德理论。在《纯粹理性批判》中，康德关心的是划定我们理论知识的范围，而他对于上帝观念的范导性运用的说明必定不能被视为把这个观念的意义解释为宗教意识。

---

① *B*, 710.

第十四章

康德（五）：道德与宗教^①

康德的意图——善的意志——义务与自然偏好——义务与法则——定言命令——自身作为目的的理性存在者——意志的自律——目的王国——自由作为定言命令的可能条件——实践理性的公设：自由、至善、灵魂不朽、上帝的理念——康德论宗教——结语

1. 我们已经看到，康德把我们日常的对象知识和科学知识视为理所 308
当然。物理科学对他而言就是牛顿物理学。显然，他不认为哲学家的任务
是以其他某些系统取代经典物理学，或者是去告诉我们所有我们有关事物
的日常知识完全不是知识。但是，如果给定我们的日常经验和科学知识，
哲学家就会通过一系列分析在形式要素与质料要素之间做出区分，在我们
有关对象的理论知识中的先天要素与后天要素之间做出区分。批判哲学家
的任务就是以系统的方式分离和展示这些先天要素。

现在，除了在感性直观中最初被给予的对象知识，还有道德知识。

---

① 在这章的引文中，*G.* 代表《道德形而上学的奠基》，*Pr.R.* 代表《实践理性批判》，*Rel.* 代表《纯然理性界限内的宗教》。这三部著作各自包含在普鲁士科学院版的康德全集的第 4、5、6 卷。著作简写之后的数字代表这个版本中的节或页码（如果数字之前有 p.）。在 *G.* 和 *Pr.R.* 的情况下，相应征引（通过页数）给出的译文来自 T. K. 阿博特（T. K. Abbott）的《康德的伦理学理论》（*Kant's Theory of Ethics*，参见参考文献部分），缩写为 *Abb.*。就 *Rel.* 而言，引文的译文来自 T. M. 格林（T. M. Greene）和 H. H. 赫德森（H. H. Hudson），缩写为 *G.-H.*。译者注：译者把缩写的全名翻译了出来，删除了 *Abb.* 的页码，代之以普鲁士科学院版康德全集的卷次和页码，以方便读者查阅。文中引用康德原文的部分，译文以李秋零先生主译的《康德著作全集》为基础，在个别术语和语句的翻译上，参考德文原文、本书英译和其他中译本做出改动。

例如，我们可以说我们知道自己应当说真话。但是，这类知识不是实然的知识，即有关人实际上如何行动的知识，而是应然的知识，即有关人应当如何行动的知识。这种知识是先天的，因为它不依赖于人的实际行动。即便所有人都说谎，人不应当说谎仍然为真。我们不能通过考察人实际上是否这样做来证明这个陈述为真。这个陈述的真独立于人的行动，在这个意义上它是先天为真的。因为必然性和普遍性是先天性的标志。当然，如果我们认为"人应当说真话"，而我们关于有人存在的知识依赖于经验。但这个判断中至少要有一个先天要素。对于康德而言，道德哲学家的主要任务应该是从我们的道德知识中分离出先天要素，并且表明它们的来源。在这个意义上，我们可以认为，道德哲学家追问的是道德的先天综合命题是如何可能的。

这个任务的施行，显然不涉及舍弃我们所有的日常道德判断和提供全新的道德体系。这个任务意味着发现先天原理，当我们做出道德判断时，我们根据这些原理做出判断。在上一章，我们看到对康德而言存在着某些先天范畴和判断原理。但是，康德没有想象自己是在首次提供一套全新的范畴。康德希望做的是表明，范畴作为我们理论知识的先天综合原理的基础，如何在知性结构中具有其起源。他想要把它们与纯粹理性联系起来（"理性"这个词是在广义上使用的）。所以现在，康德希望发现我们做道德判断时所根据的基本原理在实践理性中的来源。

当然，康德的意思不是说我们都明确意识到道德的先天原理。如果我们确实如此，分离出它们的任务就会是多余的。实际上，我们的道德知识作为整体，包含了各种要素，道德哲学家的首要任务（虽然不是唯一可能的任务）就在于揭示先天要素，使其与从经验中获得的要素分离开来，在实践理性中表明它的起源。

什么是实践理性？实践理性就是在其实践（道德）运用中的理性①。换句话说，"归根到底只能有同一种理性，它只有在应用中才需要被区别

---

① "理性"这个词在此必须从广义上理解，正如《纯粹理性批判》《实践理性批判》的题目所示，而不能从狭义上理解为间接推理能力。

出来"[1]。虽然最终只有一种理性，但康德告诉我们，理性以两种方式与其对象关联起来。理性可以决定对象，这种对象最初从理性本身之外的其他来源中获得其起源；或者，理性可以使对象成为实在。"第一种是理论理性知识，第二种是实践理性知识。"[2] 在其理论功能之中，在上一章所解释的意义上，理性决定或构成了在直观中被给予的对象。理性把自己运用于材料之上，这些材料是从理性之外的其他来源被给予的。但是，在其实践功能之中，理性是其对象的来源；它涉及的是道德选择，而不是把范畴应用于感性直观的材料。我们可以说，它关涉的是根据从自身中产生的法则而做出道德选择或道德决定。因此，康德告诉我们，尽管理性在其理论功能中涉及认识能力的对象，在其实践运用中涉及"意志决定的基础；意志决定是某种产生对应于观念的对象的能力，或决定自身产生它们的能力（无论身体力量是否能够做到），也就是说，这是一种决定其因果性的能力"[3]。用简单的话来说，理论理性指向知识，而实践理性指向如何根据道德法则做出选择，当身体力量上可能时，指向如何在行动中执行这种选择。还需要补充的是，虽然康德有时谈论实践理性，好像它区别于意志并且影响意志，但他有时也把实践理性等同于意志。第一种看法表明，实践理性通过道德律令激发意志。第二种看法表明，在康德看来，意志是理性能力，而非盲目冲动。这两种看法似乎都是必要的，因为实践理性是依据原理或准则的意志活动[4]，我们能够区分其中所涉及的认识方面与意愿方面。但是，我们必须不能过于强调认识方面，即道德原理的知识，以致把它等同于实践理性而排除意志。因为实践理性据说能够产生其对象或者使其对象成为实在的。意志根据道德概念和道德原理产生选择和行动。

现在，我们已经说过，对康德来说，道德哲学家必须在实践理性中找到道德判断的先天要素的来源。因此，我们不能说康德期盼哲学家从实践理性的概念中推出全部的道德法则、形式和内容。这确实源于这样一种

---

① 《道德形而上学的奠基》，第 391 页。
② 《纯粹理性批判》，*B*, X。
③ 《实践理性批判》，第 29—30 页。
④ 后文将提及这两个词语的意义差异。

说法，即哲学家关心在实践理性中找到道德判断的先天要素之来源。因为这个陈述表明，存在着在经验上被给予的后天要素。当然，在单独的道德判断情形中（比如我在道德上有责任此时此地回复某人的来信），这是极其显然的。我们可以在道德责任概念与这种特殊义务在经验上被给予的条件之间做出区分。此外，当康德谈论实践理性或者理性意志作为道德法则的源泉，他思考的是实践理性**本身**，而不是在特殊的有限存在者（即人类）中所发现的实践理性。的确，康德不打算表明在人类之外还有其他有限的理性存在者。但是，他关心的是道德律令强加给能够服从于责任的所有存在者，无论他们是否为人类。因此，他关心的是作为人性及其经验条件的前件的道德律令。如果实践理性以这种极其抽象的方式得到考察，我们就可以推出，就道德法则只在人类存在的假设下有意义而言，道德法则不可能从实践理性中推出。例如，如果我们认为"禁止通奸"这个命令适用于纯粹精神，这就是荒谬的，因为这个命令预设了身体和婚姻制度。我们必须区分纯粹伦理学或道德形而上学与应用伦理学，前者处理道德的最高原则以及道德责任的本性，后者在康德所谓"人类学"（人性知识）的帮助下，把最高原则运用于人性的境况。

道德形而上学与应用伦理学之间划分的一般看法是非常清楚的。正如我们所见，物理学能够被划分为纯粹物理学或自然形而上学与经验物理学。同样，伦理学或道德哲学能够被划分为道德形而上学与应用伦理学或实践人类学。但是，当我们详细考察这个划分，就会发现某些困难。我们期待道德形而上学完全不考虑人性，只关心某些基本原则。而这些基本原则只在所谓的实践人类学中才运用于人性。但是，在《道德形而上学》（1797）的导言中，康德承认，即使在道德形而上学中，我们也常常必须解释人性，从而展示普遍道德原则的后果。这确实不意味着道德形而上学可以建立在人类学基础之上。"道德形而上学不能建立在人类学之上，但却可以被运用于它。"[①] 但是，如果将道德原则运用于人性在伦理学的形而上学部分中是可以接受的，那么伦理学的第二部分即道德或实践人类学，

---

① *W.*, VI, 第 217 页。

则倾向于研究对于实施道德规定而言，或有利或不利的主观条件。例如，这涉及道德教育。实际上，康德在《道德形而上学》的导言中描述了实践人类学的功能，实践人类学关心的据说就是这些论题。

因此，困难就在这里。根据康德，我们需要的是将所有经验因素排除在外的道德形而上学。康德批评沃尔夫在其伦理学著作中混淆了先天因素与经验因素。同时，康德似乎又倾向于把看似包含经验因素的道德法则放进伦理学的形而上学部分。因此，康德告诉我们，"'你不应当撒谎'这条诫命并不仅仅对人类有效，好像其他理性存在者就不必把它放在心上；其余一切真正的道德法则也是如此"[1]。但是，虽然这个规定在独立于人类实际行动的意义上是先天的，它是否在不依赖于"人类学"的意义上是先天的则是可疑的。[2]

但是，康德希望强调的重点在于，"责任的根据在这里必须不是在人性中或者在人被置于其中的世界里面的种种环境中去寻找，而是必须先天地仅仅在纯粹理性的概念中去寻找"[3]。我们必须找到纯粹的伦理学，"当应用于人类时，它不从关于人的知识中借取丝毫东西，而是把人当作理性存在者，赋予他先天法则"[4]。我们真正关心的是在理性自身之中发现道德判断的先天要素的根据，这种先天要素使道德的先天综合命题成为可能。我们所关心的，当然不是仅仅通过分析纯粹实践理性的概念就演绎出所有道德法则和规定。康德认为这是不可行的。

但是，虽然我们不能只从纯粹实践理性的概念中演绎出所有道德法则和规定，但是道德法则最终要建立在这一理性的基础之上。这就意味着，康德想要在理性自身之中发现道德法则原理的最终来源，而不考虑特殊的人类条件，因此，他明显不同于其他某些道德哲学家，他们试图在人性本身中，在人性的特征或者在人类生活或人类社会的某些因素中，发现道德法则的终极基础。在《实践理性批判》中，康德提到，蒙田把道德建

313

---

① 《道德形而上学的奠基》，前言，第389页。
② 可以想象，康德内心深处想到的是撒旦欺骗人类的图景。这个规定也可以运用于"谎言之父"。
③ 《道德形而上学的奠基》，前言，第389页。
④ 同上。

基于教育，伊壁鸠鲁把道德建基于人类的身体情感，曼德维尔把道德建基于政治宪政，哈奇森把道德建基于人类的道德情感。他随后评论道，所有这些所谓的道德原则"显然不能形成一般的道德法则"[①]。我们还注意到，康德的道德理论把道德法则建基于理性，这与现代伦理学的情感理论不相容。总之，他反对经验主义，在伦理学中，他必须被归于理性主义者，前提是理性主义者不能被理解为那些认为只分析某些基本概念即可演绎出整个道德法则的人。

在本书对康德道德理论的概述中，我们主要关注道德的形而上学部分。这就是说，我们主要关注康德所称的道德形而上学，而不关注思辨形而上学。因为康德不认为道德应当建立在自然神学的基础之上。对他而言，应该把对上帝的信仰建立在道德意识之上，而非将道德法则建立在对上帝的信仰之上。我们的处理主要基于《道德形而上学的奠基》和《实践理性批判》。《道德形而上学》这部著作似乎不能为简要概述康德道德理论增加太多内容。

在《道德形而上学的奠基》（阿博特称之为《道德形而上学的基本原则》[②]）中，康德告诉我们，道德形而上学关心的是探究"先天存在于我们理性中的实践原则的源泉"[③]。《道德形而上学的奠基》本身据说"无非是找出并且确立**道德性的最高原则**"[④]，因此它自身构成了完整的论著。同时，它没有声称是对实践理性的完整批判。因此，它直接引出《实践理性批判》。这个事实从《道德形而上学的奠基》章节题目的划分便可看出。因为第一部分处理从普通的道德知识向哲学的道德知识的过渡；第二部分处理从通俗的道德哲学向道德形而上学的过渡；第三部分处理从道德形而上学向纯粹实践理性批判的过渡。

《实践理性批判》的结构让人想起《纯粹理性批判》的结构。当然，没有对应于"先验感性论"的部分。但是，整部著作划分为"分析论"与

---

① 《实践理性批判》，第 70 页。
② 译者注：《道德形而上学的奠基》的英文翻译通常为 *Groundwork of the Metaphysics of Morals*，阿博特的英文翻译则为 *Fundamental Principles of the Metaphysics of Morals*。
③ 《道德形而上学的奠基》，前言，第 389—390 页。
④ 同上，第 392 页。

"辩证论"，前者从原理推进到概念，而非像《纯粹理性批判》那样从概念推进到原理；后者处理了理性在其实践运用中的幻相，但同时也提出了积极的观点。康德增加了"纯粹实践理性的方法论"，处理使对象化的实践理性同时成为主体化的实践理性的方法。这就是说，它考察了纯粹实践理性的法则能够进入和影响人类心灵的方式。但是，这部分非常简短，它之所以插入在这里，更多是为了对应于《纯粹理性批判》中的"先验方法论"，而没有其他更合理的理由。

2.《道德形而上学的奠基》开篇已经被引用了很多次，但这不构成我们不再引用它们的理由。"在世界之内，一般而言甚至在世界之外，除了一个善的意志，不可能设想任何东西能够被无限制地视为善的。"① 然而，虽然康德以这种非常戏剧化的方式开启他的论著，但他并不认为他提出的是令人惊奇的全新观点。因为在他看来，他提出的这个明显的真理至少已经暗含在日常道德知识中。然而，他有责任解释他所说的"善的意志是唯一无限制的善"是什么意思。

无须太大困难，我们就能解释无限制的善的概念。正如每个人都知道的，外在占有物（比如财富）可能遭到滥用。因此，它们不是无限制的善。精神才能比如敏捷的理解力同样如此。罪犯可能具有和滥用其较高的精神才能。我们还可以说气质的自然属性比如勇气同样如此。它们可以在对恶的追求中得到运用和展现。但是，善的意志在任何环境下都不能是坏的和恶的。它是无限制的善。

这个陈述就其本身而言似乎只是同义反复。因为善的意志在定义上就是善的，说善的意志总是善的，这在分析上为真。因此，康德必须解释善的意志是什么意思。首先，康德实际上指涉的是这样一种意志，这种意志就其自身而言即是善的，而非只是在与其他事物的关系中才是善的。例如，我们可以说，疼痛的手术不是就自身而言是善的，而是在与它计划产生的有益结果的关系中是善的。但是，康德的善的意志这个概念总是就自身而言是善的，就其内在价值而言是善的，而不仅仅在与产生某种目的

315

---

① 《道德形而上学的奠基》，第 393 页。

（比如幸福）的关系中才是善的。但是，我们希望知道什么时候意志就自身而言是善的，或者什么时候意志具有内在价值。根据康德，不能因为某个意志引发了善的行动，就说它就自身而言是善的。因为，比如，我可以意欲某个善的行动，而物理条件限制了我去实行这个行动。但即便如此，我的意志仍然是善的。什么使意志成为善的呢？如果我们要避免陷入同义反复，那么当我们把"善"这个词语运用于"意志"时，我们必须给出其内容，而不是满足于说善的意志就是善的意志，或者当意志是善的时候意志就是善的。

为了阐明"善"这个词语运用于意志时的意义，康德转向义务的概念，这是康德所说的道德意识的突出特征。出自义务而行动的意志就是善的意志。如果要准确地陈述这个问题，可以陈述如下。因为上帝的意志是善的意志，但谈论上帝履行其义务，这是很荒谬的。因此义务或责任①的概念至少涉及自制之可能性的概念，或者克服障碍的概念。神的意志不会被设想为在意欲什么为善时处于任何可能的障碍之中。因此，严格来说，我们不可能说善的意志是出自义务而行动的意志；我们必须说出自义务而行动的意志是善的意志。但是，有些意志被构想为总是必然为善的，例如神的意志（divine will），康德把这类意志称为"神圣意志"（holy will），从而赋予了它特别的名称。如果我们不考虑神圣意志，而是局限于从属于义务的有限意志，那么我们就可以说，善的意志就是出自义务而行动的意志。但是，出自义务而行动的概念仍然需要进一步阐明。

3. 康德区分了符合义务的行动与出自义务的行动。康德自己给出的例子可以澄清这个区分的性质。让我们假设商人总是极其小心地不去对他的顾客要价过高。他的行为确实是符合义务，但这并不必然推出，他这样的行为是出自义务，或者这样的行为是他的义务。因为他不去对他的顾客

---

① 译者注：本文将 obligation/Obliegenheit 译为"责任"，将 duty/Pflicht 译为"义务"。有些学者对这两个词的翻译可能刚好与此相反，但读者只要记住译者对于二者的翻译是严格的对译，应该就不会产生混淆。（不过，康德自己在其著作中有时似乎也不是很明确地区分二者，本书作者常常也是如此。除了这两个词，康德书中还有个比较重要的相关词汇是 Verbindlichkeit，通常更倾向于"职责"含义，比如邓晓芒译本把前两个词都翻译成"义务"，而把 Verbindlichkeit 随语境而翻译成义务 / 责任 / 职责。）

要价过高很可能是出于精明的动机，例如，出于诚实是最佳策略。因此，符合义务的行动要比出自义务的行动范围更广。

根据康德，只有出自义务的行动才具有道德价值。他以保存自己的生命为例进行说明。"保存自己的生命是义务，此外，每个人对此还有直接的偏好。"①这里有两个预设。如果我保存自己的生命只是因为我具有这样做的偏好，在康德看来，我的行为就不具有道德价值。想要具有道德价值，我的行动的实行必须是因为保存自己的生命是我的义务，即出于道德责任感。康德没有明确说因为我欲求这样做而保存自己的生命在道德上是错的。因为我的行动至少是符合义务的，而不是与之不相容，就像自杀那样。但是它仍然不具有道德价值。一方面，它不是道德行动，但另一方面，它很难被称为不道德的行动，在自杀是不道德的这种意义上的不道德行动。

这个观点可能是不正确的，但无论如何，康德认为，它代表了每个持有道德信念的人都含蓄地持有的观点，而且只要他进行反思，他就能够视之为真。但是，康德倾向于把问题弄得复杂，给人的印象是，在他看来，当我们出自义务而行动时候，我们所具有的偏好越少，这一行动的道德价值就越多。换句话说，康德给以下解释提供了基础，在他看来，如果我们确实履行了我们有义务要做的行动，则我们越是不愿意实行我们的义务，偏好越少，我们行动的道德价值就越大。这个观点导致奇怪的结论：只要我们履行我们的义务，我们越是憎恶去做就越好。或者换个表述方式，我们越是不得不克服我们自己而去履行我们的义务，我们就越道德。如果这得到承认，似乎就可以推出，人的偏好越是卑劣，只要他克服了他的邪恶偏好，他的道德价值就越高。但是，这个观点与我们以下常识信念相互矛盾，即偏好与义务在整全人格中相互重合，相比于那些偏好和欲求与义务感处于争执状态中的人们，整全人格达到了道德发展的更高层次。

然而，虽然康德有时的讨论方式初看之下似乎至少支持这种解释，但是他的主要论点只在于，当一个人违反其偏好而履行其义务时，相比于

317

① 《道德形而上学的奠基》，第397页。

他本来就有这样行动的自然偏好，"他是出自义务而不只是出于偏好而行动的"这个事实就表明得更为清楚。这样说并不必然意味着不具有履行义务的偏好比具有这种偏好要好。在谈到慈善家时，他确实认为，如果对他人行善的行为只是自然同情的性情这种自然偏好的结果，那么这种对他人行善的行为不具有任何道德价值。但康德不认为具有这类性情是错的或者有害的。相反，这种源于自然满足的行动，在增加他人的幸福方面是"合适的和可爱的"[①]。康德在伦理学上可能是严格主义者，他关心于在出自义务的行动与满足自然欲求和偏好之间做出区分，但这不能被视为意味着他关于完全有德之人的理想毫无用处，这个人克服和净化了所有与义务相冲突的欲求。我们也不能将之看作表明，康德认为真正有德之人不会有任何偏好。在谈到《福音书》中"爱所有人"的诫命时，康德说道，爱作为情感（"情感"的爱）不能被命令，但出自义务的仁爱（"实践"之爱）则能够被命令，即便一个人厌恶仁爱行动。但是，康德的确没有说过，如果一个人在有义务实行仁爱行动时真的那样做了，那么厌恶仁爱行动比偏好仁爱行动要更好。相反，他明确说过，愉快地履行某人的义务要比痛苦地履行要更好。我们接下来就会看到，他的道德理想最接近完全德性，最接近上帝的神圣意志。

4. 至此我们已经知道，善的意志展现在出自义务的行动之中，出自义务的行动必须区别于只是出于偏好或欲求的行动。但是我们需要更为积极地表明，什么是出自义务的行动。康德告诉我们，它指的是行为要出于对法则的敬重，法则指的是道德法则。"义务就是出于对法则的敬重而行动的必然性。"[②]

现在，康德所说的法则是这类法则。出自义务的行动就是出于对这类法则的敬重的行动。这类法则的本质特征（我们也可以说"形式"）就是普遍性，即不允许例外的严格普遍性。物理定律是普遍的，道德法则也是普遍的。但是，所有物理事物包括作为纯粹的物理事物的人在内，都无

---

① 《道德形而上学的奠基》，第 398 页。
② 同上，第 400 页。

意识地和必然地符合物理定律，相反，理性存在者，而且只有理性存在者，能够根据法则的观念而行动。因此，如果想要具有道德价值，人的行动之实施就必须出于对法则的敬重。根据康德，这些行动的道德价值不是来自其结果（无论是现实的还是意图的），而是来自行动者的准则。这种赋予行动以道德价值的准则，必须出于对法则的敬重而遵守法则。

因此，康德告诉我们，善的意志作为唯一无限制的善，展现在出自义务的行动之中，这种义务意味着出于对法则的敬重而行动，这种法则本质上是普遍的。但是，这向我们给出的是高度抽象（更别说空洞）的出自义务而行动的概念。问题在于，它如何能够转变为关于具体道德生活的词语。

在我们能够回答这个问题之前，我们应当在准则与原理之间做出区分。使用康德的术语来说，原理就是建立在纯粹实践理性之上的基本客观道德法则。如果人类是纯粹理性的道德行动者，那么所有人类都应当依此原理行动。准则是主观的意愿原理，换句话说，准则是行动者在事实上依此行动和决定其选择的原理。当然，这类准则有很多种，它们可能符合也可能不符合道德法则的客观原理。

这种对准则本性的叙述，似乎与之前所说的不相容，即在康德看来，行动的道德价值取决于行动者的准则。因为，如果准则能够与道德法则不一致，那么它如何能够赋予其所激发的行动以道德价值呢？为了解决这个困难，我们必须进一步在经验或质料准则与先天或形式准则之间做出区分。前者涉及欲求的目的或结果，而后者不涉及。赋予行动以道德价值的准则必须是第二种。这就是说，它必须不涉及任何感官欲求的对象，或者任何通过行动而获得的结果，相反，它必须是遵守普遍法则的准则。这就是说，如果主观的意愿原理出于对法则的敬重而遵守普遍道德法则，那么，受到这种准则统治的行动就会具有道德价值。因为它们将会出自义务而得到施行。

做出这些区分之后，我们可以回到下面这个问题，即康德的出自义务而行动的抽象概念如何能够转变成具体道德生活的词语。"既然我从意志中去除了可能从遵循某个特殊法则而产生的所有冲动，因而意志中剩下的就只有一般而言的行为的普遍合法则性，只有它应当作为原理服务于意志。这就是说，**我绝不应当以别的方式行动，除非我也能够希望我的准则应当成为普遍法则**。"[①] "准则"这个词在此必须被视为指涉我们所称的经验准则或质料准则。对于法则的敬重产生出依照法则而行动的形式准则，这要求我们应当把我们所有的质料准则都归在法则的形式之下，而这种形式就是普遍性。我们必须追问，我们是否能够意愿一个被给予的准则应当变成普遍法则。这就是说，它是否能够呈现出普遍性的形式？

康德举出了如下例子。让我们想象某个处于痛苦之中的人，他只有
320　通过做出他没有意图实现的承诺才能脱离困境。这就是说，他只有通过撒谎才能获得解脱。他是否可以这样做？如果他真的这样行动，他的准则将会是：如果只有通过这种方式才能使他脱离痛苦，他就有权做出他没有意图实现的承诺（即他有权撒谎）。因此，我们可以用如下形式表述这个问题：他是否能够意愿这个准则应当成为普遍法则？这个准则只要被普遍化，就会被表述为：每个人在发现自己陷入无法用其他方法脱离的困境时，都可以做出他不打算信守的承诺（即每个人都可以撒谎）。根据康德，这种普遍化不可能被意愿。因为它将意味着希望撒谎应当变成普遍法则。那么就没有人相信任何承诺了。但是，这个人的准则预设了相信承诺。因此，他不可能既采纳这个准则，同时又意愿这个准则应当变成普遍法则。因此，这个准则不可能具有普遍性的形式。如果一个准则不可能作为原理而成为普遍法则的可能图型，它就会受到否定。

在我看来，这个例子并不能免受批评。但我不想因为讨论可能的反驳而转移了康德尝试强调的重点。重点似乎就在于，在实践中，我们所有人都根据康德所称的准则而行动。这就是说，我们所有人都具有主观的意愿原理。现在，有限意志只有在这种情况下才是善的，即它是出于对普遍法则的敬重。因此，为了使我们的意志可以在道德上是善的，我们必须扪心自问，我们是否能够意愿我们的准则、我们主观的意愿原理，应当变成普遍法则。如果我们不能这样做，我们就必须反对这些准则。如果我们能够这样做，即如果我们的准则能够作为原理成为普遍道德立法

---

① 《道德形而上学的奠基》，第 402 页。

的可能图型，理性就要求我们应当承认和敬重这些准则，因为我们敬重法则本身。①

值得注意的是，至此为止，康德关心的都是澄清出自义务而行动这个观念。此外，在他看来，我们一直在他所谓的人类共同理性的道德认识这个领域中前进。"出自对实践法则的纯粹敬重而行动的必然性，就是构成义务的东西，而任何别的动机都必须为义务让路，因为义务是某种就自身而言是善的、其价值超出所有东西的意志之条件。这样，我们就在普通人类理性的道德认识中达到了它的原理。"② 虽然人们通常不会以如此抽象的形式构想这个原理，但它确实暗含的为人们所知，而人们的道德判断也建立在这个原理之上。

我绝不应当以别的方式行动，除非我也能够希望我的准则应当成为普遍法则。这种义务原理是形成康德所谓的定言命令的方式。我们接下来集中讨论这个主题。

5. 正如我们所见，我们必须在原理和准则之间做出区分。道德的客观原理也可以是意志的主观原理，作为准则而起作用。但是，道德的客观原理与人的准则或者意志的主观原理之间也可能出现冲突。如果我们全都是纯粹理性的道德行动者，道德的客观原理就总是统治我们的行动；这就是说，它们也是意志的主观原理。但事实上，我们能够根据与道德的客观原理不相容的准则或意志的主观原理而行动。这意味着，前者以命令的形式呈现给我们。因此，我们经验到责任。如果我们的意志是神圣意志，就没有命令的问题，也没有责任的问题。但既然我们的意志不是神圣意志（虽然神圣意志仍然是理想），那么道德法则对于我们必然以命令的形式出现。纯粹实践理性给出命令，我们的义务就是克服与这些命令相矛盾的欲求。

康德在定义命令时，在诫命与命令之间做出了区分。③ "客观原理的

---

① 显然，这里不存在着从普遍法则概念中演绎出具体行为规则的问题。这种概念是用来检测准则的可接受性和不可接受性，而不是用来作为前提使准则从中演绎出来。

② 《道德形而上学的奠基》，第403页。

③ 但是，他没有使用这个区分，因此我们不需要对此有所顾虑。

概念，就其对意志是强制性的而言，就叫作（理性的）诫命，诫命的公式就叫作**命令**。所有命令都用**应当**来表述，由此表示理性的客观法则与意志之间的关系，这个意志就其主观性状而言，不必然由理性的客观法则所决定。"[①] 康德说客观原理对于意志是"强制的"，但他并不是想说人类意志必定遵守法则。重点在于，意志不必然遵循理性的命令，其结果是，对于行动者而言，法则表现为对意志施加约束和压力的某种外在事物。在这个意义上，法则据说对意志是"强制的"。但是"强制"指的不是被法则"必然地决定"。康德的术语可能会引起混淆，但他没有自相矛盾。

现在，有三种命令，相应于三种不同意义的善的行动。其中只有一种是道德命令。理解康德在不同种类之间做出的区分非常重要。

让我们首先考虑这个句子："如果你希望学习法语，你应当采取这些手段。"这里有个命令。但是，有两件事需要注意。第一，被命令的行动是就达到某个目的而被构想为善的。这些被命令的行动应当得到实施，但这不是因为它们自身，而是因为它们被当作手段。因此，命令是**假言的**。第二，这个问题中的目的不是每个人在天性上寻求的。一个人可能希望也可能不希望学习法语。这一命令只是说，如果你想学法语，你应当采取某些手段，即实施某些行动。这种类型的命令被康德称为**或然的**假言命令，或者技艺的命令。

不难看出这类命令不是道德命令。我们举的是学习法语的例子，但我们还可以以成为成功的小偷为例。"如果你希望成为成功的小偷，即如果你希望偷窃而不被发现，你就应当采取某些手段。"技艺的命令，或者我们也可以称之为技术的命令，就其自身而言与道德毫不相干。被命令的行动只是有益于达到目的，但这种目的人们可能欲求达到也可能不欲求达到，这种追求本身可能与道德法则相容也可能不相容。

第二，让我们考虑这个句子："你欲求快乐是出于自然必然性，因此你应当实施这些行动。"我们在此具有的仍然是**假言命令**，因为某些行动仍然是作为通向目的的手段而被命令的。但它不再是或然的假言命令。因

[①] 《道德形而上学的奠基》，第413页。

为欲求幸福并不是我们可以自行设定或舍弃的目的，不同于我们能够选择或不选择学习法语，不同于成为成功的小偷，不同于获得木匠手艺，等等。这种命令没有说"**如果**你欲求幸福"，它断言了你欲求幸福。因此，它是**实然**的假言命令。

现在，这种命令在某些伦理体系中被看作道德命令。但是康德不允许任何假言命令（无论是或然的还是实然的）是道德命令。我认为，康德在处理目的论的伦理理论时显得有些草率。我的意思是他似乎没有充分考虑不同类型的目的论伦理学之间的区分。我们可以把"幸福"看作是通过某些行动而获得的某种主观状态，而非这些行动本身。在这种情形下，这些行动只是作为通向（外在于它们的）目的的手段而被判断为善的。但是，如果我们把"幸福"看作是对亚里士多德的"eudaimonia"的通常译法[1]，"幸福"可能就被看作人之为人（即作为活动）的潜能之实现。在这种情形下，这些被判断为善的行动就不是纯粹外在于目的的。但是，康德可能会说，如果这样的话，我们的伦理学就要建基于人性完善的观念，即便这种观念是与道德相关的，但它仍然不能提供他所寻求的道德的至高原则。

无论如何，康德不认为任何假言命令能够被恰当地称为道德命令，无论它们是实然的还是或然的。因此，道德命令必须是**定言的**。这就是说，它必须命令行动，它不是作为目的的手段，而是就其自身而言就是善的。这就是康德所谓的必然命令。"定言命令不与任何意图相关，即无须任何别的目的，自身就宣称行为是客观必然的，所以被视为**必然的**实践原则。"[2]

这种定言命令是什么？关于它，我们能够纯粹先天地（即只通过考虑定言命令的概念）谈论的就是，它命令了作为我们意志原理的准则应当符合普遍法则。"因此，定言命令只有一个，这就是：'**要只按照你同时能够愿意它成为普遍法则的那个准则去行动**。'"[3]但康德立即给出了定言命

323

324

---

① 亚里士多德伦理学的概述，参见《科普勒斯顿哲学史》第 1 卷，第 31 章。
② 《道德形而上学的奠基》，第 415 页。
③ 同上，第 421 页。

令的另一个公式，即"**要这样行动，就好像你的行为准则应当通过你的意志成为普遍的自然法则似的**"。[①]

在上节中，我们看到以消极形式表达的定言命令。在本节的一个注释中[②]，我说明了不存在从普遍法则的概念中演绎出具体的行动规则这个问题。因此，我们在此也必须记住，康德并没有打算暗示具体的行动规则能够从定言命令中演绎出来，就像三段论的结论可以从前提中演绎出来那样。定言命令不是只通过分析而进行演绎的前提，而是判断具体行为原理的道德性的标准。但是，我们可以认为，道德法则在某种意义上是从定言命令中派生出来的。假设当没有其他人对我提出更大要求时，我向处于困境中的穷人施以钱财。我的行动准则，即我的意志的主观原理，让我们假设，就是当没有其他人对我提出更优先的要求时，我向真正需要这类帮助的个体施以援手。我问我自己，我是否可能意愿这个准则作为对所有人都有效的普遍法则，这个准则就是：当没有其他人提出更大要求时，人们应当帮助真正需要帮助之人。我确定我能够这样意愿，因此我的准则就是在道德上可辩护的。至于我所意愿的道德法则，显然不能只是分析地从定言命令中演绎出来。因为它引入了不包含在后者之中的观念。同时，这个法则可以说是从定言命令中派生出来的，因为这个法则是通过运用定言命令而派生出来的。

因此，康德的一般看法就是，实践的或道德的法则本身具有严格的普遍性；普遍性就在于其形式。因此，所有具体行动若想有资格被称为道德的，它们就必须分有这种普遍性。但是，康德并没有阐明当他使用"能够"和"不能够"意愿某个人的准则应当成为普遍法则时，"能够"与"不能够"的精确含义。人们或许会自然倾向于认为康德指涉的是当一个人尝试普遍化他的准则时，是否存在逻辑矛盾。但是，康德在此做出了区分。"有些行为的准则绝不能被没有矛盾地设想为普遍法则。"[③]康德在此似乎指的是准则及其作为普遍法则的公式之间的逻辑矛盾。但是在其他情

---

① 《道德形而上学的奠基》，第 421 页。
② 参见本书第 301 页注释①（中文页码）。
③ 《道德形而上学的奠基》，第 424 页。

况下，虽然不能发现这种"内在不可能性"，"但仍然不可能**意愿**这条准则被提升到自然法则的普遍性，因为这样的意愿会自相矛盾"。[①]康德在此似乎指的是这样的情况，即准则能够没有矛盾地表达为普遍法则的公式，虽然我们不能意愿这种法则，因为这种表达在法则中的意愿将会处于自相对抗之中（或者用康德的话来说，处于自相矛盾之中），因为这种意愿会稳定地依附于某些目的或欲求，而达成这种目的或欲求会与遵守法则不相容。

实际上，康德在此给出了几个例子。其中第四个例子似乎意在作为"不可能意愿一个人的准则应当成为普遍法则"的第二种类型。假设某个人享有巨大的财富，他看到其他人处于悲惨境地，并且他能够帮助他们。但他却采纳了不关心他人痛苦的准则。这个准则能够成为普遍法则吗？它可以毫无逻辑矛盾地成为普遍法则。因为拥有财富的人不应当给身处痛苦的人提供帮助这个法则没有任何逻辑矛盾。但是，根据康德，拥有财富的人不可能在其意志中毫无矛盾地**意愿**这种法则。因为他的原初准则表达的是对他人的漠视和自私自利，但与之相伴的是，如果他自己处于悲惨境地，他就会坚决欲求获得他人的帮助，而这种欲求会被对前面所讨论的那个普遍法则的意愿所否定。

康德的第二个例子似乎意在作为逻辑矛盾的例子，这种矛盾涉及把一个人的准则转变为普遍法则。一个人需要金钱，但他只有通过承诺偿还才能够获得金钱，虽然他清楚地知道他无法偿还。反思向他表明，他不能把这个准则（当我需要金钱，我就去借钱并且承诺偿还，虽然我知道我无法偿还）毫无矛盾地转变为普遍法则。因为这个普遍法则会摧毁所有对承诺的信守，而这个准则预设了信守承诺。从康德所说的来看，他似乎认为，以下法则自身就会自相矛盾：任何人如果处于需求之中，而只有通过做出他无法履行的承诺才能满足需求，那么，他就可以做出这种承诺。但是，我们很难看出这个命题在纯逻辑意义上是自相矛盾的，虽然如果没有康德让我们注意到的那种不一致，这个法则就不可能被意愿。

326

[①] 《道德形而上学的奠基》，第 424 页。

　　当然，有人可能认为我们不应该过于在意具体例子。这些例子仍然可以得到反驳；但即便康德没有充分注意到如何表述它们，这些例子所要说明的理论才是重要的。如果理论在其抽象表达中是清楚的，这就是合适的观察。但是，我认为情况并非如此。在我看来，康德没有恰切地澄清"能够"和"不能够"意愿一个人的准则应当变成普遍法则的含义。但是，在他的这些例子背后，我们仍然可以看到他坚信道德法则本质上是普遍法则，从自私的动机出发把自己看作例外就是不道德的。实践理性命令我们超越自私的欲求和与法则的普遍性相矛盾的准则。

　　6. 我们已经看到，根据康德，"只有一个"定言命令，即"要只按照你同时能够愿意它成为普遍法则的那个准则去行动"。但我们也看到他给出了定言命令的另一个形式，即"要这样行动，就好像你的行为准则应当通过你的意志成为普遍的自然法则似的"。他还给出了其他公式。总共似乎有五个公式，但康德告诉我们只有三个公式。因此，他断言："上述三种表现道德原则的方式在根本上只不过是同一个法则的三个公式，它们中的每一个都在自身中自行把另外两个结合了起来。"[1] 因此，通过给出定言命令的这几个公式，康德并不打算修正"只有一个"定言命令的说法。康德告诉我们，不同公式意图通过特定的类比，使理性的观念接近于直观，从而接近于感受。因此，"要这样行动，就好像你的行为准则应当通过你的意志成为普遍的自然法则似的"这个公式使用了道德法则与自然法则之间的类比。康德在其他地方还以这种方式表达了这个公式："问问你自己，如果你打算去做的那个行动，会按照你自己是其一部分的自然的一条法则那样发生，你是否还能够把它视为你所意愿的。"[2] 这个公式 [3] 可能类似于原初形式的定言命令，因为后者是其原理。但是显然，自然体系的观念是附加于最初表述的定言命令之上的。

　　但是，假设已经提到的定言命令的两个公式能够被看作一个，我们

---

① 《道德形而上学的奠基》，第 436 页。
② 《实践理性批判》，第 122 页；W., V，第 69 页。
③ 康德应用定言命令的第一个例子清楚地预设了这个公式，即某个人陷入毫无希望的悲惨境地，自问是否可以自杀，参见《道德形而上学的奠基》，第 421—422 页。

就触及了康德所谓的表述道德原则的第二种形式或方法。他的这种进路也包含于其中。

康德告诉我们，我们已经展示了定言命令的内容。"我们还未能证明诸如此类的命令确实存在着，有一种绝对的、无须任何其他动机的实践法则，而遵循这种法则就是义务。"[①] 因此，问题在于，他们应当总是通过能够被他们意愿为普遍法则的准则来判断他们的行为，这是否对所有理性存在者都是实践必然法则（即强加责任的法则）。如果事实如此，如此这般的理性存在者的意志概念与定言命令之间必定具有先天综合的联系。

康德对这个问题的处理很难理解，让人感到有些迂曲。他论证道，**目的**是意志之自我决定的客观根据。如果有个目的只由理性决定（而不是由主观欲求决定），它就会对所有理性存在者都是有效的，因此能够作为联结所有理性存在者意志的定言命令之根据。这个目的不能是由欲求所确定的相对目的，因为这类目的只能产生假言命令。因此，它必须自身就是目的，具有绝对的而不只是相对的价值。"假定有某种东西，其**存在自身**就具有绝对的价值，它**能够作为目的**自身而是法则的根据，那么，在它里面，并且只有在它里面，就会有某种可能的定言命令的，即实践法则的根据。"[②] 此外，如果有最高实践原则，而且它对于人类意志而言是定言命令，"它必然是以下这种原则：它派生于这样一种东西的概念，这种东西是**目的自身**、构成了意志的**客观**原则，从而能够充当普遍的实践法则，因此它必然对于每个人来说都是目的"[③]。

存在着如此这般的目的吗？康德预设，人或者说任何理性存在者都是目的自身。因此，作为目的自身的理性存在者这一概念就充当了最高实践原则或法则的根据。"这个原则的根据就是：**理性的本性自身就是一种目的**……因此实践命令就是这样的：**你要如此行动，即你在任何时候都同时把无论是你的人格中的人性还是其他任何人的人格中的人性当作目**

328

① 《道德形而上学的奠基》，第425页。
② 同上，第428页。
③ 同上，第428—429页。

的，**绝不仅仅只是将其当作手段来使用**。"[1]"同时"和"仅仅"这些词语非常重要。我们很难避免把他人当作手段来使用。例如，当我去理发师那里，我把他当成达到某个目的的手段。但是，法则要求，即便在这种情况下，我也必须不能把理性存在者**仅仅**当作手段，即似乎他自身除了作为达成我的主观目的之手段，没有其他任何价值。

康德把定言命令的公式应用到他用来解释之前的公式时曾使用过的例子之中。自杀者毁灭自己以逃离痛苦的环境，把自己仅仅当作实现相对目的（即保持可忍受的生活状态直到生命结束）的手段。而那个为了获得利益而做出承诺的人（虽然他无意履行承诺或者即便他知道他无法履行承诺），把他对之做出承诺的人仅仅当作实现相对目的的手段。

我们可能注意到，康德在其论著《论永久和平》中使用了这个原则。君主为了满足自己的扩张野心或者为了他的国家而雇佣士兵发动侵略战争，这就是把理性存在者仅仅当作达到欲求目的的手段。实际上，在康德看来，常备军应当慢慢被废除，因为雇人去杀戮和被杀涉及把他们仅仅当作国家手中的工具来使用，难以与建立在理性存在者的绝对价值之上的人性权利相调和。

329　　7. 尊重每个理性意志，将其当作目的自身，而不是将其当作仅仅是获得某个欲求对象的手段，这把我们引向了"每个理性存在者的意志都是普遍立法的意志这一理念"[2]。在康德看来，人作为理性存在者，他的意志必须被看作他所认为的那种具有普遍约束性的法则的来源。这就是意志的自律原则，与意志的他律相对。

康德对意志自律的探究进路大体如下。所有以欲求、偏好或者康德所谓的"利害"为条件的命令都是假言命令。因此，定言命令必须是无条件的。道德意志遵循定言命令，必须不被利害所决定。这就是说，它必须不是他律的，必须不受到构成因果决定序列一部分的欲求和偏好所摆布。因此，它必须是自律的。道德意志是自律的，就是在说它自己给自己立法。

---

① 《道德形而上学的奠基》，第 429 页。
② 同上，第 431 页。

现在，定言命令的观念蕴含了意志自律的观念。但这种自律可以明确地表达在命令公式之中。因此我们就有了以下原则："不按照任何别的准则采取任何行动，除非该准则是一条普遍法则这一点能够与该准则相容，因而只这样采取行动，即**意志能够通过其准则同时把自己视为普遍立法者**。"①在《实践理性批判》中，这个原则被表述如下："要这样行动，使得你意志的准则在任何时候都能同时被视为普遍立法的原则。"②

康德认为意志自律是"道德的最高原则"③和"所有道德法则和相应义务的唯一原则"④，相反，意志他律是"道德的所有非真正原则的来源"⑤，它不仅无法提供责任的基础，而且"反倒与责任的原则和意志的道德性相悖"⑥。

如果我们接受意志他律，我们就接受了以下假定：意志从属于一些道德法则，而这些道德法则不是理性意志自身立法的结果。虽然我们已经征引过一些（在康德看来）接受这个假定的伦理理论，但再次对之进行简述将有助于澄清康德的意思。在《实践理性批判》中⑦，康德提到蒙田以教育作为道德原则的根据，曼德维尔以公民宪政（或法律体系）作为道德原则的根据，伊壁鸠鲁以身体感受（即快乐）作为道德原则的根据，哈奇森以道德情感作为道德原则的根据。所有这些理论都是康德所说的主观的或经验的理论，前两者指涉外在经验要素，后两者指涉内在经验要素。与此相对，还有"客观"的或理性的理论，即以理性观念作为道德法则的根据的理论。关于这种理论，康德提到了两种类型。第一种归之于斯多亚派和沃尔夫，以内在完善观念作为道德法则和责任的根据；第二种归之于克鲁修斯，以上帝的意志作为道德法则和责任的根据。康德反驳了所有这些理论。他并没有说它们都是与道德无关的，他不认为这些理论在伦理学领

330

---

① 《道德形而上学的奠基》，第 434 页。
② 《实践理性批判》，第 54 页；*W.*，V，第 30 页。
③ 《道德形而上学的奠基》，第 440 页。
④ 《实践理性批判》，第 58 页。
⑤ 《道德形而上学的奠基》，第 441 页。
⑥ 《实践理性批判》，第 58 页。
⑦ 同上，第 69 页。

域中毫无贡献。康德坚信的是，它们都无法为道德和责任提供最高原则。例如，如果我们认为上帝的意志是道德规范，我们仍然可以追问，为什么我们应当服从神圣意志。康德没有说我们不应当服从神圣意志，如果这种意志是显明了的。但是无论如何，我们都必须首先将服从上帝认作一个义务。因此，在服从上帝之前，我们必须作为理性存在者进行立法。因而，道德意志的自律是道德的最高原则。

显然，人既可以作为纯粹的理性存在者、作为道德意志，又可以作为从属于或许与理性命令相矛盾的欲求和偏好的生物，除非我们对这二者做出区分，否则道德立法意志的自律概念就毫无意义。当然，这是康德所预设的前提。作为意志或者实践理性的人进行立法，而从属于各种欲求、冲动和偏好的人则应当服从。

在构想意志的自律理论时，康德无疑在某种程度上受到卢梭影响。正如我们所见，卢梭区分了"公意"与私意，前者总是正确的，是道德法
331　则的真正来源，后者则与其他私意一起构成"众意"。康德在他自己的哲学框架中使用了这些观念。实际上，我们甚至可以合理假设，康德在其伦理理论中赋予善的意志以核心地位，这在某种程度上反映了他对卢梭的研究给他带来的影响。

8. 理性存在者作为目的自身，理性意志或实践理性作为道德立法者，这些观念加在一起，使我们产生目的王国（ein Reich der Zwecke）的概念。"我所说的**王国**，指不同的理性存在者通过共同的法则形成的系统结合。"[1] 如康德所说，因为这些法则将这些存在者之间的关系视为目的和手段的关系，因此可以将这个王国称作目的王国。理性存在者能够以两种方式属于这个王国。一方面，人虽然立法但也服从法则，他会作为**成员**而属于目的王国。另一方面，人作为立法者不服从其他人的意志，他会作为主权者或**元首**（Oberhaupt）而属于目的王国。我们或许可以把康德的意思解释为每个理性存在者既是成员又是主权者，因为理性存在者在作为立法者而立法时不会服从任何他人的意志。但也有可能，甚至更有可能，元

---

① 《道德形而上学的奠基》，第 433 页。

首指的是上帝。因为康德继续说道，理性存在者只有是"完全独立的存在者，没有需求，而且没有与之相称的、能够限制其意志的能力"①，才会占据元首的地位。

这个目的王国是根据与自然王国相类比而设想出来的，目的王国的自我立法可以类比于自然王国的因果规律。正如康德所说，它"只是一个理想"。②同时，它是一种可能性。它"是通过某些准则而得以实现的（**如果这些准则得到普遍遵守的话**），这些准则服从于定言命令为所有存在者制定的规则"③。理性存在者应当这样行动，好像他们通过他们的准则而成为目的王国的立法成员。（因此，我们这里有了定言命令的另一个变体。）我们可以认为，历史发展的理想就在于建立一个现实的目的王国。

9. 现在，定言命令表明，所有理性存在者（即所有能够完全服从命令的理性存在者）应当以特定方式行动。他们应当只按照那些他们能够同时无矛盾地意愿成为普遍法则的准则去行动。因此，定言命令就表明了某种责任。根据康德，这就是先天综合命题。一方面，责任不可能只通过分析理性意志概念而获得。因此，定言命令不是分析命题。另一方面，谓词必须必然与主词相联。因为不像假言命令，定言命令是无条件的，必然要求或责成意志以特定方式行动。实际上，它是**实践的**先天综合命题。这就是说，它并不扩充我们有关对象的理论知识，正如我们在讨论《纯粹理性批判》时考虑的先天综合命题。它指向行动，指向本身为善的行动，而不指向关于经验实在的知识。但即便如此，这个命题仍然既是先天的（独立于所有欲求和偏好的）又是综合的。因此，问题在于，这种实践的先天综合命题是如何可能的？

我们这里的问题类似于《纯粹理性批判》和《未来形而上学导论》所提出的问题。但却有些差别。正如我们所见，我们没有必要询问数学和物理学的先天综合命题**是否可能**，如果我们已经假定这些科学中确实包含这类命题。因为科学发展表明了它们的可能性。唯一相关的问题在于，它

①《道德形而上学的奠基》，第434页。
② 同上，第433页。
③ 同上，第438页。

们是**如何**可能的。但是，康德认为，在实践的或道德的先天综合命题的情况下，我们必须确立这种可能性。

　　康德对于这个问题的陈述在我看来有些含混。我们不容易清楚看到他追问的问题到底是什么。因为他以不同的方式表述问题，不容易立刻就能看出它们的意义是等价的。但是，让我们假设，他追问的是实践的先天综合命题是如何可能的。使用康德的术语，这就意味着追问什么是联结谓词和主词的"第三词项"，或者更准确地说，什么使谓词和主词之间的必然联结成为可能。因为，如果谓词不能仅仅通过分析而出自主词，那么就必定有联结它们的第三词项。

　　这种"第三词项"不可能是可感世界中的任何东西。我们不能通过指向现象的因果序列中的东西而确立定言命令的可能性。物理必然性将给我们提供他律，而我们寻找的是能使自律原则成为可能的东西。显然，康德所做的是，依据定言命令寻找责任之可能性的必要条件，寻找仅仅出自义务而行动的必要条件。他在自由的理念中发现了这种必要条件。

　　我们可以简单地说，康德"在自由中"发现了定言命令的可能性条件。但是，根据康德，自由不能被**证明**。因此更准确地说，定言命令的可能性条件可以"在自由的理念中"得到发现。实际上，这种说法并不认为自由的理念在任何通常意义上是一种虚构。首先，《纯粹理性批判》已经表明，自由是消极的可能性，因为自由的理念不涉及逻辑矛盾。其次，除非在自由的理念之下，否则我们无法道德地出自义务而行动。责任与"应当"中蕴含了自由，服从或违反法则的自由。如果没有自由的理念，我们也无法把我们自己看作能够制定普遍法则的、道德自律的。理性存在者的实践理性或者意志"必须把自己视为自由的，即理性存在者的意志只有在自由的理念下才是自身的意志"。[①]因此，自由的理念**在实践上**是必要的，它是道德性的必要条件。同时，《纯粹理性批判》表明，自由在逻辑上不是自相矛盾的，因为它必须属于本体实在的领域，而这个领域的存在在逻辑上不是自相矛盾的。由于我们的理论知识没有扩展到这个领域，自由无

---

① 《道德形而上学的奠基》，第 448 页。

法得到理论证明。但是，自由的假定对于道德行动者而言具有实践上的必然性，因此不只是任意的虚构。

因此，自由理念的实践必然性涉及我们把自己视为不仅属于可感世界（这个世界被因果决定所统治），而且属于理知世界或本体世界。人们可以从两方面观点看待自己。如果属于可感世界，他就会发现自己服从自然规律（他律）；如果属于理知世界，他就会发现自己服从只在理性中具有其根据的法则。"这样，定言命令就是可能的，因为自由的理念使我成为理知世界的成员；因此，如果我只是这样的成员，我的所有行为就**会**在任何时候都符合意志的自律；但既然我同时直观到自己是可感世界的成员，所以这些行为应当符合意志的自律。这个**定言的**应当表现为先天综合命题……"①

因此，这个问题可以用康德自己的话来总结："因此，定言命令如何可能，这个问题可以回答到这一程度：人们能够指出它只有在其下才有可能的唯一前提条件，即自由的理念；此外人们也能看出这个前提条件的必然性；这对于理性的**实践应用**，即对于确信这个**命令的有效性**从而确信道德法则的有效性而言，是足够的。但这个前提条件本身如何可能，确实是人类理性无法看出的。不过，在理智的意志是自由的这个前提条件下，意志的**自律**作为其规定的本质性形式条件，是一个必然的结果。"②康德这里所说的没有任何人类理性能够看出自由的可能性，当然指的是积极的可能性。我们没有任何对本体实在领域的直观洞见。我们不能**证明**自由，因此我们不能**证明**定言命令的可能性。但是，我们能够指出使定言命令成为可能的唯一条件。这个条件的理念对于道德行动者而言，具有实践必然性。在康德看来，这对于道德来说已经足够，尽管不可能证明自由的可能性显然表明了人类的理论知识具有局限。

10. 我们已经说过，自由理念的实践必然性会把我们自然而然地引向康德关于实践理性公设的理论。因为自由就是这些公设之一。另两个公设

---

① 《道德形而上学的奠基》，第 454 页。
② 同上，第 461 页。

是灵魂不朽和上帝实存。因此，这些理念被康德称为形而上学的主要主题，但他同时又将它们判断为在其理论运用中超越了理性的界限，因此，在它们的实践或道德的运用中，它们作为理性的公设重新得到引入。在总体考虑康德的公设理论之前，我们最好还是分别简要考察这三种公设。

335 　　（i）我们不需要更多地讨论自由。正如我们所见，康德认为，从理论上证明理性存在者是自由的，这对人类理性而言是不可能的。即便如此，这并不是说自由就是不可能的。道德法则迫使我们假定自由，因此授权我们假定自由。道德法则之所以迫使我们假定自由，是因为自由的概念与最高道德原则的概念"不可分割地结合起来，以至于人们也可以把实践自由定义为意志独立于除了道德法则之外的其他任何东西"。[①] 因为这种不可分割的联系，道德法则预设了自由。

　　但是，我们必须注意康德陷入的困难处境。因为没有任何理智直观能力，所以我们不能观察属于本体界的行动；我们观察到的所有行动，无论是内在的还是外在的，必须是内感官或外感官的对象。这意味着，它们全部都在时间中被给予，并且服从于因果性法则。因此，我们不能在两种类型的经验活动之间做出区分，说这些是自由的那些是决定的。如果我们假定人作为理性存在者是自由的，我们就被迫认为同样的行动既是决定的又是自由的。

　　当然，康德清楚地意识到了这个困难。他认为，如果我们希望拯救自由，"只有通过以下方式，即就其在时间中可被决定而言，因而也就按照自然必然性法则的因果性而言，我们仅仅把事物的存在归属于显象，而把自由归属于作为物自身的同一个存在者"。[②] 他随后追问道，"一个人如何能够被称作完全自由的呢，既然在相同的时间点，就同样的行动而言，他服从于某种不可避免的自然必然性"。[③] 康德根据时间条件给出回答。因为人的存在服从于时间条件，所以他的行动构成了自然的机械系统的组成部分，从而就被在先的原因所决定。"另一方面，同样的主体也意识到自

---

① 《实践理性批判》，第 167—168 页；W., V, 第 94 页。

② 同上，第 170 页；同上，第 95 页。

③ 同上，第 171 页；同上。

己是物自身，就其**不服从时间条件**来考虑他的存在，将自己视为只被自己凭借理性而订立的法则所决定。"① 只被自我订立的法则所决定就是自由。

在康德看来，这个立场通过良心的见证而获得支持。当我观察我过去的那些与道德法则相反的行动，我倾向于将它们归因于因果性因素。但是，罪恶感仍然存在。理由在于，当问题涉及道德法则或关于超可感和超时间的存在的法则，理性就不承认时间上的差别。理性只承认这个行动是我自己的行动，而不考虑行动的时间性。

但是，就相同行动而言，人在本体上是自由的而在经验上是被决定的，这个表述是很成问题的说法。然而鉴于康德的前提，这是他无法避免的结论。

（ⅱ）在我们直接来到实践理性的第二个公设（即灵魂不朽）之前，我们有必要先谈论康德对于**至善**（summum bonum）的构想，从字面翻译来看，这个词的意思是最高或最终的善。实际上，如果不理解康德对于这个主题的讨论，我们就无法探讨他的第二公设和第三公设（即上帝实存）。

理性即便在其实践功能中，也寻求无条件的总体。这意味着，它寻求实践理性或者意志的**对象**的无条件总体，我们赋予它的名称就是**至善**。但是这个词是含混的。它可能在善本身是无条件的这个意义上意味着最高的或最终的善。或者，它可能意味着整体意义上的完满之善，而这个整体本身不是更大整体的一部分。现在，德性是至高和无条件的善。但这并不意味着德性是完满之善，完满之善意指理性存在者的欲求的全部对象。事实上，幸福也必须被包含在完满之善的概念之中。因此，如果我们把至善理解成完满之善，它就既包含德性也包含幸福。

理解康德对完满之善的两个要素之间关系的看法是非常重要的。二者之间的联结不是逻辑性的。如果它们之间的连结是逻辑的或分析的，正如康德所言，那么努力成为有德性的（即努力使自己的意志完满地符合于道德法则），就会等同于对幸福的理性追求。如果这是康德想要肯定的，这就会与他坚信的"幸福不是也不可能是道德法则的基础"相矛盾。因

---

① 《实践理性批判》，第 175 页；*W.*，Ⅴ，第 97 页。

此，完满之善的两种要素之间的联系是综合的，这意味着，德性产生幸
337 福，正如原因产生结果。"至善意味着整体，意味着完满之善，但在其中，
德性作为条件始终是最高善，因为不再有在德性之上的任何条件；相反，
幸福则虽然使拥有它的人惬意，但却并非自身就是绝对的、在所有考虑中
都是善的，而是总以道德上合乎法则的行为为前提。"①

　　因此，德性和幸福构成了完满之善的两个要素这个命题的真值无法
通过分析得到发现。寻求幸福之人不能通过分析幸福的观念发现他是有德
性的。无论斯多亚派怎么说，有德性之人也不能通过分析德性的观念而是
幸福的。这两个观念是不同的。同时，这个命题虽然是综合的，但也是先
天的。德性与幸福之间的联系在实践上是必然的，因为我们承认德性应当
产生出幸福。当然，我们不能认为欲求幸福必定是追求德性的动机。因
为，这样认为就会与出于义务而行动的整个观念相矛盾，就会以意志他律
取代意志自律。但是，我们必须把德性视为幸福的动力因。因为根据康
德，道德法则命令我们促成**至善**，德性与幸福在其中相互关联，有如条件
与有条件的，原因与结果。

　　但是，我们如何能够认为德性必然产生出幸福？经验证据似乎无法
支持我们做出这样的断言。即便我们有时候发现德性和幸福实际上共同发
生，这也是纯粹偶然的事实。因此，我们似乎面临着一个二律背反。一方
面，实践理性需要德性与幸福之间的必然联系。另一方面，经验证据表明
没有这类必然联系。

　　康德对这个困难的解决在于表明，德性必然产生幸福这个断言只是
有条件地为假。这也是说，只有当我们认为这个世界上的实存是理性存在
者所能拥有的唯一实存，并且同时认为这个断言意味着德性在可感世界中
通过因果性产生出幸福，那么这个断言才是假的。对幸福的追求产生出德
性这个陈述是**绝对**为假的；但德性产生出幸福这个陈述则不是**绝对**为假，
338 而是**有条件地**为假。因此，只要我可以合理地认为，我实存，不仅作为在
可感世界中的物质对象而实存，而且作为在理知世界和超可感世界中的本

---

① 《实践理性批判》，第 199 页；*W.*，Ⅴ，第 111 页。

体而实存，那么这个陈述就是真的。道德法则，就其不可分割地与自由的观念相联结来说，要求我应当相信这个断言。因此，我们必须认为至善的实现是可能的，第一个要素（德性）即便不是直接地至少也是间接地（通过上帝的行动）产生出第二个要素（幸福）。

（iii）我们刚刚讨论的内容涉及了在另一个世界中的实存概念。但康德实际上是通过考虑完满之善的第一个要素（德性）来处理灵魂不朽这个公设的。

道德法则命令我们促成至善，至善是理性意志的必然对象。这并不意味着，道德法则命令我们追求德性乃是因为它引起了幸福。但是，实践理性命令我们去追求引起幸福的德性。现在，根据康德，我们接受命令去追求的德性乃是意志和情感与道德法则的完全符合。但是，这种与道德法则的完全符合就是神圣性，这是"可感世界中的理性存在者在其实存的任何时刻都不能达到的完善性"。① 因此，如果完满德性在实践运用中被理性所命令，同时，如果完满德性是人类在任何给定时刻都不能够达到的，那么完满之善的第一个要素就必定以朝向理想的无限和无止境的进步这种形式得到实现。"但这种无限的进步只有预设了同一个理性存在者的无限绵延的实存和人格性（人们把这称为灵魂不朽）才是可能的。"② 因此，至善的第一个因素的达成（追求至善受到道德法则的命令）只有在预设灵魂不朽时才是可能的，灵魂不朽是纯粹实践理性的公设。这无法通过对理性进行理论运用而得到证明，后者只能表明灵魂不朽并非在逻辑上是不可能的。但是因为灵魂不朽的观念不可分割地与道德法则相联结，所以灵魂不朽就必须被公设。长期来看，否定灵魂不朽就否定了道德法则本身。

人们提出很多反驳来反对康德的第二公设。例如，人们反驳说康德自相矛盾。一方面，德性的达成必定是可能的，因为它受到实践理性的命令。因此，如果它无法在今生中达成，必定在来世中达成。另一方面，德

---

① 《实践理性批判》，第 220 页；*W.*，V，第 121 页。
② 同上；同上，第 122 页。

性是绝对无法达成的，无论是在今生还是来世。只有朝向无法达成的理想的无限进步。因此，似乎道德法则命令了不可能的东西。人们还反驳说，我们不能把神圣性的达成看作道德法则的命令。但是，无论这些反驳有多强的说服力，康德自己极其强调把道德法则命令神圣性这一观念看作理想目标。在他看来，否定这种命令意味着贬低道德法则，降低标准以适应人性的软弱。

（iv）道德法则引导我们将灵魂不朽设定为遵守命令达到神圣性的条件，同样的道德法则也引导我们将上帝实存设定为德性与幸福之间的必然综合关联的条件。

康德把幸福描述为"在此世中理性存在者的状态，在他的整个存在中，一切都按照愿望和意志进行"[①]。因此，它依赖于物质自然与人类愿望和意志之间的和谐。但是，理性存在者在世界中不是这个世界的创造者，也无法统治自然从而在德性与幸福之间建立起必然关联，使后者与前者成比例。因此，如果德性与幸福之间存在先天综合联结，即幸福应当追随德性而且与作为条件的德性成比例，我们就必须预设"（区别于自然的）自然整体的原因，这个原因中包含了幸福与道德性之间精确和谐的根据"[②]。

此外，这个存在者必须被设想为根据法则的构想而使幸福与道德成比例。因为，幸福与道德成比例，就是根据有限的理性存在者使道德法则成为其意志的决定性原则的程度而成比例地配享幸福。而能够根据法则的构想而行动的存在者就是理智的或理性的存在者；他的因果性就是他的意志。因此，这个被设定为自然的原因的存在者，也必定被设想为根据理智和意志而行动的。换句话说，它必定被设想为上帝。此外，我们必须把上帝设想为全知的，因为他被设想为知道我们所有的内在状态；我们也必须把上帝设想为全能的，因为他被设想为能够使这样的世界实存，幸福在这个世界中精确地与德性成比例。我们还能设想上帝的其他属性。

---

① 《实践理性批判》，第 224 页；*W.*，V，第 124 页。
② 同上，第 225 页；同上，第 125 页。

康德提醒我们，他现在没有肯定他在《纯粹理性批判》中所否定的内容，即他没有肯定思辨理性能够证明上帝的实存和属性。当然，对上帝实存的承认是理性上的承认；但这种承认是信仰的活动。我们可以把它看作实践信仰，因为它与义务相联结。我们有义务促成至善。因此，我们能够设定其可能性。但是，除非假设上帝实存，否则我们就无法真正地设想完善存在者被实现的可能性。因此，虽然道德法则没有直接命令要信仰上帝，但它却是建立在这种信仰的基础之上的。

（v）正如康德注意到的，这三个公设在以下这方面是相同的，即"这些公设全都是从道德性的原理出发，这个原理不是公设，而是理性用来直接规定意志的法则"①。但是，问题在于，它们是否能够被看作扩展了我们的知识。康德回答道："当然能，但只是**从实践的角度而言**。"②他的观点的通常陈述是，这些公设增进了我们的知识，不是从理论的角度，而是从实践的角度。但是，这里的意思是什么却不是直接就十分清楚的。如果康德的意思只在于，就像我们是自由的、就像我们具有不朽的灵魂、就像上帝实存那样去行动，会有实用的用处，有道德上的好处；那么，就此理解而言，康德的观点（无论我们是否同意）就不会有太大的困难。但事实上，他的意思远不止于此。

实际上，康德告诉我们，因为意志自由、灵魂不朽和上帝实存不是作为直观对象而被给予的，"因此，这并不是对被给予的超可感对象的知识的扩展"③。这似乎只是重言式。因为如果上帝和灵魂不是作为对象被给予的，我们显然无法把它们当作被给予的对象而认识它们。但是，康德还告诉我们，虽然上帝、自由和灵魂不朽不是作为任何理智直观的对象而被给予的，理论理性关于超可感者的知识却增长到如此程度，以至于迫使我们承认"存在着这类对象"④。此外，只要实践理性确认了上帝实存和灵魂不朽，理论理性就可以通过范畴去思维这些超可感实在；当范畴如此得到

341

---

① 《实践理性批判》，第 238 页；*W*., V，第 132 页。
② 同上，第 240 页；同上，第 133 页。
③ 同上，第 243 页；同上，第 135 页。
④ 同上，第 244 页；同上。

运用时，它们就"不是空洞的而是具有意义的"①。确实，康德坚持认为，我们可以运用范畴来以确定的方式设想超可感者，前提是"超可感者被一些谓词所规定，而这些谓词必然地与先天被给予的纯粹实践目的及其可能性相联系"。②但是，仍然保留的事实是，通过实践理性所提供的帮助，对于思辨理性而言只是范导性的那些理想以确定的形式和形态成为思维超感官实在的方式，即便这些超可感实在不是作为直观对象被给予的，而是因为它们与道德法则的联系才得到肯定。

因此，在我看来，如果说康德所做的是以某种新型的形而上学取代他在《纯粹理性批判》中所反驳的形而上学，这是具有争议的。就关于先验自我和上帝的理念而言，思辨理性能够借助实践理性而赋予它们形体。这之所以是可能的，因为实践理性在与思辨理性合作时具有优先地位。③"如果除了思辨理性独自从自己的洞见出发就能够呈现给实践理性的东西之外，实践理性不能假定任何东西并把它当作被给予的来思维，那么，思辨理性就占据优先地位。但是，如果我们假设实践理性独自就拥有源始的先天原则，与这些原则结合起来的是某些理论的断言，而这些断言却避开了思辨理性的所有可能洞见（尽管它们必须不与思辨理性相矛盾），那么，问题就在于，哪种兴趣是更高的兴趣（而不是哪种兴趣必须退出，因为它们并不必然地与其他兴趣相互矛盾）……"④这就是说，问题在于，是说思辨理性的兴趣占据优先地位，以至于它顽固地反对除了自身之外的其他根源所提供的任何东西；还是说实践理性的兴趣占据优先地位，以至于思辨理性接过实践理性所提供的命题，并且"把它们结合到其自身的概念之中"⑤。在康德看来，实践理性的兴趣应当占据优先地位。确实，如果实践理性被看作依赖于感性倾向和欲望，那么康德的这种观点就不可能维持。因为在这种情况下，思辨理性就不得不接受各种随意的幻想。（康德

342

---

① 《实践理性批判》，第246页；W., V，第136页。
② 同上，第255页；同上，第141页。
③ 当然，这样说是具有误导性的。因为，正如我们之前所说，最终只有一个理性，虽然它具有不同的运用功能和样式。
④ 《实践理性批判》，第216—217页；W., V，第113页。
⑤ 同上。

提到了穆罕默德的天堂观念。）换句话说，康德不希望鼓励仅仅是愿望的思维。但是，如果实践理性就其实践能力而被看作纯粹理性，即被视为根据先天原理而做出判断；而且如果某些理论立场在其实践功能中不可分割地与纯粹理性在实践中的运用相结合，那么，纯粹理性在其理论能力之中就必须接受这些立场，并且尝试一致地思考它们。如果我们不接受实践理性的优先性，我们就承认在理性自身之中具有矛盾，因为纯粹实践理性和纯粹思辨理性从根本上来说是同一个理性。

康德确实致力于基于道德意识来创造某种形而上学，这一点从他似乎承认实践知识具有不同等级这一事实中也能看清楚。自由的观念与道德法则和义务的概念相互结合，以至于我们不能承认责任而否认自由。"我应当"蕴含了"我能够"（即我能够遵守或违反）。但是我们不能说，在与责任蕴含自由完全相同的意义上，至善或完满之善的构想蕴含了上帝实存。理性无法绝对确定地决定幸福与德性成比例是否蕴含了上帝实存。也就是说，它无法绝对排除以下可能性：无须预设智慧和善的造物主，自然法则的运作就可能产生出使这种比例成为可能的事态。因此，我们还有选择的空间；也就是说，基于意志行为的实践信仰还有可能。确实，我们无法"证明"自由，因此，它在某种意义上是信仰的对象。但事实仍然是，我们无法接受道德法则的存在而否认自由的存在，然而，我们可能接受道德法则的存在而质疑上帝的实存，即便信仰上帝实存更符合理性的要求。

因此，简单地说康德拒斥形而上学，这是具有误导性的。确实，他拒斥独断论形而上学，无论它是作为基于先天理论原理的先天构造，还是作为对现象的科学解释的某种延伸或扩展。但是，即便他没有把一般的公设理论称为"形而上学"，但它也确实等同于形而上学。它是基于对法则和义务的道德意识的形而上学。它没有给我们提供对超可感实在的直观，它的论证以道德意识的有效性为条件，以康德对道德经验的分析为条件。但是，即便如此，就超可感实在而言，的确可以合理地这样认为。我们可以十分恰当地谈论康德的"形而上学"。

11. 我们已经看到，在康德看来，道德性没有预设宗教，也就是说，人们不需要上帝的观念就能够承认自己的义务；道德行动的最终动机是为了义务而义务，而非服从上帝的命令。同时，道德性导向宗教。"通过这一观念，即至善是纯粹实践理性的对象和终极目的，道德法则导致了宗教；也就是说，导致了将所有义务认作神的诫命；这些诫命不是强迫命令，即不是**外来意志的任意的、偶然的指令**，而是每个自由意志自身的根本法则；但尽管如此，它们却仍然必须被视为最高存在者的诫命，因为唯有从道德上完善的（神圣的和仁慈的）同时也是全能的意志那里，通过与这个意志相和谐，我们才能希望达到至善，道德法则使我们有义务将这种至善作为我们追求的目标。"① 道德法则命令我们使自己配享幸福，而不是使自己幸福。但因为德性应当产生幸福，因为至善能够通过神圣行动者而达成，我们就有资格通过上帝而希望幸福，上帝的意志作为神圣意志，欲求他的受造物应当配享幸福，而作为全能意志，他能够把这种幸福赋予受造物。"对幸福的**希望**首先只能开始于宗教。"②

这个观点在《纯然理性界限内的宗教》（1793）中再次出现。这本书的第一版序言以此开篇："既然道德是建立在人这种自由存在者的概念之上，而人同时通过自己的理性使自己受无条件的法则所制约，那么，道德也就既不需要在人之上的其他存在者来让人承认他的义务，也不需要不同于法则自身的其他动机来让人实现他的义务。"③ 但同时，道德行动的最终结果问题，以及道德秩序与自然秩序之间和谐的可能性问题，不可能是与人类理性无关的事情。长期来看，"道德性不可避免地导向宗教"④。因为我们看不到除了以上帝为中介以外，还有什么别的方式可以实现这种和谐。

康德认为，真正的宗教就在于"在我们的所有义务当中，我们都把上帝看作应该受到崇敬的普遍立法者"⑤。但是，崇敬上帝是什么意思？它意味着遵从道德法则，出于义务地行动。换句话说，康德赋予了在崇拜和祷告意义上的宗教活动（无论是公共的还是私人的）很小的价值，这种

---

① 《实践理性批判》，第 233 页；*W.*，V，第 129 页。
② 同上，第 235 页；同上，第 130 页
③ 《纯然理性界限内的宗教》，第 3 页；*G.-H.*，第 3 页。
④ 同上，第 6 页；同上，第 5 页。
⑤ 同上，第 103 页；同上，第 95 页。

态度在以下这句常常受到引用的话中得到总结："除了道德的生活方式以外，凡是人自以为能够让上帝喜悦的事情，都只是宗教妄想和对上帝的虚假事奉。"[1]

当然，这种对日常意义上的宗教实践的漠不关心，也附带着对各种如此这般的信条的漠不关心。我认为，"如此这般"这个词语是必需的。因为，某些信仰因与真正的道德不相容而遭到拒斥，而另外一些信仰对于纯粹理性而言则是可接受的。但是，康德拒斥了任何关于宗教真理的独特启示的观念，以及权威教会作为启示的监管者与公认解释者的观念。我的意思不是说康德完全拒斥基于圣经信仰的可见的基督教会，因为他并没有如此拒斥。但是，可见的教会对于康德而言只是对普遍的、不可见的教会理想的接近，后者是且应当是所有人类在德性之中、在对上帝的道德侍奉中所实现的精神联合。

我不打算讨论康德对于基督教个别教义的处理。[2] 但值得注意的是，他表现出强烈的倾向，试图剥离某些教义的历史联系，转而找到一种符合他自身哲学的意义。因此，他没有否认原罪，相反，他肯定原罪而反对某些人把人想象为本质上完善的。但是，历史上的堕落以及内在罪恶的观念让我们想到人类具有仅仅出于自爱而不顾普遍道德法则去行动的基本倾向，这种倾向是经验事实，而且我们无法为其提供最终解释，尽管圣经以图像语言提供了解释。通过这种方式，康德在从字面上承认这个教义的意义上肯定了它，但同时以理性的方式否认了它。以此方式，康德能够一方面否认极端新教有关人性完全堕落的学说，另一方面否认人类自然完善的乐观主义理论。这种保留基督教教义的同时对其内容做出理性主义叙述的倾向在黑格尔那里变得更为明显。但是，黑格尔对于宗教与哲学这两种不同的思维方式进行了合理区分，提供了比康德深刻得多的宗教哲学。

因此，我们可以说，康德对宗教的解释在性质上是道德的和理性的。同时，这个陈述也可能具有误导性。因为它可能暗示，在康德所理解的真

---

[1]　《纯然理性界限内的宗教》，第 170 页；*G.-H.*，第 158 页。

[2]　例如，读者可以参看 C. C. J. 韦布（C. C. J. Webb）的《康德的宗教哲学》（*Kant's Philosophy of Religion*）。

正宗教的内容中，我们可能称之为对上帝的虔敬的所有因素都缺失了。但是，情况并非如此。实际上，康德确实对神秘主义缺乏同情，但我们已经看到，宗教对他而言意味着把我们的义务看作神圣律令（至少对这些义务的履行符合上帝的神圣意志所意愿的目的，即创造的最终目的）。《遗著》中将义务意识作为对神之在场的意识。确实，我们不可能知道，如果康德有机会完成包含在笔记中的这部著作，他会如何系统化和发展其中的观点。但是，尽管道德法则作为信仰上帝的唯一有效道路这个观点被完整地保留下来，但康德倾向于更加强调上帝的内在性，以及强调我们的道德自由和道德义务意识，将它们作为对神的存在的意识。

12. 我认为，不可否认，康德的伦理学中含有某种宏大的内容。他毫不妥协地提升了义务的地位，坚持了人类人格的价值，这些当然是值得尊重的。此外，他所说的大量内容都能在道德意识中找到真实的回响。因此，无论不同民族的特殊道德信念差异多么大，以下这种道德信念都是道德意识的共同特征，即至少从某种意义上来说，无论结果是什么，结果都是无关的，而道德法则必须得到遵守。如果我们具有任何道德信念，用通俗的话来说，我们都觉得必须在某个地方划出界线，即便我们不会把这条界线划在相同的地方。"正义行事，即便天塌"（Fiat iustitia, ruat coelum），这个准则很容易从普通人的道德观点的角度得到理解。此外，康德正确地注意到道德法则的普遍特征。不同社会和不同个体具有不同的道德观念，但这并不能改变道德判断做出了普遍陈述这一事实。当我认为我应当这样做或那样做，我至少蕴含了任何在完全相同情形下的其他人都应当做相同的事情；因为我认为这样做是正确的。即便人们接受"情感性"的伦理学理论，人们也必须顾及这种道德判断的普遍主张。"我应当做 X"这类陈述显然在这方面或那方面不同于"我喜欢橄榄"这类陈述，即便前者表达的是情感或态度，而不是对理性最高原则的运用。[①]

同时，即便康德的伦理理论在某种程度上反映了这种道德意识，它仍然可能引发严重的反驳。我们很容易理解黑格尔及其他人在形式主义和

---

① 我的意思并不是说情感主义伦理学理论的捍卫者在该理论的各种成熟形式中都不允许道德判断的这种特征。

抽象性方面对康德的最高道德原则所做的批评。当然，从某种角度来看，批评康德伦理学的形式主义和"空洞性"并没有切中目标。因为纯粹伦理学不同于应用伦理学，在形式伦理学中，康德所要做的恰恰是脱离经验给定的"质料"要素，确定道德判断中的"形式"要素。我们可以恰切地追问，形式要素如果不是形式主义的还能是其他什么样子的吗？此外，当定言命令虽然可以运用于经验给定的材料，但却从未试图作为前提，使得通过纯分析而演绎出具体的行为规则成为可能，那么指责其空洞性有什么价值呢？定言命令是要作为对我们主观意志原则的道德性的检测或标准，而不是分析地演绎出具体道德准则的前提。确实如此，但是，问题仍然在于，康德的道德原理是否真的能够作为检测或标准。我们已经注意到，当我们说到理性行动者"能够"或"不能"意愿他的准则应当成为普遍法则时，要理解这句话的确切含义是存在困难的。这个困难与定言命令的抽象性和空洞性紧密相联。

347

某些哲学家会反对康德的理性主义，即反对以下观念：道德法则最终依赖于理性，其最高原理由理性所颁布。但是，让我们假定康德的观点是正确的，即道德法则由理性所颁布。那么问题就出现了，按照康德的想法，是义务概念具有绝对优先性，还是善的概念具有绝对优先性而义务的概念从属于善？除开其他考虑，第二种理论是否可以较好地作为解释道德意识的框架，这是具有争议的。确实，任何采取功利主义形式的目的论伦理学理论都可能受到指责，例如边沁的理论，它们把特定的道德判断转变为非道德的经验判断，由此通过取消道德而解释道德。但是，我们不能由此推出这个指责必定对关于道德的所有目的论解释都有效。我们很难认为康德最终解决了"是否能够推出"这个问题。

康德的宗教哲学在某些方面明显受到启蒙运动的影响。因此，在解释宗教意识时，康德也很少诉诸实际存在的历史性宗教。黑格尔随后努力修正这方面的缺陷。但通常来说，康德的宗教哲学很显然是他试图调和牛顿力学世界与道德意识世界的一种表现；前者是排除了自由而只受因果律支配的经验实在世界，后者则是自由世界。理论理性本身只能告诉我们，自由概念和超经验的本体实在观念并非不可能的。道德法则的概念，通过其密不可分地与自由概念相联，给我们提供了一种实践性的确信，即这类实在是实存的以及我们作为理性存在者而归属于它。理论理性在这种确信的基础上可以尝试思考本体实在，只要实践理性保证我们可以假定它。但是，就我们所见的范围之内，只有上帝能够达到这两个领域的最终协调。因此，如果实践理性的"兴趣"应当占优势地位，如果道德法则要求（至少隐含地要求）这种最终的协调，我们就可以合理地去信仰上帝，即便理性就其理论功能而言不能证明上帝实存。

　　但是，虽然我们有资格转向宗教并且希望上帝创造出幸福与德性成比例这种事态，但很显然，我们此时此地只能使自然必然性领域与自由领域相互并立。只要理性告诉我们后者在逻辑上具有可能性，我们就可以认为二者在逻辑上是相容的。但是，这几乎无法满足哲学反思的要求。一方面，自由表现在行动中，而行动属于经验和自然秩序的领域。心灵希望发现两种秩序或两个领域之间的某种联结。实际上，它可能无法发现客观的联结，以至于能够从理论上证明本体实在的实存，而且能够精确地表明经验实在和本体实在是客观地相联的。但是，就证成的意义上来说，从心灵本身来看，它至少可以寻求某种主观联结，从根据自然原理来思考转向根据自由原理来思考。

　　但是，想要探讨康德对这个主题的处理，我们必须转向第三批判，即《判断力批判》。

第十五章

康德（六）：美学与目的论

判断力的中介功能——美的分析论——崇高的分析论——纯粹审美判断力的演绎——鉴赏和天才——审美判断力的辩证论——美作为道德善的象征——目的论判断力——目的论与机械论——自然神学和伦理神学

1. 我们在上一章结尾提到，至少在心灵层面，在自然必然性的世界
与自由的世界之间需要某种联结原则。康德在其《判断力批判》[①] 的导言中提到了这种需要。在自然概念或者可感实在领域与自由概念或超可感实在领域之间存在着鸿沟，不可能通过理性的理论运用而实现从第一种到第二种的转变。因此，似乎存在着两个分离的世界，两个世界不可能相互影响。但是，如果实践理性原则要在行为上得到实现，则自由世界必须影响自然世界。因此，必须可能以这样一种方式来思维自然，即自然至少与根据自由法则而在自然中实现目的的可能性是相容的。于是，这里必须具有某种统一的根基或原则，"使按照一方的原则的思维方式向按照另一方的原则的思维方式的过渡成为可能"。[②] 换句话说，我们在寻找理论哲学与实践或道德哲学之间的联结，康德又称前者为自然哲学，后者则建立在自由概念的基础之上。康德在判断力批判中发现这种联结，判断力批判是

[①] 《判断力批判》（*Kritik der Urteilskraft*）包含在普鲁士科学院版《康德全集》的第 5 卷，脚注中的引用直接写作 *J.*，引文同时给出页码。本文引文翻译来自 J. H. 伯纳德（J. H. Bernard）（见参考文献），引用时写作 *Bd.*。译者注：译者将部分缩写的全名翻译出来，以方便读者查阅。

[②] 《判断力批判》，XX；*Bd.*，第 13 页。

"把哲学的这两个部分结合为一个整体的手段"。①

350   如果想要解释为了找到这种联结康德为什么转向对判断力的研究，就必须提到他的心灵能力或心灵机能理论。在《判断论批判》的导言结尾给出的表中②，康德区分了心灵的三种能力③，即一般的认识能力、愉快和不愉快的情感能力、欲求能力。这立刻表明，情感在某种意义上在认识与欲求之间起着调节作用。随后，他区分了三种特殊的认知能力，即知性、判断力和理性。这表明，判断力在某种意义上作为中介调节知性与理性，因此与情感具有某种关联。

       我们已经在《纯粹理性批判》中考察了知性的先天范畴和原理，它们行使"构成性"功能，使关于对象或自然的知识成为可能。我们也考察了就其思辨能力而言的纯粹理性理念，它们行使"范导性"而非构成性的功能。《实践理性批判》中已经表明，在纯粹理性的实践运用中具有先天原理，它为欲求立法（in Ansehung des Begehrungsvermögens）。④ 因此，剩下的问题在于，判断力（如康德所说）作为知性与理性之间的中介力量，是否拥有它自己的先天原理。如果有，我们也必须探究这些原理行使的是构成性功能还是范导性功能。特别是，它们是否给情感提供先天规则，即是否给愉快和不愉快的情感力量提供了先天规则？如果提供，我们就有了良好而齐整的方案。知性给现象实在提供先天法则，使关于自然的理论知识成为可能。纯粹理性在其实践应用中为欲求立法。判断力为情感立法，情感是认识与欲求之间的中项，正如判断力本身是知性与理性之间的中项。

       因此，用批判哲学的术语来看，问题能够用以下方式表述，从而显
351 示出三大批判的相似目的。判断力具有它自己的先天原理吗？如果有，它们的功能和应用领域是什么？此外，如果判断力就其先天原理而言与情感相关，类似于知性与认识相关，类似于理性（在其实践运用中）与欲求相

---

① 《判断力批判》，XX；*Bd.*，第 13 页。
② 同上，LVIII；同上，第 41 页。
③ 心灵这个词语一般对应于 Gemüt。正如已经提到的，康德在非常宽泛的意义上使用这个词语，涵盖了所有心理能力和活动。
④ 《判断力批判》，V；*Bd.*，第 2 页。

关，那么，我们可以看到，《判断力批判》构成了批判哲学的必要组成部分，而不只是可有可无的附属物。

但是，在这个语境中，康德所说的判断力指的是什么？他告诉我们："一般而言，判断力是一种能力，将特殊思考为包含在普遍之下。"[1]但是我们必须在"规定性判断力"与"反思性判断力"之间做出区分。"如果普遍的东西（规则、原则、法则）被给予了，那么，把特殊的东西归摄在普遍的东西之下的判断力就是**规定性的**，即使它作为先验的判断力先天地指明了诸条件，而只有依据这些条件，特殊的东西才能被归摄在那种普遍的东西之下。但如果只有特殊的东西被给予了，判断力为此必须找到普遍的东西，那么，这种判断力就纯然是**反思性的**。"[2]在考虑《纯粹理性批判》时，我们看到，康德认为，存在着知性的先天范畴和原理，它们最终是在知性的结构中被给予的。判断力只是把特殊的东西归摄在先天被给予的"普遍的东西"之下。这就是**规定性**判断力的例子。但是，显然有很多普遍法则不是被给予的，而是必须有待发现的。因此，物理学的经验法则不是先天被给予的。它们也不是在特殊的东西被给予的意义上后天地被给予。例如，我们先天知道，所有现象都是因果序列中的成员，但我们无法先天知道特殊的因果律。它们也不是像经验对象那样后天地被给予我们。我们必须发现普遍的经验法则，将特殊的东西归摄于其下。这就是**反思性**判断力的工作。因此，正如康德所说，反思性判断力的功能不只是归摄性的，而是去发现能够将特殊的东西归摄于其下的普遍的东西。我们在此关注的就是这种反思性判断力。

现在，从我们的观点来看，至少经验法则是偶然的。但是，科学家总是尝试把较为特殊的东西归摄在较为普遍的经验法则之下。他会努力在他的法则之间建立关系，而不会让它们无关联地并列。他的目的是构造相互关联的法则体系。这意味着，他在探究中受到这种观念的引导，即将自然视为理知的统一体。科学的先天原理以我们的知性为基础。但是"特

---

① 《判断力批判》，XXV；*Bd.*，第 16 页。
② 同上，XXVI；同上，第 16—17 页。

殊的经验法则……必须按照这样一种统一性来考察，就好像（als ob）知性（即使不是我们的知性）为了我们的认识能力而给予了这种统一性，以便使遵循特殊的自然法则的经验体系成为可能"。[1] 康德补充说道，他无意暗示科学家必须预设上帝实存。他的意思是，科学家预设了自然的统一性，想要获得这种统一性，就只有假设自然是神圣心灵的作品，即假设它是一个我们的认知能力所能适用的理知体系。上帝的理念在此只就其范导性功能而得到运用。康德的论点只是在于，所有科学探究都至少以一种隐含的方式被以下假定所引导，即自然是理知的统一体，"理知的"可以理解为与我们的认识能力相关联的。正是在这个原理的基础上，反思判断力得以推进。它不是源自经验，却是所有科学研究的预设，它在这个意义上是先天原理。但是，它不是在先验分析论中所考察的先天原理那个意义上的先天原理，也就是说，它不是经验对象的必要条件。倒不如说，它是一种必要的**启发性**原理，引导我们对经验对象进行研究。

　　自然的概念在超人类的理智或心灵（但它适合于人类的认识能力）中有其共同基础，通过这种共同基础，自然获得了统一性，这种自然概念就是自然的合目的性概念。"自然通过这个概念被如此表现，就好像有个知性包含着自然的经验法则的杂多之统一性的根据。因此，自然的合目的性是特殊的先天概念，仅仅在反思性判断力中有其终极起源。"[2] 康德坚持认为，自然的合目的性原理是判断力的先验原理。它是先验的，因为它关注一般经验知识的可能对象，但它自身不依赖于经验观察。康德认为，如果我们考虑它所产生的判断力的准则，那么它的先验特征就会变得明显。
353　他给出的例子包括"自然取最短之路［lex parsimoniae（节约律）］"和"自然从不飞跃［lex continui in natura（自然中的连续律）］"。[3] 这些准则不是经验概括，而是作为先天规则或准则，指导着我们对自然的经验性研究。它们依赖于自然合目的性的一般先天原则，而自然合目的性在其经验法则的最终统一性方面与我们的认识能力相适合。

---

① 《判断力批判》，XXVII；*Bd.*，第 18 页。
② 同上，XXVIII；同上，第 18—19 页。
③ 同上，XXXI；同上，第 20 页。

判断力的先天原则的有效性是主观的而非客观的。用康德的术语来说，它没有就自然自身规定自然，或者就自然自身为自然立法。它不是在对象的必要条件意义上的构成性原理。它没有蕴含以下命题：在本体论意义上，自然之中存在着目的。我们不能从中先天地演绎出，自然之中实际上存在着目的因。它为反思性判断力立法，让反思性判断力把自然当作一个与我们的认识能力相适合的、有目的的整体。如果我们说这个原则使自然成为可能，我们的意思是说，这个原则使有关自然的经验知识就其经验法则而言成为可能，这与知性范畴和原理使自然成为可能的意义不同。当然，在实在的意义上，这个原则在经验上是可证实的。但就其自身而言，这个原则是先天的，而不是观察的结果。作为先天原则，它不是已经被给予的对象本身的必要条件，而是在研究这些对象时运用反思性判断力的必要条件。因此，康德不是在阐明形而上学的教条，即自然之中具有目的因。他所说的是，因为反思性判断力是如其所是的，所以所有对自然的经验性探究从最初就涉及把自然当作好像它体现了经验法则的系统，这些经验法则通过在我们之外的理智这个共同基础得到统一，并且与我们的认识能力相适合。

当然，我们不能把自然看作合目的性的而不把合目的性归属于自然。康德清楚地意识到了这个事实。"但是，自然依据其特殊法则的秩序，无论有怎样超出我们的把握能力的、至少可能的多样性和不同类性，毕竟还是现实地适合这种认识能力的，就我们能够看出的而言，这是偶然的；而找出这种秩序是我们的知性的任务，这一任务被引向知性的必然目的，即把诸原则的统一性带进自然；在这种情况下，判断力必须把这个目的赋予自然，因为知性在这方面不能给自然指定任何法则。"[1]但是，自然的合目的性这个先天属性并不构成有关自然自身的先天教条，它只是就我们知识而言的属性。换句话说，正如我们已经看到的，判断力的先天原则是一种启发性原则。如果我们在我们的经验研究中发现自然与这个原则相适应，那么就我们所见，这是纯粹偶然的事实。自然**必须**与判断力的启发性原则

---

[1] 《判断力批判》，XXXIX；*Bd.*，第27页。

相适应，这是一个先天假设。

　　现在，自然的合目的性可以用两种方式来表示。首先，对于在经验中被给予的对象而言，合目的性表现为对象的形式与认识能力之间的协调一致，但并不涉及就对象的规定性知识而言使形式指向概念。对象的形式被认为是愉快的根基，而后者来自对象的表象。当我们判断，这种表象必然伴随着愉快，因此，这种表象应当令所有人感到愉快（而不只是让此时此地知觉到对象形式的特殊主体感到愉快），我们就有了审美①判断力。对象被称为美。建立在伴随着表象的愉快之上的普遍判断能力，就被称为鉴赏判断。

　　其次，对于在经验中被给予的对象而言，合目的性也可以表现为"按照事物的概念（这种概念是先行的，并且包含了事物之形式的根据），事物的形式与事物本身的可能性协调一致"。②换句话说，就其形式而言，事物被表象为实现了自然的目的。当我们判断事情就是如此，我们就有了目的论判断力。

　　因此，《判断力批判》必须关注和严格区分审美判断力与目的论判断力。审美判断力是纯粹主观的，这种主观性不是指在判断中没有普遍要求（因为实际上是有的），而是指对象形式（无论是自然对象还是艺术作品）与认识能力（建立在对象表象引起的情感之上而不指涉任何概念）的协调一致。因此，康德可以认为，审美判断力是"按照规则而不是按照概念来评判事物的特殊能力"。③但是，目的论判断力是客观的，这是因为它判断了被给予的对象满足了被构想的自然目的，而不是因为它是主体之中的某些情感的根据。康德告诉我们，这类判断力"不是什么特殊的能力，而只是一般的反思性判断力"。④

　　最后，反思性判断力的先天的、范导性的自然合目的性概念，充当了自然概念的领域与自由概念的领域之间的连接纽带。因为虽然它既不像

---

① 译者注：康德在"审美的"和"感性的"两种意义上使用 ästhetisch 这个词。
② 《判断力批判》，XLVIII—XLIX；*Bd.*，第 34 页。
③ 同上，LII；同上，第 37 页。
④ 同上。

知性范畴和原理构成自然那样构成自然，又不像纯粹实践理性的先天原则那样对行动立法，但它使我们能够把自然思考为并非完全异于目的之实现。艺术作品是价值的本体领域的现象表达。对这类作品的审美欣赏使我们能够在自然对象中看到美，这种美又使我们能够把自然本身看作同样的本体实在的现象展示，康德有时将之称为"超可感基底"[①]。自然合目的性概念在目的论判断力中得到表达，使我们能够构想实现自然的目的的可能性，并且这种可能性与自然的法则相互协调。

康德也这样处理这个问题。对知性的先天原理的研究表明，我们只认识作为现象的自然。但同时它隐含了存在着本体实在或"超可感实在"。但是，知性完全无法规定后者。我们看到，在考察第一批判中现象和本体的概念时，本体这个词必须从其消极意义上来理解。判断力，凭借其"对自然进行判断"的先天原则，引导我们把"超可感基底"中的本体实在（无论是在我们之中还是在我们之外）视为可以通过理智能力而被规定的。因为它把自然表象为本体实在的现象表达。理性的先天实践法则规定了本体实在，从而理性能够向我们显示我们应该如何构想本体实在。"判断力使从自然概念的领域到自由概念的领域的过渡成为可能。"[②]

356

本节所讨论的思路主要集中在康德《判断力批判》的导言部分。这部著作的主体分为两大部分，第一部分处理审美判断力，第二部分处理目的论判断力。当然，这部著作的主要内容就在于这两大部分。但是，只要我们转向对审美判断力的细节探讨，我们就很容易就其本身而把它仅仅看作康德的美学理论，好像它是康德哲学的一个孤立部分。因此，我认为花些篇幅讨论康德的整体思路是合适的，无论这个思路多么复杂，因为这将有助于表明，对于康德而言《判断力批判》是其体系的一个组成部分，而不是处理各自主题的两部独立论著的结合而且与前两部批判毫无内在联系。

2. 追随英国作家对于美学的用法，康德把宣称某物为美的判断称为

---

① 《判断力批判》，LVI；*Bd.*，第 40 页。
② 同上。

鉴赏判断（das Geschmacksurteil）。"鉴赏"这个词立即暗示了主体性。我们已经看到，在康德看来，这种判断的基础是主观的。这就是说，表象通过想象而指向主体自身，指向愉快和不愉快的情感。我们判断事物美丑的根据在于，我们的情感力量被该对象的表象所影响的方式。以现代语言来看，我们可能会认为对于康德而言鉴赏判断是情感命题，表达的是情感而非概念知识。正如康德所言，有关建筑物的概念知识是一回事，欣赏其美是另一回事。

然而，虽然鉴赏判断的基础是主观的，但我们实际所说的显然是与事物有关的东西，即它是美的。这个陈述的基础在于情感，但当我说一个对象是美的，我并不只是在做出关于我私人情感的陈述。因为这类陈述（至少在原则上）是经验上可证实的心理判断。这不是鉴赏判断。只有在我断言某个事物是美的时，才会产生鉴赏判断。因此，即便美不能被视为对象的客观性质，不能被视作与做出"这个对象是美的"这一判断的主观基础无关，但美的分析论（Analytik des Schönen）仍然是有余地的。

357

康德对于美的分析采取了这样一种研究形式，即他所说的鉴赏判断的四个"契机"。可能比较奇怪的是，这四个契机与判断的四种逻辑形式相关联，即质、量、关系和模态。我说"可能比较奇怪"，是因为鉴赏判断自身不是逻辑判断，即便它指涉或者关系到知性。但是，对鉴赏判断的每个契机的研究都只结束于美的部分定义。我们最后获得了"美"这个术语的四种互补的意义。康德对这个主题的讨论是出于对这个问题本身的兴趣，这种兴趣与四种契机和判断的四种逻辑形式之间的关联无关。

从质的观点考虑鉴赏判断，引导我们得出以下有关美的定义。"鉴赏是通过**不带任何利害**的愉悦或者不悦而对一个对象或一个表象方式做评判的能力。这样一种愉悦的对象就叫作**美**。"[①]通过说审美欣赏是"完全无利害的"（ohne alles Interesse），康德的意思当然不是说它是枯燥的，他的意思是说它是沉思的。就鉴赏理论而言，审美判断蕴含了：被称为美的对象引起了不涉及欲求（即不涉及欲求能力）的愉悦。我们可以举一个简单

---

① 《判断力批判》，第 16 页；*Bd.*，第 55 页。

的例子来说明康德想要表达的意思。假设我看到一幅水果绘画，说它是美的。如果我的意思是，只要这个水果是真的，我就想要吃这个水果，因此就关系到欲求，那么，我的判断就不是严格意义上的鉴赏判断（即审美判断），我就是在滥用"美"这个词。审美判断蕴含了事物的形式作为沉思对象而是快适的，而不涉及欲求。

康德在快适（das Angenehme）、美（das Schöne）和善（das Gute）之间做出了区分，指出了表象与愉快和不快或痛苦的情感之间的三种不同关系。快适是满足偏好或欲求的东西，人和动物都能够体验。善是敬重的对象，它是对象价值的归属之地。它涉及所有理性存在者，包括非人类的理性存在者（如果有的话），即没有身体的理性存在者。美不涉及任何内在的偏好或欲求，只是单纯的愉快。只有理性存在者能够体验到它，但又不是所有理性存在者都能体验到它。这就是说，它涉及感官知觉，因此只关涉于那些具有身体的理性存在者。

此外，康德认为，审美判断力与实存不相干。如果以上面所举的简单例子来说，我把绘画中的水果与我的欲求关联起来，我感兴趣的是它的实存，因为我希望这个水果是真的，从而我可以吃它。但如果我在审美上沉思它，这个水果就是表象的水果而不是实存的水果，这完全不涉及可吃的水果。

最后，康德指出，当他把审美判断力看作完全无利害的，他的意思不是说它不能或者不应当伴随着任何利害。在社会中，人们确实有兴趣传播他们在审美经验中感受到的愉快。康德将之称为美中的经验利害。但是，虽然利害会伴随或包含在鉴赏判断之中，但利害却不是鉴赏判断的规定性基础。就其自身而言，鉴赏判断是无利害的。

现在转向从量的角度研究鉴赏判断，我们发现康德把美定义为"无须概念而普遍地让人喜欢的东西，就是美的"[①]。我们可以分别考察这两种特性。

我们已经确证，美是完全无利害的愉悦之对象，这个事实蕴含了它

①　《判断力批判》，第 32 页；Bd.，第 67 页。

是或者应当是普遍愉悦的对象。假设我意识到我对于某个给定的雕像是美的这个判断完全是无利害的。这意味着，我意识到我的判断不是依赖于任何我所特有的私人条件。正如康德所言，在说出判断时，我是"自由的"，我一方面不受到欲求驱使，另一方面也不被道德命令所指示。[①] 因此，我相信，我有理由把类似于我在自身之中体验到的那种愉悦归属于他人。因为愉悦并不是建立在我的私人偏好的基础之上。因此，我谈论这座雕像，就好像美是它的客观性质。

因此，就普遍性而言，康德区分了关于快适的判断和关于美的判断。如果我说橄榄的味道是令人快适的，我随时预期某人会说，"好的，你可能认为它是令人快适的，但我认为它不是令人快适的"。因为我承认我的陈述是基于私人情感或鉴赏，而对于个人嗜好是不可争论的（de gustibus non est disputandum）。但如果我说某个艺术作品是美的，根据康德，我就默认宣称了它对所有人都是美的。这就是说，我宣称，这个判断不是基于纯粹私人情感，因此只是对我自己有效，而是基于可以归诸他人或要求他人也同样具有的情感。因此，我必须在康德意义上的鉴赏判断与我们通常所称的鉴赏判断之间做出区分。在做出前面的判断时，我们所宣称的内容具有普遍有效性，但在做出后面的判断时，我们所宣称的内容则不具有普遍有效性。只有前一类判断才涉及美。

自然，康德的意思不是说，当某人把雕塑称为美的，他必然相信事实上所有人都把它判断为美的。他的意思是说，通过做出这个判断，这个人要求其他人应该承认这个雕塑是美的。因为，他意识到自己的判断在上文提到的意义上是"自由的"，他或者把与他自己的愉悦相似的愉悦归诸他人，或者要求他人应当体验到它。

这是一种什么样的要求呢？我们不能在逻辑上向他人证明一个对象是美的。因为我们在审美判断中所做出的对普遍有效性的要求不涉及认识能力，只涉及在每个主体中的愉快和痛苦的情感。使用康德的术语来说，审美判断不依赖于任何概念，而是依赖于情感。因此，我们不能通过任何

----

① 在引入道德命令的观念时，我的意思当然不是说它是像偏好那样的私人条件。我介绍这个词只是为了完善"自由"的概念，因为康德将这个概念与审美判断联系起来。

逻辑论证过程使判断的普遍有效性得到很好的肯定。我们只能说服他人再次观察以及更集中注意地观察对象，相信他们的情感最终会表达自身，并且与我们的判断相合。当我们做出判断时，我们相信我们以普遍的声音在说话，我们要求他人的同意，但他人的同意只会基于他人自身的情感，而不是基于我们举出的任何概念。"我们现在可以看到，在鉴赏判断中，除了这类就不涉及概念的愉悦而言的**普遍**声音，没有设定任何东西。"[①] 我们可以随意把注意力吸引到对象的不同特征上，以说服其他人它是美的。但是，如果同意发生了，它是某种愉悦的结果，它是被感受到的而不是依赖于概念。

　　但是，康德谈论的这种愉悦是什么呢？康德告诉我们，它不是感动（Rührung），感动是"一种感觉，快适从中产生出来，仅仅凭借瞬间的阻碍和随之而来的生命力更强烈的涌流"。[②] 感动在这个意义上涉及对崇高的经验，但不涉及美。但是，指出感动并不是作为鉴赏判断的规定性基础的愉悦或愉快，这并没有解释感动到底是什么。我们可以以这种方式追问这个问题。康德谈论的愉悦或愉快的对象是什么？因为如果我们知道什么产生了它，或者它满足了什么，我们就会知道，康德谈论的是何种愉悦或愉快。

　　想要回答这个问题，我们就要转向鉴赏判断的第三个契机，对应于关系的范畴。康德对第三契机的讨论得出了以下定义："**美**是一个对象的**合目的性**的形式，如果这形式是没有一个目的的表象，而在对象身上被知觉到的话。"[③] 但是，因为这个定义的含义并不是很清楚，所以我们需要稍做解释。

　　我们不难把握这里的基本观念。如果我们注视一朵花，比如玫瑰花，我们可能感受到，这朵花的形式体现或满足了一个目的。同时，我们没有向我们自身表象任何在玫瑰花中被实现的目的。这不只在于，如果某人问我们在花朵中体现了什么目的，我们不能给出任何清楚的解释；我们甚至

① 　《判断力批判》，第 25 页；*Bd.*，第 62 页。
② 　同上，第 43 页；同上，第 76 页。
③ 　同上，第 61 页；同上，第 90 页。

无法构想或者向自己表象任何目的。但在某种意义上，我们不借助概念地**感受到**花朵中体现了一个目的。这个问题或许可以表达如下。存在着某种意义感，但不存在对其所意谓的内容的概念表象。存在着合目的性的意识，但不存在着所达成的目的概念。

361　　　当然，可以有伴随着美的经验的目的概念。但是，如果鉴赏判断预设了目的概念，那么在康德看来，鉴赏判断就不能被称为"纯粹的"。康德区分了他所称的"自由的美"和"依附的美"。如果我们判断一朵花是美的，我们很大程度上不具有在花朵中被实现的目的的概念。这种美被认为是自由的，而我们的鉴赏判断被认为是纯粹的。但是，当我们判断一栋建筑比如说一座教堂是美的，我们可能具有在建筑中被实现或者被完美体现的目的的概念。这种美被认为是依附的，而我们的鉴赏判断被认为是不纯粹的，严格来说，它不仅是对愉悦或愉快的情感表达，而且涉及概念因素。只有当做出判断的人不具有目的的概念，或者如果即便他有但在做出判断时脱离了目的的概念，那么审美判断才能是纯粹的。

　　康德坚持这点，因为他希望保持审美判断的特殊和独有的特征。如果审美判断涉及关于客观的合目的性或关于完善的概念，它就会是"像某个事物被判断为善那样的认识性判断"。[①]但事实上，审美判断的规定性基础完全不是概念，因此也不能够是关于确定性目的的概念。"一个判断之所以叫作审美判断，正是因为它的规定性根据不是概念，而是各种心灵能力的游戏的那种一致性的情感，只要这种一致性能被感觉到。"[②]康德承认，我们能够形成而且确实形成了美的基准，就人而言，我们形成了美的理想，它同时是道德理念的可见表达。但是，康德坚持认为，"按照这样的尺度做出的判断绝不可能是纯粹审美的，而且按照美的理想做出的判断不是纯然的鉴赏判断"。[③]

　　美的第四部分的定义，源自根据主体在对象中得到的愉悦之模态所做的鉴赏判断，这就是"**美是没有概念而被认识为一种必然愉悦之对象的**

---

① 《判断力批判》，第 47 页；*Bd.*，第 79 页。
② 同上。
③ 同上，第 60—61 页；*Bd.*，第 90 页。

东西"①。

这种必然性不是理论的客观必然性。因为如果它是，我们就会先天
地知道每个人都将同意我们的鉴赏判断。事实却并非如此。我要求我的判
断具有普遍有效性，但是我不知道它是否真的会得到承认。这种必然性也
不是实践的必然性，即告诉我们应当如何行动的客观法则的结果。这是康
德所称的**范例的**必然性，"即所有人都必须同意某个判断，这个判断被视
为普遍规则的例子，而这种普遍规则是人们无法指明的"②。当我说某个事
物是美的，我要求所有人都应当把它描述为美的，这个要求预设了一个普
遍原则，而我的判断是这一普遍原则的一个范例。但这个原则不能是逻
辑原则。因此，它必须被视为共通感（ein Gemeinsinn）。但这不是在日
常使用这个词语意义上的共通感（sensus communis）。因为后者按照概
念和原则进行判断，无论这些概念多么模糊地被表象。审美意义上的共
通感指"我们各种认识能力的自由游戏的结果"③。在做出审美判断时，我
们预设，某种类似的愉悦将会或应该会在所有知觉到相关对象的人们中交
互产生。

我们有什么权利预设这种共通感呢？我们不能证明它的存在，但我
们将它预设为审美判断的可传达性的必要条件。根据康德，判断力以及伴
随着它们的信念必须承认普遍的可传达性。但是审美判断不能通过概念或
者通过诉诸普遍逻辑规则而得到传达。因此，"共通感"是判断力的可传
达性的必要条件。这就是我们预设共通感的根据。

总之，在其美的分析论中，康德不关心给教育和培养审美鉴赏提供
规则或线索。他在《判断力批判》的前言中明确否认了这类意图。他首先
和主要关心的是审美判断的本性，是我们可以先天地讨论的东西，即审美
判断的普遍和必要的特征。在他讨论的过程中，康德明显关注的是值得考
虑的理念（无论我们是否接受它们）。审美判断的"无利害性"以及没有
任何目的的概念的合目的性观念是讨论的关键。但是，基本问题可能在于，

---

① 同上，第 68 页；*Bd.*，第 96 页。
② 《判断力批判》，第 62—63 页；同上，第 91 页。
③ 同上，第 64—65 页；同上，第 93 页。

363 到底是说审美判断表达了情感（因为情感是纯粹鉴赏判断唯一的规定性基础），还是说审美判断在某种意义上是一种认识性判断。如果我们认为康德对于这个问题的论述过于主观主义，以及审美判断实际上表达了某种他不允许的客观知识，那么，我们当然就要陈述这种知识是什么。如果我们不能这样做，那么，这至少为认为康德的论述是对的提供了初步根据。但是在这个问题上，读者必须形成他自己的观点。

3. 康德把埃德蒙·伯克（Edmund Burke）的《关于崇高与美的观念的根源的哲学探究》（*Philosophical Inquiry into the Origin of Our Ideas of the Sublime and the Beautiful*，1756）看作当时有关这方面研究的最重要著作。然而，虽然他遵循伯克在美和崇高之间做出的区分[1]，但他认为这位英国作者的处理是"纯粹经验的"和"生理学的"[2]，而且认为我们需要的是对审美判断的"先验阐明"。我们已经考察了康德在有关美的判断上对于鉴赏判断的研究，现在可以转向他对崇高的分析。但我建议以较为粗略的方式处理这个主题。

美和崇高（das Erhabene）具有某些共同的特征。例如，二者都能引起愉快；判断某物是崇高的就像判断某个对象是美的，都不预设规定性的概念。但同时，美和崇高之间有显著的区别。例如，美更多与质而不是与量相联系，崇高则更多与量而不是与质相联系。正如我们所见，自然美与对象的形式有关，而形式意味着限制。然而，对崇高的经验与无形式相联系，无形式指的是没有任何限制，这种无限制与总体性一起被表象。（因此，我们把辽阔的、被风暴所激怒的海洋感受为无限制的，但无限制也被表象为一个总体。）因此，康德能够把美和知性联系起来，把崇高和理性联系起来。正如我们所见，对美的审美经验不依赖于任何规定性的概念。即便如此，它仍然涉及各种能力之间的自由交互游戏，在这种情形下，就

364 是想象和知性的交互游戏。美作为确定的，被感受为适合于想象力的，而想象力就某个被给予的直觉而言，被看作与作为概念能力的知性相协调。

---

[1] 这个说法并不意味着我认为伯克是做出这种区分第一人。

[2] 《判断力批判》，第 128 页；*Bd.*，第 147 页。

但是，崇高则粗暴地对待想象力，完全淹没了想象力。因此它被表象为与理性相协调，被看作总体性的非规定性观念的能力。崇高因其在比例中涉及无限制，所以不适合于我们想象力的表象能力。也就是说，它超出和淹没了想象力。只要这种无限制与总体性相联系，崇高就能够被视为理性的非规定性观念的"展现"。另一个不同在于，美产生的愉快能够被描述为积极的快乐，能够在宁静的沉思中得到延长；相反，崇高引起的是惊赞和敬畏而不是积极的快乐。对崇高的体验与上节所示的感动相联系，即瞬间的阻碍和随之而来的生命力更强烈的涌流。最后，虽然美不同于魅力，但却与之相联系。但是魅力（Reiz）和崇高则是不相容的。

如上所述，崇高被体验为淹没了想象力，而且与我们的表象能力不相协调，康德得出结论，认为自然对象被称为崇高的其实并不恰当。因为这个词表明了赞同，但我们如何赞同在某种意义上被体验为与我们自身为敌的东西呢？"于是，辽阔的、被风暴所激怒的海洋就不能被称为崇高的。它的景象是恐怖的；而且如果要通过这种直观，通过心灵受到鼓励离开感性而专注于包含着更高的合目的性的理念，那么，人们就必须已经用各种理念装满了心灵。"① 很多自然对象能够恰当地被称为美的。但严格来说，崇高属于我们的情感而不是属于引起情感的对象。

康德区分了数学的崇高与力学的崇高，二者的区分在于，在崇高经验中的心灵运动中，想象力涉及的是认识能力还是欲求能力。数学的崇高是"绝对的大的东西"②或者"与之相比别的东西都是小的"③。康德举出了圣彼得在罗马的例子。当我们遇到自然的可怕物理力量的奇观，而且同时我们在心灵和理性中发现了高于这种物理力量的东西，那么我们就经验到了力学的崇高。④

4. 根据康德，纯粹鉴赏判断（即有关自然对象之美的判断）需要在辩护意义上进行演绎。审美判断先天要求，在表象某个被给予的对象时，

---

① 《判断力批判》，第 77 页；*Bd.*，第 103 页。
② 同上，第 80 页；同上，第 106 页。
③ 同上，第 84 页；同上，第 109 页。
④ 康德说，风暴汹涌的海洋或者爆发的火山的壮观景象是快适的，只要观察者从安全的地方观看。这引起了叔本华尖锐的讽刺。

365

所有人都应该感受到独特的愉快（这种愉快产生于想象力和知性的交互作用），这是审美判断力的规定性根据。既然审美判断是特殊主体做出的特殊判断，既然它的规定性根据是主观的（而不是对事物的客观认识），那么如何对其普遍有效性进行辩护？我们不能通过逻辑证明来进行辩护。因为审美判断不是逻辑判断。我们也不能诉诸事实上的普遍同意。因为，不仅人们实际上在审美判断中绝不总是一致，而且对普遍同意的主张是先天做出的。这是这类判断的本质特征，因此这类判断独立于经验事实，无论它们是否获得了普遍同意。因此，想要确立这类判断在普遍有效性上的真，辩护既不能采取逻辑演绎的形式也不能采取经验归纳的形式。

康德处理这个问题的方式是，指出普遍同意的主张能够在什么条件下得到辩护。如果审美判断力依赖于纯粹主观的基础，也就是说，依赖于在关涉被给予的表象时，想象力和知性的相互作用所产生的愉快或不愉快。如果我们有权利假设，所有人的认识能力及其相互关系的结构都是相似的，那么，审美判断力中普遍有效性的主张就可以得到辩护。但是，这个判断建基于纯粹主观性的根据。表象和知识的一般可传达性容许我们假设所有人都具有相似的主观判断条件。因此，普遍同意的主张就得到了辩护。

在我看来，这个演绎 ① 并没有给我们提供多少推进。康德告诉我们，在有关自然的崇高的判断中，我们不需要演绎。因为把后者称为崇高是不恰当的。崇高指的是我们的情感而不是引发情感的自然现象。但是，在纯粹鉴赏判断的情形中，我们需要演绎，因为关于对象的断言是就其形式而言的，这种断言涉及对普遍有效性的先天主张。如果要忠实于批判哲学的一般计划，就需要对这类判断力的演绎或辩护。但是，康德在其演绎过程中实际上告诉我们的只是，如果所有人都具有相似的主观判断条件这个假设可以得到辩护，那么普遍有效性的主张就是有效的，而可传达性又确实可以为上述假设提供辩护。这或许的确符合批判哲学的一般模式，因为审美判断力的可能性被视为先天综合命题，指向关于主体的条件。但是，人们可能期盼听到更多关于对象的条件。确实，根据康德，鉴赏判断的规定

---

① 关于演绎的细节，读者可参看《判断力批判》，第 131 页以下。

性根据是主观的。但正如我们所见，康德允许自然对象可以被恰当地称为美的，而只有用崇高对自然进行谓述时才是不恰当的。

5. 至此我们已经考察了自然对象的美。① 我们现在必须转向艺术的主题。一般的艺术"与自然不同，就像做（facere）与行动或活动（agere）不同。两者的产品或结果也不同，前者的产品作为作品（opus），后者的产品作为效果（effectus）"。② 区别于仅仅是快适的艺术（die angenehme Kunst），美的艺术（die schöne Kunst）是"这样的表象方式，它独自就是合目的的，而且尽管没有目的，却仍然促进了就社交传达而言对心灵能力的培养"。③

根据康德，我们应该意识到，美术产品是艺术不是自然。但同时，其形式的合目的性必须被视作摆脱了任意规则的约束，就仿佛它是自然的产物。康德的意思当然不是说，在艺术作品的产生过程中不需要遵守任何规则。他的意思是，对规则的遵守不应该明显。艺术作品之为艺术作品，应当显得具有自然的"自由"。但无论是自然之美的问题还是艺术作品之美的问题，我们都可以说：**"美就是仅仅在判断中就能让人愉悦的东西，而不是在感觉中或通过概念而让人愉悦。"** ④

美的艺术是天才的作品，天才所具有的天赋或自然禀赋能够为艺术提供规则。艺术预设了规则，通过这些规则，产品才被表象为可能的。但是，这些规则不能将概念作为它们的规定性根据。因此，艺术家，如果他是真正的艺术家或天才，就不能通过概念去设计他的规则。由此推出，自然本身，作为（通过艺术家的各种能力之间的和谐）运行于艺术家之内的东西，必须为艺术提供规则。因此，天才可以被定义为"天生的心灵禀赋（ingenium），自然**通过它**为艺术提供规则"⑤。

在此详细处理康德有关艺术和天才的观念可能不太合适。我们提到两点就够了。第一，康德归之于天才的能力是精神（Geist），他将之描述

367

---

① 从康德引用郁金香作为例子来看，他似乎偏爱这种花。
② 《判断力批判》，第 173 页；*Bd.*，第 183 页。
③ 同上，第 179 页；同上，第 187 页。
④ 同上，第 180 页；同上。
⑤ 同上，第 181 页；同上，第 188 页。

为心灵的活跃原则。它是"展示审美理念的能力"①，审美理念就是想象力的表象，想象力引发了很多思想，虽然没有任何概念适用于它，结果导致想象力无法通过语言得到充分理知。因此，审美理念是理性理念的对应物，反过来看，理性理念是一种没有直观或想象力表象可以与之相应的概念。

我们需要提到的第二点是康德对天才的原创性的坚持。"每个人都同意，天才是与模仿的精神完全对立的。"② 由此推出，天才不是教出来的。但这不能推出天才可以免除一切规则和技艺训练。就天才对艺术作品的创作而言，原创性不是唯一的本质条件。

6. 我们曾经注意到，康德非常热爱建筑术。这在《判断力批判》和前两个批判中都非常明显。正如他给出了对纯粹的鉴赏判断的演绎，他也给出了简短的"审美判断力的辩证论"③。其中包含了一个二律背反及其解决。

这个二律背反就是："**正题**：鉴赏判断不是建立在概念之上的；因为若不然，就可以对它进行争论了（通过证明来规定）。**反题**：鉴赏判断是建立在概念之上的；因为若不然，尽管这种判断有差异，对此也根本不可以进行争论（我们不能要求别人必然赞同我们的判断）。"④

二律背反的解决在于表明正题和反题不矛盾，因为"概念"这个词语在两个命题中意义不同。正题意指鉴赏判断不是建立在**规定性**的概念之上。这是真的。而在反题中，我们意指鉴赏判断建立在**非规定性**的概念之上，即现象的超可感基底之上。这也是真的。因为，根据康德，对于判断来说，这种非规定性的概念是自然的主观合目的性的一般性根据的概念，而这必须作为判断的普遍有效性的基础。但是，这个概念没有给我们提供任何关于对象的知识，它也无法提供任何有关这个判断的证明。因此，正题和反题可以都为真，因而相互兼容，如此，明显的二律背反就消失了。

7. 在某种意义上，鉴赏判断力是建立在现象的超可感基底这一非规定性概念之上的，这个事实表明美学与道德之间具有某种关联。因为审美

---

① 《判断力批判》，第 192 页；*Bd.*，第 197 页。
② 同上，第 183 页；同上，第 190 页。
③ 康德还为《判断力批判》增补了作为附录的"鉴赏的方法论"，但这部分极其简短。
④ 《判断力批判》，第 234 页；*Bd.*，第 231 页。

判断间接地预设了这种非规定性的概念；而且对道德法则的反思为超可感事物或理知事物的理念提供了规定性内容。因此，毫不奇怪，我们会发现康德说到"美是道德善的象征"①，以及"从根本而言，鉴赏是道德理念的感性化的判断能力（凭借对于二者的反思中的某种类比）"②。

康德如何理解象征呢？他自己举出的例子很适合说明他的意思。君主制国家如果是按照源自人民的法律来统治，那么它就可以用赋有灵魂的身体来表象；如果是由独裁者个人的绝对意志来统治，那么就可以用机械来表象（比如手推磨）。③但是，表象在这两种情况下都只是象征性的。第一种类型的国家不是在事实上就像身体；第二种类型的国家与手推磨也没有任何字面上的相似性。同时，在规则之间还有一个类比，依据这些规则，我们一方面反思国家类型及其因果性，另一方面反思表象的象征及其因果性。因此，康德把他的象征主义观念建立在类比之上。问题在于，审美判断与道德判断之间的类比的要点是什么，或者美与道德善之间的类比的要点是什么，什么东西可以为我们将前者视为后者的象征做辩护？

美和道德善之间的类比，在于二者都**直接地**使人愉悦。这就是说，它们之间的相似性在于，它们都能直接地使人愉悦。但同时二者还有所差别，因为美是在反思性直观中使人愉悦，而道德善则是在概念中使人愉悦。再者，美无须任何利害就能使人愉悦；虽然道德善的确与某些利害相结合，但这类利害并不先于道德判断，而是后于道德判断。因此这里是类比而不是严格的相似。此外，在审美判断中想象力与知性协调一致；这可以类比于意志依据实践理性的普遍法则与自身之间的道德协调。最后，鉴赏判断的主观原则的普遍性要求与道德的客观原则的普遍性要求之间存在着类比。

康德谈论的方式有时可能暗示了审美经验的道德化。因此康德告诉我们："对于建立鉴赏来说的真正预科就是发展道德理念和培养道德情感；

① 《判断力批判》，第 258 页；*Bd.*，第 250 页。
② 同上，第 263 页；同上，第 255 页。
③ 同上，第 256 页；同上，第 249 页。Nach inneren Volksgesetzen 是康德的用语。他心中想到的或许是卢梭的法的观念，即作为公意的表达。

因为只有当感性与道德情感达到一致，纯正的鉴赏才能获得确定的、不变的形式。"① 但是康德不希望把审美判断还原为道德判断。正如我们所见，他坚持审美判断的独有特征。他希望强调的是，审美经验构成了在科学知识中得到表现的可感世界与在道德经验中得到领会的超可感世界之间
370 的联系。正是主要出于这个考虑，康德才让我们注意美和道德善之间的类比。

8. 我们已经看到，鉴赏判断关涉的是对象的合目的性的形式，只要这种合目的性是在没有任何对目的的表象的情况下被感知的。因此，这在某种意义上是目的论判断。用康德的术语来说，它是某种形式的和主观的目的论判断。它是形式的，因为它不关涉解释任何事物的实存。实际上，它本身不关涉实存的事物。它主要关涉表象。它是主观的，因为它指涉做判断之人的情感。这就是说，它断言了合目的的对象之表象与伴随着这种表象的愉快之间的联系。

除了主观形式的目的论判断，还有客观形式的目的论判断。康德认为后者可以在数学中被发现。康德举出了下述例子。康德认为，在像圆这样的简单图形中，包含了解决大量几何问题的根据。例如，如果有人希望构造一个三角形，给定了底边及其对角，圆就是"一切符合这个条件的三角形的几何轨迹"②。关于圆是否合适于这个目的的判断就是目的论判断，因为它陈述了"合目的性"。这是形式的目的论判断，因为它不关涉实存的事物和因果关系。在纯数学中，没有任何东西涉及"事物的实存，而是只涉及事物的可能性"③。但它是客观的而不是主观的判断，因为这里没有涉及做判断者的情感或欲求。

在形式目的论判断之外，还有涉及实存事物的质料性目的论判断。这些判断同样既可以是主观的也可以是客观的。如果它们陈述人的目的，它们就是主观的；如果它们关涉自然中的目的，它们就是客观的。《判断力批判》第二部分处理第四类目的论判断，即客观的、质料性的目的论判

---

① 《判断力批判》，第264页；*Bd.*，第255页。
② 同上，第272页；同上，第262—263页。
③ 同上，第279页，注释；同上，第268页，注释。

断。当康德谈到"目的论判断"时，他心中想到的就是这类判断。

　　但是，这里还需要做出进一步的区分。当我们断言，自然之中有着 371
合目的性，我们指涉的可能要么是相对的（或称为外在的）合目的性，要
么是内在的合目的性。例如，如果我们说驯鹿在北极存在的目的就是使因
纽特人有肉吃，我们所断言的就是相对的或者外在的合目的性。我们说的
是驯鹿的自然目的是服务于外在于它自身的某种东西。但是，如果我们说
驯鹿自身就是自然目的，这意味着它是个有机整体，其各部分相互依赖，
为了使部分成其为部分的整体而存在，我们所断言的就是内在的合目的
性。也就是说，驯鹿的自然目的就在于作为有机整体的它自身之中，而不
在于与外在于它自身的某种东西的相互关系之中。

　　现在，让我们考虑第一种判断，即驯鹿为了人类而存在。这个判断
声称解释了驯鹿的存在。但是，这不同于因果解释。因为因果解释（依据
因果性的图型化范畴）只会告诉我们驯鹿**如何**存在，它不会告诉我们驯鹿
为何存在。相关的目的论判断声称提供了**为何**问题的答案。但是这个答案
至多只是**假言的**。这就是说，它假定了在极北之地必须有人类生存。但对
自然的研究并没有向我们表明在极北之地必须有人类生存。我们倾向于认
为驯鹿为了因纽特人而存在，草为了牛羊而存在，这的确在心理学上是可
理解的；但就我们所知而言，我们同样可以说人类能够在极北之地生存是
因为那里有驯鹿，牛羊能够在某个地方生存是因为在这个地方有合适的食
物而在其他地方没有。换句话说，姑且不论对自然中的外在合目的性这个
断言的可能反驳，我们的判断永远也不可能是绝对的。我们永远无法得到
辩护地去说，驯鹿的存在绝对是为了人类，草的存在绝对是为了牛羊。这
些判断或许是真的，但我们不可能知道它们是真的。因为我们无法发现确
证其为真的任何必要条件。

　　但是，有关内在合目的性的判断是绝对的目的论判断。这就是说，372
它们断言了某些自然的产品本身就是自然的目的（Naturzweck）。在相对合
目的性的情形中，同等地，我们说某个事物的存在是为了其他事物，如果
这个其他事物体现了自然的目的。但在内在合目的性的情形中，我们说某
个事物体现了自然的目的，是因为这个事物是其所是，而不是因为它与其

他事物之间的关联。因此，问题在于，什么是做出这个判断的必要条件？

"我会暂时这样说：如果一个事物**自己是自己的原因和结果**（尽管是在双重的意义上），那么它就是作为自然目的而存在的。"[①]康德以一棵树为例。一棵树不仅仅产生了同一个物种的其他成员，而且也产生了作为个体的自己。因为在生长的过程中，它吸收物质并使物质有机化的方式，使我们能够把整个过程当作自我生产的过程。此外，部分和整体还具有相互依赖的关系。例如，树叶由这棵树所产生，但树叶同时也保存了这棵树，因为树叶完全脱落会最终导致这棵树的死亡。

为了更精确地把某个事物看作自然的目的，康德指出，部分之间必须相互关联，从而凭借它们的因果关系而产生出整体。同时，整体可以被看作各部分之间有机化的目的因。"在这类自然产品中，每个部分不仅**通过**其他部分才存在，而且被看作**为了**其他部分以及整体而存在，即被设想成工具（器官）。"[②]但是，这是不充分的描述。因为钟表的部分也可以被看作为了其他部分和整体而存在，但钟表不是自然的产品。因此，我们必须补充到，各个部分必须被看作交互地相互产生。只有这种产品才能被称为自然的目的；因为它不仅是有机的存在者而且是自我有机化的存在者。我们把它视为在自身中具有一种形成的力量（eine bildende Kraft），这种力量不会出现在比如钟表这类人造产品或机器之中。钟表具有的是运动的力量（eine bewegende Kraft），而不是形成的力量。

373　　　　因此，我们就有了在有机存在者之中判断内在合目的性的原则。"这个原则同时是它的定义，这就是：在一个有机的自然产品之中，所有部分都互为手段和目的。在其中，没有什么是徒劳的、没有目的的，也没有什么能被归于自然的盲目机制。"[③]这个原则是从经验中推导出来的，也就是说，它的形成产生于对有机存在者的观察。但同时"就它谓述这类合目的性的普遍性和必然性而言"[④]，它就不能仅仅是基于经验的。它必须基于某

---

① 《判断力批判》，第 286 页；*Bd.*，第 273—274 页。
② 同上，第 291 页；同上，第 277 页。
③ 同上，第 295—296 页；同上，第 280—281 页。
④ 同上，第 296 页；同上，第 281 页

个先天原则，即有关自然目的的理念，这是范导性（而非构成性）的理念。康德告诉我们，以上引述的这个原则可以被称为一条准则，它能够应用于这种范导性理念对有机存在者的内在合目的性所做的判断。

但是，问题在于，我们是否满足于自然的两分。内在合目的性对于我们来说只有在自我有机化的存在者之中才能得到证实。因为，无论如何，绝对地说，我们至少不能只通过机械因果性，即通过运用因果性的图式范畴，就可以充分解释这类存在者。但无机的存在者就不是如此，对于无机的存在者，我们似乎不需要合目的性的概念。我们是否因此就应该满足于自然的分裂，在某些类型的存在者之中使用目的因的概念，而在其他类型的存在者中不使用？

康德认为，我们不能满足于这种两分。因为关于合目的性或者自然目的的理念是判断力解释自然的范导性理念。因此，我们被引向这一观点，即自然作为目的体系，这个观点转而将我们引向把（在感官知觉中经验地被给予的）自然关涉于超可感的基底。实际上，关于自然目的的理念使我们超出了感官经验的领域。因为理念不是仅仅在感官知觉中被给予的；它是判断什么被知觉的范导性原则。而且我们自然地倾向于按照这个理念统一自然整体。"只要我们在自然中发现了产生产品的能力，而这些产品只有根据目的因概念才能被我们所设想，我们就可以更进一步，把这些产品评判为属于目的系统，这个目的系统……恰恰使得超出盲目起作用的原因的机械作用而为它们的可能性寻找其他原则成为不必要的。因为前面那个理念，就它的根据而言，已经引导我们超出了可感世界；因为超感官原则的统一性必须被视为不仅对自然存在者中的某些物种有效，而且以相同方式对作为系统的自然整体有效。"① 374

当然，重要的是理解到，自然中的合目的性原则对于康德而言是反思性判断力的范导性理念，以及它产生的准则是启发性原则。我们不能混淆自然科学与神学。因此，我们不应该将上帝概念引入自然科学来解释合目的性。"于是，为了严守自己的界限，物理学完全撇开了自然目的是**有**

---

① 《判断力批判》，第 304 页；*Bd.*，第 287 页。

意如此还是**无意**如此这个问题；因为这会意味着使自己侵入其他领域（即形而上学领域）。指出这点就已经足够了：存在着某些对象，只有按照我们仅仅在作为原则的目的理念之下才能设想的自然法则，它们才能够在内在形式上是**可解释的**，甚或是内在**可知的**。"① 就自然科学而言自然目的的理念是有用的，甚至是不可避免的启发性原则。然而，虽然目的论很自然地导向神学，意即，关于自然的目的论观点很自然地导向以下假定：自然是一个理智存在者为了目的而行动的产物；但是，这并不意味着上帝实存可以被看作在自然科学基础之上可证明的结论。因为反思性判断力的范导性理念和控制其运用的准则都是主观原则。在心灵方面，目的论判断力帮助我们在现象界和本体界的鸿沟之间架起了桥梁，但它不可能构成独断论形而上学的基础。

9. 正如我们所见，康德聚焦于他所谓的内在合目的性，即通过部分与部分、部分与整体之间的关系，在有机存在者中展现合目的性。就这类存在者而言，纯粹机械论的解释是不充分的。

但当然，情况不像这个有关康德立场的陈述所表明的那样简单。一方面，范畴对经验而言是构成性的。虽然这不会告诉我们任何有关本体或超可感实在的东西，但它仍然会告诉我们所有现象必须就机械因果性而言是可解释的，或者它们至少必须被看作能够以这种方式被解释的。另一方面，对有机存在者的考虑会引导我们在解释它们时使用合目的性的观念。正如康德所言，知性表明了判断有形事物的准则，而理性则表明了另外的准则。这两种判断准则似乎是互不相容的。因此，这里就出现了二律背反或至少表面上的二律背反，康德在"目的论判断力的辩证论"的章节标题下讨论了这个问题。

二律背反首先陈述如下："判断的**第一个准则**就是正题：物质性事物及其形式的一切产生，都必须被判断为只有按照纯粹的机械法则才是可能的。判断的**第二个准则**就是反题：物质性自然的某些产品不能被判断为仅仅按照纯粹的机械法则就是可能的（对它们的判断要求完全不同的因果性

---

① 《判断力批判》，第 307—308 页；*Bd.*，第 289—290 页。

法则，即目的因的法则）。"①

康德谈到，如果我们把这些准则转变为关于对象之可能性的构成性原则，我们实际上就面临着矛盾。因为我们就会有以下陈述："**正题**：物质性事物的一切产生都只按照纯粹的机械法则就是可能的。**反题**：物质性事物的某些产生只按照纯粹的机械法则是不可能的。"② 这两个陈述显然是不相容的。但是判断力没有给我们提供关于对象之可能性的构成性原则。我们无法给出这两个陈述的先天证明。因此，我们必须回到前面提到的二律背反，我们在此具有按照自然的经验法则判断物质性对象的两个准则。康德主张，这两个准则实际上并不相互矛盾。

它们并不相互矛盾的理由如下。如果我说，我必须判断物质事物的产生只按照机械法则就是可能的（即没有引入合目的性的观念），我的意思并不是说物质性事物的产生只有通过这种方式才是可能的。我说的是，我应当把它们看作只有通过这种方式才是可能。换句话说，我制定了如下原则，即在对自然所做的科学研究中，我必须尽可能地推行机械解释。这不会阻止我做出如下判断：就某些物质性事物而言我不能从机械因果性方面提供充足的解释，因而我不得不引入目的因的观念。因此，我没有独断地断言有机存在者不可能由机械因果律的运行而产生。我所说的毋宁是，我无法看到，从机械因果性方面解释物质性事物之产生的一般原则，如何能够应用于这种情况；而且，我发现自己被迫把这类存在者看作目的，看作自然目的之体现，即便自然目的的理念对我来说并不完全清楚。

康德注意到，在哲学史中出现过几种解释自然中的合目的性的方式。康德把它们归纳为两大类，即观念论和实在论。观念论认为这类合目的性是无意的，而实在论则认为这类合目的性是设计的。在观念论之下，康德包括了希腊原子论体系（每个事物都是出于运动法则的运作）和斯宾诺莎的体系（自然中的合目的性是命定地从无限实体的属性中产生的）。在实在论之下，康德包括了物活论（比如世界灵魂理论）和有神论。

---

① 《判断力批判》，第 314 页；*Bd.*，第 294 页。
② 同上，第 314—315 页；同上，第 294—295 页。

康德选取的名称很奇怪。我的意思是说，把德谟克利特和伊壁鸠鲁的哲学称为"观念论"是很奇怪的。但是康德强调的重点在于，有神论是迄今为止最可接受的解释体系。伊壁鸠鲁尝试通过盲目的偶发性去解释自然中的合目的性，但这"没有解释任何东西，就连我们的目的论判断中的幻相也没有被解释"①。斯宾诺莎的体系导向所有事物都是合目的的这个结论；因为所有事物都是实体的必然结果，而且这就是合目的性的含义。但是，说一个事物是合目的的，只因为它是一个事物，就等同于说没有任何事物是合目的的。康德谈到，斯宾诺莎的原始存在者的理论的确不容易反驳，但这是因为它首先是不可理解的。至于物活论，"有生命的物质的可能性甚至不能被思维；因为其概念包含矛盾，因为无生命，即**无活力**（inertia）构成了物质的本质特征"②。因此，我们只剩下有神论，它比所有其他解释都要优越，因为它把自然中的合目的性关涉于理性地行动的原始存在者。

但是，虽然有神论比所有其他对自然中合目的性的解释都要优越，但是它却无法得到证明。"但现在，即便是最完备的目的论，最终又证明了什么呢？它证明了有这样一个理智存在者实存吗？没有。它证明的无非是，根据我们认识能力的构成，在经验与理性的最高原则的结合中，我们绝对不能形成任何有关这个世界之可能性的概念，除非我们设想了让这个世界按照设计而运行的至上原因。因此，我们不能在客观上断言'有一个理智的元始存在者'；我们只能从主观上（当我们的判断力对自然中的目的进行反思时）应用这一断言，因为自然中的目的无法根据任何别的原则而被设想，只能根据最高原因的设计的（有意的）因果性原则而被设想。"③

因此，再次强调，自然中的目的的理念是一种范导性原则，产生出判断的启发性准则。它们在判断有机存在者时是有用的，甚至是不可避免的。我们很自然地首先被引向作为目的系统的自然整体概念，其次被引向自然的理智原因概念。但是，我们在此处理的是主观范导性理念的意涵，

---

① 《判断力批判》，第 325 页；*Bd.*，第 302 页。
② 同上，第 327 页；同上，第 304—305 页
③ 同上，第 335—336 页；同上，第 311 页。

而不是客观的证明。同时，我们也无法证明目的因在自然中是不可能的。我们的确无法以积极的方式理解机械因果性与目的因果性如何能够最终得到调和；事物如何能够同时从属于两种因果律。但是，它们仍有可能在自然的"超可感基底"之中得到调和，不过我们对此无法触及。有神论给我们提供了思考宇宙的最佳框架，虽然有神论的客观真理无法在理论上得到证明。

10. 康德在《判断力批判》的结尾再次讨论了建立在自然合目的性观念之上的神学（康德称之为自然神学）的缺陷。正如我们在考察他对思辨形而上学的批判时所看到的，建基于自然中的设计或目的的经验证据之上的上帝实存论证，至多只能给我们带来自然的设计师、自然的建筑师这样的概念。它无法给我们带来宇宙实存的最高原因这样的概念。它也无法确定超人类的设计师在人类理智之外的任何属性。尤其是，它无法确定这个存在者的道德属性。康德现在补充到，自然神学论证至多把我们带到"对于各种分散目的而言的艺术知性（Kunstverstand）"①的概念上。这就是说，对某种类型的物质性存在者（有机体）的反思，可以把我们带到超人类的理智这一概念中，因为超人类的理智展现在这些存在者之中。但它无法将我们带到神圣智慧（Weisheit）②的概念中，后者为了某个最高的终极目的而创造了整个宇宙。一方面，自然神学论证建基于经验材料，但宇宙作为整体却不是经验材料。我们无法使我们在自然中发现的"分散的"目的指向共同终极目的的统一体。

但是，如果我们从不同角度处理这个问题，即从道德意识的观点处理这个问题，情况就会不同。正如我们在第14章所见，道德法则要求我们不仅应该把超人类的理智作为公设，而且应该把上帝（即所有有限事物的至高、无限的原因）作为公设。我们必须把上帝构想为，为了终极目的而创造和维持世界。这种目的可能是什么呢？康德认为，它必须是人。"如果没有人，整个创造就会仅仅是荒漠，就会是白费的，没有终极

---

① 《判断力批判》，第408页；*Bd.*，第368页。
② 同上。

目的。"①但是，"我们承认人只有作为道德存在者才能是创造的目的"②。我们必须把创造的目的看作道德目的，看作人作为道德存在者在已实现的目的王国中的完全发展，看作在自然秩序与道德秩序的终极协调中最终获得人类幸福。

因此，我们可能倾向于认为，在康德看来"道德神学"（或者伦理神学）补足了自然神学的缺陷。他有时以这种方式谈论。但他也坚持认为道德神学独立于自然神学（在前者不预设后者的意义上）。实际上，自然神学是"受到误解的自然目的论，只是作为神学的准备（预科）才是可用的"③。只有当它求助于道德神学原则时，它才能被称为神学。就其自身而言，它不应当获得神学之名。因为它可以很好地或者更好地导致"魔鬼论"（demonology）这种关于超人性力量的不确定概念。换句话说，虽然康德保留了对上帝实存的自然神学论证的敬重，但他再次强调了道德论证。

379　　　但是，道德论证"没有为上帝实存提供任何**客观**有效的证明；它没有向怀疑论者证明有一个上帝，但是，如果他希望以一种与道德相协调的方式思考，他必须在实践理性的准则之下承认这个命题的**预设**"④。我们无法证明上帝的实存或属性。它是实践信仰，而不是理论认识。

这个信仰是自由的：心灵不可能因理论的证明而被迫同意。但是值得注意的是，康德没打算说这个道德信仰是非理性的。相反，"信仰〔作为习俗（habitus）而非行动（actus）〕是对理性进行思考（Denkungsart）的道德方式，是对理性知识无法达到的东西的信仰"⑤。想要具有关于上帝的理论知识，我们应当运用知性范畴。但是，虽然这些范畴可以用来类比地和象征地思维上帝，但是对它们的运用却不能为我们提供有关上帝的知识。因为它们只通过作为经验的构成性原则而提供关于对象的知识。而对于康德而言，上帝不是经验的可能对象。同时，对上帝的信仰建立在对理性的实践应用或道德应用中。因此，它不能被称为非理性的。

---

① 《判断力批判》，第 410 页；*Bd.*，第 370 页。
② 同上，第 413 页；同上，第 372 页。
③ 同上，第 410 页；同上，第 369 页。
④ 同上，第 424 页，注释；同上，第 381 页，注释。
⑤ 同上，第 462 页；同上，第 409 页。

康德在《判断力批判》的结尾回到了哲学神学的主题，这看起来似乎是多余的重复。但是，虽然这确实涉及重复，却并不真的多余。因为这重新强调了他的以下观点：虽然审美判断力和目的论判断力使我们能够把自然构想为目的因果性的可能领域，但只有实践理性使我们能够为本体实在赋予确定的形状，而本体实在通过审美经验和"客观的"合目的性的经验模糊地蕴含在某些自然产品之中。

第十六章

康德（七）：有关《遗著》的评论

从自然形而上学向物理学的过渡——先验哲学与经验构造——上帝理念的客观性——人作为人格和小宇宙

　　1.《判断力批判》问世于 1790 年。从 1796 年到 1803 年（康德去世前一年），康德都致力于为某部著作准备材料，这部著作处理从自然形而上学向物理学的过渡。因为在他看来，他需要用这项工作来填补其哲学中的空隙。康德留下的手稿最终由阿狄克斯（Adickes）以《遗著》（*Opus Postumum*）[1]出版。因为这是为体系性著作准备材料所做的大量笔记，可以想见其中有很多重复。此外，某些观点相对成熟，而某些观点仍然不太成熟。此外，想要阐明康德陈述的意义并调和观点之间明显的矛盾，这也常常不是很容易的。换句话说，评注者常常无法十分确定，如果康德有机会的话他会如何发展他的思想，哪些观点会被放弃，哪些观点会被保留，他会如何调和那些在我们看来很难调和的观点。对这些笔记的编年研究无法解决这些解释上的困难。因此，任何对《遗著》中康德思想动向所做的研究都受缚于以上情况，因而只能在很大程度上是有疑问的和推测性的。当然，这并不意味着这部作品毫无价值，也不意味着它可以被视为只是一位老人的随笔而予以弃置。

　　自然形而上学向我们提供了关于物质的概念，而物质服从于空间中的运动（das Bewegliche im Raum）[2]，且运动的规律是能够先天决定

---

① 《遗著》包含在科学院版的第 XXI 和 XXII 卷，以下引文为卷次和页码。
② 《遗著》，XXI，第 526 页。

的。但是，物理学关心"在经验中被给予的物质的动力规律"[1]。初看之 381
下，似乎不需要在一方和另一方之间构筑桥梁，但康德的观点并非如
此。因为经验[2]不是某种仅仅被给予的东西，而是构成性的。物理学关心
在经验中被给予的物质的动力规律，预设了某种与自然形而上学的先天
概念的图型相符合的东西，这种图型构成了先天概念与经验表象之间的
桥梁。"从一种科学向另一种科学过渡必须要有（涉及）某些中介性概念
（Zwischenbegriffe），这类概念在前者中被给定而在后者中被运用，因而
它们既属于前者的领域又属于后者的领域。否则，这个过程就不是有规律
的过渡（ein gesetzmäsziger Uebergang），而是跳跃（Sprung）。在这个跳
跃中，人们不知道他们要到达的地方；在这个跳跃之后，人们往回看时也
无法真正知道哪里是出发点。"[3]

康德所寻找的似乎是物理学的图型，即自然的经验研究的某些预备。
如果物理学是一门科学，那么仅仅对物质的动力进行经验观察就还不能被
称为物理学。作为科学，物理学涉及体系，而非仅仅是观察结果的集合。
体系化根据先天原理而产生，后者在我们的经验研究中为我们提供了指引
路线。"从经验直观中，我们所能获得的只有我们自己为物理学放置的东
西。"[4]因此，"必定存在某些先天原理，各种动力根据它们（即根据形式
性因素）而相互协调，而各种动力本身是（根据质料性因素，即对象）从
经验上得到考虑"。[5]实际上，某些特定真理是能够先天演绎的；但我们
对自然的经验研究也有着有疑问的预期，即我们知道情况必定是这样或那
样，虽然只有经验证实才能告诉我们情况到底是什么。

因此，康德的目标是阐明"对于物质动力的判断力图型"。[6]自然形
而上学给我们提供了物质概念，后者服从于空间中的运动而且具有朝向物
理学（即朝向为体系性的自然经验学说奠基）的自然倾向。但是，要想这

---

[1] 《遗著》，XXII，第 497 页。
[2] 经验被描述为"关于感官对象的知识的绝对统一性"，参见《遗著》，XXII，第 497 页。
[3] 《遗著》，XXI，第 525—526 页。
[4] 同上，XXII，第 323 页。
[5] 同上，XXI，第 291 页。
[6] 同上。

382　成为可能，我们需要中介性概念。物质概念就其具有动力而言提供了这种中介性概念。这个概念部分地是经验的，因为它建立在主体构想物质动力这种经验基础之上。但它部分地也是先天的，因为各种动力相互之间的关系蕴含了先天规律，例如吸引力和排斥力之间。因此，具有动力的物质概念适合于充当纯粹先天的与纯粹后天或经验的之间的中介概念。康德提出以特定的方式考虑物质的动力："物质的动力最好根据范畴的安排进行划分，即根据它们的量、质、关系和样式进行划分。"①

　　因此，从这个观点看，《遗著》的计划是解决从自然形而上学到物理学的过渡。但这个过渡归在了主体如何构造经验这个一般标题之下。实际上，康德在笔记中如此强调这个观念，以至于读者认为他在勾勒一个纯粹观念论者的体系。我现在想要谈谈这个话题。

　　2. 在《遗著》中，纯粹理性的理念占据显著地位。根据康德，理念系统是经验整体之可能性的基础。"先验哲学是通过先天概念而形成的综合知识体系。"② 如果我们就其本身来看这个命题，我们可能倾向于把它解释成仅仅涉及范畴的体系和知性的先天原理的体系。但这不是康德心中所想的。"体系"这个词意指"经验的绝对整体之可能性的整个体系"③，它是纯粹理性理念的体系。"先验哲学是在思辨理性和道德实践理性的体系中的纯粹哲学（既没有混合经验要素也没有混合数学要素），因为它构成了无条件的整体。"④ 这个体系"通过确立三个对象，即上帝、世界和义务理念"而成为可能。⑤ 或者我们可以说，这个体系通过确立上帝、世界，"以及服从于义务原理的、在世界之中的人"⑥ 而成为可能。或者，因为人

383　是在世界之中的，我们可以说"存在者的总体是上帝和世界"。⑦ 因此，先验哲学据说是"有关上帝和世界的学说"。⑧ 此外，"先验哲学的最高观

---

① 《遗著》，XXI，第 291 页。
② 同上，XXI，第 81 页。
③ 同上，第 104 页。
④ 同上，第 77 页。
⑤ 同上，第 81 页。
⑥ 同上，第 82 页。
⑦ 同上，第 150 页。
⑧ 同上，第 6 页。

点在于**上帝和世界**这两个相互关联的理念"①。在上帝的理念中，我们思考的是超可感实在和本体实在的总体；在世界的理念中，我们思考的是可感实在的总体。每个理念都包含了"最大值"，我们可以认为"存在着一个上帝和一个世界"。②

这两个理念共同形成了宇宙的理念。"事物的总体，即宇宙（universum），包含了上帝和世界。"③除了上帝和世界，没有任何其他东西。但是，虽然这两个理念相互关联，这种关联并不是简单的协调。世界被看作从属于上帝，可感的从属于超可感的，现象从属于本体。上帝与世界之间"不是相互协调的而是隶属的存在"（entia non coordinata, sed subordinata）。④此外，它们之间的关系是综合的而非分析的。这就是说，是作为思维主体的人思维这些理念并且使这些理念相互关联。"上帝、世界，以及联结这两个对象的主体，在世界中的思维存在者。上帝、世界，以及把这两者统一在一个体系中的东西，在世界之中的人的思维的内在原理。"⑤另外，"上帝、世界，以及我，后者作为在世界之中思维着的存在者，把前两者联结起来。上帝和世界是先验哲学的两个对象，还有思维着的人（主词、谓词和系词）；主体把上帝与世界联结在一个命题之中"。⑥

康德的意思不是说上帝和世界的理念是对在经验中被给予的对象的概念性领会。当然，在某种意义上，上帝和世界被思维为对象，即作为思想的对象；但它们不是作为对象而被给予的。理念是纯粹理性所思考的东西，因为纯粹理性把自己构造成思维主体。它们"不仅仅是概念，而且是主体规定自身的思维法则。自律"。⑦通过思维这些理念，主体给自己提供对象，并且把自己构造成意识。"理性的首要活动就是意识。"⑧但是，"我必须具有我思维的对象并且领会它们；否则，我就没有意识到我自己［我

① 《遗著》，XXI，第 35 页。
② 同上，第 20 页。
③ 同上，第 22 页。
④ 同上，第 62 页。
⑤ 同上，第 34 页。
⑥ 同上，第 36—37 页。
⑦ 同上，第 93 页。
⑧ 同上，第 105 页。

思（cogito），我在（sum）：不应当有"故"（ergo）]。这就是纯粹理性的
自律（autonomia rationis purae）。因为如果没有这个，我就没有观念……
就像野兽那样无法意识到'我在'"①。理念为主体的经验构造补充了材料。
"这些表象不仅是概念而且是理念，这些理念通过概念为先天综合法则提
供了材料（den Stoff）。"②上帝和世界不是"外在于我的观念的实体，而是
我们借以能够通过先天综合认识为我们自己提供对象的思维，以及是我们
所思维的对象在主体上的自我制造者（Selbstschöpfer）"③。

因此，经验构造能够被表象为康德称作自我设定、自我制造、自我
建构等等的过程。这就是说，从世界的理念往下，有着图型化的连续过
程，这也同时是对象化过程。这个过程是自我设定的本体性主体的工作。
范畴据说是主体设定自身和把自身建构为朝向可能经验的对象的活动。空
间和时间，不断地被肯定为纯粹主体性直观而非事物或知觉对象，被说成
是想象的原初产物，以及自我制造的直观。主体建构或设定自身作为对
象，这就是说，既作为经验自我，又作为影响经验自我的对象。因此，我
们能够说主体影响自身。

因此，从自然形而上学向物理学的过渡，即《遗著》所处理的主要
问题，可以从这个普遍图型来看待。因为我们必须表明自然中动力的可能
类型，以及主体在对这些动力做出回应时所经验到的质的可能类型，它们
都可以通过图型化的过程派生于主体的自我确立。如果我们认为是主体自
身构造了经验，那么我们就至少必须表明这一点。

康德并不试图隐藏以下事实：主体通过自我确立来构造经验——这
个理论在某种意义上是观念论的观点。"先验哲学是一种观念论；因为主
体构造了自己。"④再有，这种哲学至少初看之下非常类似于费希特的哲
学，费希特于1794年出版了他的《全部知识学的基础》。当我们发现康
德把物自身解释为主体在其中确立自身、使自身成为自己的对象的方式

---

① 《遗著》，XXI，第82页。
② 同上，第20页。
③ 同上，第21页。
④ 同上，第85页。

时，这种类似性就尤为显著。"对象自身（Noumenon）是纯粹的思维之物 385
［Gedankending（ens rationis）］，在表象它的过程中，主体确立了自身。"①
"这只是对它自身（主体自身）的活动的表象。"② 在物自身的消极意义上，
主体投射它自身的统一性或它自身的统一活动。物自身的概念变成了自我
确立的主体的活动。物自身"不是实在的事物"③，"不是实存的实在，而
只是一个原理"④，即"感性直观的杂多及其协调法则的先天综合知识原
理"⑤。这个原理归于主体的经验构造。显象和物自身之间的区分不是对象
之间的区分，它只对主体有意义。

　　同时，康德（在《遗著》中勾勒或者至少暗示出）的经验构造理论
与费希特的主体先验观念论⑥ 之间的相似性，不能合理证明以下教条观
点：老年康德放弃了物自身学说，而认为实在整体是从本体性主体的自我
确立中派生出来的。因为，如果要想提出这个断言，就得过分强调对某些
词语的使用，而且需要在肯定某些陈述的同时牺牲其他某些陈述。例如，
《遗著》中出现的某些段落似乎只是重新肯定了我们可以在《纯粹理性批
判》中发现的有关物自身的学说。因此，我们发现，虽然物自身不是作为
实存对象而被给予的，而且实际上它是不能这样被给予的，但是，它仍
然是"**可思维**（实际上是**必然可思维**）的东西，它不能被给予而必定被
思维……"⑦。物自身的观念与显象相互关联。实际上，在一两处笔记中，
康德似乎出乎人们意料地走向了实在论。"如果我们把世界当作显象，
这就确切地证明了不是显象的某物之存在（Dasein）。"⑧ 他似乎也偶尔暗
示，物自身只是一种当不考虑它的显现时才显现的东西。至于用"观念
论"这个词指涉先验哲学，似乎并没有涉及任何新颖或革命的观点。因 386

---

① 《遗著》，XXII，第 36 页。
② 同上，第 37 页。
③ 同上，第 24 页。
④ 同上，第 34 页。
⑤ 同上，第 33 页。
⑥ "主体的"意指存在和知识的最终原则是主体；"先验的"意指主体是纯粹的或先验
的主体，而不是经验的自我；"观念论"意指不存在任何不能最终还原为先验主体或先
验自我的自我确立的要素。
⑦ 《遗著》，XXXII，第 23 页。
⑧ 同上，XXI，第 440 页。

为正如我们所见，先验哲学是纯粹理性的理念的体系。当康德在《遗著》中强调这些理念的悬疑（而不是肯定）的特征时，康德不是背离了《纯粹理性批判》中的学说。

情况似乎是，在《遗著》中，康德尝试表明，在批判哲学的框架之内，他能够回答以下这些人的反驳，他们认为物自身的理论是矛盾的和多余的。确实，人们可以争论说，康德努力重构他的观点，从而回应他的批评者，以及表明他的哲学在自身之内包含了费希特和其他人发展出的所有有效部分，因而康德在很大程度把他的体系转变为纯粹先验观念论的某种版本。但是，承认这点并不等于承认他确实驳斥或放弃了他在《纯粹理性批判》中刻画的一般观点。我也不相信他会这样做。

3. 让我们转向上帝的理念，我们注意到，康德小心地区分了两个问题，即"上帝"这个词的意思是什么（即上帝理念的内容是什么），以及上帝是否实存（即某个拥有包含在上帝理念中的属性的存在者是否实存）。

"上帝不是世界–灵魂……上帝的概念是，作为世界中事物的至高原因，作为一个人格。"[①]上帝被设想为至高存在者、至高的理智、至高的善，他拥有权利而且是一个人格。另外，"上帝是这样的存在者，所有人类义务同时就是他的命令"[②]。人根据使他（人）成为本体界存在者的属性来思考上帝；但在上帝的理念中，这些属性被提升到最高或绝对的程度。例如，人是自由的，但他的存在涉及接受性，他的自由不是绝对的。但是，上帝被设想为最高的自发性和自由，没有任何接受性没有任何限制。因为虽然人就其同时属于本体界和现象界而言是有限的和混合的存在，但上帝则被设想为无限的本体实在。世界被设想为可感实在的总体；但它被设想为从属于上帝的创造权力，从属于上帝的目的和神圣意志。正如我们所见，上帝的理念与世界的理念之间的关系不是协调关系，而是隶属关系，世界被设想为依赖于上帝。

现在，《遗著》中的某些陈述，如果孤立地看待，自然倾向于暗示

---

① 《遗著》，XXI，第 19 页。
② 同上，第 17 页。

出康德放弃了以下看法：有独立于上帝理念之外的上帝实存。因此，虽然上帝理念据说是必然的，因为它不可避免地被纯粹理性思考为某个理想，它被表述为"一个思维之物[①][ens rationis（理性存在者）]"[②]。实际上，"这类存在的概念不是实体的概念，即不是独立于任何思想而存在的事物，而是理性的理念（自我创造，Selbstgeschöpf）、思维之物（ens rationis），这种理性把自身构造成思维对象，并且根据先验哲学的原理产生出先天命题以及一个理想，就这个理想而言，无须追问这类对象是否实存；因为概念是先验的"。[③]

初看之下，至少这段引文清楚明确地表明了，上帝的理念是一个人为制造的理想，一个思维创造，没有任何心灵之外的神圣存在者对应于这个理念。实际上，在《遗著》的其他地方，康德似乎在为上帝实存寻找比在《实践理性批判》中的论点更简单、更直接的道德论证。这个事实显然反对以下观点，即老年康德放弃了上帝作为客观实在的信仰；尤其是还有其他证据表明他直到去世都保留着这个信仰。确实，《遗著》主要由笔记构成，包含了康德想到但需要深入考虑的观点；因此，如果这些笔记显示出有矛盾分歧的思路，使我们处于无法调和它们的境地，这是不奇怪的。但同时，我们必须记住，以上段落引文中所表达的观点，至少在很大程度上能够与三大批判相对应，康德在三大批判中也提出了信仰上帝的合理性证明。因此，即便《遗著》比三大批判更尖锐地表达出康德观点中的矛盾分歧，这也不是什么新现象。

在《纯粹理性批判》中，康德已经清楚表明，在他看来，上帝的理念作为纯粹理性的创造，是一个"先验的理想"。它没有表达出任何对上帝的直观；我们也无法从这个理念中演绎出上帝的实存。这些观点在《遗著》中再次出现。我们不享有对上帝的直观。"我们像是在镜子中观看他，而不是面对面。"[④] 因此，我们不可能从上帝的理念之中演绎出上帝的实

388

---

① Ein Gedankending.
② 《遗著》，XXI，第 32—33 页。
③ 同上，第 27 页。
④ 同上，第 33 页。

存①：这个理念是纯粹理性的一个创造，是一个先验的理想。此外，虽然我们把上帝思考为无限的实体，但他仍然不是且不可能是一个实体；因为他超出了人类知性的范畴。因此，如果我们预设了这个观点，我们就不可能合理地追问是否存在着某个与上帝理念相对应的神圣存在者，至少就上帝理念涉及以范畴来思考上帝而言是这样的。这个结论实质上重复了《纯粹理性批判》的学说。但正如我们所见，康德在《实践理性批判》中继续为信仰上帝提供了某些道德上或实践上的合理性证明。在《遗著》中，康德提出了某些建议，以便依循和发展这条思路。

在《实践理性批判》中，康德为信仰上帝提供了合理性证明，将之作为实践理性的公设。通过（就德性与幸福的综合而言）反思道德法则的需要，我们达到或能够达到对上帝的信仰。在《遗著》中，康德所关心的似乎是，要找到从道德法则的意识到信仰上帝的更直接过渡。定言命令被表述为在其自身之中包含了这样的戒律，即把所有人类义务看作神圣律令。"在道德实践理性中包含着把所有人类义务看作神圣律令的定言命令。"②另外，"在上帝之中观看一切。定言命令。关于我的义务——作为神圣律令——的知识，通过定言命令而得到阐明"③。因此，"上帝的概念就是在我自身之外的强加责任的概念"④。定言命令对我们而言就是上帝之声；上帝通过道德法则展现在道德责任的意识之中。

可以肯定的是，康德坚持认为，这不能证明上帝作为某种独立于人类心灵之外的实体而实存。他也坚持认为，通过把道德法则看作神圣律令，我们并没有给道德法则增加任何力量。同时，"如果某个人不相信上帝，定言命令也并不因此而失去强制力量"⑤。我们很容易理解，如果集中注意这类陈述，就会倾向于得出结论说，"上帝"这个词对康德来说只是定言命令自身的名称，或者只是某个通过道德法则发声的纯粹主体投射的名称。但正如我们所见，在康德的前提之下，我们不可能证明上帝作为特

---

① 《遗著》的某些段落初看之下似乎与这个陈述相矛盾。我们不久将会提及它们。
② 《遗著》，XXI，第 12 页。
③ 同上，第 15 页。
④ 同上。
⑤ 同上，XXII，第 64 页。

殊实体而存在。除非康德准备反驳《实践理性批判》中有关意志自律的学说，否则他必然会认为定言命令的道德力量不依赖于我们将其看作神圣律令的表达。但这并不必然推出，上帝对于他而言只是定言命令的名称。随后可以推出，我们只有通过道德意识才能接近上帝。上帝实存的理论证明是不可能的。这确实是《纯粹理性批判》的学说，但在《遗著》中，康德似乎在寻找责任意识与信仰上帝之间更为直接的联系。"法则之下的自由：义务作为神圣律令。上帝实存。"①

《遗著》中这个初看起来似乎等于为上帝实存做出先天证明或本体论证明的段落，我们似乎可以将之解释成康德想要为信仰上帝找到更直接的辩护。例如，康德告诉我们，"上帝的观念［Gedanke（思想）］同时就是对上帝及其人格性的信仰"②。再有，"上帝的理念（Idee）同时就是对上帝实存的公设。思维上帝和信仰上帝是相同的命题"③。如果我们把这些陈述与以下陈述联结起来，即"一个必然的存在者，它的概念同时就构成了对它的实存的充分证明"④，那么，我们就可以倾向于假设，康德在《纯粹理性批判》中反驳了本体论证明之后，在《遗著》中又重新接受了它。但康德完全不可能这样做。他似乎不是在谈论理论证明，比如本体论证明，而是从纯粹实践或道德的角度上，谈论对道德意识的"充分证明"。"宗教中，充分履行作为神圣律令的所有义务这一原则，证明了人类意志的自由……同时在与实践纯粹理性原则的关系中，证明了上帝作为一个上帝而实存。"⑤我并不是先有一个神圣本质的观念，继而从中演绎出上帝实存。相反，通过对定言命令的意识，我获得了通过道德法则、在道德法则之中对我说话的上帝的观念。具有这种上帝的观念与信仰上帝是相同的事情。这就是说，把上帝设想为内在于我，设想为道德命令的主体，就是把上帝设想为实存。但是，这种对上帝的意识（awareness），即意识到上帝是内在于道德意识的，只对这种意识本身提供了上帝实存的"充分证明"。

390

---

① 《遗著》，XXII，第104页。
② 同上，第62页。
③ 同上，第109页。
④ 同上，第113页。
⑤ 同上，第111页。

如果这种解释思路是对的（人们很难在这个问题上持有肯定立场），我们或许可以认为，康德给出了或暗示了等同于或类似于本体论证明的道德版本。本体论证明的捍卫者认为，本体论证明是有关上帝实存的理论证明，只要得到适当地理解，人们便不得不同意。康德不承认有任何这类证明。但是有某种类似于它的证明。把上帝设想为（内在于道德意识的）道德律令的主体，对上帝具有宗教信仰，这两者是相同的事情。但这并不意味着，从最高道德立法者的纯粹抽象观念出发，人们可以从理论上推出这种神圣立法者的实存，从而迫使心灵同意。相反，它意味着在道德意识自身之内、对道德意识而言，法则作为神圣立法者的声音这种观念等同于信仰上帝实存。因为，对于道德意识而言，具有这种上帝观念就是公设了上帝的实存。这可能不是非常有说服力的论证。因为，人们可以争论说，这终究像是同义反复：信仰上帝就是信仰他（Him）。但至少很明显的是，康德在为信仰上帝寻找一种比《实践理性批判》中更直接的、基于道德意识的进路。当然，我们无法知道，如果他有机会，他会如何发展他的新进路。

4. 我们已经看到，上帝的理念与世界的理念之间的综合，受到人类这个思考主体的影响。这之所以是可能的，因为人自身就是居间的存在者；人的概念是居间的概念或观念。因为人参与到了两个阵营之中。他既属于超可感领域又属于可感领域，既属于本体领域又属于现象领域，通过道德意识，可感领域从属于超可感领域。因此，人类理性能够在上帝的理念中思考超可感存在者的总体，在世界的理念中思考可感存在者的总体；并且通过联结这两个理念而综合它们，从而使世界理念从属于上帝理念。

很明显，人属于可感秩序或可感领域。这就是说，人很明显的属于自然有机存在者。就此而言，人从属于决定性的因果性法则。但是，他的道德生活展现了他的自由；就其自由而言，他属于本体秩序或本体领域。"人［在世界中的存在者（ein Weltwesen）］同时还拥有自由，这个属性在世界的因果原则之外，但即便如此仍然属于人。"[1] 拥有自由就是拥有精

————————

[1] 《遗著》，XXI，第 42 页。

神。"因此，存在着在世界之上的存在者，即人的**精神**。"① 在精神原则方面成为自由的，就意味着成为一个人格。"活着的身体存在者被赋予了灵魂（**动物**）。如果它是一个人格，它就是一个人类存在者。"② 人就其是自由的、自我意识的道德存在者而言是一个人格。

这意味着人被分裂成两种要素吗？显然，它意味着我们能够区分出作为本体的人与作为现象的人。"在世界之中的人从属于对世界的认识；但人意识到他在世界中的义务，他就不是现象的而是本体的；就不是一个事物而是一个人格。"③ 但是，虽然人拥有这种二元本性，但人仍然具有意识的统一性。"我（主体）是一个人格，不仅仅意识到自我，而且作为在时空中的直观对象，作为从属于世界的存在者。"④ 我拥有"我在世界中、在时空中实存的意识"。⑤ 这个统一体（同时也是两个原则的统一）展现在道德意识之中。"在我之中有着某个实在，不同于处于效力因果联结（nexus effectivus）之中的我，作用于（agit, facit, operatur）我。这个实在是自由的，独立于时空中的自然法则，内在地指引着我；我，人，自身就是这个实在……"⑥ 此外，我的自由可以把自身转变成在世界之中的行动。"在人之中，存在着某种行动的但超可感的原则，它独立于自然和自然因果关系，决定了现象，它被称为自由。"⑦

如果康德发展了他的经验构造理论，他可能确实会就道德的自我实现而言，从本体自我之自我确立中，派生出经验自我以及作为现象存在者的人。但这样说就意味着，在康德哲学中有着发展出费希特所采纳的立场的基础。费希特确实坚持认为他自己的体系持续地发展了康德主义的内在倾向。然而，事实上，我们所看到的是形而上学概念，即人作为思考大宇宙（即所谓的宇宙）的小宇宙。宇宙作为人在上帝与世界的范导性理念中

① 《遗著》, XXI, 第 42 页。
② 同上，第 18 页。
③ 同上，第 61 页。
④ 同上，第 42 页。
⑤ 同上，第 24 页。
⑥ 同上，第 25 页。
⑦ 同上，第 50 页。

所思考的东西，是人的双重本性的投射。这两个理念都不表象某个被给予的对象。从上帝作为先验理想的范导性理念之中，我们不能演绎出上帝作为实体而实存。只有当上帝的实存被展现给道德意识中的责任意识时，上帝的实存才可以被说成是被给予的或被展现的。但正如我们所见，上帝的客观实存问题依然悬而未决。与"上帝"这个词语相对应的实在，仅仅是作为本体自我的人自身之中的超可感原理吗？或者这是某个区别于人的存在者，仅仅通过责任意识而被人所认识？在我看来，第二个观点代表了康德的看法。但是，这并不意味着《遗著》中的笔记非常清楚地回答了这个问题。相反，这部著作表明了康德主义把自己转变为先验观念论体系的倾向，使存在从属于思想，甚或最终将二者等同起来。我认为，康德自己没有迈出这关键一步。但这种倾向隐含在其著作之中，即便康德没有采纳费希特的建议，即他应当消除他体系中的实在论因素（或者如费希特所言，"独断论"因素）。但是，仅仅就康德哲学与其继承者的思辨观念论的关系来解释康德哲学，这是不合适的。如果我们就康德哲学本身来看，我们就可以看到其中包含了试图解决"如何调和必然与自由这两个领域"这个问题的原创努力，不是把一个还原为另一个，而是在人类的道德意识中发现二者的结合点。

第十七章

结　语

引言 —— 大陆理性主义 —— 英国经验主义 —— 启蒙运动与人的科学 —— 历史哲学 —— 伊曼纽尔·康德 —— 结语

1. 在本卷的序言中，我曾指出，这套哲学史的第 4、5、6 卷覆盖了 393
17 世纪和 18 世纪哲学，构成了三部曲，这就是说，它们可以被看作一个整体。第 4 卷开篇还包含了覆盖这三卷主题的导论章。而且我承诺在第 6 卷结尾补充共同的结语。

这章结语的目的不在于对三部曲中讨论过的不同哲学体系进行概述，而是尝试讨论 17 和 18 世纪主流哲学思考和哲学运动的特性、重要性和价值。我们有必要把讨论限制在某些特定的主题中。此外，虽然我们会涉及个别哲学家，但是，在处理复杂的思想运动时，有时我们有必要把在重要的方面上彼此不同的哲学体系整合起来，好像它们代表了某些同质的哲学思考风格甚或同质的体系。换句话说，我提议对理想类型进行讨论，这种讨论是需要大量限制的概括性讨论。实际上，这个过程就其自身而言可能不是合适的方式，但它对我们而言是合适的方式。它使我们可以注意到所讨论的这个时期哲学的某些特征，当然，前提是不同哲学家在其他地方已经得到了分别处理。

2. 在第 4 卷的导论中，我们注意到，笛卡尔希望克服文艺复兴以来怀疑主义的复兴，包括对于是否可能解决形而上学问题的怀疑，以及对于是否可能在形而上学中获得真理的怀疑。我们看到，笛卡尔把数学视为清楚和确定的推理的典范。他希望赋予哲学以数学的清晰性和确定性，因而 394

从数学方法中抽取出某种方法，使心灵以有序的方式毫无错误地一步一步推进。

当我们想到笛卡尔自己的数学研究和天赋，以及他对当时数学的推进，就很容易理解他为什么将数学视为推理的典范。哲学思想常常被哲学之外的因素所影响，这就是例子。因为虽然哲学具有自身的连续性，即虽然我们可以对哲学的历史发展做出可理解的叙述，但这种连续性却不是绝对的，好像哲学寻求完全孤立的道路，与其他文化因素没有任何联系似的。哲学能够以不同方式受到其他因素影响。首先，就使用适当方法而言，哲学可以受到影响。笛卡尔倾向于把数学作为典范性的方法，就是这方面的例子。其他例子还包括，有人尝试把形而上学解释成比特殊科学更为广泛的概括性假说，这种解释反映了外在于哲学的模型带来的影响，例如现代物理学的假说-演绎方法带来的影响。其次，就其主题或者其强调的具体专题而言，哲学能够被外在于哲学的因素所影响。在中世纪，哲学深深地被作为"科学的女王"的神学所影响。在 19 世纪前期，我们可以发现，历史发展的意识既表达在历史科学的发展之中，也反映在黑格尔的体系之中。马克思主义显然表明，经济因素在文明史和文化史中逐渐产生了影响。柏格森的哲学不仅深受进化论的科学假说影响，而且深受心理学家和社会学家研究的影响。怀特海被从经典物理学向现代物理学的转变所影响。再有，就对问题的构造而言，哲学也可以被哲学之外的因素所影响。例如，灵魂与身体的关系问题是经典和反复出现的问题，但各门特殊科学的兴起影响了不同哲学家对这个问题的陈述。力学的发展使 17 世纪哲学家以某种方式陈述这个问题，而现代心理学的发展则使后来的思想家以不同的角度描述这个问题。在某种意义上，我们可以谈论相同的问题，即"永恒"的问题；但在另一种意义上，我们可以谈论各种不同的问题，即我们必须考虑影响对基本问题的构想和构造的各种相关因素。

这样说只是想承认经验事实，而不是想要宣告"真理是相对的"这种理论。如果想要否认相对主义者的理论，但却只是通过否认历史材料来支持其论点，这确实是愚蠢的。但是，这并不必然推出，承认历史材料就蕴含了对以下论点的接受，即哲学体系必须只能通过其历史语境和情景进行判断，因而不可能对命题的真假做出绝对判断。我们几乎无法否认，在其发展过程中，哲学（即哲学家的心灵）被外在于哲学的因素所影响。但不考虑这些因素，我们仍然可以讨论，哲学家阐明的命题是真还是假。

回到笛卡尔对于数学方法模式的崇拜，我们还可以想到前康德的近代哲学时期的其他主要理性主义哲学家，他们同样被这种模式所影响，比如斯宾诺莎。但是，17 世纪哲学史中所谓的"理性主义"[1] 不只在于对方法的关注。人们很自然地认为，哲学能够增进我们有关实在的知识。[2] 这是一种自发的期待，任何对哲学之能力的怀疑都后于而非先于这种预期。因此，可以理解，从文艺复兴以来，数学在物理学中的成功应用会促使某些哲学家认为，将数学方法应用于哲学不仅能够使已知的知识得以系统化，或者能够给予某些真的但却未得到逻辑证明的命题以知识形式，而且还可以通过对未知或未承认的知识进行演绎来增进我们的知识。当然，使用数学来促进物理学这个观点不是全新观点。例如，罗杰·培根（Roger Bacon）在 13 世纪就坚持认为有必要使用这种方法。但是，直到文艺复兴，我们才可以真正说将数学应用于物理学取得了显著成功。因此，很自然，某些后文艺复兴的思想家会认为，把数学方法应用于哲学，可以增进我们有关实在的知识的范围。换句话说，理性主义不仅关注方法论，而且关心使用恰当的方法去发现新真理，增进我们有关实在的知识。

现在，如果我们把为哲学提供数学方法的观念，与从基本命题或从已经证明的命题中演绎出其他命题（它们给我们提供有关实在的新的事实信息）的观念结合起来，我们就获得了哲学演绎系统的观念，其在演绎形

[1] 正如我们在《科普勒斯顿哲学史》第 4 卷的导言里所指出的，在当前语境下，理性主义不只是指尝试把哲学建立在理性而非神秘洞见的基础之上。这个术语也不必然被解释成后来所具有的含义，即否定启示宗教甚或所有宗教。确实，17、18 世纪存在着这个意义上的理性主义者，但当我们谈论比如笛卡尔的理性主义，我们不是在这个意义上使用这个术语的。
[2] 我使用"实在"这个词指的是"世界"。因为我们正在讨论的知识也可能涉及上帝这个存在者，但它超越于世界之外。

式上类似于数学，但在哲学体系赋予我们有关实存性实在的真理这个意义上不同于数学。我并不试图表明，这个区分得到了文艺复兴时期以及其后思想家的普遍承认。例如，伽利略就认为，数学不是一门展示了自由选定的定义和公理的含义的形式科学，而是给我们开启了自然的核心，使我们能够阅读自然之书。但是，很清楚的是，例如有关三角形属性的命题，没有告诉我们存在着作为三角形的对象，然而，康德之前的近代伟大理性主义哲学家认为自己所关注的是实存性的实在。

现在，数学在物理学中的成功应用，自然地表明了整个世界是理智的或"理性的"。因此，对于伽利略而言，上帝用数学符号写下了自然之书。但的确，如果哲学是演绎体系，并且同时给我们提供了有关世界的事实性信息，这明显必然假设了世界就是这样的，而且哲学能够这样做。实际上，这意味着因果关系就会同化为逻辑蕴含关系。我们在理性主义哲学家那里看到了提出这种同化的倾向。

现在，让我们假设世界是一个理性体系，即它具有理智结构，能够由哲学家通过演绎过程进行重构。因此，哲学就可以被描述为理性的自我展开，这样，哲学知识体系的发展就向我们展示了实在的客观结构。但如果实在的体系能够通过演绎过程而重构，这个演绎过程表现为理性的自我展开，那么很自然，我们就至少会预设某种天赋观念理论。因为，理性的自我展开意味着，哲学体系的发展源自心灵自身。哲学体系在心灵中以最初便在场的观念的形式得到预设，虽然经验是使它们变成现实的机缘。我在此并不是说，哲学的演绎体系蕴含了天赋观念的理论。但如果它被描述为心灵的自我展开，如果这种描述意指的不只是某些定义和公理（或者来自自由选择，或者以某种方式来自经验）的逻辑蕴含的发展，那么，实质的天赋观念理论显然比现实的天赋观念理论更加符合心灵或理性的自我展开概念。

如果哲学依赖于实质的天赋观念，如果哲学的结论对于实在来说确实是真的，那就很清楚，这些观念必须代表了对客观本质的真正洞见。此外，我们应当需要保证，在哲学演绎的过程中，我们所思考的是实存性实在，而不仅仅是可能性领域。因此，我们可以理解，理性主义形而上学家为什么钟爱上帝实存的本体论证明。因为，如果它是有效的，它就允许从观念中直接推出终极实在的实存，即上帝，或者绝对完满和必然的存在者。

但是，在对实在结构的演绎性重构中，这种论证是如何使用的呢？它是以如下这种方式来使用的。如果我们在数学演绎体系的发展与哲学体系的重构之间进行类比，那么，在哲学中，我们就被迫以表达了最终存在者之实存的命题为开端（这个命题类似于数学中的基本公理），通过把因果关系同化为逻辑蕴含而演绎出有限存在者。因此，我们需要确定形而上学第一原则或最终存在者的实存。本体论证明直接从这个存在者的观念得出它的实存，相比于从有限存在者的实存推出上帝的实存这个明显的后天证明，本体论证明更符合纯粹演绎体系的要求。因为在逻辑语言中，我们更希望从原则到结论而非从结论到原则。

当然，上述对理性主义的描述是对理想类型的描述，我们可以称之为纯粹的或理想的理性主义。它不能毫无限制地应用于前康德的大陆哲学的各个伟大体系之中。在第 4 卷讨论的三个主要的理性主义体系中，斯宾诺莎的体系最接近于这个描述。正如我们所见，笛卡尔不是从终极实在出发，而是从作为思维主体的有限自我的实存出发。他也不认为世界的实存能够从上帝的实存之中推出。至于莱布尼茨，他在必然真理或理性真理与偶然真理或事实真理之间做出区分。实际上，他倾向于认为这个区分是相对于我们有限的知识而言的，即便如此，他仍然做出了这个区分。而且，他并不认为，实际实存的单子的创造，可以在逻辑上，通过基于矛盾律的推理程序，从神圣本质之中演绎出来。为了解释从必然本质的秩序向偶然实存的过渡，莱布尼茨诉诸完满原则而非矛盾律。

然而，虽然我在上面给出的理性主义描述不能毫无限制地应用于所有这些通常被称为理性主义形而上学的体系，但它代表了出现在所有这些体系之中的某种倾向。在本章的导言中，我曾经表明，为了讨论不同哲学风格，我们应当使用理想类型和普遍概括，把它们应用于特殊例子时则需要有所限制。

我认为我们几乎没有必要详细讨论天赋观念理论。因为我认为洛克对这个理论的批评，即它是多余的假设，至少就主要线索而言是可以成立的。如果天赋观念理论实际上只是意味着心灵拥有形成特定观念的能力，那么所有观念都能够被称为天赋的。但就此而言，这样描述这些观念就毫无意义。这个理论只有在以下情况下才有意义，即虽然很多观念能够从经验之中派生出来，但某些观念确实无法从经验之中派生。但是，观念从经验之中派生是什么意思？当然，如果经验可以还原为（休谟意义上的）对印象的接受，如果观念被思考为印象的自动结果或者印象的表象，那么我们若要将某些观念解释为从经验之中派生的，即便不是不可能，也会很难。例如，我们没有关于绝对完满或绝对无限的印象。但如果我们一旦承认了心灵的建构活动，我们似乎就没有必要去假设绝对完满的观念是由上帝所印刻的，或者是天赋观念。实际上，如果这个观念等同于对绝对完满的直观，那么我们就无法用心灵的综合活动来解释其起源，因为心灵的综合活动是建立在对有限完满的经验之上。但是，我们似乎没有充足理由去说我们拥有对绝对完满和绝对无限的直观。对于这类观念的起源，我们能够给出经验解释，只要我们不把"从经验中派生"理解为意味着对感官知觉和反省的直接材料的表象。这并不是说天赋观念理论表述了某种逻辑上的不可能性，而是说它似乎构成了多余的假设，这个假设适合用奥卡姆的剃刀予以去除。当然，这个理论可以像康德后来在其先天范畴理论中所做的那样得到转化，先天范畴是概念的模型，而不是普通意义上的概念或观念。但是，一旦它以这种方式得到转化，它就不再履行最初的功能，即在康德之前的理性主义者所理解的形而上学的意义上，构成了形而上学体系的基础。

当然，如果理性主义的理想意味着诉诸心灵本身而不借助于经验就可以演绎出实在的体系，那么，反驳天赋观念理论，就必然蕴含了反驳理性主义理想。因为这个理想将涉及实际上的天赋观念理论。但反驳这个理论并不必然蕴含了反驳这类演绎形而上学的理想。因为我们或许能够在经验基础上达到这类形而上学的基本原则。这就是说，经验或许是我们洞见某些基础的形而上学命题之真理的契机。例如"所有生成的事物都是通过外在原因的作用而生成的"这个命题。生成和因果性的观念可以

400

通过经验获得，它们不是天赋观念。^①此外，这些观念是分明的。这就是说，结果（being caused）的观念不是仅仅通过分析生成（come into being）的观念就可以获得，否则我们讨论的这个命题就是重言式的。因此，这个命题是综合的。但是，如果正如我所认为的那样，这个命题表达了对某种客观必然联系的洞见，那么它就不是后天综合命题，即它不是或许会承认例外的经验概括。相反，它是先天综合命题，但这不是指它是天赋的，而是指它的真理性在逻辑上独立于经验有效性。^②如果存在大量这类命题，那么就很可能将演绎科学的形式赋予普遍的形而上学或本体论。

但是，这并不是说我们能够从上述类型的命题中推导出实存性命题。"所有生成的事物都是通过外在原因的作用而生成的"这个命题陈述的是，如果有任何东西生成，那么它就是通过外在原因的作用而生成的。它没有陈述存在着某种生成的东西，它已经这样做了或者将会这样做。我们也不能从这个命题演绎出已经存在着或者将会存在着这类东西。更准确地说，这两个命题都不是实存性命题，我们无法逻辑地从中演绎出某个实存性结论。例如，我们或许能够演绎出某个或某些对任何有限存在者都为真的命题，如果有任何有限存在者的话；但是，我们不能演绎出事实上存在着某个有限存在者。换言之，如果我们承认了先天综合命题，则由此可以推出，我们能够从某组对实存事物（如果有任何实存的事物的话）为真的命题意义中演绎出实在；但我们不能演绎出这个条件在事实上得到了满足。我们仍然停留在可能性领域之内。

此外，从对于任何实存事物而言都必定为真的命题之中，我们只能够演绎出相似的命题。这就是说，从必然命题中，我们不能演绎出偶然命题，反过来则是可能的。无论我们是否把必然命题限制在形式逻辑和纯粹

---

① 当然，这个陈述可以用更为"语言学"的方式来表达，不使用"观念"这个词。例如，有人可能会说，我们通过经验或者通过指示性定义而习得词项的意义。

② 我在此使用了"先天综合命题"这个康德术语。这个特殊术语的使用可能会引起误解：因为虽然我同意康德所说的，存在某些既不是重言式也不只是概然性的经验概括，但我不接受康德对于其状态的解释。在我看来，它们表达出了对于存在者的客观可理知结构的洞见。但是，这个术语使用起来很方便；如今人们常常使用它，但对它的使用不涉及或并不使人想到涉及康德的特殊解释。

数学之内，或者无论我们是否承认必然为真的形而上学原则，这都是成立的。换言之，如果我们从属于普遍形而上学或本体论的前提出发，演绎地向前推进，我们就仍然停留在普遍形而上学或本体论的领域。我们无法从这类前提中演绎出属于特殊科学的真命题。当然，我们可以把对于每个有限事物而言都必然为真的形而上学原理应用到特殊类别的有限事物之上。但是，这不同于从形而上学前提之中演绎出化学、植物学或医学的命题。如果我们假定，"所有生成的东西都是通过外在原因的作用而生成的"这个命题是必然为真的形而上学命题，由此便可推出，如果有肺癌这种东西，那么它就必定有某种或某些原因。但这当然并不是说，我们可以从形而上学中演绎出原因是什么。

我并没有打算表明，笛卡尔相信我们事实上能够以普遍形而上学真理作为开端，随后逻辑地推出所有自然科学的真理，而不需要经验或观察、假设和经验证实。但是，理性主义倾向于把所有真命题吸收进数学体系，在这个体系里，所有结论都逻辑地蕴含在基本前提之中。只要理性主义者致力于这种吸收的理想，他们就是沉溺于虚妄的梦想之中。

402　现在，我们在上文中已经说过，从两个不是实存性命题的前提出发，我们不能演绎出实存性的结论。但是问题在于，我们是否可以从实存性命题出发，演绎出其他实存性命题，而且是以下述方式进行，即从最高的本体论原则的实存出发，演绎出附属性的有限存在者的实存。换句话说，我们能够从对绝对完善和无限的存在者的肯定出发，演绎出有限存在者吗？

想要这样做，我们需要能够证明以下两件事之一：我们或者能够证明"无限存在者"一词项的含义本身包含了"有限存在者"一词项的含义，或者能够证明无限存在者的本性必然引发（即创造）有限存在者。在第一种情形下，我们就有了一元论哲学。断言无限存在者的实存就是断言有限存在者的实存，后者以某种方式包含在前者之中。如果我们已经证明了无限存在者的实存（比如通过本体论证明），我们就只需要分析"无限存在者"这个词项，就能够表明有限存在者的实存。在第二种情形下，我们并不必然会有一元论哲学；但是，有限存在者，即便区别于上帝，仍然能够从上帝的神圣本性的必然性之中推出。

就第一种可能性而言，"无限存在者"这个词是在与"有限存在者"相对照的意义上被使用的，在前者的意义中包含了后者，但这种包含仅就前者涉及对有限性的否定而言。对无限存在者的肯定，包含了否定无限存在者是有限的，而不包含认为有限存在者将作为无限存在者的样态而实存。有人或许想要声称，"无限存在者"这个词，作为与"有限存在者"相对照的词，是空洞的；想要赋予其内容，我们必须把它理解成意味着有限存在者的无限复杂性。但在这种情形下，断言无限存在者实存，将等同于断言有限存在者的数目是无限的。如果是这样，谈论从无限存在者的实存之中演绎出有限存在者的实存，就像谈论从茶杯的数量是无限的这个陈述中演绎出茶杯的实存一样无聊。在当前的语境中，我们关心的是，当无限存在者的实存已知时，如何从无限存在者的实存中演绎出有限存在者的实存。但是，如果断言无限存在者的实存就是断言有限存在者的数目是无限的，那么除非我们知道有限存在者的数目是无限的，否则我们如何能说我们知道有无限存在者？在这种情形下，根本不会出现演绎出有限存在者的实存这个问题。

就第二种可能性而言，即表明上帝通过其本性的必然性而创造，对于这个断言我们能够有什么依据？如果我们把上帝理解成绝对完善和无限的存在者，肯定上帝的实存就是肯定一个就其本性而言就是自足的存在者的实存。这就是说，对有限存在者的创造不可能给上帝增加任何东西，否则就是在说它有所缺乏。在这种情形下，没有任何可设想的基础能够用来断言创造的必然性。重要的是，莱布尼茨在试图解释上帝创世时，诉诸道德必然性的观念而不是形而上学必然性的观念。但是，如果我们曾把上帝理解成绝对完善的存在者，那么我们似乎在任何意义上都没有理由把创世说成"必然的"。

当然，如果我们讨论有神论和泛神论，我们应当必须考虑有限与无限的关系的整个主题。但是，我们在讨论的特殊论题是，当无限存在者的实存被当作已知的，如何从无限存在者演绎出有限存在者。这个问题蕴含了有限与无限之间的区别，因为这是从无限实存演绎出有限实存的问题。

403

因此，如果"无限存在者"这个词被分析成仅仅意味着无限数目的有限存在者，原先所理解的演绎问题就会消失。我们需要做的就是分析"无限存在者"，而这个分析消除了问题。原初的问题就不再有任何意义。但是，如果我们坚持那个对这个问题的意义而言至关重要的区别（即无限存在者与有限存在者之间的区别），那么从无限存在者的实存中演绎出有限存在者的实存，似乎就没有任何可设想的基础。我们所关心的只是这个演绎，而不是当我们从相反的方向出发（即从有限者的实存推出无限者的实存）时，可能会产生的问题。

我们可以把这些批判性反思以教条形式总结如下。第一，有些前题所陈述内容是，如果有某物的话，那么对于该物而言什么必定为真；从这样的前提出发，我们不能演绎出某物实存的结论。第二，某些前提表明，404 对于某物而言，什么必定为真；从这些前提出发，我们不能演绎出事实上为真但可设想为假的结论。第三，我们不能从肯定无限存在者出发演绎出有限存在者的实存。因此，如果我们把纯粹演绎形而上学理解成，在这种形而上学中，对本体论层级中的第一存在者的肯定与数学体系中的基本前提相对应，对有限存在者之世界的实存所做的演绎与数学体系中对结论的演绎相对应；那么，我们就不能根据数学体系的模型构建出纯粹演绎的形而上学。

显然，只有就其接近于我所说的理性主义的理想类型而言，这些批判性评论才会关涉到笛卡尔、斯宾诺莎和莱布尼茨的体系。这些体系在不同程度上接近于理性主义的理想类型。我不想否认这些哲学家说过某些真实和有趣的东西。至少这些哲学家向我们呈现了关于这个世界的有趣看法。而且他们提出了重要的哲学问题。此外，他们为随后的研究提供了方案。因此，当我们反观时，斯宾诺莎把对自由的意识或感觉描述为对决定性原因的无知，可以被解释为精神分析学发展的开始。莱布尼茨关于理想符号语言的梦想在逻辑和语言分析领域具有明显的重要性。但是，所有这些都没有改变以下事实，即前康德的大陆理性主义的历史有助于表明，形而上学哲学无法以类似于纯粹数学的演绎形式展开。

3. 当我们转向英国经验主义，我们就转向了相比于前康德的大陆理性主义而言，对当代哲学具有更大影响的哲学。休谟在某种意义上仍然是活在当代的思想家，而斯宾诺莎则不是。当然，17 世纪和 18 世纪的经验主义已经得到发展，我们现在使用的语言已经不同于古典经验主义所使用的。具体而言，现在的重点是逻辑上的考虑，而非心理上的考虑。但事实上，经验主义对于当代思想具有强有力的影响，尤其是在英国。而前康德的理性主义哲学家对于当代更具有形而上学倾向的思想家的影响，并不来自我所说的理性主义理想型，而是来自他们思想的其他方面。

在讨论英国古典经验主义时，人们面临着与讨论理性主义时所面临的相似困难。因为 17 世纪和 18 世纪这些在传统上被归为经验主义者的哲学家相互之间在观点上差异极大。如果人们从其开端来理解经验主义，即从所有观念都来源于经验这个洛克理论来理解，那么，我们明显就必须把洛克看作经验主义者。但如果人们从休谟哲学所达到的结论来理解经验主义运动，那么，我们就应当承认，洛克和贝克莱的哲学虽然包含经验主义因素，然而却不是纯粹的经验主义体系。当然，如果我们提议把经验主义看作一系列教条和理想型，而非一个历史性运动，那么这些困难就是不可避免的。在本节中，我想要关心的主要是休谟的经验主义，我得预先表明，我完全清楚我的评论更切合休谟的思想，而不是洛克或贝克莱的思想。

当然，休谟的经验主义可以从不同角度来看待。我们可以把它看作关于观念起源和形成的心理学学说，或者看作关于人类知识的本性、范围和限度的知识论学说。我们也可以把它看作不同类型命题的逻辑理论，或者看作关于概念分析的论文，即对心灵、身体、原因等概念的分析。但休谟将所有这些方面都统一在他的人性科学之中；人性科学指的是，在人类的认知和推理活动中，在道德、美学和社会生活中研究人类。正如我们在本书第 5 卷中考察休谟思想时所看到的，休谟把"实验哲学"扩展到他所称的"道德主题"（就这个词的宽泛意义而言）之上。对人进行研究，就其本身而言并不是经验主义的特征。姑且不说希腊、中世纪和文艺复兴的哲学家，理性主义者也同样研究人。但是，正如刚刚提到的，休谟的目的是把"实验哲学"运用于他的主题。这意味着他把自己局限于观察所提供

405

406　的证据。的确，我们应该致力于寻找最简单、最少的解释现象的原因。但这样做的时候，我们必须不能超出现象领域，不能诉诸隐秘的实体或者未经观察的实体。可能存在着隐秘的原因，但即便它们存在着，我们也无法把它们运用于人类的实验科学。我们必须尝试发现某些普遍规律（例如观念的联结原则），它们使现象相互联结，而且允许证实性的预测。但是，我们不应当期盼或假装发现了超越现象层面的终极因。任何声称要这样做的假设都应当遭到拒斥。

换句话说，休谟的计划是要把牛顿物理学的方法论限制扩展到哲学之中。因此，我们可以有理由说，正如大陆理性主义被数学演绎模型所影响，休谟的经验主义也被牛顿物理学模型所影响。实际上，休谟自己在其《人性论》的导论中也非常清楚地表明了这点。因此，我们可以把理性主义和经验主义都看作实验，把理性主义看作一种关于数学模型在哲学中的适用程度的实验，把经验主义看作一种把经典物理学的方法论应用于哲学的实验。[①]

休谟的实际程序直接让读者感到震惊的方面可能是还原性分析。我使用这个词指的是把复合的分析为简单的或相对简单的，以及把整体分析为部分。实际上，这样使用还原性分析并没什么新意。不用回溯太远，我们可以想到洛克把复合观念还原为简单观念，贝克莱把物体分析为现象之"簇"，或者他所称的"观念"。但休谟以比其前辈更为激进的方式运用这种研究方法。我们只需想想他对于因果性和自我的分析。

当然，我们不能说休谟的哲学全是分析而没有综合。一方面，他试图从要素中重构出复合物。因此，他试图表明，例如，我们的因果关系的
407　复合观念是如何产生的。另一方面，他做出了综合活动，他整体勾勒了人类知识的范围和道德经验的本性。但是，他摒弃了传统类型的形而上学综合。他的方法论限制和分析的结果摒弃了这种综合。例如，在他对因果性

[①]　休谟所说的"实验哲学"即物理学，现在当然不再被视为哲学的组成部分。人们或许想要评论说，在休谟所说的关于人的科学中，也有一部分倾向于从哲学中分离出来，尤其如果人们考虑到他所设立的方法论限制，便更会这样认为。我主要想到的是经验心理学。

的分析中，他无法通过将现象对象作为结果与原因相互关联，从而超越被综合的对象，将现象对象的复多性综合成"一"。洛克和贝克莱仍然遵循这条思路推进，但休谟不是。因此，虽然休谟的成熟经验主义之中没有综合这种说法是不正确的，我们却能够合法地认为，相比于理性主义者的体系，休谟的经验主义是某种分析哲学。这就是说，它的明显特征是还原性分析而非综合，如果综合指的是理性主义形而上学家所理解的那种综合的话。

我们可以这样讨论这个问题。休谟关心的是分析比如"原因""自我""正义"等这些词的意义。他不关心从某个事物演绎出其他事物的实存。实际上，他的经验主义不允许任何这类演绎。因此，任何理性主义类型的形而上学综合都遭到了摒弃。重点必然放在了分析之上。我们可以认为，彻底的经验主义必定主要是分析哲学。在洛克和贝克莱的哲学中，虽然分析也显然存在着，但却不像在休谟哲学中那样显著。原因在于，他们的哲学只具有部分经验主义。

这类分析本身当然无可指责。如果某个哲学家选择主要致力于分析，我们也没有理由指责他这种做法。在没有细致分析词项和命题的情况下，形而上学综合所建构的可能只是不切实际的房子；抛开这个事实，很自然，不同哲学家会有不同的思想倾向。此外，休谟的分析结果摒弃了传统类型的形而上学综合，这个事实很难被理所当然地认为成是证明了他的分析中必然具有缺陷。因为至少经验主义者会认为，这对于形而上学而言是更加糟糕的情况。

但是，尽管对于这类分析本身没有有效的反驳，但是我们却可能反驳某位分析哲学家的隐含预设。在我看来，休谟的还原性分析受到了错误预设的引导，即人类经验的实在构成要素是原子的、离散的"知觉"。只要休谟假定了（或者如他所相信的）所有观念都来源于印象①，而这些印 408

---

① 正如我们在《科普勒斯顿哲学史》第5卷中所见，休谟承认这个规则可能有例外。当一系列深浅程度不同的蓝色被呈现给我们，而其中某个程度的蓝色缺失时，我们或许能够补充缺失的那种蓝色，意即，在没有先前印象的情况下产生出关于那种蓝色的"观念"。但是，除了这种可能的例外，休谟一以贯之地坚持了他的普遍规则。

象是"分明的实存"，剩下的只是把这个预设应用于分析那些看上去重要或有趣的观念。如果在应用的过程中，我们遇到普遍原理不起作用的情况，因为它会导致不可克服的矛盾，我们就会不可避免地怀疑普遍原理的有效性。

休谟对于"自我"的分析似乎就是说明这点的例子。自我被分解为分明的"知觉"。但休谟自己承认，我们具有使用同一性观念代替相关对象（即分明的知觉）的倾向，这种倾向如此强烈，从而使我们倾向于想象某种能够联结知觉的实体。似乎可以推出，那些必须从分明的知觉中重建出来的东西，必定是我们能够合理地归诸这类倾向的东西。但这恰恰是无法做到的。如果正如休谟所说，"自我"由一系列知觉之束组成，那么就无法合理地认为，自我具有想象某些联结知觉的实体的倾向。实际上，休谟看到了困难所在。他承认了他的困惑，而且公开承认他不知道如何修正他的观点或使其前后一致。但是，这个承认确实表明，他对于"自我"的现象性分析不起作用。这个结论质疑了以下普遍预设：人类经验的最终构成因素是原子的、离散的印象。

人们可能反驳，谈论"预设"是不正确的。还原性分析是某种方法而非预设，而且休谟自己至少非常满意地表明，还原性分析可以成功地运用于诸如因果性和自我等观念。人们或许认为，这种运用在自我这类例子上是不成功的。但这不构成认为谈论预设不正确的理由。

409　　　当然，休谟的确努力表明，在具体情况下，我们能够根据不同的分明"知觉"来分析比如"自我"这类词语的意义。在这个意义上，他确实没有单纯地假定这可以起作用。但是，他确实假定，作为起作用的假设，我们的观念可以用离散的印象来解释。他之所以这样做，因为他隐含地假定，人类经验的最终构成要素是原子的、离散的印象，而我们对世界的解释建构于这些印象之上。他认为，我们能够把我们对世界的解释还原为作为意识直接对象的经验材料，这些材料就是"印象"。但在实施这种经验主义还原时，他为了集中于反省的直接对象，而忘记了作为主体进入经验的"自我"。这可能与他试图将"实验哲学"的方法应用于"道德主体"有关。但是，在对自我的分析中，其结果表明了这种方法的局限性。

总之，我们必须小心，不要混淆了抽象的结果和经验的最终材料。知觉是经验的某种形式。在知觉中，我们或许能够通过抽象区分出某种与休谟所说的印象相对应的东西。但是这并不意味着印象是知觉的实际构成要素，以至于我们仅仅通过印象就能重构出全部经验。这也并不意味着，我们知觉到的东西由印象组成。如果有人说在知觉中我们必须区分主体、客体和知觉行为，这可能听上去有些天真。对于某些人来说，它可能只不过是语言的反映，即命题的主-谓-宾。但如果说有人取消了主体，那么正是主体实施了这项取消活动。如果我们取消了与知觉活动相区别的客体，我们就只能终结于唯我论。

在我看来，我刚刚谈到的这种批评思路不仅适用于休谟哲学，而且适用于其经验主义的现代版本。某些经验主义者试图避免给人留下下述印象，即他们的现象性分析是形而上学和本体论理论。因此，根据"逻辑建构"的理论，至少在原则上，我们可能把有关心灵的语句翻译成其他不包含"心灵"这个词汇而只提到心理现象或事件的语句；以这种方式，如果原始语句为真（或假），相应的语句则为真（或假），反之亦然。同样，有关桌子的语句，至少在原则上可以翻译成不出现"桌子"而只提到感觉材料的语句；在原始语句及其翻译句之间存在着真值等价的关系。因此，桌子据说是基于感官材料的"逻辑建构"，而心灵则是基于心理现象或事件的"逻辑建构"。因此，现象论被视作逻辑或语言理论而非本体论理论。这种巧妙的尝试是为了避免不得不承认现象论是一种与非现象理论相反的形而上学理论，但这种尝试是否成功仍有疑问。无论如何，假定了这种心灵的分析，我们可以追问"逻辑建构"的建构是否可能。此外，如果对诸如桌子这类物理对象的分析蕴含了我们知觉到感觉材料（很难发现这种蕴含如何能够成功地被避免），那么说唯我论是必然后果就仍然是有争议的，除非人们愿意接受有关独立的感觉材料的奇怪理论。

有人可能提出反驳，质疑我对休谟的批评是否有效，因为这个批评确实没有触及其经验主义最为重要的特征，即它的逻辑理论。比休谟更早

410

的经验主义者确实从心理视角进入哲学。因此洛克通过探讨我们观念的起源开启哲学探究。这是一个心理学问题。休谟遵循这条道路，把几乎所有观念的起源都追溯到印象。虽然当我们考虑经验主义的历史时这种心理学问题非常重要，但是古典经验主义的永恒价值主要在于对逻辑理论的贡献。休谟思想的这个方面应当得到强调。这是他与当代经验主义联系得最为紧密的方面。

至于休谟与当代经验主义的联系，我认为是非常真切的。正如第 5 卷中对休谟哲学的考察所示，他在证明推理与道德推理之间做出区分，证明推理关注"观念之间的关系"，可在纯粹数学中得到发现；而道德推理关注"实际的事情"，逻辑证明在此不起作用。例如，当我们从结果论证其原因，我们的结论多多少少是概然性的；但它的真没有得到证明，也不可能得到证明。因为"实际的事情"的反面总是可设想的和可能的：它绝对不会涉及逻辑矛盾。但是，在纯数学中，我们关心的是观念之间的关系而非实际的事情，肯定相反的证明结论就会引发矛盾。

411

休谟在此关注两种推理，他的结论是，对于实际的事情的推理不能等同于证明。例如，我们不能从某个事物的实存证明其他事物的实存。实际上，我们或许非常确信我们的结论是真的；但如果我们去掉这些感觉状态，专注于事态的逻辑方面，我们就必须承认，通过对实际的事情进行推理而获得的结论不可能是确定的。

在当代经验主义中，这个观点得到了保留，但重点放在了区分两种类型的命题。使用休谟的语言来说，一种命题陈述了观念之间的关系，这种命题据说是分析的而且先天为真。这就是说，它的真逻辑性地独立于经验证实。另一种命题关注实际的事情，据说是综合的。它的真不可能仅仅从命题之中得知，而是要通过经验证实。只有经验证实才能表明命题的真假。这种命题的反面在逻辑上总是可能的；因此，更多数量的经验证实也无法提供更高的概然性。

当然，这种命题的分类排除了任何实存性命题必然为真的可能性。但是，正如经验主义者所解释的，它也排除了以下这类命题：它们虽然无法确证任何事物的实存，但却声称既给出了关于实在的信息，又是先天为真（因为它们的真即便从原则上来讲，也不能从经验的角度上得到拒斥）。例如"所有生成的东西都是通过外在原因的作用而生成的"这个陈述。在休谟的观点中，这个陈述的真值不是通过直观看到的。因为相反的情况是可设想的。它的真值也不是可证明的。因此，它是经验概括，这是一种在通常情况下可以得到证实的假设，但至少在原则上，具有受到经验反驳的可能性。我认为，如果休谟活在今天，他会认为所谓的"亚原子不确定性"（infra-atomic indeterminacy）为他对因果律的逻辑地位所做的评价提供了经验证实。

因此，在现代经验主义的语言中，存在着分析性命题，它们在某种意义上是"重言的"，同样存在着后天综合命题或者经验假设，但不存在先天综合命题。这个分类的所有候选者最终或者是重言式（无论是明显的还是隐含的），或者是经验概括，后者具有极高的概然性，但它们的真值无法通过对命题自身的分析而得知。

先天综合命题的问题过于复杂，无法在此讨论。但以下几点值得注意。让我们假定，建立在所谓的"亚原子不确定性"的基础之上的现象可以这样得到解释，从而因果性仍然能够作为先天综合命题的候选者。让我们把因果律表述为"所有生成的东西都是通过外在原因的作用而生成的"。[1]当经验主义者说，对这个命题的否认会导致逻辑矛盾，在某种意义上他是对的。这就是说，命题"X生成"与命题"X没有原因"之间在字面上不存在着矛盾。如果存在着字面上的矛盾，上文所述的因果律就是经验主义所理解的分析命题。因此，我们可以理解使用英语（法语或者德语等）词汇表达的因果律的意义，而看不到生成与引起之间有任何必然连接。我们很难声称，否认这种必然连接的人都无法理解因果律命题中使用的英语词语。我认为，我们应该能够表明，在通常意义上的理解词语的意义之外，理解还具有更深层的意义。[2]我们可能主张，虽然经验主义者的

---

[1] 值得注意的是，这个原理并不涉及原因的运作模式。这就是说，它的运用并不限于机械因果性或决定论的因果性。

[2] 显然，我们应当避免把"理解词项的意义"定义为"看到词项意义之间的必然连接"。因为在这种情形下，"无论谁理解词项的意义都看到了必然连接"这个陈述就等价于"无论谁看到必然连接都看到了它"这个重言陈述。

413　立场不能在其所支持的反省层面予以驳斥，但当人们转向形而上学洞见的层次，就很容易看到经验主义立场的不充分性。

这些评论显然没有回答是否有先天综合命题。我想要指出的是，如果人们主张存在着先天综合命题，那么他们必须表明什么内容。实际上，读者或许会认为，还有其他处理经验主义立场的方式，即否认纯粹数学命题在"重言"意义上是纯形式的命题。换句话说，人们可能主张，纯数学命题在某种意义上是有关实在的，即便它们不是实存性命题。但是，如果我们希望主张它们是先天综合命题而不是分析命题（就经验主义者对这个词的使用而言），我们就必须解释，它们在什么意义上具有关于实在的信息。

让我们回到休谟。鉴于休谟对命题的分类，我们显然不可能建构一个先天的、演绎的形而上学体系，后者的命题将会是有关实在的绝对无误的命题。鉴于休谟对因果性的分析，我们也无法从经验材料开始，通过因果证明而推出上帝的实存（正如洛克和贝克莱所认为的那样）。但是，乍看之下，我们仍然可能把形而上学理论看作具有不同程度概然性的假说。

当然，休谟的确讨论了某些形而上学问题。而且他似乎愿意说，宇宙中存在着秩序的原因（这种原因类似于人类理智）的可能性，要比不存在这类原因的可能性大得多。同时，在我看来，从休谟的普遍前提中我们可以推出，用以指示形而上学实体的词语在休谟的语境中没有任何意义。因为观念来源于印象。如果我们因为使用了某个词语而认为我们具有一个观念，如果同时我们无法甚至在原则上指出观念所源自的印象，那么这就迫使我们得出结论说，我们没有这类观念。在这种情况下，这个词汇就是空洞的。确实，休谟允许观念来源于印象这个普遍规则可能会有例外。但是，他确实没有通过这个让步而支持形而上学。虽然他在一个修辞性的段落中把形而上学看作毫无意义的胡说，但我倾向于认为，这个
414　段落代表了休谟的前提逻辑性地引出的结论，至少如果我们坚持认为观念是印象的微弱形象的话，情况如此。在这种情况下，形而上学理论很难成为真正的假设。

因此，或许可以说，如果充分发展出隐含地包含于其中的结论，休谟的经验主义就会导致把形而上学当成冗赘之物加以反驳。而这种发展在20世纪新实证主义者或逻辑实证主义者或者极端经验主义者手中得到了实现，根据他们的看法，形而上学陈述只具有"情感"意义。[①]因此，我们再次找到了休谟哲学和当代激进经验主义之间的联系。

有人可能反驳，这种解释思路是把休谟思想看作某种新实证主义的预备，而这种处理在几个方面都是有缺陷的。第一，休谟与当代的关联在于他对哲学分析的总体强调，而不特殊地在于他为新实证主义所做的预备；至少在其原初的独断形式中，新实证主义被证明只是转瞬即逝的阶段。第二，把休谟看作对后来思想家的预备，无论后来思想家是否指实证主义者，必然无法公正地看待他对人类经验所做的解释。无论我们是否同意他的观点，他对人类知识的范围和限度的叙述，他对人类情感、道德和审美生活的考察，以及他的政治理论，这些内容共同构成了他发展人类科学的尝试；如果我们坚持从后来哲学发展来处理他的思想，以上这些内容就会难以理解。

我认为，这些反驳都有理有据。同时，从后来经验主义发展的角度考察休谟哲学，确实有助于突出其与当代哲学的关联。即便我们将休谟的影响限定在当代哲学的某个方面，这样做也是非常重要的。休谟的经验主义存在着某些严重的缺陷。例如，在我看来，他对经验的原子化是一个根本性的错误；我认为，他的观念理论是站不住脚的；我们甚至可以很好地主张，康德坚持把统觉的先验统一性作为人类经验的基本条件，这在某种意义上比休谟更为"经验主义"。但休谟哲学的缺陷没有降低其历史重要性。虽然在某些方面，他的思想已然过时[②]，但他对分析的关注却的确足以使他成为活在当下的思想家。

415

---

① "情感"意义这个观念也可以在休谟哲学中找到其基础。因为虽然他通过引入功利主义因素建立其伦理理论，但他的道德判断的基本观念在于，道德判断表达了"情感"，也就是说，表达了赞成和不赞成这类特殊情感。道德谓词是"情感"词项而非描述词项。
② 例如，虽然休谟在表面上关注我们知识的限度而非实在本身的本性，他仍然时不时地进入到本体论。他倾向于认为知觉对象是主体的变异（subjective modifications），这是从其先辈那里继承的不幸遗产。

4. 在本套哲学史第 4 卷的导言中，我们注意到，休谟的"人的科学"的观念很好地代表了 18 世纪启蒙运动的精神。我们在本卷考察了法国启蒙运动，看到了孔狄亚克这类哲学家如何致力于发展洛克的心理学和知识论理论，并对人类心灵生活的起源和发展进行了实证说明；爱尔维修这类作家如何发展了人类道德生活的理论；孟德斯鸠如何研究社会的结构和发展；卢梭和其他人如何给出了他们的政治理论；重农主义者如何开始经济学研究；伏尔泰、杜尔哥和孔多塞这类思想家如何在理性时代的理念之下展开历史发展的理论。所有这些研究，心理学、伦理学、社会学、政治学、历史学和经济学，都可以总括在人的科学的研究之下。

从事这项研究时，我们习惯上称之为启蒙运动的典型代表的哲学家所关心的，是把它从神学和形而上学的预设中解放出来。我认为，这是这个时期思想的突出特征。它的目标不在于从自明原则中演绎出详尽的体系，而在于通过将经验材料在经验证实法则之下相互连接，从而理解经验材料。因此，孔狄亚克关心的是为人的心灵生活发展提供经验叙述，孟德斯鸠致力于把不同社会发展中的各种数据按照普遍法则进行分组。总之，洛克的经验进路具有广泛影响。因此，大陆理性主义的伟大体系与 18 世纪启蒙运动思想之间的气氛具有很大的差别。前者的气氛是演绎，后者的气氛是归纳。这个说法就像其他轻率概括那样需要有所限定。例如，当人们在听到德国启蒙运动的英雄人物沃尔夫时，很难立即想到经验归纳。同时，这个概括即便过于简化，却的确使我们注意到二者在精神和气氛上的真正差异。

这个区别可以通过道德理论而得到说明。斯宾诺莎的道德理论构成了宏大演绎体系的一个组成部分；而且与其形而上学学说紧密相连。但当我们转向英国休谟的道德理论，或转向法国爱尔维修和百科全书派的道德理论，我们就会发现，他们坚持道德意识的自主性，以及伦理学与神学的分离。

同样，虽然在政治理论中的社会契约观念不是来源于对经验材料的研究，而是尝试为有组织社会中对个体自由的限制、为政治权威提供合理辩护；但我们发现，18 世纪的政治理论家并不喜欢从形而上学和神学学说中演绎出社会和权威。相反，他们关心人类可观察的需要。当然，正是这个进路使休谟以可感功效的经验性观念取代了理性主义者的社会契约观念。

实际上，这不是说启蒙运动的人们没有任何他们自身的预设。正如我们所见，他们假定了某种进步理论，根据这种理论，进步就在于促进人的理性化，这种理性化涉及人从宗教迷信和（无论是教会还是国家的）非理性政府形式之中解放出来。在他们看来，进步成果的最佳代表就是巴黎沙龙中开明的自由思想家，进一步的进步将体现于他们所支持的观念的传播，以及根据启蒙运动的理想而重塑社会。只要发生了社会结构的改革，人们就会在道德和德性方面取得进步。因为人的道德状态在很大程度上依赖于其环境和教育。

有人可能反驳道，启蒙运动的人们所坚持的进步理论只是经验概括 417 而不是预设。在 19 世纪，进步可能倾向于采取"教条"的形式，尤其是它被认为受到了进化论的支持，但是对 18 世纪的思想家来说，它更像是一种可塑性的假设。即便杜尔哥预示了孔德有关人类思想三阶段的法则，他所提出的假说也是基于对历史材料的研究，而非基于材料要与之相符的先天模式。

的确，从启蒙运动思想家的判断来看，进步理论是基于历史事实的。他们没有把进步理论表述为从形而上学预设中派生出来的结论。但是，进步理论也确实是基于价值判断而提出的预设。这就是说，百科全书派以及共享他们观点的人们，首先形成了有关人类和社会的理想，随后把进步解释成这些理想的实现过程。当然，这个过程没有什么奇怪之处。但这也意味着，例如，他们在研究人类历史时带有一种预设，而这种预设对其历史解释有不恰当的影响。例如，他们不能够欣赏中世纪对于欧洲文化的贡献：中世纪在他们看来不可避免地是黑暗时代。因为如果进步意味着朝向 18 世纪启蒙哲人所表述的理想的实现，它就涉及从中世纪文化的主流特征中解放出来。18 世纪的先进思想家强调的是光明，"理性"进步与中世纪宗教或与神学密切相关的哲学不相容。在这个意义上，启蒙运动的人们具有其自身的"教条"。

　　当然，他们的这种观点也意味着，他们无法公正对待人性和生命的很多重要方面。当然，如果说除了分析的、解放的理性之生命之外，启蒙哲学家对于人的其他方面没有任何理解，这就过于夸大其词了。例如，休谟坚持认为情感扮演着重要角色，而且断言理性是且应当是激情的奴隶。[①]沃维纳格（Vauvenargues）强调了人性的情感方面的重要性。即便卢梭对于百科全书派的攻击并非毫无根基，我们也不能把他的指责看作全是真的。同时，启蒙哲学家不关心人类的宗教生活。转向自然神论者伏尔泰或者无神论者霍尔巴赫寻求对于宗教的深入理解，这是很荒谬的。霍尔巴赫描绘了自然主义宗教哲学，但这不能与我们将在下个世纪看到的观念论宗教哲学相比。18 世纪理性主义自由思想家过于沉浸在使人类从他们所认为的迷信和教会的沉重锁链中解放出来，而没有形成对宗教意识的任何深刻理解。

　　这个肤浅的因素表现于（比方说）启蒙哲学的唯物主义思潮。正如我们所见，"唯物主义者"这个词不能作为标签无差别地运用于所有启蒙哲学家。但是，他们之中包含了某些唯物主义者，他们向我们表述了某种有关人的可笑观点，即主体把自身还原为纯粹的物质对象。我们很容易理解霍尔巴赫的"自然体系"在学生时代的歌德心中引起的责备和厌恶。而霍尔巴赫不是唯物主义者中最粗野的。

　　但是，法国启蒙哲学在某些方面的肤浅性，不应当使人们否认这个运动的历史重要性。实际上，卢梭自己就自成一类。他的观念具有独特趣味，它们对随后的思想家如康德和黑格尔具有极大影响。卢梭选择与百科全书派以及其他相关哲学家划清界限，虽然这些哲学家在哲学史中占据的位置可能无法与卢梭相比，但即便如此，他们仍然具有很大影响。我认为，这种影响不在于某些确定的"结果"，而在于他们有助于心智或观点的形成。我们或许可能认为，法国启蒙运动的典型哲学家表明了如下观点：人类的改善、福祉和幸福掌握在人自己的手中。只要他使自己从以下观念解放出来，即人的命运依赖于超自然力量（超自然的意志通过教会

---

① 关于这个陈述的意义，参见《科普勒斯顿哲学史》第 5 卷，第 319 页、第 326—327 页（英文页码）。

权威表达出来），并且只要他追随理性所标明的道路，那么，他就能够创 419
造出某种社会环境，使人类真正的道德在其中可以得到发展，使最大可
能数量的最大善在其中可以得到成功促进。科学知识的增加和社会组织的
理性化将不可避免地带来人类幸福的增加，进而带来健全的道德理想的实
现——这个观念后来得到广泛传播，而这是启蒙运动的发展前景。确实，
在这个观念得到发展之前，诸如技术进步等其他因素是必要的。但是，人
类福祉建立在对理性的运用之上，而理性应该从权威、宗教教义和可疑
的形而上学学说的束缚之中解放出来——这个基本观念在 18 世纪变得突
出。它不像宗教改革那样，不是一个以新教取代天主教教义的问题，而是
一个这样的问题：以"自由思想"和理性自主取代权威。

当然，这些评论不是意图表达对于伏尔泰等人观点的同意。他们的
理性观念是有限的和狭隘的。对于他们来说，运用理性就是像启蒙哲学
家那样思考；但是，对于任何相信上帝已经启示自身的人而言，接受这
种启示是理性的，而反对这种启示则是非理性的。无论如何，启蒙运动
时期的人们并没有像他们自己想象的那样免于预设和偏见。此外，他们
乐观的理性主义显然在 20 世纪遭到了极大挑战。但是，所有这些都没有
改变以下事实：在现代世界很有影响的观点形成于 18 世纪。思想自由
和宗教宽容的理念在西欧和北美文明中扮演了重要角色，这些理念在 18
世纪的著作中得到了突出表述。[1]毫无疑问，我们还可以补充说，法国
启蒙运动的哲学家极大地刺激了科学研究的进步，例如在心理学领域。
他们中的某些人比如达朗贝尔对于哲学之外的研究具有实质性贡献。但 420
我认为，他们的重要性主要在于他们对于一般心智或观点的形成所做的
贡献。

在某种程度上，启蒙运动的哲学表明了中产阶级的发展。当然，从
经济学观点来看，中产阶级已经发展了很长时间。但在 17 世纪和 18 世
纪，中产阶级的兴起反映在哲学思想潮流之中。法国思想对于旧制度怀有

---

[1] 我并不是想要表明宗教宽容和对启示宗教的信仰必然是不兼容的。我谈论的是历
史性而非逻辑性的联系，当然，除非人们以下述方式理解"思想自由"：说"思想自由"
的理念和宗教宽容是不可分离的，这将构成同义反复。

敌意，这有助于为不同的社会制度铺平道路。这些评论看上去可能带有马克思主义色彩，但它们并不因此而必然是错的。

在结束本节之际，我希望人们注意到一个产生于 18 世纪哲学的特别问题。我们已经看到，启蒙时期的典型代表倾向于坚持认为伦理学应该与神学、形而上学相分离。我认为，在他们的态度背后，存在着真正的哲学问题。但启蒙时期的某些作家使这个问题的性质变得更加含混而非清晰。我指的是以下这些人，他们认为宗教尤其是天主教对于道德行为产生了有害影响，而且认为自然神论或无神论更有助于道德和德性。这种讨论方式使伦理学与形而上学或神学之间的关系这个哲学问题的本性变得更加含混。一方面，德性在基督徒之间还是在非基督徒之间更加普遍，这不是哲学问题。另一方面，如果我们说，自然神论比天主教和新教更有助于道德和德性，我们就表明了形而上学信仰与道德之间具有某种联系。因为自然神论当然仍是某种形而上学。我们应当精确地阐明我们希望肯定的是何种联系。

我们在讨论的哲学问题显然不在于，谈论人类行为是否能够区别于谈论上帝的实存和属性，或者区别于谈论作为存在者的事物。因为它显然能够与之区别开来。换句话说，很显然，伦理学或道德哲学具有自己的主题。例如，亚里士多德在古代以及阿奎那在中世纪就已经承认这种区分。

421　　直接问题在于，基本道德原则是否来源于形而上学或神学前提。但这个问题能够以更广泛的方法得到重构，不用特别提及形而上学或神学前提。让我们假设某个人认为，"我们是上帝的造物；因此我们应当服从他"。第一个陈述是事实陈述。第二个陈述则是道德陈述。这个人断言第一个陈述蕴含了第二个陈述。因此，让问题以更普遍的形式表达出来，我们可以追问：应然的问题是否可以派生于实然的问题，或者道德陈述是否可以派生于事实陈述。这个问题的普遍形式不仅可以运用于我已经给出的例子，而且可以运用于从有关人性特征的事实陈述演绎出道德陈述，同时不用提及神学真理。

我们可能注意到，这个问题显然是由休谟所阐明的。"在我所遇到的每个道德学说体系中，我都注意到，作者在一段时间是按照平常的推理方式进行推理的，确定了上帝的实存，或者对于人事做了议论；但突然之间，我却吃惊地发现，我所遇到的不再是命题中通常的'是'与'不是'等系词，而是所有命题都由'应该'或'不应该'联系起来。这个变化虽然是不知不觉的，但却是具有极其重大关系的。因为这个'应该'或'不应该'既然表示某种新关系或肯定，所以就必须加以论述和说明；同时，对于这种似乎完全不可思议的事情，即这个新关系如何能由完全不同的其他关系推出来，也应当举出理由加以说明。"[①] 但是，虽然休谟明确提出了这个问题，功利主义者倾向于忽略它，直到现代伦理学理论，这个问题才重新得到重视。

这个问题显然非常重要。因为这不仅与威权主义伦理学相关，也与目的论伦理学相关；后者断言人性就是如此或者断言人追求某种目的，随后从这个事实陈述中推出应然陈述。我们之所以注意到这个问题，乃是因为它的重要性，而不是因为尝试给出某个正确答案。因为这样的讨论涉及（比方说）对应然陈述的分析，这是伦理学理论学者的任务，而不是哲学史家的任务。但是，为了避免有人可能误解我的评论，我要明确表明，我无意建议必须摒弃目的论伦理学的观念。相反，我认为善的概念在道德中是首要的，"应然"必须根据善的观念来得到阐明。同时，任何目的论伦理学理论的捍卫者都必须回答休谟提出的问题。因此值得指出的是，在法国作者所提出的"伦理学与形而上学和神学相分离"这种极端理论背后，存在着真正的哲学问题。我认为，毫不奇怪，正是休谟清楚地阐明了这个问题。

5. 我在上节中提到法国启蒙运动的哲学家显示出的倾向，他们把历史看作朝向18世纪理性主义的进步，这种进步是从黑暗到光明，而且期待在未来完全实现理性时代的理想。本书第四部分处理了在前康德的现代时期中历史哲学的兴起。因此，本章结论部分还要给出有关历史哲学的整体评论。但是，我们的评论必须简洁。因为历史哲学的观念必须与后来在更大范围充分展开这个主题的思想家结合起来讨论。我目前只希望满足于

420

———————

① 《人性论》，I，3，1（Selby-Bigge，p.469）。

提出某些思路供读者反思。

如果人们把历史哲学看作对历史方法的批判，那么，历史哲学显然就是可能和合法的工作。因为，正如考察科学方法是可能的，考察历史学家所使用的方法也是可能的。我们可以追问历史事实的概念，追问对历史材料所做的解释的性质和角色，追问想象性的重建起到的作用，等等。我们可以讨论历史学家所遵循的选材标准；我们可以追问历史解释和重建中蕴含了哪些预设。

423　但当我们把波舒哀、维科、孟德斯鸠、孔多塞、莱辛和赫尔德看作历史哲学家，我们想到的不是以上这些元历史追问。因为这些追问所关心的是历史编纂学的性质和方法，而不是历史事件的进程。当我们谈论历史哲学，我们想到的是对历史事件的实际进程所做的解释，而不是对历史学家的方法、选材标准以及预设等进行分析。我们想到的是探寻历史进程的模式，探寻在历史中运作的普遍规律。

谈论在历史中探寻模式，这多少有些模棱两可。我们也可以说，历史学家自己也关心模式问题。例如，历史学家写作英国史，显然关心于追溯事件的可理解模式。他并没有只是留给我们一系列不相联结的历史陈述，比如征服者威廉在1066年登陆英格兰。他尝试表明，这个事件如何发生，以及征服者威廉为什么这样行动；他尝试说明诺曼征服对于英国人的生活和文化的影响。他在这样做的时候，不可避免地会展现事件的模式。但我们并不因此而称他为历史哲学家。此外，某个历史学家探讨更广泛的议题以及关注大量历史材料，这些都不能给他贴上"历史哲学家"的标签。

但是，在历史中探寻模式的意思可能不止于此。它可能意味着试图表明历史中存在着必然模式，这种模式所采取的形式要么是朝向某个目的而运动，无论个体的动机可能是什么，这个目的都将得到实现；要么是一系列循环，其进程和规律由某些普遍规律所决定。我谈论的历史哲学就是这类理论。

但是，这里还有做出区分的空间。一方面，有人可能会相信，在他的历史研究中，他发现了某些不断重复的模式，随后他努力用某些规律的运行来解释这种重复。他也可能认为，历史的实际进程展现为某种运动，即朝向他视作可欲求的而且是只要没有障碍就会发生的状况的运动。另一方面，还有人可能会带着来自神学或者形而上学的已经形成的信念研究历史，这种信念认为历史是不可避免地朝向某个目的的实现运动。心中带着这种信念，他致力于发现历史事件的实际进程如何符合其信念。因此，以上区分是以经验为基础的历史哲学与以先天理论为主要信条的历史哲学之间的区分。

当以这种抽象的方式进行表达，这种区分似乎就非常清楚。当然，这并不意味着我们很容易把某个历史哲学家归入某一类中。我们或许可以把孟德斯鸠归入第一类。因为他似乎认为，他所说的那些在历史中运行的规律来源于对实际事件进程的研究。波舒哀无疑属于第二类。因为他的主张（即神圣启示的计划在历史中的实现）显然来自神学。19世纪的黑格尔也属于这类。因为他明确断言，在对历史进程的研究中，哲学家真确地表明（他相信这已经在所谓的形而上学之中得到了证明）理性是历史的主导者，即绝对理性在历史进程中展现自身。但我们很难对孔多塞这类作家进行归类。然而，我们至少可以说，他们对于启蒙运动精神做出了有价值的判断，而这种判断影响了他们对于历史的解释。这就是说，他们对于萌芽于过去时代而在启蒙精神之中开始得到明确表达的文化做出了肯定性的价值判断；随后他们又以这个判断为基础解释过去时代。正如之前所说的，这影响到了（比如说）他们对于中世纪的解释，在他们眼中，中世纪是进步道路上的倒退。换句话说，他们对于历史的解释以及他们对于模式的追寻受到价值判断的渗透和影响。当然，同样的评论也适用于那些通常不被视为历史哲学家的历史学家。吉本就是这样的例子。但孔多塞似乎假定了进步的法则在历史发展中运行（而且，对于什么构成了进步，他的想法中显然涉及价值判断）。因此他可以被称为历史哲学家。确实，他没有清楚地阐明这个假设；而且他强调需要人类努力，尤其在教育领域，以使人类和人类社会变得完善。但是，他自信乐观地相信从黑暗到光明的历史进程，这涉及对历史发展中的目的论的明确假设。

在我看来，我们似乎无法使用纯粹先天的方法打发历史哲学。就那些声称从对历史材料的客观研究中得出概括的历史哲学而言，主要问题在于，经验证据是否足以使给定理论的真理性成为可能。当然，我们可以提出以下这个问题，历史规律的概念（例如在维科哲学中所发现的）是否假定历史之中具有重复性；如果我们认为有人事实上做出了这个假定，我们就可以质疑它。但是，这种质疑必须诉诸历史证据。如果有人回应说，历史规律概念并不假定历史重复性，而是基于不同事件或不同时期之间的相似性和类似性，而且任何对这些主题的讨论都必须就可获得的事实而展开。实际上，我们可能希望认为，通过诉诸人类自由，我们可以先天地排除历史规律概念。但是，虽然人类自由和主动性与所谓的"铁律"的运行不相容，但我们仍然可能阐述某种与人类自由相容的历史规律概念。换句话说，我们可能发展出某种有弹性的文化周期理论，它不会使人类的选择毫无意义。发展这类理论是否具有充分基础，这个问题必须由历史材料来决定。同时，撇开将历史划分为几个文化周期是否合法和有充分根据，我们还应当追问：支配这些周期节奏的所谓规律是否只是老生常谈，还是说，它们是历史学家自己在不借助于哲学的情况下就能够阐明的一些命题。

还有某些历史哲学，在这些历史哲学中，哲学家公然把源自神学或形而上学的信念带进对历史发展的研究之中。我们至少可以说，就他们明确表明他们的假设而言，他们是诚实的。在这方面，比起某些历史哲学实际上假定了历史不可避免地朝向某个目标前进但却隐藏了这个假定，他们的历史哲学更可取。此外，从神学或形而上学中获得的信念可能相当正确。无论人类是否喜欢，神圣天意在历史中运作，神圣计划将会实现，这可能是相当正确的，至少在我看来是正确的。但是，我们绝没有由此推出，这个信念对于历史研究具有实际用处。历史事件具有它们在现象上的原因，如果没有启示，我们就无法真正阐明事件的实际过程如何与神圣天意相联。我们可以推测这是真的；我们可以在某个民族的陷落中看到神之判断的征象，或者这个世界各种事物之转瞬即逝的征象。但是，无论是推测还是从信仰的角度对征象做出解释，都不允许预测。如果这些活动就是我们通过历史哲学想要表达的意思，历史哲学当然就是可能的。但那样的话，它就成为一种追求，它可能是有益的或者至少是无害的，只要有信仰之人愿意，他就可以选择从事这种追求；但我们不能说由它产生了科学知识。此外，如果我们轻率地假定我们知道神意计划，而且我们能够通过哲学反思辨别出其在历史中的运作，我们就可能发现我们可以证成所有发生的事情。

这些评论并不是意图表明，本书作者完全反驳超出元历史探寻的那种历史哲学观念，比如分析历史学家的方法和预设。但是，这些评论表达出对于这个观念之有效性的严肃质疑。我相信，历史神学是可能的，但它的范围却是极端受限的，被启示的限制所决定。我非常怀疑它是否可能超过圣奥古斯丁。但当我们从波舒哀转向18世纪的历史哲学家，我们发现他们以哲学替代了神学，因为他们相信自己的历史理论具有科学知识的特征。我怀疑，历史哲学是否能够呈现这种特征。毫无疑问，哲学家做出了真陈述，但问题在于，这些陈述是否不是历史学家自己完全可以做出的那种陈述。换句话说，问题在于，在发展历史的综合解释方面，这类哲学家是否可以取得比历史学家更多的成就。如果不能，就历史哲学的通常意义而言，它将没有一席之地。但当然，我们很难在历史与历史哲学之间划出清晰界限。如果历史哲学指的是广泛的概括，那么这种概括历史学家自己就可以做出。 427

6. 这套哲学史的三部曲致力于讨论17、18世纪哲学，最终以讨论康德体系结束。大家显然期待在结论章中看到对康德思想的某些反思。当然，我不打算概括他的哲学。第4卷的导论已经给出了初步概括，而且，在本卷详细讨论康德之后，再次总结将是多余的。我也不打算直接否定康德主义。相反，我打算对康德与其之前的哲学，以及与之后的德国观念论之间的关系做一些一般性的反思。我也想让大家注意到从康德哲学中产生的某些问题。

我认为，人们很自然地倾向于把康德哲学看作受到大陆理性主义和英国经验主义两条思想路线的影响。这之所以是一种自然倾向，是因为存在着明显的理由使我们以这种方式表述其思想。例如，康德受到的哲学教育是沃尔夫及其继承者所表述的莱布尼茨哲学的经院哲学版本，他还被休谟的经验主义批判所冲击，得以从独断论的迷梦中惊醒。此外，康德在构建自己哲学时，我们可以看出两种传统的影响。例如，他对莱布尼茨（不同于沃尔夫及其继承者）的发现，对他的思想产生了极大的影响；我们可以回想，莱布尼茨断言了时空的现象特征。实际上，康德的"先天"理论在某种意义上可以理解为莱布尼茨"天赋观念"理论的发展，它们之间的差别在于，观念变成了内在的范畴作用。同时，我们可以回想，休谟认为，比如因果关系这类复合观念的形成需要主体的参与。因此，从康德相信牛顿物理学给我们提供了先天综合命题而言，我们或许可以把康德的先天理论看作也受到休谟立场的影响。换句话说，康德不仅为休谟经验主义和现象主义提供答案，而且在形成这个答案时，使用了这位英国哲学家自己的某些看法，虽然休谟没有看到它们的全部意义和全部可能性。

　　康德哲学综合了大陆理性主义和英国经验主义，但如果我们把它看作只是拼凑了借用于这两条相反思想潮流的某些要素，这就是荒谬的。与任何其他哲学家一样，康德受到其同时代以及前辈哲学家的影响。虽然大家对于莱布尼茨和休谟各自的影响程度高低有不同的看法，但我们不能怀疑这一事实，即他们两个都对康德思想的发展产生了某些影响。沃尔夫及其继承者也是如此。同时，康德接受了其他哲学中可能衍生出或提出的任何要素，并将之融合成一个体系，而不是简单的拼凑。这个体系是为了替代理性主义形而上学和经验主义，而不是把不相兼容的部分拼凑起来。

　　如果我们回想康德的基本问题，即其哲学中无处不在的问题，那么把康德体系描述为理性主义和经验主义的综合就是不合适的。正如我们所说，他的哲学所面对的问题在于，如何调和牛顿物理学的世界（即机械因果性和决定论的世界）与自由的世界。的确，笛卡尔也面临类似的问题：这不是康德特有的问题，而是一个当自然科学开始显著发展时就会在历史情景中出现的问题。但是，要点在于，康德在处理这个问题时，批判考察了理性主义和经验主义，而且建立起自己的哲学，不是综合而是超越了这两个传统。他认为，经验主义是不充分的，因为它无法解释先天综合知识的可能性。如果我们严肃对待科学知识，我们就不可能赞同极端的经验主义，即便我们同意所有知识开始于经验。我们必须诉诸关于知识中先天形式因素的理论。这就是说，如果我们假定经验仅仅是被给予的，我们就不可能解释科学知识的可能性；如果我们要解释先天知识的可能性，我们就必须允许主体对经验的构造。但是，这并不意味着我们应当接受理性主义形而上学。如果谁要严肃对待道德经验、自由和宗教，那么他可能会认为，理性主义哲学家（至少是允许自由的理性主义哲学家）的独断形而上学为道德法则以及自由意志的信念、灵魂不朽和上帝提供了确定的理性基础。但情况并非如此。理性主义形而上学经受不住批判。它假装具有知识，这种空洞性经验地表现在各种体系的冲突之中，表现于无法从形而上学得出确定结论。先天理论，知识的先验批判，表明了为什么情况必定如此。这个新科学表明独断形而上学的空洞性，但与此同时，它也表明了科学知识的局限性。只要严肃对待道德意识以及与之紧密相连的信念和希望，就会为关于自由意志、灵魂不朽和上帝实存的信念留下一条合理的通路，尽管这些信念无法被科学证明。通过避免将之作为无价值的形而上学论证的结论，以及通过将之与道德意识相连接（而道德意识就像人类的科学知识能力那样属于人类的基本特征），形而上学的伟大真理就被置于破坏性批判无法抵达的地方。

在建立其哲学时，康德明显使用了源自其他哲学家的看法和观点。某些专家能够追溯这个或那个观点的起源和发展。但这个事实并不代表康德体系是对理性主义和经验主义的拼凑。康德同意经验主义对于理性主义形而上学的批判。同时他也同意形而上学家的看法，即对主流形而上学问题之重要性的强调，以及认为本体实在领域（这一物理学无法触及的领域）是实存的。但是，这并不意味着，理性主义与经验主义可以结合起来。相反，康德同意和不同意的尺度共同驱使他发展出原创性的哲学。科学知识的事实排除了纯粹的经验主义。对这种知识的可能性和条件所做的批判性分析排除了独断论形而上学。人不只具有"知性"，他还是道德行动者。他的道德意识向他展示出了自由，而且为精神性实在的实践确定性提供了辩护，而他的感性经验帮助他把物理世界看作这种实在的显现。当然，在某种程度上，我们可以在康德哲学中看到之前思想路线的积聚。因此，我们有理由把他的主体经验建构理论看作某种原创发展，结合了理性主义的天赋观念理论与经验主义倾向（即经验主义所认为的，经验的直接对象是现象或印象或感觉材料）。我不想否认哲学发展的连续性，也不想否认康德哲学极大地受到他之前的哲学思想特征的影响。但同时，在某种意义上，康德确实既背离了理性主义也背离了经验主义。换句话说，如果我们希望把康德体系看作理性主义与经验主义的"综合"，我们就应当在接近于黑格尔给出的意义上理解这个词，即康德把之前敌对传统或对题中（从康德自己的观点来看）具有肯定价值的因素归入其原创体系，同时转化了这些因素。

现在，如果康德背离了他称之为"堕落的独断论"的理性主义形而上学，我们就很难解释，为什么批判哲学在德国不仅被很多形而上学体系所遵循，而且这些体系的作者都把自己视为正确地发展了康德思想的真正继承者。但是，如果人们想到康德的主体经验建构理论与他的物自身学说之间的张力，就很容易理解德国观念论是如何从批判哲学之中生长出来的。

康德的物自身学说确实遇到了困难。除了物自身的性质被称为不可知的这个事实之外，甚至将它的实存作为可感物质的原因，都不能在（从康德前提来看）没有误用因果性和实存的范畴的情形下得到积极断言。确

431　实，康德意识到了这个事实。虽然他认为现象的概念要求物自身概念作为其相关者，即前者在没有后者的情况下毫无意义，但是他坚持认为我们必须避免独断地断言物自身的实存，即便我们忍不住这样想。很清楚，康德认为把实在还原为仅仅是主体的建构是非常荒谬的，因此他把保留物自身概念看作常识。同时，他意识到他立场的困难所在，而且尝试发现某些公式，将他从自相矛盾之中解救出来，同时使他能够保留那个在他看来必不可少的概念。在这个问题上人们能够理解康德的态度。但是，人们也能够理解费希特对于物自身理论的反驳，他认为物自身是多余的甚或是奇怪的。在他看来，物自身必须从观念论中消除。他认为康德试图同时兼有两

方面的内容，因此使自己陷入毫无希望的矛盾之中。费希特认为，如果一个人接受了康德的主体经验建构理论，那么他就必然会走向完整的观念论哲学。

这个步骤不可避免地涉及从知识理论向形而上学理论的转变。如果物自身被取消了，由此可以推出，主体在完整的意义上创造了客体，而不仅仅是塑造被给予的材料。主体创造客体这个理论显然是形而上学理论，即便这种理论是通过知识批判的方式实现的。

但是，这个创造性的主体是什么呢？当康德谈论主体的经验建构，他谈论的是个体性的主体。的确，他引入先验自我的概念作为经验的逻辑条件之一；但在这里，他想到的仍然是个体自我，"我"永远是主体而绝不能是客体。但如果我们把经验的逻辑条件转变为创造了客体的形而上学原则，我们就几乎无法把它等同于个体有限自我而不陷入唯我论。对于约翰·史密斯（John Smith）而言，所有其他人都是客体，他们都是他所创造的。事实上，约翰·史密斯作为客体、作为现象自我，是作为先验自我的他自己所创造的。因此，如果我们消除物自身，把康德的先验自我或者经验的逻辑条件转变为至高的形而上学原则，这就驱使我们最终把它解释为普遍的无限主体，这个主体既产生有限的主体又产生有限的客体。我们立刻就会陷入全面展开的形而上学体系之中。

当然，我并不想在此讨论费希特哲学的各个阶段或者德国思辨观念论的历史。这些论题必须保留到这套哲学史的下一卷来讨论。但是，我希望指出，思辨观念论的种子已然呈现在康德哲学之中。当然，思辨观念论者关心的是把所有事物都还原为至上的形而上学原理，所有事物都可以以这种或那种方式从这些形而上学原理中哲学地演绎出来；相反，康德没有共享这项关切。批判哲学与随后的形而上学之间在气氛和趣味上都有明显差异。同时，这也不只是"继受"的问题；因为思辨观念论体系与康德哲学之间的关系不仅仅在于时间上的前后相继。如果人们承认这个结论且同时反对出自康德哲学的东西，他就很难接受这种哲学，因为这种哲学形成了他所反对的内容的出发点。这意味着在实践中对康德思想中的观念论方面和主观主义方面进行批判考察。因为如果人们重

432

新肯定这些方面而消除物自身，那么我们就难以避免地沿着康德继承者走过的道路前行。

确实，很容易理解，在 19 世纪中期，"回到康德"的呼吁兴起了。新康德主义者致力于发展康德的批判、知识论、伦理学的立场，而避免陷入他们所谓的思辨观念论者的荒诞夸张之中。对于他们而言，康德主要是《纯粹理性批判》中那个耐心、有序、细致和具有分析意识的作者；他们认为从费希特到黑格尔的伟大观念论形而上学家的体系代表了对康德精神的背叛。这个观点完全是可以理解的。同时，我认为不可否认的是，康德体系的确在思辨观念论者手中得到了极大的发展（或者说利用，这是我更青睐的表达）。当然，为了支持新康德主义者的态度，我们可以说，康德谨慎地以某种新型形而上学（即关于知识和经验的形而上学）替代他所

433 反驳的旧式形而上学，他认为这种新型形而上学能够给出真正的知识；相反，他确实不会把黑格尔关于绝对者的形而上学视为建构性的知识。换句话说，他确实否认那些声称是他的继承者的人，正如他反驳了费希特通过取消物自身来提升批判哲学的初步尝试。但是，虽然人们可能非常确信康德不会赞同其继承者的形而上学，这并没有转变以下事实，即他为他们提供了有前景的基础。

但是，如果我们不仅仅强调观念论继承者所强调的那些方面，而是强调康德哲学的其他方面，这就使康德哲学朝向完全不同的方向。或许可以说，康德对独断论形而上学的反驳，不仅限于反驳从笛卡尔到莱布尼茨及其门徒的大陆理性主义体系。因为康德揭露了形而上学中所有虚假证明的错误特征，表明了形而上学知识是不可能的。确实，他给出了他自己的全新形而上学；但他的目的只是对经验的主观条件进行分析。康德哲学没有声称为我们提供关于所谓的本体实在的知识。康德确实允许相信本体实在的实存；但这与他对范畴功能的叙述不一致。因为范畴只有在运用于现象时才具有内容和意义。因此，根据康德的前提，谈论本体实在或者把"超可感基底"看作实存，都是无意义的。事实上，如果实在自身就是范畴之一，那么谈论本体实在就是废话。确实，我们可以考察科学、道德和审美判断的性质。但根据康德的前提，我们

确实无法将道德判断作为任何形而上学的基础。当然，他不会承认对他思想的这种解释。但事实上，据说康德提出的有价值的工作在于表明：我们可以知道的内容属于科学领域，形而上学不仅不是科学而且毫无意义。它最多只能具有"情感"意义。这就是康德的实践信仰理论真正的价值所在。

换句话说，我们可以论证，虽然康德体系直接影响了思辨观念论体系，但它也是通往实证主义道路上的中途站。我认为，实证主义者希望这样看待康德体系。当然，他们不想追随康德关于先天综合命题及其可能性条件的理论。但是，他们会把康德反驳形而上学的部分看作通往正确方向的一个步骤；我认为，他们希望强调康德哲学中那些朝向更为激进的反驳的方面，即便康德自己不理解这些方面的充分内涵。

观念论形而上学家和实证主义者都有理由声称康德的体系指向了他们的哲学，但这一事实显然不能迫使我们得出结论认为必须在二者之中选择其一。还有其他可能性，即否定导致了这一选择的康德理论。毕竟，康德的哥白尼革命是一个旨在解释先天综合知识的假设，先天综合知识无法以其他假设来解释。这里有大量有待质疑的地方。我们可以追问是否有任何先天综合知识。如果我们回答说有，我们仍然可以追问，这种知识的可能性是否能够以不同于康德的解释方式得到更好的解释。此外，虽然人们广泛承认康德一劳永逸地证明了思辨形而上学不可能达到知识，但是这个假定仍然具有争议。然而，我们不可能只用几句话就处理掉这些问题。详尽地讨论康德的哥白尼革命不仅涉及讨论康德自己的理论，而且涉及讨论休谟的经验主义，因为休谟的经验主义在一定程度上促使康德认为思考这些理论是必要的。如果想要表明可能存在着形而上学知识，唯一令人满意的方式是提供例子而且表明它们是例子。我不打算在此尝试这项任务。但是值得注意的是，任何哲学家若想要真正讨论康德，就必须努力弄清楚他的洞见，而且将这些洞见与薄弱和错误的地方区分开来。换句话说，如果有人认为，对于这样的思想巨擘，我们可以简单地把他的哲学扔进被驳斥体系的垃圾堆中，那么这就太荒谬了。仅举一个例子，康德坚持将统觉的统一性作为人类经验的基本条件，在我看来这代表了真正重要的洞见。即便他没有看到实体性主体在判断中将其自身作为本体论实在，但是他没有遗忘主体。

7. 在结论部分，我们可以简要地考虑一下这样一种说法，即中世纪哲学关心存在问题，现代哲学关心知识问题。①

这是很难处理的陈述。如果我们是在"天文学关心天体而植物学关心植物"这个意义上理解这个陈述，那么，它明显就不是真的。一方面，中世纪哲学家处理了大量有关知识的问题。另一方面，如果关心存在问题（the problem of being）意味着关心实存问题（problems of existence）、关于经验实在的形而上学解释，以及关心一与多的问题，那么我们就很难说存在问题在笛卡尔、斯宾诺莎、莱布尼茨这些人那里是缺席的。

此外，中世纪哲学和现代哲学各自关心这个或那个，这类陈述显然容易受到批评；因为就其性质而言，它们把复杂情形不合理地简化。这就是说，我们可以合理地对这类陈述进行反驳，因为它把中世纪和文艺复兴之后的哲学都作为同质的统一体来讨论，这非常具有误导性。前者的范围既包含了从阿奎那或邓·司各脱的系统的形而上学综合，也包括了号称中世纪休谟的奥特库尔的尼古拉（Nicholas of Autrecourt）的批判性反思。后者（即文艺复兴之后的哲学）明显不是一个整体。如果我们比较阿奎那与康德，我们就的确可以说，知识论在康德思想中比在阿奎那思想中占据了更为显著的地位。但如果我们选择比较其他中世纪和现代思想家，我们对于他们各自涉及知识论问题的程度的判断可能就会有些不同。

此外，我们既可以在中世纪哲学中也可以在 17、18 世纪哲学中，看到对世界和人类经验做出普遍解释的尝试。甚至康德也不只是关心"我们能够知道什么"这个问题，他也关心他所说的"我们应当做什么""我们可以希望什么"这类问题。对这些问题的反思不仅把我们引向道德哲学，

---

① 有些托马斯主义者认为，阿奎那关心"存在"的活动而文艺复兴之后的理性主义形而上学家主要关心"本质"的演绎。我认为，这个说法有些真实之处。同时，我们不能合理地认为（比方说）笛卡尔撇开了存在问题。无论如何，我在本节关心的是中世纪和现代哲学在知识论上的立场，而不是我们刚刚提到的托马斯主义者的看法。

而且引向道德法则的公设。在康德看来，虽然灵魂不朽和上帝实存是无法证明的，但科学、道德和宗教和谐相处这种一般的世界观是向我们开放的。理性批判的过程向我们展示了确定知识的限度；但它没有摧毁主要形而上学问题的实在性或重要性。[①]虽然解决方案是实践或道德信仰问题，而非知识问题。理性尝试形成有关实在的一般观点，而这种一般观点超出了数学和科学的领域，即超出了"理论"知识的领域，这是自然且合理的。

确实，根据休谟自己的原则，他所能尝试的任何这类有关实在的一般解释的程度都是极其受限的。对于休谟而言，实在本身的性质以及现象的最终原因覆盖在不可穿透的神秘之中。从形而上学的解释来说，世界对他而言是一个谜。不可知论是他可接受的唯一合理态度。因此，他的哲学基本是批判性和分析性的。但是，这个说法同样可以运用于 14 世纪的某些思想家。差别在于，这些思想家依赖启示和神学来补充有关实在的一般观点，而休谟则没有。

但是，虽然中世纪哲学关心存在问题而现代哲学关心知识问题这个说法有一些例外，但是这个说法可以使我们注意到中世纪与文艺复兴之后的思想之间的某些差别。如果我们把中世纪哲学看成整体，我们就可以认为，知识客观性的问题不是特别突出。我认为，原因之一在于，比如阿奎那这类哲学家相信我们可以直接知觉到树木、桌子等物质对象。而我们对于纯粹精神性存在者的自然知识是间接的和推理的：不存在着对于上帝的自然直观。但是，我们知觉到树木、桌子和人，而不是我们自己的主体样态，或者我们关于树木、桌子和人的观念。确实，我们能够对我们所知觉的事物的性质形成错误判断。例如，我可能判断远处的对象是人，而它实际上是灌木。但纠正这类错觉的方式是做我们习惯上做的，即更仔细地考察对象。错觉问题的出现反驳了知觉的实在论，后者是某种常识理论，即我们对于人类认知的固有对象享有直接的知觉。当然，阿奎那并没有非常

437

———————

[①] 正如我们上节所言，康德的范畴学说是否导致以下结论，即形而上学问题必须适当地排除在有意义问题的范围之外，这仍然是有争议的。但是，康德自己当然并不这样认为。相反，他强调他视作形而上学主要问题的内容的重要性。

天真地认为我们必然知道我们认为我们知道的所有事情。但他相信，我们享有对世界的直接把握，心灵能够理解事物的可理解性，在真正的知识活动中，心灵知道它所知道的。因此，虽然他准备讨论知识的起源、条件和限度问题，以及错误判断的性质和原因问题，但是，知识客观性的一般问题对他没有多少意义。因为他不把观念看作在我们心灵与事物之间放置的屏幕。

　　但是，如果我们追随洛克，以这样的方式描述观念，即观念变成了知觉和思维的直接对象，我们自然就会追问我们关于世界的"知识"是否真是知识，即我们的表象是否与独立于心灵的实在相一致。我的意思不是说所有 17、18 世纪哲学家都持有知觉的表象理论，而且都使自己陷入表象与被表象的事物之间是否相符的问题。洛克自己并不融贯地坚持表象理论。如果我们像贝克莱那样把物质对象描述为"观念之簇"，观念与事物之间的符合问题就不会出现。只有当人们认为观念具有表象功能，认为观念是知觉和知识的直接对象，这个问题才会出现。但是，如果这个问题出现了，我们有关世界的表面知识是否真的是客观知识这个问题就会立刻出现。很自然，我们在处理任何形而上学综合之前都要处理这个问题。知识论在哲学中成了基本问题。

　　此外，虽然中世纪哲学家肯定不认为心灵是纯粹被动的印象接受器，但他们认为心灵的活动穿透了实在的客观知性结构。[1] 换句话说，他们认为，如果知识是可能的，心灵就必须使自己与对象相符合，而非对象必须使自己与心灵相符合。[2] 他们不认为我们称为世界的东西是心灵构造的结果。但是，如果我们假定了休谟和康德的哲学，我们很自然就会追问，我们称之为世界的东西是否是某种逻辑构造，它横卧在我们的心灵与实在本身或事物本身之间。如果我们认为这是一个真正的问题，那么与相信主体

---

① 这至少对于形而上学家而言是真的。
② 在某种意义上，我们可以认为，对于阿奎那来说，想要知识成为可能，事物必须使自己符合主体。因为在他看来，虽然所有存在者就其自身都是可知的，但人类主体是这样一种类型，它拥有的是这样一种认知结构，其知识的自然范围是受限的。要使人类的知识成为可能，主体与客体都需要条件。但是，这个观点不同于康德的哥白尼革命所表述的观点。

没有建构经验实在而是抓住其可知本性相比，我们自然就会倾向于更加强调知识论。

　　我的要点很简单，如果我们牢记文艺复兴之后的哲学发展，尤其是英国经验主义和康德思想，那么我们很容易理解随后时代为何强调知识论的重要性。康德在这方面尤其具有极大的影响力。当然，关于在哲学讨论的大领域中对知识客观性问题的强调，人们可能会持有不同的态度。我们可能说，它表现出了从实在论的朴素观推进到更成熟深刻的对哲学基本问题的理解。或者，我们可能说，客观性问题来自错误的假设。或者，我们可能说，谈论"批判问题"是很愚蠢的。我们必须尝试构想精心界定过的问题。在这样做的过程中，我们就会发现，某些所谓的问题在人们以模糊词语把它们表达出来时显得极为重要，但它们最终或者只是伪问题或者自身之内就存在着答案。但就强调知识论而言，无论我们希望采取的态度是什么，我认为很清楚的是，知识论从问题中产生，这些问题不会自然而然地出现在中世纪哲学家的追问之中，而是受到了 17、18 世纪哲学发展的刺激。

　　这些评论并不意味着现代哲学对知识论或认识论的强调完全出自英国经验主义者或者康德。很显然，在笛卡尔的哲学中知识论就已然很突出了。实际上，我们可以把理性主义与经验主义的差别描述为，对知识起源和增进知识的方式具有不同的信念。因此，我们确实可以认为，从现代哲学诞生之初，知识论就占据了显著和重要的地位。同时，我们确实也可以认为康德在把知识论推向哲学讨论的基础方面发挥了极大的影响，只要我们认为康德通过对知识的先验批判使形而上学受到了毁灭性的批判，而这似乎蕴含了哲学家的恰当主题就是知识论。当然，任何人若想要反驳康德对于形而上学的批判，就必须首先考察他的知识论学说。

　　事实上，我们在上节中简要讨论过，康德的批判哲学在某种程度上矛盾地导致了形而上学思辨的新爆发，这似乎反驳了"康德对于强调知识论产生了极大影响"这个断言。但事实上，19 世纪上半叶的思辨观念论不是兴起于对康德知识论的厌恶，而是兴起于康德继承者对他们所认为的康德观点的恰当意涵的发展。因此，费希特以知识论为起点发展出

439

他的观念论形而上学。新康德主义者可能认为思辨观念论背叛了真正的康德精神；但这没有改变通过知识论进入新形而上学这一事实。这套哲学史的第七卷将阐述从康德的批判哲学向观念论形而上学的转变是如何发生的。

参考文献

关于一般性评论和一般性著作，参见本套哲学史第 4 卷《理性主义：从笛卡尔到莱布尼茨》结尾的参考文献。如果读者想要选择少量用英文写成的相关思想运动的一般性介绍，可以参见标上星号的优秀研究著作。但是，没有这个记号并不意味着相关研究著作的价值受到了负面评价。

我们还可以增补以下与启蒙运动时期有关的著作：

Becker, C. L. *The Heavenly City of the Eighteenth-Century Philosophers.* New Haven, 1932.

Cassirer, E. *The Philosophy of the Enlightenment,* translated by F. Koelln and J. Pettegrove. Princeton and London, 1951.

Hazard, P. *La crise de la conscience européenne (1680-1715).* 3 vols. Paris, 1935.

*Hazard, P. *The European Mind, 1680-1715,* translated by J. L. May. London, 1953.

Hazard, P. *La pensée européenne au XVIII' siècle, de Montesquieu à Lessing.* 3 vols. Paris, 1946.

*Hazard, P. *European Thought in the Eighteenth Century, from Montesquieu to Lessing,* translated by J. L. May. London, 1954.

Hibben, J. G. *The Philosophy of the Enlightenment.* London and New York, 1910.

Wolff, H. M. *Die Weltanschauung der deutschen Aufklärung.* Berne, 1949.

Wundt, M. *Die deutsche Schulmetaphysik im Zeitalter der Aufklärung.* Tübingen, 1945.

第一、二章：法国启蒙运动

1. 培尔

原始文本

Dictionnaire historique et critique. 2 vols., Rotterdam, 1695-7; 4 vols., 1730; and subsequent editions.

Œuvres diverses. 4 vols. The Hague, 1727-31.

Selections from Bayle's 'Dictionary', edited by E. A. Beller and M. Du P. Lee. Princeton and London, 1952.

Système de la philosophie. The Hague, 1737.

研究专著

André, P. *Le jeunesse de Bayle.* Geneva, 1953.

Bolin, W. *P. Bayle, sein Leben und seine Schriften.* Stuttgart, 1905.

Cazes, A. *P. Bayle, sa vie, ses idées, son influence, son œuvre.* Paris, 1905.

Courtines, L. *P. Bayle's Relations with England and the English.* New York, 1938.

Deschamps, A. *La genèse du scepticisme érudit chez Bayle.* Brussels, 1878.

Devolve, J. *Essai sur Pierre Bayle, religion, critique et philosophie positive.* Paris, 1906.

Raymond, M. *Pierre Bayle.* Paris, 1948.

2. 丰特内尔
原始文本

Œuvres. 1724 and subsequent editions. 3 vols., Paris, 1818; 5 vols., Pais, 1924-35.

De l'origine des fables, critical edition by J-R. Carré. Paris, 1932.

研究专著

Carré, J-R. *La philosophie de Fontenelle ou le sourire de la raison.* Paris, 1932.

Edsall, H. Linn. *The Idea of History and Progress in Fontenelle and Voltaire* (in Studies by Members of the French Department of Yale University, New Haven, 1941, pp. 163-184).

Grégoire, F. *Fontenelle.* Paris, 1947.

Laborde-Milan, A. *Fontenelle.* Paris, 1905.

Maigron, L. *Fontenelle, l'homme, l'œuvre, l'infuence.* Paris, 1906.

3. 孟德斯鸠
原始文本

Œuvres, edited by E. Laboulaye. 7 vols. Paris, 1875-9.

Œuvres, edited by A. Masson. 3 vols. Paris, 1950-5.

De l'esprit des lois, edited with an introduction by G. Truc. 2 vols. Paris, 1945.

研究专著

Barrière, P. *Un grand Provincial: Charles-Louis Secondat, baron de La Brède et de Montesquieu.* Bordeaux, 1946.

Carcassonne, E. *Montesquieu et le problème de la constitution française au XVIII' siècle.* Paris, 1927.

Cotta, S. *Montesquieu e la scienza della societcà.* Turin, 1953.

Dedieu, J. *Montesquieu, l'homme et l'ceuvre.* Paris, 1943.

Duconseil, N. *Machiavelli et Montesquieu.* Paris, 1943.

Durkheim, S. *Montesquieu et Rousseau, priéurseurs de la sociologie.* Paris, 1953 (reprint of 1892 edition).

Fletcher, F. T. H. *Montesquieu and English Politics, 1750-1800.* London and New York, 1939.

Levin, L. M. *The Political Doctrine of Montesquieu's* Esprit des lois: *Its Classical Background* (dissert.). New York, 1936.

Raymond, M. *Montesquieu,* Fribourg, 1946.

Sorel, A. *Montesquieu.* Paris, 1887.

Struck, W. *Montesquieu als Politiker.* Berlin, 1933.

Trescher, H. *Montesquieus Einfluss auf die Geschichts-und Staats-philosophie bis zum Anfang. des 19. Jahrhunderts.* Munich, 1918 *(Schmollers Jahrbuch,* vol. 42, pp. 267-304).

Trescher, H. *Montesquieus Einfluss auf die philosophischen Grundlagen der Staatslehre Hegels.* Munich, 1918 (*Schmollers Jahrbuch,* vol. 42, pp. 471-501, 907-944).

Vidal, E. *Saggio sul Montesquieu.* Milan, 1950.

Cabeen, D. C. *Montesquieu: A Bibliography.* New York, 1947.

Cabeen, D. C. *Deuxième centenaire de l'Esprit des lois de Montesquieu* (lectures). Bordeaux, 1949.

Cabeen, D. C. *Revue internationale de philosophie,* 1955, nos. 3-4.

4. 莫佩尔蒂

原始文本

Œuvres. 4 vols. Lyons, 1768 (2nd edition).

研究专著

Brunet, P. *Maupertuis.* 2 vols. Paris, 1929.

5. 伏尔泰

原始文本

Œuvres, edited by Beuchot. 72 vols. Paris, 1828-34.

Œuvres, edited by Moland. 52 vols. Paris, 1878-85.

Traité de métaphysique, edited by H. T. Patterson. Manchester, 1937.

Dictionnaire philosophique, edited by J. Benda. Paris, 1954.

Philosophical Dictionary, selected and translated by H. I. Woolf. London, 1923.

Lettres philosophiques, edited by F. A. Taylor. Oxford, 1943.

Bengesco, G. *Voltaire. Bibliographie de ses œuvres.* 4 vols. Paris, 1882-92.

研究专著

Aldington, R. *Voltaire.*London, 1926.

Alexander, J. W. *Voltaire and Metaphysics* (in *Philosophy* for 1944).

Bellesort, A. *Essai sur Voltaire.* Paris, 1950.

Bersot, E. *La philosophie de Voltaire.* Paris, 1848.

Brandes, G. *Voltaire. 2* vols. Berlin, 1923.

Carré, J.-R. *Consistence de Voltaire: le philosophe.* Paris, 1939.

Charpentier, J. *Voltaire.* Paris, 1955.

Cravei, R. *Voltaire, politico dell'illuminismo.* Turin, 1937.

Cresson, A. *Voltaire.* Paris, 1948.

Cuneo, N. *Sociologia di Voltaire.* Genoa, 1938.

Denoisterre, H. *Voltaire et la socéeté au XVIII* sécle.* 8 vols. Paris, 1867-76.

Fitch, R. E. *Voltaire's Philosophical Procedure.* Forest Grove, U.S.A., 1936.

Girnus, W. *Voltaire.* Berlin, 1947.

Labriola, A. *Voltaire y la filosofia de la liberación.* Buenos Aires, 1944.

Lanson, G. *Voltaire.* Paris, 1906.

Maurois, A. *Voltaire.* Paris, 1947.

Meyer, A. *Voltaire, Man of Justice.* New York, 1945.

Morley, J. *Voltaire,* London, 1923.

Naves, R. *Voltaire et l'Encyclopédie.* Paris, 1938.

Naves, R. *Voltaire, I'homme et I'œuvre.* Paris, 1947 (2nd edition).

Noyes, A. *Voltaire.* London, 1938.

O'Flaherty, K. *Voltaire. Myth and Reality.* Cork and Oxford, 1945.

Pellissier, G. *Voltaire philosophe.* Paris, 1908.

Pomeau, R. *La religion de Voltaire.* Paris, 1956.

Rowe, C. *Voltaire and the State.* London, 1956.

Torrey, N. L. *The Spirit of Voltaire.* New York, 1938.

Wade, O. *Studies on Voltaire.* Princeton, 1947.

6. 沃维纳格

原始文本

Œuvres, edited by P. Varillon. 3 vols. Paris, 1929.

*Œuvres choisies,*with an introduction by H. Gaillard de Champris. Paris, 1942.

Réflexions et maximes. London, 1936.

Reflections and Maxims, translated by F. G. Stevens. Oxford, 1940.

研究专著

Borel, A. *Essai sur Vauvenargues.* Neuchâtel, 1913.

Merlant, J. *De Montaigne à Vauvenargues.* Paris, 1914.

Paléologue, G. M. *Vauvenargues.* Paris, 1890.

Rocheblave, S. *Vauvenargues ou la symphonie inachevée.* Paris, 1934. Souchon, P. *Vauvenargues, philosophe de la gloire.* Paris, 1947.

Rocheblave, S. *Vauvenargues.* Paris, 1954.

Vial, F. *Une philosophie et une morale du sentiment. Duc de Clapiers Marquis de Vauvenargues.* Paris, 1938.

7. 孔狄亚克

原始文本

Œuvres. 23 vols. Paris, 1798.

Œuvres philosophiques, edited by G. Le Roy. 3 vols. Paris, 1947-51.

Lettres inédites à Gabriel Cramer, edited by G. Le Roy. Paris, 1952.

Treatise on the Sensations, translated by G. Carr. London, 1930.

研究专著

Baguenault de Puchesse G. *Condillac, sa vie, sa philosophie, son influence.* Paris, 1910.

Bianca, G. *La volontà nel pensiero di Condillac.* Catania, 1944.

Bizzarri, R. *Condillac.* Brescia, 1945.

Dal Pra, M. *Condillac.* Milan, 1947.

Dewaule, L. *Condillac et la psychologie anglaise contemporaine.* Paris, 1892.

Didier, J. *Condillac.* Paris, 1911.

Lenoir, R. *Condillac.* Paris, 1924.

Le Roy, G. *La psychologie de Condillac.* Paris, 1937.

Meyer, P. *Condillac.* Zürich, 1944.

Razzoli, L. *Pedagogia di Condillac.* Parma, 1935.

Toneucci, L. *Il problema dell'esperienza dal Locke al Condillac,* Messina, 1937.

8. 爱尔维修

原始文本

Œuvres. 7 vols. Deux-Ports, 1784. 5 vols. Paris, 1792.

Choix de textes, edited with an introduction by J. B. Séverac, Paris, 1911.

A Treatise on Man, translated by W. Hooper. London, 1777.

研究专著

Cumming, I. *Helvetius.* London, 1955.

Grossman, M. *The Philosophy of Helvetius.* New York, 1926.

Horowitz, I. L. C. *Helvetius, Philosopher of Democracy and Enlightenment.* New York,

1954.

Keim, A. *Helvétius, sa vie et son œuvre.* Paris, 1907.

Limentani, L. *Le teorie psichologichedi C. A. Helvétius.* Padua, 1902.

Mazzola, F. *La pedagogia d'Elvetio.*Palermo, 1920.

Mondolfo, R. *Saggi per la storia delta morale utilitaria, II: Le teorie morali e politiche di C. A. Helvetius.* Padua, 1904.

Stanganelli, I. *La teoria pedagogica di Helvetius.* Naples, 1939.

9. 百科全书派

原始文本

Encyclopédie ou Dictionnaire raisonné des sciences, des arts et des métiers. 28 vols. Paris 1751-72.

Supplement in 5 vols.: Amsterdam, 1776-7.

Analytic tables in 2 vols., edited by F. Mouchon, Amsterdam, 1780-1.

The 'Encyclopédie' of Diderot and d'Alembert: selected articles edited with an introduction by J. Lough. Cambridge, 1954.

研究专著

Charlier, G., and Mortier, R. *Une suite de I'Encyclopédie, le 'Journal Encyclopédique' (1756-1793).* Paris, 1952.

Ducros, L. *Les encyclopédistes.* Paris, 1900.

Duprat, P. *Les encyclopédistes, leurs travaux, leur doctrine et leur influence.* Paris, 1865.

Gordon, D. H., and Torrey, N. L. Th*e Censoring of Diderot's Encyclopaedia.* New York, 1949.

Grosclaude, P. *Un audacieux message, L'Encyclopédie.* Paris, 1951.

Hubert. R. *Les sciences sociales dans l'Encyclopédie.* Paris, 1923.

Mornet, D. *Les origines intellectull.es de la révolution française (1715-87).* Paris, 1933.

Mousnier, R., and Labrousse, E. *Le XVIII* siècle. Rèvolution intellectuelle, technique et politique (1715-1815).* Paris, 1953.

Roustan, M. *Les philosophes et la société fran ç aise au XVIII' siécle.* Lyons, 1906.

Roustan, M. *The Pioneers of the French Revolution*, translated by F. Whyte. Boston, 1926.

Schargo, N. N. *History in the Encyclopaedia.* New York, 1947.

Venturi, F. *Le origini dell'Encyclopedia.* Florence, 1946

10. 狄德罗

原始文本

Œuvres, edited by Assézat and Toumaux. 2 vols. Paris, 1875-9.

Œuvres, edited by A. Billy. Paris, 1952-.

Correspondance, edited by A. Babelon. Paris, 1931.

Diderot: Interpreter of Nature. Selected Writings, translated by J.Stewart and J Kemp. New York, 1943.

Selected Philosophical Writings, edited by J. Lough. Cambridge, 1953.

Early Philosophical Works, translated by M. Jourdain. London and Chicago, 1916.

研究专著

Barker, J. E. *Diderot's Treatment of the Christian Religion.* New York. I931.

Billy, A. *Vie de Diderot.* Paris, 1943.

Cresson, A. *Diderot.* Paris, 1949.

Gerold, K. G. *Herder und Diderot. Ihr Einblick in die Kunst.* Frankfurt, 1941.

Gillot, H. *Denis Diderot. L'homme. Ses idées philosophiques, esthéiques et littéraires.* Paris, 1938.

Hermand, P. *Les idées morales de Diderot.* Paris, 1923.

Johannson, V. *Etudes sur Diderot.* Paris, 1928.

Le Gras, J. *Diderot et l'Encyclopédie.* Amiens, 1938.

Lefebvre, H. *Diderot.* Paris, 1949.

Löpelmann, M. *Derjunge Diderot.* Berlin, 1934.

Loy, J. R. *Diderot's determined Fatalist. A critical Appreciation 'Jacques le fataliste'.* New York, 1950.

Luc, J. *Diderot. L'artiste et le philosophe. Suivi de textes choisis Diderot.* Paris, 1938.

Luppol, I. K. *Diderot. Ses idées philosophiques.* Paris, 1936.

Mauveaux, J. *Diderot, l'encyclopidiste et le penseur.* Montbéliard, 1914.

Mesnard, P. *Le cas Diderot, Etude de caractérologie littéraire.* Paris. 1952.

Morley, J. *Diderot and the Encyclopaedists.* 2 vols. London, 1878.

Mornet, D. *Diderot, l'homme e l'œuvre.* Paris, 1941.

Rosenkranz, K. *Diderots Leben und Werke.* 2 vols. Leipzig, 1886.

Thomas, J. *L'humanisme de Diderot.* 2 vols. Paris, 1938 (2nd edition).

Venturi, F. *Jeunesse de Diderot.* Paris, 1939.

11. 达朗贝尔
原始文本

Œuvres philosophiques, edited by Bastien. 18 vols. Paris, 1805.

Œuvres et correspondance inédites, edited by C. Henry. Paris

Discours sur l'Encydopédie, edited by F. Picavet. Paris, 1919.

Traité de dynamique. Paris, 1921.

研究专著

Bertrand, J. *D'Alembert,* Paris, 1889.

Muller, M. *Essai sur la philosophie de Jean d'Alembert.* Paris, 1926.

12. 拉美特利
原始文本

Œuvres philosophiques. 2 vols. London, 1791; Berlin, 1796.
Man a Machine, annotated by G. C. Bussey. Chicago, 1912.

研究专著

Bergmann, E. *Die Satiren des Herrn Machine.* Leipzig, 1913.
Boissier, R. *La Mettrie.* Paris, 1931.
Picavet, F. *La Mettrie et la critique allemande.* Paris, 1889.
Poritzky, Y. E. *J. O. de La Mettrie. Setn Leben und seine Werke.* Berlin, 1900.
Rosenfeld-Cohen, L. D. *From Beast-machine to Man-machine. The Theme of Animal Soul in French Letters from Descartes to La Mettrie,* with a preface by P. Hazard. New York and London,1940.
Tuloup, G. F. *Un précurseur méconnu. Offray de La Mettrie, médicin-philosophe.* Paris, 1938.

13. 霍尔巴赫
原始文本

Système de la nature. Amsterdam, 1770.
Systèms sociale. London, 1773.
La politique naturelle. Amsterdam, 1773. *La morale universelle.* Amsterdam, 1776.

研究专著

Cushing, M. P. *Baron d'Holbach.* New York, 1914.
Hubert, R. *D'Holbach el ses amis.* Paris, 1928.
Naville, P. *P. T. D'Holbach et la philosophic scientifique au XVIII' siècle.* Paris, 1943.
Plekhanov, G. V. *Essays in the History of Materialism,* translated by R. Fox. London, 1934.
Wickwaer, W. H. *Baron d'Holbach. A Prelude to the French Revolution.* London, 1935.

14. 卡巴尼斯
原始文本

Œuvres, edited by Thurot. Paris, 1823-5.
Lettre à Fauriel sur les causes premières. Paris, 1828.

研究专著

Picavet, F. *Les idéologues.* Paris, 1891.

Tencer, M. *La psycho-physiologie de Cabanis,* Toulouse, 1931.

Vermeil de Conchard, T. P. *Trois études sur Cabanis.* Paris, 1914.

15. 布封
原始文本

Histoire naturelle, génirale et particulière. 44 vols. Paris, 1749-1804.

Nouveaux extraits, edited by F. Gohin. Paris, 1905.

研究专著

Dandin, H. *Les méthodes de classification et L'idée de série en botanique et en zoologie de Linnié à Lamarck* (1740-1790). Paris, 1926.

Dimier, L. *Buffon.* Paris, 1919.

Roule, L. *Buffon et la description de la nature.* Paris, 1924.

16. 罗比耐
原始文本

De la nature. 4 vols. Amsterdam, 1761-6.

Considérations sur la gradation naturelle des formes de l'être, ou essais de la nature qui apprend à faire l'homme. Paris, 1768.

Parallèle de la condition et des facultés de l'homme avec la condit les facultés des attires animaux. Bouillon, 1769.

研究专著

Albert, R. *Die Philosophic Robinets.* Leipzig, 1903.

Mayer, J. *Robinet, philosophe de la nature (Revue des sciences humai.* Lille, 1954, pp. 295-309).

17. 博内
原始文本

Œuvres. 8 vols. Neuch&tel, 1779-83.

Mémoires autobiographiques, edited by R. Savioz. Paris, 194

研究专著

Bonnet, G. *Ch. Bonnet.* Paris, 1929.

Claparfède, E. *La psychologic animate de Ch. Bonnet.* Geneva, 1909.

Lemoine, A. *Ch. Bonnet de Genève, philosophe et naturaliste.* Paris, 1850.

Savioz, R. *La philosophie de Ch. Bonnet.* Paris, 1948.

Trembley, J. *Mémoires pour servir à l'histoire de la vie et des ouvrages de M. Bonnet.* Berne, 1794.

18. 博斯科维克
原始文本

Theoria philosophiae naturalis redacta ad unicam legem virium in natura existentium. Vienna, 1758. (The second edition, Venice, 1763, contains also *De anima et Deo* and *De spatio et tempore.)*

A Theory of Natural Philosophy, Latin (1763)—English edition, translated and edited by J. M. Child. Manchester, 1922.

Opera pertinentia ad opticam et astronomiam. 5 vols. Bassani, 1785.

研究专著

Evellin, F. *Quid de rebus vel corporeis vel incorporeis senserit Boscovic.* Paris, 1880.

Gill, H. V., S.J. *Roger Boscovich, S.J. (1711-1787), Forerunner of Modern Physical Theories.* Dublin, 1941.

Nedelkovitch, D. *La philosophic naturelle et relativiste de R. J. Boscovich.* Paris, 1922.

Oster, M. *Roger Joseph Boscovich als Naturphilosoph.* Bonn, 1909.

Whyte, L. L. *R. J. Boscovich, S.J., F.R.S. (1711-1787), and the Mathematics of Atomism.* (Notes and Records of the Royal Society of London, vol. 13, no. 1, June 1958, pp. 38-48.)

19. 魁奈和杜尔哥
原始文本

Œuvres économiques et philosophiques de F. Quesnay, edited by A. Oncken. Paris, 1888.

Œuvres de Turgot, edited by Dupont de Nemours. 9 vols. Paris, 1809-11. Supplement edited by Dupont, Daire and Duggard. 2 vols. Paris, 1884.

Œuvres de Turgot, edited by G. Schelle. 5 vols. Paris, 1913-32.

研究专著

Bourthoumieux, C. *Essai sur le fondement philosophique des doctrines économiques. Rousseau contre Quesnay.* Paris

Fiorot, D. *La filosofia politica dei fisiocrati.* Padua, 1952. Gignoux, C. J. *Turgot.* Paris, 1946.

Schelle, G. *Turgot,* Paris, 1909.

Stephens, W. W. *Life and Writings of Turgot.* London, 1891. Vigreux, P. *Turgot.* Paris, 1947.

Weuleresse, G. *Le mouvement physiocratique en France de 1756 A 1770.* Paris, 1910.

Weuleresse, G. *La physiocralie sous les ministères de Turgot et de Necker.* Paris, 1950.

第三、四章：卢梭

原始文本

Œuvres complètes. 13 vols. Paris, 1910. (There are, of course, other editions of Rousseau's works; but there is as yet no complete critical edition.)

Correspondance générate de J. J. Rousseau, edited by T. Dufour and P. P. Plan. 20 vols. Paris, 1924-34.

Le Contrat social, édition comprenant, avec le texte définitif, les versions primitives de l'ouvrage collationnées sur les manuscrits autographes de Genève et de Neuchâtel. Edition Dreyfus-Brisac. Paris, 1916.

Du contrat social, with an introduction and notes by G. Beaulavon. Paris, 1938 (5th edition).

Discours sur l'origine et les fondements de l'inigaliti parmi les hommes, edited with an introduction by F. C. Green. London, 1941.

J-J. Rousseau. Political Writings, selected and translated with an introduction by F. M. Watkins. Edinburgh, 1954.

The Political Writings of Jean Jacques Rousseau, edited by C. E. Vaughan. 2 vols. Cambridge, 1915.

The Social Contract and Discourses, edited with an introduction by G. D. H. Cole. London *(E.L.). Emile or Education,* translated by B. Foxley. London *(E.L.).*

J-J. Rousseau. Selections, edited with an introduction by R. Rolland. London, 1939.

Citizen of Geneva: Selections from the Letters of J-J. Rousseau, edited by C. W. Hendel. New York and London, 1937.

For a thorough study of Rousseau the student should consult:

Annates de la Société J-J. Rousseau. Geneva, 1905 and onwards.

We can also mention: Sénelier, J. *Bibliographie générale des œuvres dc J-J. Rousseau.* Paris, 1949.

研究专著

Attisani, A. *L'utilitarismo di G. G. Rousseau.* Rome, 1930.

Baldanzi, E. R. *Il pensiero religioso di G. G. Rousseau.* Florence, 1934

Bouvier, B. *J-J. Rousseau.* Geneva, 1912.

Brunello, B. *G. G. Rousseau.* Modena, 1936.

Buck, R. *Rousseau und die deulsche Romantik.* Berlin, 1939.

Burgelin, P. *La philosophic de l'existence de J-J. Rousseau.* Paris, 1952.

Casotti, M. *Rousseau e l'educazione morale.* Brescia, 1952. Cassirer, E. **Rousseau, Kant, Goethe,* translated by J. Gutman, P. O. Kristeller and J. H. Randall, Jnr. Princeton, 1945.

Casotti, M. *The Question of J-J. Rousseau,* translated and edited with introduction and additional notes by P. Gay. New York, 1954.

Chapman, J. W. *Rousseau, Totalitarian or Liberal?* New York, 1956. Chaponni^re, P. *Rousseau.* Zurich, 1942.

Cobban, A. *Rousseau and the Modern State.* London, 1934.

Cresson, A. *J-J. Rousseau. Sa vie, son œuvre, sa philosophic.* Paris, 1950 (3rd edition).

Derathé, R. *Lc raiionalisme de J-J. Rousseau.* Paris, 1948.

Derathé, R. *J-J. Rousseau et la science politique de son temps.* Paris, 1950.

Di Napoli, G. *Il pensiero di G. G. Rousseau.* Brescia, 1953.

Ducros, L. *J-J. Rousseau.* 3 vols. Paris, 1908-18.

Erdmann, K. D. *Das Verhaltnis von Staat und Religion nach der Soziaiphilosophie Rousseaus. Der Begriff der 'religion civile'.* Berlin, 1935.

Faguet, E. *Rousseau penseur.* Paris, 1912.

Fester, R. *Rousseau und die deutsche Geschichtsphilosophie.* Stuttgart, 1890.

Flores d'Arcais, G. *Il problema pedagogico nell'Emilio di G. G. Rousseau.* Brescia, 1954 (2nd edition).

Frässdorf, W. *Die psychologischen Anschauungen J-J. Rousseaus und ihr Zusammenhang mit der französischen Psychologic des 18 Jahrhunderts.* Langensalza, 1929.

Gézin, R. *J-J. Rousseau.* Paris, 1930.

Green, F. C. **Jean-Jacques Rousseau. A Study of His Life and Writings.*Cambridge, 1955.

Groethuysen, B. *J-J. Rousseau.* Paris, 1950.

Guillemin, H. *Les philosophes contre Rousseau.* Paris, 1942.

Hellweg, M. *Der Begriff des Gewissens bei Rousseau.* Marburg-Lahn, 1936.

Hendel, C. W. **Jean-Jacques Rousseau, Moralist.* 2 vols. New York and London, 1934.

Hoffding, H. *J-J. Rousseau and His Philosophy,* translated by W. Richards and L. E. Saidla. New Haven, 1930.

Hubert, R. *Rousseau et l'Encyclopidie. Essai sur la formation des idées politiques de Rousseau* (1742-1756). Paris, 1929.

Köhler, F. *Rousseau.* Bielefeld, 1922.

Lama, E. *Rousseau.* Milan, 1952.

Lemaitre, J. *J-J. Rousseau.* Paris, 1907.

Léon, P.-L. *L'idée de volonié générale chez J-J. Rousseau et ses an aniécédents historiques.* Paris, 1936.

Lombardo, S. *Rousseau nel contralto sociale.* Messina, 1951. Maritain, J. *Three Reformers: Luther, Descartes, Rousseau.* London, 1945 (reprint).

Masson, P. M. *La religion de Rousseau.* 3 vols. Paris, 1916.

Meinhold, P. *Rousseaus Geschichtsphilosophie.* Tubingen, 1936.

Mondolfo, R. *Rousseau e la coscienza moderna.* Florence, 1954. Moreau, L. *J-J. Rousseau et le siicle philosophique.* Paris, 1870.

Morel, J. *Recherches sur les sources du discours de J-J. Rousseau sur l'origine et les fondements de l'inigalité.* Lausanne, 1910.

Morley, J. *Rousseau.* 2 vols. London, 1883 (2nd edition).

Pahlmann, F. *Mensch und Slaat bei Rousseau.* Berlin, 1939.

Petruzzelis, N. *II pensiero politico e pedagogico di G. G. Rousseau.* Milan, 1946.

Pons, J. *L'education en Angleterre entre 1750 et 1800. Apergu sur l'influence ie J-J. Rousseau en Angleterre.* Paris, 1919.

Proal, L. *La psychologie ie J-J. Rousseau.* Paris, 1923.

Reiche, E. *Rousseau und das Naiurrecht.* Berlin, 1935.

Roddier, H. *J-J. Rousseau en Angleterre au XVIII' siècle.* Paris, 1950.

Saloni, A. *Rousseau.* Milan, 1949.

Schiefenbusch, A. *L'influence de J-J. Rousseau sur les beaux arts en France.* Geneva, 1930.

Schinz, A. *La pensée de J-J. Rousseau.* Paris, 1929.

Schinz, A. *La pensée religieuse de Rousseau et ses récents interprètes.* Paris, 1927.

Schinz, A. *Etat présent des travaux sur J-J. Rousseau.* Paris, 1941.

Sutton, C. *Farewell to Rousseau: a Critique of Liberal Democracy,* with an introduction by W. R. Inge. London, 1936.

Thomas, J. F. *Le pélagianisme de Rousseau.* Paris, 1956.

Valitutti, S. *La volontà generate, nel pensiero di Rousseau.* Rome, 1939.

Vasalli, M. *La pedagogia di G. G. Rousseau.* Como, 1951.

Voisine, J. *J-J. Rousseau en Angleterre à l'ipoque romantique.* Paris, 1956.

Wright, E. H. *The Meaning of Rousseau.* London, 1929. Ziegenfuss, W. *J-J. Rousseau.* Erlangen, 1952.

There are various collections of articles. For example:

F. Baldensperger, etc. *J-J. Rousseau, lecons faites à l'École des hautes études sociales.* Paris, 1912.

E. Boutroux, etc., in *Revue de mitaphysique et de morale,* XX, 1912.

第五、六、七章：德国启蒙运动

1. 托马修斯

原始文本

Institutionum iurisprudentiae divinae libri tres. Frankfurt and Leipzig, 1688.

Einleitung zu der Vernunftlehre. Halle, 1691. *Ausubung der Vernunftlehre.* Halle, 1691.

Ausubung der Sittenlehre. Halle, 1696.

Versuch vom Wesen des Geistes. Halle, 1699. *Introductio in philosophiam rationalem.* Leipzig, 1701.

Kleine deutsche Schriften. Halle, 1701.

Fundamenta iuris naturae et gentium ex sensu communi deducta in quibus secernuntur principia honesti, iusti ac decori. Halle, 1705.

Dissertationes academicae. 4 vols. Halle, 1733-80.

研究专著

Battaglia, F. *Cristiano Thomasio, filosofo e giurista.* Rome, 1935.

Bieber, G. *Staat und Gesellschaft bei C. Thomasius.* Giessen, 1931.

Bienert, W. *Der Anbruch der christlichen deutschen Neuzeit, dargestellt an Wissenschaft und Glauben des Christian Thomasius.* Halle, 1934.

Bienert, W. *Die Philosophie des Christian Thomasius* (dissert.). Halle, 1934.

Bienert, W. *Die Glaubenslehre des Christian Thomasius* (dissert.). Halle, 1934.

Block, E. *C. Thomasius.* Berlin, 1953.

Lieberwirth, R. *C. Thomasius.* Weimar, 1955.

Neisser, K. *C. Thomasius und seine Beziehung zum Pietismus.* Heidelberg, 1928.

Schneider, F. *Thomasius und die deutsche Bildung.* Halle, 1928.

2. 沃尔夫

原始文本

Philosophia rationales, sive logica methodo scientifica pertractata et ad usum scientiarum atque vitae aptata. Frankfurt and Leipzig, 1728.

Philosophia prima sive Ontologia. Frankfurt, 1729.

Cosmologia generalis. Ibid., 1731.

Psychologia empirica. Ibid., 1732.

Psychologia rationales. Ibid., 1734.

Theologia naturalis. 2 vols. *Ibid.,* 1736-7.

Philosophia practica universalis. 2 vols., *Ibid.,* 1738-9.

Gesammelte kleinere Schriften. 6 vols. Halle, 1736-40.

Ius naturae methodo scienttfica pertractata. 8 vols. Frankfurt and Leipzig, 1740-48.

Ius gentium. Halle, 1750.

Oeconomica. Ibid., 1750.

Philosophia moralis sive Ethica. 5 vols. *Ibid.,* 1750-3.

研究专著

Arnsperger, W. *Ch. Wolffs Verhältnis zu Leibniz.* Heidelberg, 1897.

Campo, M. *Ch. Wolff e il razionalismo precritico.* 2 vols. Milan, 1939.

Frank, R. *Die Wolffsche Strafrechtsphilosophie und ihr Verhältnis zur kriminaipolitischen Aufklärung im 18. Jahrhundert.* Göttingen, 1887.

Frauendienst, W. *Ch. Wolff als Staatsdenker.* Berlin, 1927.

Heilemann, P. A. *Die Gotteslehre des Ch. Wolff.* Leipzig, 1907.

Joesten, C. *Ch. Wolffs Grundlegung der praktischen Philosophie.* Leipzig, 1931.

Kohlmeyer, E. *Kosmos und Kosmonomie bei Ch. Wolff.* Göttingen, 1911.

Levy, H. *Die Religionsphilosophie Ch. Wolffs.* Würzburg, 1928.

Ludovici, C. G. *Ausführlicher Entwurf einer vollstandigen Historie der Wolffschen Philosophie.* 3 vols. Leipzig, 1736-7.

Ludovici, C. G. *Sammlung und Auszüge der sammtlichen Streitschriften wegen der Wolffschen Philosophie.* 2 vols. Leipzig, 1737-8.

Utitz, E. *Ch. Wolff.* Halle, 1929.

Wundt, M. *Christian Wolff und die deutsche Aufklärung* (in *Das Deutsche in der deutschen Philosophie,* edited by T. Haering, Stuttgart, 1941, pp. 227-46).

3. 鲍姆加登

原始文本

Meditationes philosophicae de nonnullis ad poema pertinentibus. Halle, 1735.

Reflections on Poetry, translated, with the original Latin text, an introduction and notes by K. Aschenbrenner and W. B. Hoelther. Berkeley and London, 1954.

Metaphysica. Halle, 1740.

Aesthetica acroamatica. 2 vols. Frankfurt, 1750-8.

Aesthetica. Iterum edita ad exemplar prioris editionis annorum MDCCL-LVIII spatio impressae.

Praepositae sunt: Meditationes philosophicae de nonnullis ad poema pertinentibus. Ban, 1936.

*Ethica philosophica.*Halle, 1765.

Philosophia generalis. Halle, 1769.

研究专著

Bergmann, E. *Die Begriindung der deutschen Aesthetik durch Baumgarten und G. F. Maier.* Leipzig, 1911.

Maier, G. F. *A. G. Baumgartens Leben.* Halle, 1763.

Peters, H. G. *Die Aesthetik A. G. Baumgartens und ihre Beziehungen zum Ethischen.* Berlin, 1934.

Poppe, B. *A. G. Baumgarten, seine Bedeutung und Stellung in der Leibniz-Wolffschen Philosophie.* Berne-Leipzig, 1907.

4. 腓特烈大帝

原始文本

Antimachiavell. The Hague, 1740.

Essai sur l'amour propre envisagé comme principe de la morale. Berlin, 1770.

Œuvres de Frédéric le Grand. 30 vols. Berlin, 1847-57. Vols. 8 and 9

Briefwechsel mit Maupertuis, edited by R. Koser. Berlin, 1898.

Briefwechsel mit Voltaire, edited by R. Koser and H. Droysen. Berlin, 1908.

研究专著

Berney, A. *Friedrich der Grosse. Entwicklungsgeschichte eines Staatsmannes.* Tubingen, 1934.

Berney, G. *Friedrich der Grosse.* Munich, 1935.

Dilthey, W. *Friedrich der Grosse und die deutsche Aufklärung.* Leipzig, 1927.

Gent, W. *Die geistige Kultur um Friedrich den Grossen.* Berlin, 1936.

Gooch, G. P. *Frederick the Great.* New York, 1947.

Koser, R. *Friedrich der Grosse.* 4 vols. Stockholm, 1912 (4th edition).

Langer, J. *Friedrich der Grosse und die geistige Welt Frankreichs.* Hamburg, 1932.

Muff, W. *Die Philosophie Friedrichs des Grossen* (in *Wissen und Wehr,* Berlin, 1943, pp. 117-33).

Muff, W. *Friedrichs des Grossen philosophische Entwicklung* (in *For- schungen und Fortschritte,* Berlin, 1943, pp. 156-7).

Pelletan, E. *Un roi philosophe, le grand Frédéric.* Paris, 1878.

Rigollot, G. *Frédéric II, philosophe.*Paris, 1876.

Spranger, E. *Der Philosoph von Sanssouci.* Berlin, 1942.

Zeller, E. *Friedrich der Grosse als Philosoph.* Berlin, 1886.

5. 莱马卢斯

原始文本

Abhandlungen von den vornehmsten Wahrheiten der natürlichen Religion. Hamburg, 1754.

Vernunftlehre. Hamburg and Kiel, 1756.

Allgemeine Betrachtungen iiber die Triebe der Tiere, hauptsächlich tiber ühren Kunsttrieb. Hamburg, 1760.

Apologie oder Schutzschrift für die vernünftigen Verehrer Gottes. See p. 123.

研究专著

Buettner, W. *H. S. Reitnarus als Metaphysiker,* Würzburg, 1909.

Koestlin, H. *Das religiöse Erleben bei Reimarus.* Tübingen, 1919.

Loeser, M. *Die Kritik des H. S. Reimarus am alten Testament.* Berlin, 1941.

Lundsteen, A. C. *H. S. Reimarus und die Anftinge der Leben-Jesu Forschung.*Copenhagen, 1939.

6. 门德尔松

原始文本

Werke, edited by G. B. Mendelssohn. 7 vols. Leipzig, 1843-4.

Gesammelte Schriften, edited by J. Elbogen, J. Guttmann and M. Mittwoch. Berlin, 1929.

研究专著

Bachi, E. D. *Sulla vita e suite opere di M. Mendelssohn.* Turin, 1872.

Bamberger, F. *Der geistige Gestalt M. Mendelssohns.* Frankfurt, 1929.

Cohen, B. *Ueber die Erkenntnislehre M. Mendelssohns.* Giessen, 1921.

Goldstein, L. *M. Mendelssohn und die deutsche Aesthetik.* Königsberg, 1904.

Hoelters, H. *Der spinozistische Gottesbegriff bei M. Mendelssohn und F. H. Jacobi und der Gottesbegriff Spinozas.* Bonn, 1938.

7. 莱辛

原始文本

Sämttiche Schriften. 30 vols. Berlin, 1771-94.

Sämtliche Werke, critical edition of Lachmann-Muncker (Leipzig, 1886f.); 4th edition by J. Petersen. 25 vols. Berlin, 1925-35.

Die Erziehung des Menschengeschlechts. Nach dem Urtext von 1780 neu herausgegeben mit Anmerkungen und einem Nachwort von K. R. Riedler. Zürich, 1945.

Lessing's Theological Writings, translated and selected by H. Chadwick. London, 1956.

研究专著

Arx, A. von. *Lessing und die geschichtliche Welt.* Frankfurt, 1944.

Bach, A. *Der Aufbruch des deutschen Geistes. Lessing, Klopstock, Herder.* Markkleeberg, 1939.

Fischer, K. *Lessing als Reformator der deutschen Literaiur.* 2 vols. Stockholm, 1881.

Fittbogen, G. *Die Religion Lessings.* Halle, 1915.

Flores d'Arcais, G. *L'estetica nel Laocoonte di Lessing.* Padua, 1935.

Garland, H. B. *Lessing, the Founder of Modern German Literature.* London, 1937.

Gonzenbach, H. *Lessings Gottesbegriff in seinem Verhältnis zu Leibniz und Spinoza.* Leipzig, 1940.

Kommerell, M. *Lessing und Aristoteles. XJntersuchung iiber die Theorie der Tragödie.* Frankfurt, 1940.

Leander, F. *Lessing als aesthetischer Denker.* Göteborg, 1942.

Leisegang, H. *Lessings Weltanschauung.* Leipzig, 1931.

Milano, P. *Lessing.* Rome, 1930.

Oehlke, W. *Lessing und seine Zeit.* 2 vols. Munich, 1929 (2nd edition).

Robertson, G. *Lessing's Dramatic Theory.* Cambridge, 1939.

Schmitz, F. J. *Lessings Stellung in der Entfaltung des Individualismus.* Berkeley, U.S.A. and Cambridge, 1941.

Schrempf, C. *Lessing als Philosoph.* Stockholm, 1921 (2nd edition). Wernle, P. *Lessing und das Christentum.* Leipzig, 1912.

8. 提顿斯

原始文本

Gedanken über einige Ursachen, warum in der Metaphysik nur wenige ausgemachte Wahrheiten sind. Bützow, 1760.

Abhandlung von den vorzüglichsten Beweisen des Daseins Gottes. Ibid., 1761.

Commentatio de principio minimi. Ibid., 1769.

Abhandlung über den Ursprung der Sprache und der Schift. Ibid., 1772.

Ueber die allgemeine spekulative Philosophie. Ibid., 1775.

Philosophische Versuche über die menschliche Natur und ihre Entwicklung. 2 vols. Leipzig, 1776. (Reprinted, Berlin, 1913.)

研究专著

Schinz, M. *Die Moralphilosophie von Tetens.* Leipzig, 1906.

Schweig, H. *Die Psychologie des Erkennens bei Bonnet und Tetens* (dissert.). Bonn, 1921.

Seidel, A. *Tetens Einfluss auf die kritische Philosophie Kants* (dissert.). Leipzig, 1932.

Uebele, W. *J. N. Tetens nach seiner Gesamtentwicklung betrachtet mil besonderer Beriicksichtigung des Verhaltnisses zu Kant* (Kant-studien, Berlin, 1911, suppl. vol. 24, viii, 1-238).

Zergiebel, K. *Tetens und sein system der Philosophie (Zeitschrift für Philosophie und Pädagogik,* Langensalza, vol. 19, 1911-12, pp. 273-79, 321-6).

9. 巴泽多

原始文本

Philalethie. Lübeck, 1764.

Theoretisches System der gesunden Vernunft. Leipzig, 1765.

Vorstellung an Menschenfreunde und vermögende Männer über Schulen, Studien und ihren Einfluss in die öffentliche Wohlfahrt. Bremen, 1768.

Elementarwerk. 4 vols. Dessau, 1774.

研究专著

Diestelmann, R. *Basedow.* Leipzig, 1897.

Pantano-Migneco, G. *G. B. Basedow e il filantropismo*. Catania, 1917.

Piazzi, A. *L'educazione filantropica nella dottrina e nell'opera di G. B. Basedow*. Milan, 1920.

Pinloche, A. *La réforme de l'education en Allemagn*

10. 裴斯泰洛齐

原始文本

Sämtliche Werke, edited by A. Buchenau, E. Spranger and H. Stettbacker. 19 vols. Berlin, 1927-56.

Sämtliche Werke, edited by P. Baumgartner. 8 vols. Zürich, 1943.

Sämtliche Briefe. 4 vols. Zurich, 1946-51.

Educational Writings. Translated and edited by J, A. Green, with the assistance of F. A. Collie. London, 1912.

研究专著

Anderson, L. F. *Pestalozzi*. New York, 1931.

Bachmann, W. *Die anthropologischen Grundlagen zu Pestalozzis SoziaUehre*. Berne, 1947.

Banfi, A. *Pestalozzi*. Florence, 1928.

Barth, H. *Pestalozzis Philosophie der Politik*. Zürich and Stockholm, 1954.

Green, J. A. *Life and Work of Pestalozzi*. London, 1913.

Hoffman, H. *Die Religion im Leben und Denken Pestalozzis*. Berne, 1944.

Jónasson, M. *Recht und Sittlichkeit in Pestalozzis Kulturtheorie*. Berlin, 1936.

Mayer, M. *Die positive Moral bei Pestalozzi von 1766-179J* (dissert.). Charlottenburg, 1934.

Otto, H. *Pestalozzi*. Berlin, 1948.

Pinloche, A. *Pestalozzi et l'éducation populaire moderne*. Paris, 1902. Reinhart, J. *J. H. Pestalozzi*. Basel, 1945.

Schönebaum, H. *J. H. Pestalozzi*. Berlin, 1954.

Sganzini, C. *Pestalozzi*. Palermo, 1928.

Spranger, E. *Pestalozzis Denkformen*. Zurich, 1945.

Wehnes, F. J. *Pestalozzis Elemeniarmethode*. Bonn, 1955.

Wittig, H. *Studien zur Anthropologic Pestalozzis*. Weinheim, 1952.

11. 哈曼

原始文本

Sämtliche Schriften. Edited by F. Roth. 8 vols. Berlin, 1821-43.

Sämtliche Schriften. Critical edition by J. Nadler. 6 vols. Vienna, 1949-57.

Briefwechsel. Edited by W. Ziesemer and A. Henkel. 2 vols. Wiesbaden, 1955-6.

研究专著

Blum, J. *La vie et l'œuvre de J. G. Hamann, le Mage du Nord.* Paris, 1912.

Heinekamp, H. *Das Weltbild J. G. Hamanns.* Dusseldorf, 1934.

Metzger, W. *J. G. Hamann.* Frankfurt, 1944.

Metzke, E. *J. G. Hamanns Stellung in der Philosophie des 18. Jahrhunderts.* Halle, 1934.

Nadler, J. *Die Hamann-Ausgabe.* Halle-Saale, 1930.

       J. G. Hamann. Der Zeuge des Corpus Mysticum. Salzburg, 1949.

O'Flaherty, J. C. *Unity and Language. A Study in the Philosophy of J. G. Hamann.* Chapel Hill, U.S.A., 1952.

Schoonhoven, J. *Natur en genade by Hamann.* Leyden, 1945.

Steege, H. *J. G. Hamann.* Basel, 1954.

Unger, R. *Hamann und die Aufklärung. 2* vols. Jena, 1911.

12. 赫尔德

原始文本

Sämtliche Werke. Edited by B. Sulphan and others. 33 vols. Berlin, 1877-1913.

Treatise upon the Origin of Language. Translator anon. London, 1827.

Outlines of a Philosophy of the History of Man. Translated by T. Churchill. London, 1803 (2nd cdition).

The Spirit of Hebrew Poetry. Translated by J. Marsh. 2 vols. Burlington, Vt., 1832.

God. Some Conversations. Translated by F. H. Burkhardt. New York, 1949 (2nd edition).

研究专著

Andress, J. M. *J. G. Herder as an Educator.* New York, 1916.

Aron, E. *Die deutsche Erweckung des Griechentums durch Winckelmann und Herder* (dissert.). Heidelberg, 1929.

Bach, R. *Der Aufbruch des deutschen Geistes: Lessing, Klopstock, Herder.* Markkleeberg, 1940.

Baumgarten, O. *Herders Lebenxweck und die religiose Frage der Gegenwart.* Tubingen, 1905.

Bäte, L. *J. G. Herder. Der Weg, das Werk, die Zeit.* Stuttgart, 1948.

Berger, F. *Menschenbild und Menschenbildung. Die philosophischpädagogische Anthropologic J. G. Herders.* Stuttgart, 1933.

Bematzki, A. *Herders Lehre von der aesthetischen Erziehung* (dissert.). Breslau, 1925.

Blumenthal, E. *Herders Auseinandersetzung mil der Philosophie Leibnizens* (dissert.). Hamburg, 1934.

Boor, W. de. *Herders Erkenntnislehre in ihrer Bedeutung für seinen religiösen Idealismus.* Gutersloh, 1929.

Brändle, J. *Das Problem der Innerlichkeit: Hamann, Herder, Goethe.* Beme, 1950.

Clark, R. T., Jnr. **Herder: His Life and Thought.* Berkeley and London, 1955. (Contains full bibliographies.)

Dewey, M. H. *Herder's Relation to the Aesthetic Theory of His Time* (dissert.). Chicago, 1918.

Dobbek, W. J. G. *Herders Humanitätsidee als Ausdruck seines Weltbildes und seiner Persönlichkeit.* Braunschweig, 1949.

Erdmann, H. *Herder als Religionsphilosoph.* Hersfeld, 1868.

Fischer, W. *Herders Erkenntnislehre und Metaphysik* (dissert.). Leipzig, 1878.

Gerold, K. G. *Herder und Diderot, ihr Einblick in die Kunst.* Frankfurt, 1941.

Gillies, A. *Herder.* Oxford, 1945.

Grabowsky, I. *Herders Meakritik und Kants Kritik der reinen Vernunft* (dissert.). Dortmund, 1934.

Hatch, I. C. *Der Einfluss Shaftesburys auf Herder* (dissert.). Berlin, 1901.

Haym, R. *Herder nach seinem Leben und seinen Werken dargestellt.* 2 vols. Berlin, 1954. (Reprint of 1877-85 edition.)

Henry, H. *Herder und Lessing: Umrisse ihrer Beziehung.* Würzburg, 1941.

Joens, D. W. *Begriff und Problem der historischen Zeit bei J. G. Herder.* Gütebörg, 1956.

Joret, C. *Herder et la renaissance littéraire en Allemagne au XVIII* sècle.* Paris, 1875.

Knorr, F. *Das Problem der menschlichen Philosophie bei Herder* (dissert.). Coburg, 1930.

Kronenberg, M. *Herders Philosophie nach ihrem Entwicklungsgang und ihrer historischen Stellung.* Heidelberg, 1889.

Kuhfuss, H. *Gott und Welt in Herders 'Ideen zur Philosophie der Geschichte der Menschheit'* (dissert.). Emsdetten, 1938.

Kühnemann, E. *Herder.* Munich, 1927 (2nd edition).

Landenberger, A. *J. G. Herder, sein Leben, Wirken und Charakterbild.* Stuttgart, 1903.

Litt, T. *Kant und Herder als Deuter der geistigen Welt.* Heidelberg, 1949 (2nd edition).

Litt, T. *Die Befreiung des geschichUichen Bewusstseins durch Herder.* Leipzig, 1942.

McEachran, F. *The Life and Philosophy of J. G. Herder.* Oxford, 1929.

Nevinson, H. *A Sketch of Herder and His Times.* London, 1884.

Ninck, J. *Die Begründung der Religion bei Herder* Leipzig, 1912.

Rasch, W. *Herder, sein Leben und Werk im Umriss.* Halle, 1938.

Rouché, M. *Herder précurseur de Darwin? Histoire d'un mythe.* Paris, 1940.

Rouché, M. *La philosophie de l'histoire de Herder* (dissert.). Paris, 1940.

Salmony, H. A. *Die Philosophic des jungen Herder.* Zurich, 1949.

Siegel, K. *Herder als Philosoph.* Stuttgart, 1907.

Voigt, A. *Umrisse einer Staatslehre bei J. G. Herder.* Stuttgart and Berlin, 1939.

Weber, H. *Herders Sprachphilosophie. Eine Interpretation in Hinblick auf die moderne Sprachphilosophie* (dissert.). Berlin, 1939.

Werner, A. *Herder als Theologe: ein Beitrag zur Geschichte der protestantischen Theologie.* Berlin, 1871.

Wiese, B. von. *Volk und Dichtung von Herder bis zur Romantik.* Erlangen, 1938.

Wiese, B. *Herder, Grundzüge seines Weltbildes.* Leipzig, 1939.

13. 雅可比

原始文本

Werke. Edited by F. Roth. 6 vols. Leipzig, 1812-25.

Aus F. H. Jacobis Nachlass. Edited by R. Zöpporitz. 2 vols. Leipzig, 1869.

Auserlesener Briefwechsel. Edited by F. Roth. 2 vols. Leipzig, 1825-7.

Briefwechsel zwischen Goethe und F. H. Jacobi. Edited by M. Jacobi. Leipzig, 1846.

Briefe an Bouterwerk aus den Jahren 1800-1819. Edited by W. Meyer. Gottingen, 1868.

研究专著

Bollnow, 0. F. *Die Lebensphilosophie F. H. Jacobis.* Stockholm, 1933.

Fischer, G. *J. M. Sailer und F. H. Jacobi.* Fribourg, 1955.

Frank, A. *Jacobis Lehre vom Glauben.* Halle, 1910.

Heraens, O. F. *Jacobi und der Sturm und Drang.* Heidelberg, 1928.

Hoelters, H. *Der spinozistische Gottesbegriff bei Mendelssohn und Jacobi und der Gottesbegriff Spinozas* (dissert.). Bonn, 1938.

Lévy-Bruhl, L. *La philosophie de Jacobi.* Paris, 1894.

Schmid, F. A. *F. H. Jacobi.* Heidelberg, 1908.

Thilo, C. A. *Jacobis Religionsphilosophie.* Langensalza, 1905.

Zirngiebl, E. *F. H. Jacobis Leben, Dichten und Denken.* Vienna, 1867.

第八、九章：历史哲学的兴起

1. 波舒哀

原始文本

Œuvres complètes. Edited by P. Guillaume. 10 vols. Bar-le-Duc, 1877.

研究专著

Auneau, A. *Bossuet.* Avignon, 1949.

De Courten, C. *Bossuet e il suo 'Discours sur l'histoire universelle'.* Milan, 1927.

Nourisson, A. *Essai sur la philosophie de Bossuet.* Paris, 1852.

2. 维科

原始文本

Opere. Edited by F. Nicolini. 8 vols, (n ‘tomes’). Bari, 1914-41.

La Scienza Nuova seconda, giusta la edizione del 1744, con le varianti del 1730 e di due redazioni intermedie inedite. Edited by F. Nicolini. 2 vols. Bari, 1942 (3rd edition).

There are many other Italian editions of the *Scienza nuova.*

Commento storico alla Scienza seconda. By F. Nicolini. 2 vols. Rome, 1949.

The New Science of Giambattista Vico. Translated from the third edition (1744) by T. G. Bergin and M. H. Fisch. London, 1949.

Il diritto universale. Edited by F. Nicolini. Bari, 1936.

De nostri temporis studiorum ratione. With introduction, translation (Italian) and notes by V. De Ruvo. Padua, 1941.

Giambattista Vico. Autobiography. Translated by M. H. Fisch and T. G. Bergin. New York and London, 1944.

For Bibliography see *Bibliografia vichiana.* Edited by F. Nicolini. 2 vols. Naples, 1947.

研究专著

Adams, H. P. *The Life and Writings of Giambattista Vico.* London, 1935.

Amerio, F. *Introduzione allo studio di G. B. Vico.* Turin, 1947.

Auerbach, E. *G. B. Vico.* Barcelona, 1936.

Banchetti, S. *Il significato morale dell'estetica vichiana.* Milan, 1957.

Bellofiore, L. *La dottrina del diritto naturale in G. B. Vico.* Milan, 1954.

Berry, T. *The Historical Theory of G. B. Vico.* Washington, 1949.

Cantone, C. *Il concetto filosofico di diritto in G. B. Vico.* Mazana, 1952.

Caponigri, A. R. *Time and Idea, the Theory of History in Giambattista Vico.* London, 1953.

Cappello, C. *La dottrina della religione in G. B. Vico.* Chieri, 1944.

Chaix-Ruy, J. *Vie de J. B. Vico.* Paris, 1945.

Chaix-Ruy, J. *La formation de la pensée philosophique de J. B. Vico.* Paris, 1945.

Chiochetti, E. *La filosofia di Giambattista Vico.* Milan, 1935.

Cochery, M. *Les grandes lignes de la philosophie historique et juridique de Vico.* Paris, 1923.

Corsano, A. *Umanesimo e religione in G. B. Vico.* Bari, 1935.

G. B. Vico. Bari, 1956.

Croce, B. *La filosofia di G. B. Vico.* Bari, 1911.

Donati, B. *Nuovi studi sulla filosofia civile di G. B. Vico.* Con documents Florence, 1936.

Federici, G. C. *Il principio animatore dellafilosofiavichiana.* Rome, 1947.

Flint, R. **Vico.* Edinburgh, 1884.

Fubini, M. *Stile e umanità in G. B. Vico.* Bari, 1946.

Gentile, G. *Studi vichiani.* Messina, 1915.

Fubini, M. *Giambattista Vico.* Florence, 1936.

Giusso, L. *G. B. Vico fra l'umanesimo e l'occasionalism).* Rome, 1940.

Giusso, L. *Le filosofia di G. B. Vico e l'etd barocca.* Rome, 1943.

Luginbühl, J. *Die Axiomatik bei Vico.* Berne, 1946.

Giusso, L. *Die Geschichtsphilosophie G. Vicos.* Bonn, 1946.

Nicolini, F. *La giovinezza di G. B. Vico.* Bari, 1932.

Nicolini, F. *Saggi vichiani.* Naples, 1955.

Pad, E. *Ingens Sylva, Saggio su G. B. Vico.* Milan, 1949.

Peters, R. *Der Aufbau der Weltgeschichte bei G. Vico.* Stuttgart, 1929.

Sabarini, R. *Il tempo in G. B. Vico.* Milan, 1954.

Severgnini, D. *Nozze, tribunali ed are. Studi vichiani.* Turin, 1956.

Uscatescu, G. *Vico y el mundo histórico.* Madrid, 1956.

Villa, G. *La filosofia del mito secondo G. B. Vico.* Milan, 1949.

Werner, K. *G. B. Vico als Philosoph und gelehrter Forscher.* Vienna, 1881.

There are some collections of articles; for example:

Vico y Herder. Ensayos conmemorativos del secondo centenario de la muerte de Vico y del nacimiento de Herder. Buenos Aires, 1948.

3. 孟德斯鸠

参见"法国启蒙运动"文献

4. 伏尔泰

参见"法国启蒙运动"文献

5. 孔狄亚克

原始文本

Œuvres. Edited by Mme Condorcet, Cabanis and Garat. 21 vols. Paris, 1801-4.

Œuvres. Edited by A. Condorcet, O'Connor and M. F. Arago. 12 vols. Paris, 1847-9.

Sketch for a Historical Picture of the Progress of the Human Mind. Translated by J. Barraclough, with an introduction by Stuart Hampshire. London, 1955.

研究专著

Alengry, F. *Condorcet, guide de la révolution française.* Paris, 1904.

Brunello, B. *La pedagogia della rivoluzione francese.* Milan, 1951.

Caben, L. *Condorcet et la révolution française.* Paris, 1904.

Frazer, J. G. *Condorcet on the Progress of the Human Mind.* Oxford, 1933.

Jacovello, G. *Introduzione ad uno studio su Condorcet.* Bronte, 1914.

Martin, K . *Rise of French Liberal Thought in the 18th Century.* New York, 1954 (2nd edition).

6. 莱辛

参见"德国启蒙运动"文献

7. 赫尔德

参见"德国启蒙运动"文献

第十至十六章：康德

原始文本

Gesammelte Schriften. Critical edition sponsored by the Prussian Academy of Sciences. 22 vols. Berlin, 1902-42.

Immanuel Kants Werke. Edited by E. Cassirer. 11 vols. Berlin, 1912-18.

Kant's Cosmogony. Translated by W. Hastie. Glasgow, 1900. (Contains the *Essay on the Retardation of the Rotation of the Earth* and the *Natural History and Theory of the Heavens.)*

A New Exposition of the First Principles of Metaphysical Knowledge (contained as an Appendix in F. E. England's book, listed below).

An Inquiry into the Distinctions of the Principles of Natural Theolog and Morals (contained in L. W. Beck's translation of Kant's moral writings, listed below).

Dreams of a Spirit-Seer Illustrated by the Dreams of Metaphysics. Translated by E. F. Goerwitz, edited by F. Sewall. New York, 1900.

Inaugural Dissertation and Early Writings on Space. Translated by J. Handyside. Chicago, 1929.

Critique of Pure Reason. Translated by N. K. Smith. London, 1933 (2nd edition).

Critique of Pure Reason. Translated by J. M. D. Meiklejohn, with an introduction by A. D. Lindsay. London *(E.L.).*

Prolegomena to Any Future Metaphysic. Translated by J. P. Mahaffy and J. H. Bernard. London, 1889.

Prolegomena to Any Future Metaphysic. Translated by P. Carus, revised by L. W. Beck. New York, 1950.

Prolegomena to Any Future Metaphysics. Translated with introduction and notes by P. G. Lucas. Manchester, 1953.

Immanuel Kant:Critique of Practical Reason and Other Writings in Moral Philosophy.

Translated and edited by L. W. Beck.Chicago, 1949. (Contains *An Inquiry,* as mentioned above, *Foundations of the Metaphysics of Morals, Critique of Practica Reason, What is Orientation in Thinking?, Perpetual Peace, On Supposed Right to Lie from Altruistic Motives,* and selections from the *Metaphysics of Morals.)*

Kant's Critique of Practical Reason and Other Works on the Theory Ethics. Translated by T. K. Abbott. London, 1909 (6th edition). (Contains a Memoir of Kant, *Fundamental Principles of the Metaphysics of Morals, Critique of Practical Reason,* the Introduction to the *Metaphysics of Morals,* the Preface to the *Metaphysical Elements of Ethics,* the first part of *Religion within the Limits of Reason Alone, On a Supposed Right to Liefrom Altruistic Motive* and *On the Saying 'Necessity has no Law'.*)

The Metaphysics of Ethics. Translated by J. W. Semple. Edinburgh, 1886 (3rd edition).

The Moral Law or Kant's Groundwork of the Metaphysics of Mora Translated with an introduction by H. J. Paton. London, 1950.

Kant's Lectures on Ethics. Translated by L. Infield. London, 1930. *Critique of Judgment.* Translated by J. H. Bernard. London, 1931 (2nd edition).

Religion within the Limits of Reason Alone. Translated by T. M. Greene and H. H. Hudson, with an introduction by T. M. Greene. Glasgow, 1934.

Perpetual Peace, A Philosophical Essay. Translated by M. Campbell Smith. London, 1915 (reprint).

Kant. Selections. Edited with an introduction by T. M. Greene. London and New York, 1929.

研究专著

Adickes, E. *Kant als Naturforscher.* 2 vols. Berlin, 1924-5.

Adickes, E. *Kant und das Ding an sich.* Berlin, 1924.

Adickes, E. *Kant und die Als-Ob-Philosophie.* Stockholm, 1927.

Adickes, E. *Kants Lehre von der doppelten Affektion unseres Ich als Schlüssel zu seine Erkenntnistheorie.* Tübingen, 1929.

Aebi, M. *Kants Begründung der 'deutschen Philosophie'.* Basel, 1947.

Aliotta, A. *L'estetica di Kant e degli idealisti romantici.* Rome, 1950.

Ardley, G. *Aquinas and Kant.* New York and London, 1950.

Ballauf, T. *Ueber den Vorstellungsbegriff bei Kant.* Eleda, 1938.

Banfi, A. *La fUosofia critica di Kant.* Milan, 1955.

Basch, V. *Essai critique sur l'esthitique de Kant.* Paris, 1927 (enlarged edition).

Bauch, B. *Kant.* Leipzig, 1923 (3rd edition).

Bayer, K. *Kants Vorlesungen über Religionslehre.* Halle, 1937.

Bohatec, J. *Die Religionsphilosophie Kants in der 'Religion innerhalb der Granzen der blossen Vernunft'.* Hamburg, 1938.

Borries, K. *Kant als Politiker.* Leipzig, 1928.

Boutroux, E. *La philosophie de Kant.* Paris, 1926.

Caird, E. **The Critical Philosophy of Immanuel Kant.* 2 vols. London, 1909 (2nd edition).

Campo, M. *La genesi del criticismo Kantiano.* 2 vols. Varese, 1953.

Carabellese, P. *La filosofia di Kant.* Florence, 1927.

Carabellese, P. *Il problema della filosofia da Kant a Fichte.* Palermo, 1929.

Carabellese, P. *Il problema dell'esistenza in Kant.* Rome, 1943.

Cassirer, A. W. **A Commentary on Kant's Critique of Judgment.* London, 1938.

Cassirer, A. W. ** Kant's First Critique: an Appraisal of the Permanent Significance of Kant's Critique of Pure Reason.* London, 1

Cohen, H. *Kommentar zu Kants Kritik der reinen Vernunft.* Leipzig, 1917 (2nd edition).

Cohen, H. *Kants Theorie der reinen Erfahrung.* Berlin, 1918 (3rd edition). *Kants Begründung der Ethik.* Berlin, 1910 (2nd edition).

Cohen, H. *Vom Kants Einfluss auf die deutsche Kultur.* Berlin, 1883.

Cohen, H. *Kants Begründung der Aesthetik.* Berlin, 1889.

Coninck, A. de. *L'anatytique de Kant (Part I: La critique kantienne).* Louvain, 1955.

Cornelius, H. *Kommentar zur Kritik der reinen Vernunft.* Erlangen. 1926.

Cousin, V. *Leçons sur la philosophic de Kant.* Paris, 1842.

Cresson, A. *Kant, sa vie, son œuvre. Avec un exposé de sa philosophie* Paris, 1955 (2nd edition).

Daval, R. *La metaphysique de Kant. Perspectives sur la mitaphysiqu de Kant d'apris la theorie du schimatisme.* Paris, 1951.

Delbos, V. *La philosophie pratique de Kant.* Paris, 1905.

Denckmann, G. *Kants Philosophie des Aesthetischen.* Heidelberg, 1949.

Döling, W. O. *Das Lebenswerk Immanuel Kants.* Hamburg, 1947.

Duncan, A. R. C. **Practical Rule and Morality. A Study of Immanuel Kant's Foundations for the Metaphysics of Ethics.* London and Edinburgh, 1957.

England, F. E. *Kant's Conception of God.* London, 1929.

Ewing, A. C. **Kant's Treatment of Causality.* London, 1924.

Ewing, A. C. **A Short Commentary on Kant's Critique of Pure Reason.* London, 1938.

Farinelli, A. *Traumwelt und Jenseitsglaube bei Kant.* Königsberg, 1940.

Fischer, K. *Kants Leben und die Grundlage seiner Lehre.* 2 vols. Heidelberg, 1909 (5th edition).

Friedrich, C. J. *Inevitable Peace.* New Haven, 1948. (Contains *Perpetual Peace* as Appendix.)

Garnett, C. B. Jr. *The Kantian Philosophy of Space.* New York, 1939.

Goldmann, L. *Mensch, Gemeinschaft und Welt in der Philosophie Kants.* Zürich, 1945.

Gottfried, M. *Immanuel Kant.* Cologne, 1951.

Grayeff, P. *Deutung und Darstellung der theoretischen Philosophie Kants.* Hamburg, 1951.

Guzzo, A. *Primi scriiti di Kant.* Naples, 1920.

Guzzo, A. *Kant precritico.* Turin, 1924.

Heidegger, M. *Kant und das Problem der Metaphysik.* Bonn, 1929.

Heimsoeth, H. *Studien zur Philosophie I. Kants. Metaphysische Ursprünge und ontologische Grundlagen.* Cologne, 1955.

Herring, H. *Das Problem der Affektation bei Kant.* Cologne, 1953.

Heyse, H. *Der Begriff der Ganzheit und die kantische Philosophie.* Munich, 1927.

Jansen, B., S.J. *Die Religionsphilosophie Kants.* Berlin and Bonn, 1929.

Jones, W. T. **Morality and Freedom in the Philosophy of Immanuel Kant.* Oxford, 1940.

Kayser, R. *Kant.* Vienna, 1935.

Klausen, S. *Die Freiheitsidee in ihrem Verhältnis zum Naturrecht und Positivem Recht bei Kant.* Oslo, 1950.

Körner, S. **Kant.* Penguin Books, 1955.

Kronenberg, M. *Kant. Sein Leben und seine Werke.* Munich, 1918 (5th edition).

Kroner, R. *Von Kant bis Hegel.* 2 vols. Tubingen, 1921-4.

Kroner, R. **Kant's Weltanschauung.* Translated by J. E. Smith. Chicago, 1956.

Krüger, G. *Philosophie und Moral in der kantischen Kritik.* Tubingen, 1931.

Kühnemann, E. *Kant.* 2 vols. Munich, 1923-4.

Külpe, O. *Immanuel Kant.* Leipzig, 1921 (5th edition).

Lachièze-Rey, P. *L'idéalisme kantien.* Paris, 1950 (2nd edition).

Lehmann, G. *Kants Nachlasswerk und die Kritik der Urteilskraft.* Berlin, 1939.

Lindsay, A. D. **Kant.* London, 1934.

Litt, T. *Kant und Herder als Deuter der geistigen Welt.* Leipzig, 1930.

Lombardi, F. *La filosofia critica: I, La formazione del problema kantiano.* Rome, 1943.

Lotz, B., S.J. (editor). *Kant und die Scholastik heute.* Munich, 1955.

Lugarini, C. *La logica trascendentale di Kant.* Milan, 1950.

Marc-Wogau, K. *Untersuchungen zur Raumlehre Kants.* Lund, 1932.

Marc-Wogau, K. *Vier Studien zu Kants Kritik der Urteilskraft.* Uppsala, 1938.

Maréchal, J., S.J. *Le point de dipart de la métaphysique.* 5 vols. Bruges, 1923-46. (Cahiers 3 and 5.)

Martin, G. *Arithmetik und Kombinatorik bei Kant.* Itzehoe, 1938.

Martin, G. **Kant's Metaphysics and Theory of Science.* Translated by P. G. Lucas. Manchester, 1955.

Massolo, A. *Introduzione all'analitica kantiana.* Florence, 1946.

Menzer, P. *Kants Aesthetik in ihrer Entwicklung.* Berlin, 1952.

Messer, A. *Kommentar zu Kants ethischen und religionsphilosophischen Hauptschriften.* Leipzig, 1929.

Miller, O. W. *The Kantian Thing-in-itself or Creative Mind.* New York, 1956.

Natorp, P. *Kant über Krieg und Frieden.* Erlangen, 1924.

Nink, C., S.J. *Kommentar zu Kants Kritik der reinen Vernunft.* Frankfurt, 1930.

Noll, B. *Das Gestaltproblem in der Erkenntnistheorie Kants.* Bonn, 1946.

Oggiani, E. *Kant empirista.* Milan, 1948.

Pareyson, L. *L'estetica dell'idealismo tedesco: I, Kant.* Turin, 1950.

Paton, H. J. **Kant's Metaphysic of Experience: A Commentary on the First Half of the Kritik der reinen Vernunft.* 2 vols. London, 1952 (2nd edition).

Paton, H. J. **The Categorical Imperative: A Study in Kant's Moral Philosophy.* London, 1948.

Paulsen, F. *Immanuel Kant: His Life and Doctrine.* Translated by J. E. Creighton and A. Lefèvre. New York, 1902.

Pfleiderer, E. *Kantischer Kritizimus und englische Philosophie.* Tübingen, 1881.

Reich, C. *Die Vollstandigkeit der kantischen Urteilstafel.* Berlin, 1932.

Reich, C. *Kants Einzigmoglicher Beweisgrund zu einer Demonstration des Daseins Gottes.* Berlin, 1932.

Reinhard, W. *Ueber das Verhältnis von Sittlichkeit und Religion bei Kant.* Berne, 1927.

Reininger, R. *Kant, seine Anhanger und Gegner.* Munich, 1923.

Rickert, H. *Kant als Philosoph der modernen Kultur.* Tübingen, 1924.

Riehl, J. *Kant und seine Philosophie.* Berlin, 1907.

Ross, Sir D. *Kant's Ethical Theory. A Commentary on the 'Grundlagen zur Metaphysik der Sitten'.* Oxford, 1954.

Rotta, P. *Kant.* Brescia, 1953.

Ruyssen, T. *Kant.* Paris, 1909.

Scaravelli, L. *Saggio sulla categoria kantiana della realtà.* Florence, 1947.

Scheenberger, G. *Kants Konzept des Moralbegriffs.* Basel, 1952. Schilling, K. *Kant.* Munich, 1942 (2nd edition).

Schilpp, P. A. *Kant's Pre-Critical Ethics.* Evanston and Chicago, 1938.

Sentroul, C. *La philosophie religieuse de Kant.* Brussels, 1912.

Sentroul, C. *Kant et Aristote.* Paris, 1913.

Simmel, G. *Kant.* Munich, 1921 (5th edition).

Smith, A. H. *Kantian Studies.* Oxford, 1947.

Smith, N. K. **A Commentary to Kant's Critique of Pure Reason'.* London, 1930 (2nd edition).

Souriau, M. *Le jugement riflichissant dans la philosophie critique de Kant.* Paris, 1926.

Specht, E. K. *Der Analogiebegriff bei Kant und Hegel.* Cologne, 1952.

Stuckenberg, J. H. W. *The Life of Immanuel Kant.* London, 1882.

Teale, E. *Kantian Ethics.* Oxford, 1951.

Ténnies, I. *Kants Dialektik des Scheins* (dissert.). Wflrzburg, 1933.

Troilo, E. *Kant.* Milan, 1939.

Vaihinger, H. *Kommentar zur Kritik der reinen Vernunft.* 2 vols. Stuttgart, 1922 (2nd edition).

Vanni-Rovighi, S. *Introduzione alto studio di Kant.* Milan, 1945.

Vleeschauwer, H. J. de. *La déduction transcendentale dans I'œuvre de Kant.* 3 vols. Antwerp, 1934-7.

Vleeschauwer, H. J. *L'évolution de la pensée kantienne. Histoire d'une doctrine.* Paris, 1939.

Vorlander, K. *Immanuel Kant. Der Mann und das Werk.* Leipzig, 1924.

Vuillemin, J. *L'héritage kantien, et la révolution copernicienne.* Paris, 1954.

Vuillemin, J. *Physique et métaphysique kantiennes.* Paris, 1955.

Wallace, W. *Kant.* Oxford, Edinburgh and London, 1882.

Webb, C. C. J. **Kant's Philosophy of Religion.* Oxford, 1926.

Weldon, T. D. **Introduction to Kant's Critique of Pure Reason.* Oxford, 1945.

Whitney, G. T., and Bowers, D. F. (editors). *The Heritage of Kant* (essays). Princeton, 1939.

Wundt, M. *Kant als Metaphysiker.* Stuttgart, 1924.

说明

1. R. Eisler 的《康德辞典》（*Kanilexion*, Berlin, 1930）对于研究康德非常有帮助。
2.《康德研究》（*Kantstudien*）由 H. Vaihinger 创立于 1896 年，包含很多研究康德的重要论文。
3. 有很多研究康德的论文选集，比如：
   Revue internationale de philosophie, n. 30; Brussels, 1954.
   A Symposium on Kant, by E. G. Ballard and others. Tulane Studies in Philosophy, vol. III. New Orleans, 1954.
4. 康德哲学的形而上学方面在以下学者的作品（见上文）中得到了强调：Daval、Heimsoeth、Martin（上文提到的第二本书）和 Wundt。讨论康德思想与托马斯主义的关系，参见 Audley 和 Maréchal 的著作。除了 Paton 教授和 N. K. Smith 教授的著作以外，de Vleeschauwer 的著作也非常值得推荐。

索　引

（词条的主要出处用加粗字体标出。页码右上角带星号指的是该页有书目信息。用普通字体标出的连续页码，如 195—198，并不表示从 195—198 页的每一页都出现了该词条。同时提及两个人时，通常标示在被批判或受影响的人名下。脚注的缩写用斜体给出时，出处页有对其全称的说明。）[①]

---

① 索引中给出的页码均为英文原书页码。页码后面加"f"时指的是该词条出现在本页及下一页，比如某词条后面标注了 100f，就表示该词条出现在了第 100—101 页。页码后面加"ff"时指的是该词条出现在本页及以后若干页，比如某词条后面标注了 100ff，就表示该词条出现在了第 100 页及之后的若干页。页码后面加"n"时指的是该词条出现在本页的注释中，比如某词条后面标注了 99n，就表示该词条出现在了第 99 页的注释中。另外，本书索引起到的作用是为读者标明与相关词条或概念有关的阐释出现在哪几页。在有些情况下，某词条并未直接出现在索引中列出的页码里，但在列出的页码中包含着与该词条相关的讨论内容。

译后记

　　虽然关于哲学史各个阶段、各个哲学家的研究日新月异，而且对于不同的哲学领域，也有不少专门性的导读著作，但这套经典哲学史仍然具有某些不可代替的优点，尤其是对初次接触哲学和哲学史的同学而言。（1）全面而精准地概括了每位哲学家的主要文本内容和主要思想，同时避免了注疏解读的烦琐和专题研究的偏向。（2）结合哲学史某个阶段的主要特征，把握各个哲学家想要处理的问题、使用的方法和主要困难。（3）注重对比各个阶段不同哲学家研究范式的转变，注重对相同主题的差异处理和对不同研究起点的强调，使读者看到哲学史在连续与断裂中流动发展的过程。这些工作或许不能算是提出新观点的原创性研究，但却是哲学史和哲学研究中需要做到的最基本和最扎实的功夫。

　　本书内容包括法国启蒙运动、卢梭、德国启蒙运动、历史哲学和康德哲学，其中，卢梭和康德是本卷的重点，而康德部分占了近半篇幅。同时，本卷作为早期现代哲学的结束卷，在结尾处附有一章专门总结整个17、18世纪哲学，总结第4卷《理性主义》、第5卷《英国哲学》和第6卷《启蒙运动》（本书）的主要线索。

　　正如作者所言，第4、5、6卷构成了所谓的三部曲。本书作为三部曲的结束，除了结尾部分的总述，全书在行文中也常常把卢梭、康德等哲学家与前两卷的霍布斯、笛卡尔、斯宾诺莎、洛克、莱布尼茨、休谟等哲学家做对比。译者在翻译相关部分时，除了遵循习惯译法，主要参考和沿用了第4、5卷尤其是周晓亮先生翻译的第5卷（已出版）中的相关译法，以使本套哲学史相关部分的术语翻译大体保持一致。

　　本书康德部分的翻译，原本由武汉大学的杨云飞先生负责，但因为杨老师参与完成第 7 卷的翻译之后忙于其他工作，而出版社购买的翻译版权即将到期，因此这部分翻译任务也由我承接。杨老师已翻译的一万五千余字，我在翻译时也做过参考，在此表示感谢。文中引用康德原文的部分，译文以李秋零先生主译的《康德著作全集》为基础，在个别术语和语句的翻译上，参考德文原文、本书英译和其他中译本做出改动。译者本科在人民大学求学时，正是李秋零老师的康德课程指引我最初进入康德哲学，在此一并致以谢意！

最后我要感谢在北京大学读硕期间的各位师友，尤其是李猛老师和周围同学对 16—18 世纪哲学的研究、交流和讨论。译者在柏林洪堡大学读博期间参加的康德哲学研讨课对于本书翻译也有帮助。本书翻译如有不当之处，还请读者批评指正，在此先行感谢！我的邮箱是：luyan0107@gmail.com。

陆炎

2021 年 5 月于柏林

图书在版编目（CIP）数据

科普勒斯顿哲学史 . 6, 启蒙运动：从伏尔泰到康德 /
（英）弗雷德里克·科普勒斯顿著；陆炎译 . -- 北京：
九州出版社 , 2023.5

ISBN 978-7-5225-1688-2

Ⅰ . ①科⋯ Ⅱ . ①弗⋯ ②陆⋯ Ⅲ . ①哲学史—研究
—法国②哲学史—研究—德国 Ⅳ . ① B1

中国国家版本馆 CIP 数据核字 (2023) 第 038669 号

A HISTORY OF PHILOSOPHY VOLUME6: VOLTAIRE TO KANT by
FREDERICK COPLESTON
Volume6: Copyright ©1960 by the Trustees for Roman Catholic Purposes Registered
This edition arranged with A. P. WATT LTD
Through BIG APPLE AGENCY, LABUAN, MALAYSIA.
All rights reserved
著作权合同登记号：01-2023-1215

科普勒斯顿哲学史 . 6, 启蒙运动：从伏尔泰到康德

作　　者	［英］弗雷德里克·科普勒斯顿　著　陆炎　译
责任编辑	杨宝柱　周　春
封面设计	张　萌
出版发行	九州出版社
地　　址	北京市西城区阜外大街甲 35 号（100037）
发行电话	（010）68992190/3/5/6
网　　址	www.jiuzhoupress.com
印　　刷	北京天宇万达印刷有限公司
开　　本	655 毫米 ×1000 毫米　　16 开
印　　张	31.5
字　　数	445 千字
版　　次	2023 年 5 月第 1 版
印　　次	2023 年 5 月第 1 次印刷
书　　号	ISBN 978-7-5225-1688-2
定　　价	82.00 元

★ 版权所有　侵权必究 ★